珠江三角洲地区土地利用变化：
过程·效应·对策

董玉祥　叶长盛　秦　鹏
　　　　王　枫　郑荣宝　　著

科学出版社

北京

内 容 简 介

本书对珠江三角洲地区的土地利用变化进行了系统研究，论述有历史记载以来，尤其是近期珠江三角洲地区土地利用变化的时空特征，分析珠江三角洲地区土地利用变化的碳效应、覆被变化、热环境、土壤质量等环境要素及整个区域生态环境系统的环境效应，揭示主要类型、典型区域和区域整体三个不同层次土地利用变化的驱动机制，预测模拟珠江三角洲地区典型区域土地利用变化的发展趋势、预警警度及优化目标，阐述珠江三角洲地区未来土地利用变化的应对策略和措施。

本书对区域土地利用变化研究具有重要的借鉴与参考价值，可供土地、资源及环境等学科的科研、教学人员参阅，也可为自然资源等相关管理部门的管理者提供参考。

审图号：粤图审字（2022）第 528 号（本书中插图界线不作为权属争议的依据）

图书在版编目（CIP）数据

珠江三角洲地区土地利用变化：过程·效应·对策/董玉祥等著. —北京：科学出版社，2022.12
ISBN 978-7-03-073084-8

Ⅰ. ①珠… Ⅱ. ①董… Ⅲ. ①珠江三角洲-城市土地-土地利用-研究 Ⅳ. ①F299.276.5

中国版本图书馆 CIP 数据核字（2022）第 162097 号

责任编辑：韩 东 周春梅/责任校对：王万红
责任印制：吕春珉/封面设计：东方人华平面设计部

科 学 出 版 社 出版
北京东黄城根北街 16 号
邮政编码：100717
http://www.sciencep.com

北京九州迅驰传媒文化有限公司 印刷
科学出版社发行 各地新华书店经销
*

2022 年 12 月第 一 版　　开本：787×1092 1/16
2022 年 12 月第一次印刷　　印张：20 3/4 插页：6
字数：509 000
定价：190.00 元
（如有印装质量问题，我社负责调换〈九州迅驰〉）
销售部电话 010-62136230 编辑部电话 010-62135397-2040

前　言

　　20 世纪 90 年代以来，在具有重大国际影响的"国际地圈生物圈计划"（International Geosphere-Biosphere Programme，IGBP）和"国际全球环境变化人文因素计划"（International Human Dimensions Programme on Global Environmental Change，IHDP）两大国际研究计划引领下，土地利用与土地覆被变化研究作为全球环境变化研究的一个重要方面和核心内容而备受关注，成为全球变化研究的前沿领域和关注热点。改革开放以来，珠江三角洲地区作为我国发达和典型的快速城镇化区域之一，伴随着经济的腾飞，区内的土地利用类型、结构、效应等发生了巨大且快速的变化，成为我国土地利用与土地覆被变化研究的典型和代表区域。同时，珠江三角洲地区作为粤港澳大湾区的主体与核心，随着粤港澳大湾区建设这一国家战略的不断推进和《粤港澳大湾区发展规划纲要》的逐步实施，在通过空间布局、建设国际科技创新中心、加快基础设施互联互通、构建具有国际竞争力的现代产业体系、推进生态文明建设、建设宜居宜业宜游优质生活圈等实现未来高质量发展过程中，其整个土地利用必将随之变化。深入认识和了解珠江三角洲地区之前的土地利用变化过程及效应，是认识粤港澳大湾区土地利用变化趋势的重要基础。

　　2000 年以来，依靠地处珠江三角洲地区的优势，紧跟学科发展趋势，中山大学土地研究中心研究团队一直以珠江三角洲地区为研究区域，利用不同时期的遥感图像、土地调查数据，结合野外调查、采样分析、模型模拟和地理信息系统技术等，对珠江三角洲地区的土地利用变化相关问题开展了多层次、多方面的研究，其中先后完成的博士与硕士学位论文就有左珍利的《南海①土地利用变化初步研究》、牛佳的《南海土地资源可持续利用评价研究》、吴绍礼的《土地利用类型空间格局分析——以广州市番禺区为例》、何柯润的《广州市土地利用宏观格局研究》、甘明超的《河岸带土地利用格局及其分异研究——以广州市流溪河为例》、李小玲的《广州市土地资源生态安全评价》、赵永国的《东莞市工业用地利用效益评价及空间整合研究》、刘徐洪的《广州市番禺区耕地集约利用研究》、王龙的《土地利用空间管制研究——以东莞市生态用地为例》、郑荣宝的《广州市土地资源安全评价与预警研究》、朱琳的《珠江三角洲农用地利用效益时空分异研究》、吴漫丽的《南海区农用地利用时空变化研究》、谢正峰的《广州市土地利用空间结构变化研究》、尹丽萍的《佛山市土地利用区划研究》、王鹏的《广州市中心城区城市用地扩展及其驱动因素研究》、吴琴的《广州市土地利用格局与效益耦合关系探讨》、陈梅英的《花都区土地资源优化配置研究》、吴大放的《近 35 年珠海市耕地时空演变及机理研究》、刘艳艳的《珠海市滨海湿地景观生态安全评价与预测》、李升发的《广州市土地

---

　　① 南海是佛山市下属的一个县级单位行政区的名称，早期称作"南海县"，后改为"南海市"，现为"南海区"，是之前排在前列的国家百强县之一。

利用格局及其影响因子研究》、张金利的《广州市耕地质量空间分异研究》、叶长盛的《珠江三角洲典型基塘区土地生态风险评价及预警研究》、宫玮的《广州市土地利用分区研究》、秦鹏的《广州市土地利用空间粒度效应及其转换研究》、魏石磊的《广佛同城背景下南海区土地利用变化对比及驱动力研究》、王枫的《基于不同尺度的广州市土地利用多功能变化研究》、张萌萌的《珠江口沿岸土地利用与地表热环境关系研究》、刘霞的《广东省土地集约利用水平与生态环境质量耦合关系研究》、徐茜的《快速城市化地区土地利用碳效应演化的过程、格局及机理研究——以珠江三角洲地区为例》、任向宁的《区域土壤耕层有机碳时空变化及其机理——以珠三角核心区为例》和李嘉仪的《珠海市镇域耕地多功能性与安全耦合协调度分析》等。同时，研究团队也与珠江三角洲地区广州、佛山、珠海和东莞等市的国土管理部门合作，共同探索土地现状调查、土地资源评价和土地利用规划的技术方法及应用，相关成果亦曾获得国土资源科学技术奖等，如"1∶1000 比例尺的土地利用基础图件与数据更新调查技术研究"2005 年获得国土资源部国土资源科学技术奖二等奖、"率先发展地区土地调查与评价关键技术研究"2007 年获得国土资源部国土资源科学技术奖一等奖、"广州市功能片区土地利用总体规划编制技术及应用"2014 年获得国土资源（广东）科学技术奖励一等奖、"广州市土地整治规划（2011～2015 年）"2015 年获得国土资源（广东）科学技术奖一等奖、"珠江三角洲地区土地利用时空演变及其环境效应研究"2017 年获得国土资源（广东）科学技术奖一等奖等。本书通过这些研究，将理论探讨、方法创新与区域实践相结合，立足于研究前沿，对珠江三角洲地区的土地利用变化进行较为全面、系统和深入的研究，探讨珠江三角洲地区土地利用的时空变化问题，分析土地利用变化对区域生态环境的影响效应，揭示土地利用变化的驱动机制，模拟土地利用未来变化的基本趋势，阐述珠江三角洲地区未来土地利用变化的应对策略和措施。

我们借助教育部科学技术研究重点项目"珠江三角洲地区土地利用时空演变及其环境效应研究"（项目编号：108171）资助，综合上述研究成果编撰成本书，全面阐述珠江三角洲地区土地利用的变化过程、环境效应、驱动机制、未来趋势及应对策略。全书共分六章，第一章具体介绍珠江三角洲地区的自然条件与环境建设、社会经济发展及现状、土地利用的基本状况；第二章按历史时期和近期两个时段，分析珠江三角洲地区土地利用变化的时空特征；第三章从环境要素及区域环境系统两个方面探讨珠江三角洲地区土地利用变化的环境效应；第四章从主要类型、典型区域和区域整体三个层次，揭示土地利用变化的驱动机制；第五章探讨珠江三角洲地区典型区域土地利用变化趋势预测及优化的模型与方法；第六章结合典型研究区域未来土地利用的安全评价与预警，阐述珠江三角洲地区未来土地利用变化的应对策略和措施。本书可为土地利用变化研究提供一系列具有代表性的案例，同时对以珠江三角洲地区为主体与核心的我国粤港澳大湾区发展战略的实施具有重要的参考价值。

本书为团队研究成果，第一章主要由徐茜、李婷、董玉祥、叶长盛、李升发、魏石磊和朱琳撰写，秦鹏、何柯润、吴琴、张金利和刘徐洪等参与，董玉祥统稿；第二章主要由吴宏岐、王荣、徐茜、叶长盛、秦鹏、谢正峰、吴大放、刘艳艳、王鹏、李升发、王枫、李小玲和朱琳等撰写，左珍利、吴漫丽、魏石磊、刘霞、李嘉仪等参与，叶长盛统稿；第三章主要由徐茜、叶长盛、秦鹏、吴大放、刘艳艳等撰写，任向宁、张萌萌等参与，叶长盛统稿；第四章主要由秦鹏、叶长盛、吴大放、刘艳艳和李升发等撰写，谢正峰、王枫、王鹏、吴琴、魏石磊和王龙等参与，秦鹏统稿；第五章主要由郑荣宝、陈梅英、秦鹏、吴大放和刘艳艳等撰写，李升发参与，郑荣宝和秦鹏统稿；第六章主要由郑荣宝、叶长盛、董玉祥、刘毅华、秦鹏和王枫等撰写，陈梅英、李小玲、刘艳艳、秦鹏、任向宁、陈群弟、尹丽萍、曾俊期等参与，王枫和郑荣宝统稿。全书由董玉祥统稿定稿。

　　土地利用变化研究涉及面广、内容复杂，相关数据的获取有一定难度，加之研究持续时间较长，书中对珠江三角洲地区土地利用变化研究的时间和区域难以完全统一，其中部分是对珠江三角洲地区中典型区域或部分时段的研究。尤其需要说明的是，作为一本始于 21 世纪初研究结果的集成之作，本书止于 2020 年的预测研究已显滞后。同时，限于作者水平有限，书中难免存在不妥之处，恳请读者批评指正。

董玉祥

2020 年 1 月于广州

目　　录

第一章 珠江三角洲地区区域概况

区域的位置与范围、自然特点与社会经济条件是土地资源形成演化的基础，也是土地利用变化的重要致变因子，故须从区域范围与行政区划、自然条件与环境建设、社会经济发展及现状与土地利用的基本状况等方面，分析和概括珠江三角洲地区的基本状况。

第一节 区域范围与行政区划

珠江是发源于我国西南乌蒙山地的西江和源于五岭（南岭）山地的北江与东江及珠江三角洲诸河等组成的水系总称（刘昌明等，2014），西江、北江和东江到下游后坡缓势降，流速降低，加之海潮顶托，泥沙沉积作用显著，形成了由西江、北江、东江和南海合力造就的珠江三角洲，是我国第二大三角洲。珠江三角洲东、西、北三面依附于广东、广西腹地，南面临海，为马蹄状的港湾三角洲，处于其核心位置的珠江口一直是我国与东南亚、欧洲等地进行经济贸易往来的重要通道，其中广州东郊黄埔的南海神庙是我国古代南洋航线的出发点，也是古代海上丝绸之路的起点（缪鸿基等，1988）。

一、区 域 范 围

珠江三角洲是一个尚未填满的湾内复合三角洲，其平面形态、地貌、沉积结构相较于长江三角洲等典型三角洲而言较为特殊，故经过早期对是否存在珠江三角洲的争论后，其范围与边界划分方面也存在一定的争议。

1. 珠江三角洲自然区的划分

吴尚时和曾昭璇（1947）早期提出"珠江三角洲溺谷生成学说"，具体划定了珠江三角洲的范围，其划分是以水道开始分汊处为三角洲的顶点，认为以三水至广州一线为北界再向东南行至石龙，凡此以南之平原，皆属于三角洲之本体，东西长度与南北长度相仿，面积约为 6000 km²。之后，不同学者分别提出了珠江自然三角洲范围的不同划分方法，就其面积而言可概括为小珠江自然三角洲和大珠江自然三角洲两类。

20 世纪 30 年代至 40 年代初，相关学者一般多以三水、石龙为顶点，南至珠江口海岸的地区，作为珠江三角洲的范围，称为小珠江三角洲。小珠江三角洲自然区域由西江三角洲、北江三角洲和东江三角洲组成，是三角洲的主体与精华所在，具体大致包括 20 世纪 80 年代的广州市区、佛山市、江门市区、中山市、珠海市 5 市和东莞、深圳 2 市的一部分，以及南海、番禺、顺德、新会、鹤山、斗门 6 县和高要、高明、三水、台山、开平、增城、博罗、宝安 8 县的一部分，总面积约为 1.72 万 km² （缪鸿基等，1988）。但后期不同学者对西江三角洲、北江三角洲的顶点提出不同看法，如提出"从放射状河道发育特点，以及潮汐影响范围考虑，则三角洲的北界在北江方面似应放在石角、芦苞一带，而西江方面则应移到墨砚洲一带似较合适"（黄镇国等，1982），即珠江自然三角洲东起东江石龙，西至西江羚羊峡，北起北江芦苞，南至南海沿岸，范围大致包括 21 世纪初时佛山、江门、中山、珠海 4 市的市区与郊区，番禺、南海、顺德、斗门 4 县的全部和广州、深圳、东莞市及三水、高要、高明、鹤山、开平、新会、增城、宝安等县的一部分，范围涉及当时的 19 个县（市、区），土地面积约 1.1 万 km²（许学强，2013），这是目前惯用的珠江三角洲自然区域划分方法。后来，黄镇国等（1982）参照沉积、地貌、水文等方面的特征，综合考虑并划分出更为具体的小珠江三角洲边界，即东南边界为太平—厚街—莞城—石龙，西北边界为石滩—仙村—雅瑶—新塘—南岗—黄埔，东及东北边界为石排—上南—九潭—铁场—沙塘，西、北江三角洲的北界为黄埔—广州—石碣—紫洞—宝月—西南—三水—黄塘—黄岗—羚羊峡东口，西南边界自马口以下沿山丘的边缘直至崖口西岸，面积约为 0.86 万 km²，依照当时的行政区划，包括番禺、顺德、中山、斗门、佛山市区和珠海市的全部，南海、三水、新会、东莞及广州市、江门市的一部分，还有博罗、增城、四会、高要、高明、鹤山的小部分。

相对于上述珠江三角洲自然区域的划分方法，20 世纪 40 年代吴尚时和曾昭璇（1947）也曾提出珠江三角洲的范围应包括主体部分（小珠江自然三角洲）及其外围平原，大致范围西起肇庆，东至惠州，北自清远、佛冈，南至沿海诸岛屿，如上下川岛、万山群岛、担杆列岛等，范围包括 20 世纪 80 年代的 9 个市（广州、佛山、江门、中山、东莞、肇庆、惠州、深圳及珠海）和 21 个县（南海、番禺、顺德、新会、台山、开平、恩平、高要、高明、鹤山、新兴、三水、四会、花县、从化、增城、博罗、惠阳、龙门、宝安、斗门）及清远、佛冈 2 市（县）的一部分，总面积约为 4.8 万 km²（缪鸿基等，1988），该划分可称为"大珠江自然三角洲"。

2. 珠江三角洲经济区的划分

1985 年，国务院为促进对外开放和经济发展，从管理角度在保存县级行政区单位完整性的基础上确定了珠江三角洲的范围，具体包括佛山市及所辖的中山市、南海县、顺德县、高明县，江门市及所辖的开平县、新会县、台山县、鹤山县、恩平县，广州市的番禺县、增城县，深圳市的宝安县，珠海市的斗门县，以及惠阳地区的东莞县。

1994 年，为满足区域经济一体化要求，广东省提出"珠江三角洲经济区"概念，并编制发展规划，区域范围包括广州市、深圳市、珠海市、佛山市、江门市、东莞市、中山市和惠州市的惠城区、惠阳区、惠东县和博罗县以及肇庆市的端州区、鼎湖区、高要市与四会市。之后香港、澳门回归，在原有珠江三角洲经济区基础上加上香港和澳门，被称为"大珠江三角洲"（李冬平和杨友孝，2005），这应是一个无法定约束力的约定俗成的经济区概念。一般若无特别说明，珠江三角洲范围多是指珠江三角洲经济区。

此外，为保持行政区划的完整性，还有将广州、深圳、珠海、佛山、江门、东莞、中山、惠州和肇庆 9 市的管辖区域全部归入"珠江三角洲地区"，陆地面积为 5.47 万 km^2（张争胜，2016）。2003 年，"泛珠江三角洲"概念在国内被正式提出，该概念是由广东省倡导并得到福建、江西、湖南、广西、海南、四川、贵州、云南等 8 省（自治区）政府和香港、澳门特别行政区政府积极响应和大力推动而形成的，其范围包括珠江流域地域相邻、经贸关系密切的福建、江西、广西、海南、湖南、四川、云南、贵州和广东 9 省（自治区）以及香港、澳门 2 个特别行政区，简称"9+2"经济地区，区域面积达 200.6 万 km^2（李冬平和杨友孝，2005）。

二、行 政 区 划

依据珠江三角洲经济区范围，珠江三角洲地区位于 21°17′～23°55′N、111°59′～115°25′E，西至恩平，东至惠东，北至从化，南至珠江口海岸，包括广州市、深圳市、珠海市、佛山市、江门市、东莞市、中山市及惠州市的惠城区、惠阳区、惠东县、博罗县以及肇庆市的端州区、鼎湖区、高要市、四会市等市（区、县），总面积约为 4.16 万 km^2（图 1.1）。

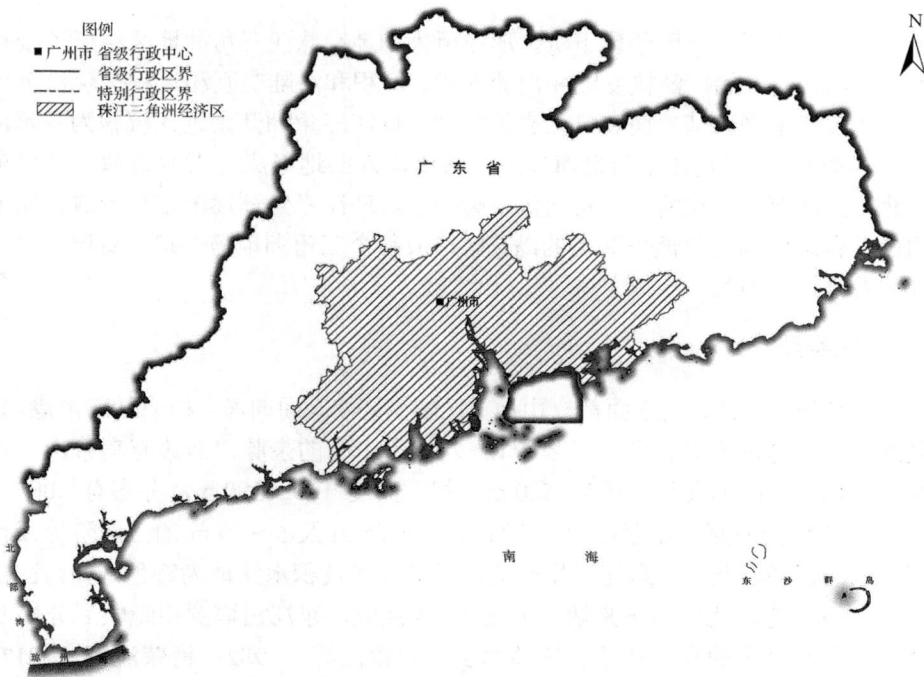

图 1.1　珠江三角洲经济区在广东省的位置示意图

第二节　自然条件与环境建设

一、地质地貌概况

1. 地质基础

珠江三角洲及其邻近地区属于粤桂隆起区，区域中出露地表的最古老地层为震旦系和寒武系岩系，在加里东运动后这些地层形成拗陷带，地台浅海相沉积后留下了较厚的泥盆系至三叠系砂页岩系。在燕山运动影响下，珠江三角洲及其邻近地区在早侏罗纪末期后被逐渐抬升成为陆地，白垩纪时发生的多次花岗岩侵入和断裂构造活动，导致现三角洲中、北部地区形成断陷盆地，盆地四周的山岭断裂上升，原沉积盖层被蚀消失，花岗岩出露地表，盆地本部堆积深厚的红色砂岩和砾岩等陆相碎屑。喜马拉雅运动开始后，区内出现大面积间歇上升和断块差异运动，地质活动以剥蚀、侵蚀作用为主，前期白垩纪至古近纪的红岩盆地分化解体，古珠江水系沿盆地的断裂构造切割发育，北东、北西和东西三组走向不同的断裂带将原盆地分割成大小不等的断块，构造出若干新的次一级构造单元，最终形成现在珠江三角洲基底起伏不平、沉积松散的地质基础（缪鸿基等，1988）。

晚更新世中期以后，因断裂下沉，形成巨大凹地，珠江三角洲地区结束了漫长的以侵蚀为主的状况，开始广泛接受陆相河流冲积、海积和海陆交互相沉积等疏松沉积物的覆盖，原本起伏不平的基岩面和风化壳被掩埋，珠江三角洲开始进入沉积为主阶段（缪鸿基等，1988）。尤其是在全新世海侵后，海水淹入凹地形成广大溺谷湾，吸引东江、西江、北江三江流入，在河、海共同作用影响下，珠江三角洲逐渐堆积形成，原来凸出海面的山丘台地成为三角洲平原上的岛丘，形成整个三角洲地势平坦、岛丘突起的地貌特征（陆发熹，1988）。

2. 地貌类型

珠江三角洲东、西、北三面都有山地、丘陵围绕，南面向海，构成马蹄形港湾形势。东边是莲花山山脉的余脉，北边是罗浮山-九连山山脉的余脉，西边有皂幕山、古兜山等，这些山地、丘陵的海拔一般约 500 m，相对高度 100～300 m，分布有 300～350 m 及 200 m 的两级剥蚀面，还存在 40～50 m、20～25 m 及 5～10 m 的三级阶地或台地。三角洲外围的西江、北江、东江河岸平原，以多汊道及积水洼地为特色，如西江出三榕峡后分出 4 条汊道，北江出飞来峡后分出 10 条汊道，东江出博罗田螺峡后分出 9 条汊道，汊道沿程有众多的积水洼地。整体而言（黄镇国等，1982；肖荣波等，2017），珠江三角洲的主要地貌类型有三角洲平原、岛丘（丘陵台地）和滨海滩涂，约 4/5 为平原，还有 1/5 为山地、丘陵、台地和残丘等，平原、山地、丘陵、台地交错分布（图 1.2）。

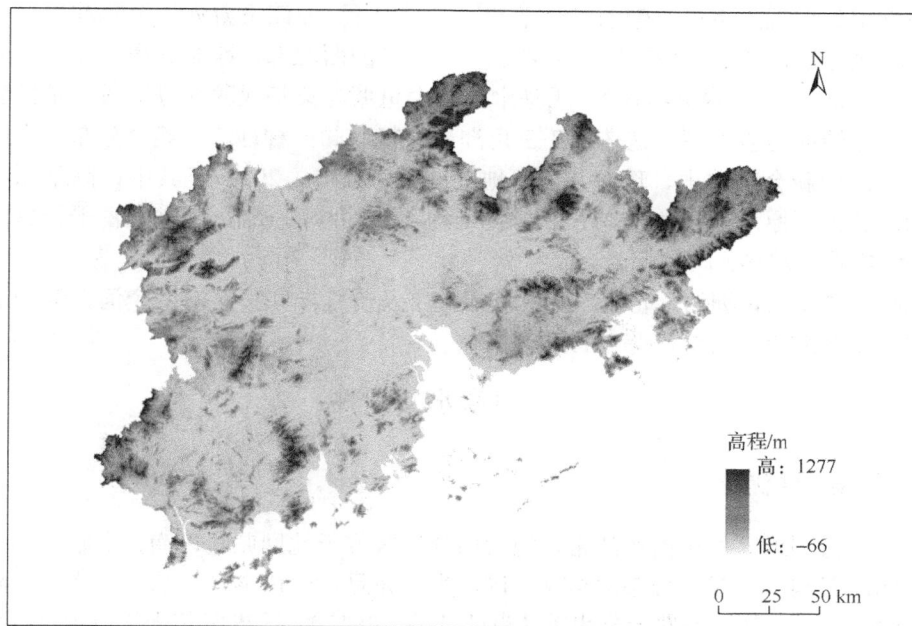

图 1.2　珠江三角洲经济区高程

　　珠江三角洲中凸起的岛丘有 160 余个,主要由低山丘陵和台地或侵蚀阶地组成,是珠江三角洲有别于国内其他三角洲(如长江三角洲等)的一大特色。珠江三角洲高程大于 200 m 的山地主要分布在高要的鸡笼山(1000 m)、新会的古兜山(900 m)和珠江口的大屿山(935 m)等。丘陵地集中分布在该区南部的五桂山(505 m)、凤凰山(448 m)和黄杨山(591 m)等附近地区,多为断块上升的地垒型山丘,一般高程 200~400 m。山丘的山体破碎,宽谷及山间盆地内有高程 60 m、40 m、20 m、10 m 四级台地,山麓有较为发育的坡度小于 10° 的洪积扇形地,有的成为高程 20 m 或 10 m 的洪积阶地。台地实质上多是珠江的侵蚀阶地,发育广泛,岩性也多种多样,尤其是高程 40~60 m、20 m 两级台地最为常见。由于年代和侵蚀程度的不同,台地在形态上可以分为丘状和坡状两种。丘状台地一般相对高度较高,流水切割较深,被分割成小丘状,或虽然相对高度不高,但因强烈侵蚀而呈孤丘状零星分布在平原之上,也被称为残丘,其他流水切割较浅的台地则呈波状起伏。

　　珠江三角洲中的平原,按其成因和形成时代的不同可以分为洪积-冲积平原、古冲积平原、现代冲积平原、三角洲平原、湖积平原、海积-冲积平原和海积平原等 7 类,按其基本形态可分为 4 类:①高平原,当地称为高围田及高沙田,主要由堆积阶地和平原组成,海拔为 0.5~0.9 m,被围垦的时间较早,主要分布范围是三角洲四周边缘地带,如广花平原、沙河阶地、车陂河阶地、潭江赤坎以上的恩平阶地平原及东莞厚街至太平公路沿线的阶地平原等,同时在三角洲内部山丘台地的小河谷或溪谷下游也有零星分布,如黄杨山、五桂山和西樵山等山丘的山麓洪积-冲积阶地平原(扇)和番禺北部台地的四周边缘等;②低平原,当地称为中沙田、低沙田,海拔为-0.2~0.7 m,包括分布在三角洲南部靠近入海口一带的三江下游河漫滩平原、潭江下游赤坎至陈冲圩之间的平原；③积水洼地，当地称为塱田，主要分布在该区的西北部，地面高程-0.4～0.7 m，亦有低达-1.7 m 的（三水大塱涡）；④基水地，由鱼塘与桑基或蔗基等组成，是低洼的平原经人工改造的地貌类型，这是珠江三角洲最有特色的一种地貌，集中分布在佛山南海与顺德、江门新会、中山、珠海斗门等地区（肖荣波等，2017）。其中，高平原和低平原面积总和占平原总面积的76%，积水洼地占平原面积的6%，基水地占平原总面积的18%（张争胜，2016）。

此外，珠江三角洲西、北江三角洲滨岸地带及伶仃洋和黄茅海两个河口湾的沿岸带还分布着滨海滩涂（缪鸿基等，1988）。

二、气候水文条件

1. 气候条件优越

珠江三角洲地区位于南亚热带，绝大部分地区位于北回归线以南，濒临南海，深受海洋气团的影响，属亚热带海洋季风气候，光照充足，热量丰富，基本无冻害，降水丰沛，且雨热同季，气候条件十分优越（肖荣波等，2017）。区内多年平均气温 22℃ 左右，最热月均温 28.2℃，最冷月均温为 12.5～12.7℃，如广州市 1 月平均气温为 9.5～15.8℃，多年平均温度为 13.6℃；7 月平均气温为 27.4～30.8℃，多年平均值为 28.9℃（图 1.3），区内≥10℃的年活动积温 6500～7600℃；夏至日的太阳高度角超过 87°，冬至日也可达 43°，白昼长达 14 h（夏至），冬至日仍有 11 h，年日照时数达 1900～2200 h，年太阳辐射总量中山市为 4541.6 MJ/km²，深圳市为 5404.9 MJ/km²，全年实际有霜日数在 3 天以下，生长季长；年降水量的年际变化较明显（图 1.4），年降水量为 1600～2000 mm，降水主要集中在夏季，4～9 月降水量占全年的 80% 以上，夏秋台风频繁，7～9 月为珠江口台风最盛季节，暴雨也最多，冬季降水较少；冬季陆风风速较强，常达 5 m/s 左右，夏季海风风速较弱，常为 3 m/s 左右。

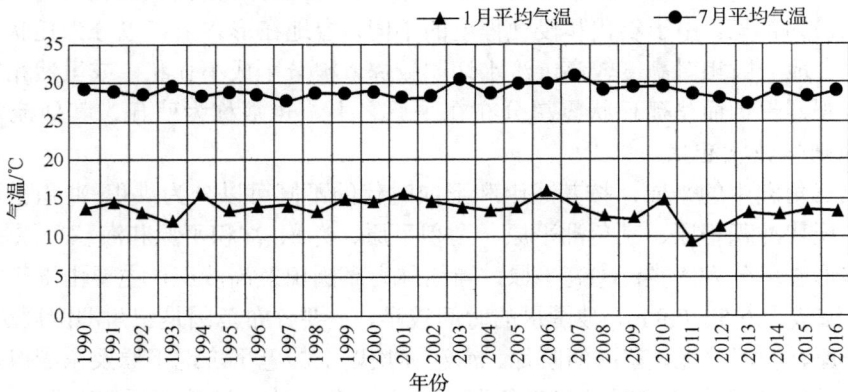

图 1.3　1990～2016 年广州市 1 月和 7 月的平均气温

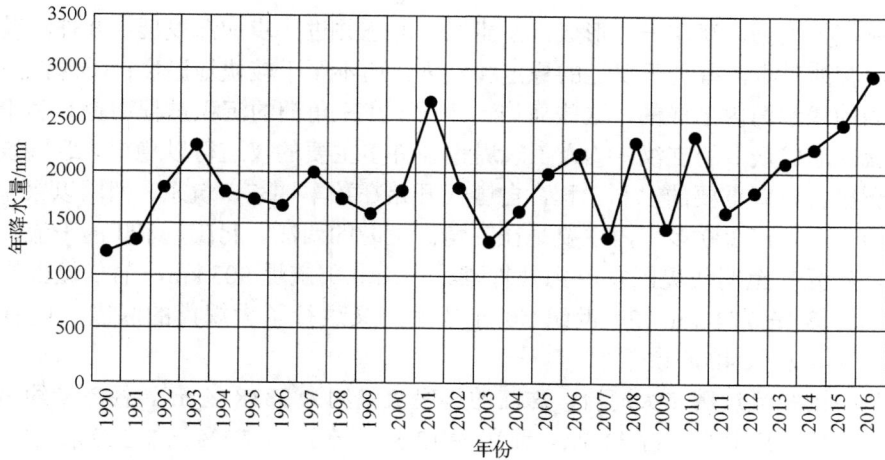

图 1.4 1990～2016 年广州市年降水量

珠江三角洲地区丰富的光、温、水资源，非常有利于双季稻、甘蔗、蔬菜、亚热带水果的生长，为提高农业土地利用率、增加作物复种指数、提高作物单产创造了极为有利的气候条件。同时，冬无严寒，夏无酷热，四季常青，景色宜人，对旅游业发展十分有利。但是，珠江三角洲地势低平，河道纵比降低，洪水不易宣泄，而大面积田面高程为负值的地区排水滞慢，全年 80% 的雨量集中在 4～9 月，若遇强降雨极易酿成洪涝。特别是在夏秋季节，台风频繁，每年直接在珠江口登陆的台风 1～2 次，台风雨量一般为 200 mm，最大可达 400～500 mm，台风带来暴雨、暴潮，往往会造成海堤崩决，田地受渍面积较大。在干旱年份，河流入海径流减少，则海水倒灌，咸潮入侵，水质变咸，严重影响生活用水和农业灌溉用水，对当地的人民生活、农业生产和生态环境造成威胁。珠江水系有八大入海口门，每年都面临着巨大的进潮量，枯水期时潮水甚至能深入广州一带，近年还有逐年加剧的趋势（张争胜，2016）。

2. 丰富的水资源

珠江三角洲水网密布，河流纵横，有西江干流、北江干流、东江干流、东平水道、莲沙容水道、陈村水道、小榄水道、潭江水道等数百条水道，河网密度为 0.68～1.07 km/km^2（陈晓宏和陈永勤，2002）。其中，西江、北江三角洲主要水道有近 100 条，总长 1600 多千米；东江三角洲主要水道有 5 条，总长 138 km。按主要水道计，珠江三角洲平均河网密度为 0.13 km/km^2；将河流汊道计算在内，西江、北江三角洲的河网密度为 0.81 km/km^2，东江三角洲为 0.88 km/km^2。越向下游，河网越密，西江、北江三角洲的河网密度在石湾一带为 0.68 km/km^2，北滘一带为 0.88 km/km^2，小榄、港口一带为 0.90 km/km^2，民众、万顷沙一带为 1.10 km/km^2。究其原因，主要有以下 5 点（姚章民等，2009；刘俊勇，2014；肖荣波等，2017）：①珠江三角洲内棋盘状分布的丘陵、台地和残丘使得水道交织形成复杂而密集的河网，最终汇集于虎门、蕉门、洪奇门、横门、磨刀门、鸡啼门、虎跳门、崖门 8 个口门出海，形成了"诸江汇合、八口分流"的水道河网特征；②珠江三角洲的水动力条件是强径流弱潮流，不论洪季或枯季径流都很强大，河道冲刷能力很强，汉道一经形成，便能保持河态并进一步加深发展；③珠江输沙能力较强，但含沙量少，有利于汉道的稳定和发展，而不至于较快地淤废；④珠江三角洲是在多岛屿的浅水湾内形成的，这些岛屿（岛丘）在三角洲的沉积过程中也有利于河道受阻而分流，形成众多的支汉；⑤人工筑堤也使许多主要的汉道得以稳定。联围筑闸是珠江三角洲自古以来重要的水利工程，自唐代开始在羚羊峡东口筑东、西围以来，已有近千年的历史，宋代 300 多年内主要是在三角洲上游的西江、北江、东江的干流两岸筑堤 220 km，经元代至明代堤围发展到甘竹滩、中山北部筑堤 903 km，清代堤围推进到现口门位置，筑堤 774 km。20 世纪 50 年代后，又进行了大规模的联围，现有江海堤围 500 余条，总长 4000 余千米。

作为中国径流量第二大河流，珠江的年径流量约为 3338 亿 m³。径流量约占珠江总径流量的比例，其中西江占 73.5%，北江占 13.5%，东江占 7.3%。珠江经东 4 门（虎门、蕉门、洪奇门、横门）出海的水量占珠江总水量的 62.5%，经南 4 门（磨刀门、鸡啼门、虎跳门、崖门）入海的水量占珠江总量的 37.5%。珠江三角洲河流水位、流向多变，具有年、季、月的周期性变化，水沙年内分配不均，径流量与输沙量主要集中在 6~8 月，部分河段（如广州、中山河段）受珠江口潮汐影响较大（倪培桐等，2016；肖荣波等，2017）。同时近几十年来，珠江三角洲水位总体呈上升趋势，河床上大规模无序采砂对水位变化影响较严重（蒋陈娟等，2012；孔兰等，2010）。

丰沛的降雨，众多的河流，为珠江三角洲带来了丰富的水资源。珠江三角洲水资源十分丰富，全区平均降水总量达 574.8 亿~930.2 亿 m³，地表水多年平均径流量达 430.3 亿 m³，珠江各支流带来的客水达 2846.8 亿 m³，此外珠江水系沿海各口门平均涨潮量和落潮量分别达 4878 亿 m³ 和 7254 亿 m³，相当于 2376 亿 m³ 的年径流量。另外，全区还有 10.9 亿 m³ 的地下水。陆地河网交错，山塘、水库、湖泊、池塘星罗棋布，陆地水域面积占土地总面积的 11.69%。丰富的水资源和广阔的水域，不但为该地区提供足够的饮用水和工农业生产用水及养殖用水等，而且通过流水、淀积等物理作用和化学、生物效应对净化环境起到重大作用，是保证环境自然净化和环境容量的重要因素。

同时，珠江三角洲发达的水网还形成了一个四通八达的水运网，大多能通航 300~1000 t 的船只，在三角洲运输中发挥了重要作用，尤其是珠江的 8 个出海口门是重要的通航水道，其中虎门是一条能通航万吨巨轮的深水航道，是广州的出海门户，其他口门一经整治也能通航数百吨至 3000 吨船只，均有很好的通航价值。

三、生物土壤特征

1. 生物种类丰富

珠江三角洲地带性植被类型为兼具热带林和亚热带林特征的亚热带常绿季雨林带，由于气候条件优越，部分地区成陆已久且受第四纪冰川影响较小，该区的植被种类丰富，植物区系成分复杂，特有属、种及古老子遗植物丰富，主要以樟科、壳斗科、桃金娘科、桑科、山茶科、大戟科、茜草科、金缕梅科、苏木科、芸香科、梧桐科、杜英科、紫金牛科、冬青科、棕榈科和山矾科等热带及亚热带的种、属为主。但是，由于人类开垦等原因，原生天然林几乎消失殆尽，区内大部分是马尾松、湿地松、杉树、桉树或相思树等单优势种人工林（吴舜泽等，2006），常见的栽培树木则有榕树、杨桃、木菠萝、白兰、扶桑、杧果、荔枝、菩提树、白木香等。现存森林资源分布面积较小，主要集中在肇庆、惠州、江门和广州等市，其中在鼎湖山区拥有植物种 1291 种，罗浮山冲虚观风水林拥有 146 属，常绿季风雨林植被多为风水林及杂木林，多属次生性。

在珠江三角洲滨海地带，分布有常绿灌木和小乔木群落的红树林，是热带、亚热带海湾、河口泥滩上特有的植被类型，对维护海岸、河口的生态环境有重要意义。珠江三角洲地区有红树林湿地 1899.3 hm²，其中深圳湾福田的红树林被列为国家级红树林自然保护区（王树功，2005）。珠江口红树林有秋茄、木榄等红树林群落，东莞、宝安、深圳、珠海的沙滩上则分布有海刀豆、厚藤、海杧果、老鼠簕等多种红树林群落。

珠江三角洲是水网区，原以沼泽、洼地和低平林野为主，曾经栖息不少典型亚热带动物，如亚洲象、马来鳄、孔雀等，但随着人类活动加剧、林木破坏，这些原生珍贵物种已消亡殆尽。珠江三角洲现在主要的经济鱼类有鲥鱼、花鰶、凤鲚、七丝鲚、银鱼、鳗鲡、花鳗、青鱼、草鱼、鳡鱼、鳝鱼、赤眼鳟、海南红鲌、大眼红鲌、鲹鱼、广东鲂、鳊鱼、黄尾密鲴、刺鲃、南方白甲鱼、鲮鱼和唇鱼等。

2. 土壤类型多样

珠江三角洲地区土壤发育的母质，山丘台地区主要是各种岩石风化物的残积体和坡积体，河流冲积平原区则主要为河流冲积母质，浅海海湾岛屿周围、台山、深圳的滨海平原则分布着带状的滨海沉积母质，以此为基础，在亚热带季风区的气候和生物因子长期作用下，地表形成了酸性、缺乏盐基物质且有明显富铝化作用的红色风化壳，之后经过不同的成土过程形成了该区多种多样的各类土壤，计有铁铝土、初育土、半水成土、盐碱土和人为土 5 个土纲、7 个亚纲、9 个土类和 18 个亚类土壤（陆发熹，1988；骆永明等，2012）。其中，分布面积最大的地带性土壤是砖红壤性红壤，占绝对优势的水稻土则是潴育型水稻土，在珠江三角洲沿海地带还有一定的滨海沙土、滨海盐土和酸性硫酸盐土分布（骆永明等，2012）。

区内土壤空间分布有所差异（骆永明等，2012），其中，东江、北江、西江和潭江等沿江平原的土壤分布特点比较一致：由河岸至丘陵依次是积水田、河流冲积潴育性水稻土、洪冲积潴育性水稻土、赤红壤；基塘区土壤多为堆叠土；从南面滨海的海滩地至北面的丘陵台地，土壤分布大致是滨海盐渍沼泽土或滨海盐渍砂土、油泥田、油格田、泥田、洪积沙泥田、砂质田、赤红壤；在滨海平原区，土壤由海滩至丘陵台地依次为滨海盐渍沼泽土、滨海盐渍水稻土、滨海沉积潴育水稻土、洪积冲积潴育水稻土和砖红壤性红壤组合；山地为红壤和黄壤、丘陵台地为砖红壤性红壤；在丘陵台地的缓坡地有梯田分布，河谷地带有垌田和坑田水稻土。珠江三角洲地区土壤的垂直地带表现为海拔 500 m 以下基本为砖红壤性红壤，从 400～500 m 开始到 700～900 m 主要为山地红壤，黄壤发育不明显，仅出现在 800 m 以上的局部山凹地，与山地红壤形成复区。

区内主要的地带性土壤是砖红壤性红壤，主要分布于珠江三角洲的丘陵和台地，其土壤特征会因成土条件不同而有较大差异（张争胜，2016），基本特征为矿物高度氧化分解、铁铝积聚、富铝化作用强烈、风化程度远低于砖红壤性土、地层铁铝分化，常见红、黄、白交替的网纹，土体中常见铁锰结核；土壤颜色以红棕色为主，土壤发生层次明显，表土多呈较疏松的颗粒状结构，质地多为轻壤土、中壤土；心土多呈块状结构，紧实，质地比较黏重。由于富铝化及淋溶作用强烈，盐基性物质高度淋失，盐基高度不饱和，导致土壤呈强酸性反应，pH 为 4.5～5.5；土壤有机质及含氮量因植被情况而变化很大，一般分别为 4%～6% 及 0.1%～0.2%，而草地土壤的有机质及含氮量则分别为 1.5%～3% 及 0.05%～0.1%。

四、岸线岛屿状况

1. 岸线的变化

珠江三角洲大陆海岸线长达 1059 km，沿海滩涂面积约有 6.8 万 hm²，主要分布于珠江口西岸的珠海、台山、中山、番禺、新会等市的沿海。滩涂大多集中连片分布，一些海滩土质肥沃，淡水来源充足，适宜围垦；有的海滩处于咸淡水交界处，海水深度和含盐分适中，浮游生物丰富，适宜发展海水养殖；有的海滩风光秀美，适宜发展旅游业。

但是，由于基岩浅，来沙量大，珠江三角洲的海岸线不断发生变迁，岸线总体上不断向海伸展。历史时期，秦汉时东江三角洲由东江、增江两个三角洲合并下伸至中堂，西、北江三角洲向东北伸延已达南华水道之北（东海水道）。唐代，东江延伸至东莞城，东江三角洲顶部开始发育。宋代末年，岸线南进到各冲缺三角洲中部，东江至麻涌、大汾、道滘一线，番禺至揽核、鱼窝头一线，中山岸线在横栏、浮圩（今名阜沙）、黄圃、潭州一线，新会成潮田，礼乐、外海一线成沙，潭江双子、黄冲一线成坦田。到明末，各冲缺三角洲加快淤积成沙。受河口冲淤、海岸侵蚀等自然因素（万顷沙岸段的冲淤造陆）及围垦养殖、港口建设和陆连岛工程等的共同作用，近 40 年来，珠江三角洲自然岸线比例持续下降，2015 年已降至 44.30%。空间分布上，沿海各市均存在大规模人工岸线的扩张，人工岸线从香港、广州逐步扩散至深圳—东莞、珠海—惠州、中山和江门，岸线轮廓趋于复杂化，变化剧烈的区域集中在伶仃洋海区、磨刀门海区、黄茅海海区，如广州市南沙经济技术开发区、深圳市大鹏湾与蛇口半岛、珠海市唐家湾—拱北、江门市崖南镇。在近 40 年的岸线变化中，珠海、广州两地岸线扩张的平均速率较快（陈金月，2017），其中 1973～1978 年珠海、江门、广州岸线扩张较快，1978～1988 年深圳市沿岸扩张增长迅速，1988～1998 年东莞、中山地区成为新增热点区域，1998～2008 年扩张至整个珠江三角区海岸线，2008 年后珠江三角洲海岸线扩张速率有所放缓。

2. 岛屿与港湾

珠江三角洲前缘海域分布着近 400 个岛屿，其中陆地面积大于 500 m² 的岛屿就有 344 个，面积较大的有上川岛、下川岛、担杆列岛、万山群岛、内伶仃岛、外伶仃岛、横琴岛、淇澳岛、南水岛和高栏岛等。这些岛屿有的已成为繁华市区，有的是正在开发中的城市用地，有的可建深水港，有的可作海上储油基地，有的富有旅游价值，可开辟为旅游区。

　　珠江三角洲大陆沿岸和岛屿拥有几十处港湾，港口资源丰富，如大亚湾、大鹏湾、赤湾—妈湾、虎门口、高栏列岛海湾、崖门口银洲湖等，均具有良好建港条件。

　　另外，珠江三角洲临近海域不但有丰富的海洋生物、海水化学、海洋能源、海洋空间和海底矿产等资源，还有多样的旅游资源，尤其是具有重大的环境生态效应，海洋生物、海水化学和水流、海潮等发挥着巨大的自净作用，对维护珠江三角洲环境起着重要作用。

五、生态环境建设

1. 资源环境问题

　　珠江三角洲地区改革开放以来在社会经济迅速发展的同时，也出现了一些值得重视的资源与环境问题，主要包括以下几个方面。

　　（1）耕地面积减少，耕地地力降低。在快速工业化、城市化过程中，非农建设用地迅速扩大，尤其是前些年在经济过热环境下，珠江三角洲地区普遍出现盲目圈地、超前征地、过分转让土地的现象，甚至征而不用、用而不当，使珍贵的耕地资源大量减少。同时，在农业结构调整过程中，又有大量耕地转作园地、养殖水面等，耕地面积持续减少。1980 年，珠江三角洲年有耕地 96.766 万 hm^2，但到 2003 年时耕地面积仅存 56.857 万 hm^2，这期间耕地面积平均每年减少 1.735 万 hm^2（相当于 26.028 万亩[①]），人均耕地早已减到警戒线（0.04 hm^2）以下。另外，由于城镇化进程及农村第二、第三产业的迅速发展，比较效益十分明显，农民种田的积极性不高，农田基本建设投入不足，粗放经营甚至丢荒的问题突出，耕地资源的利用率较低，复种指数只有 188%，粮食单产水平低于广东省韶关、梅州等山区，农田有效灌溉面积、旱涝保收农田面积不增反减，地力情况普遍恶化。

　　（2）植被破坏加剧，生态功能下降。人为开发建设活动，尤其是开发区建设、修路、采石取土及其他基础设施建设等，在施工过程中都会破坏原有的地表、植被和水系，产生大面积裸露的地表或坡面，引发水土流失，而且建设规模越大，对地表及周边环境的扰动破坏作用就越大，所产生的水土流失强度也越大。据全国第一次水利普查结果，珠江三角洲地区广州、深圳、珠海、中山、东莞、佛山、江门、惠州的水土侵蚀面积合计为 3770.19 km^2，其中强烈、极强烈和剧烈侵蚀面积有 366.98 km^2。同时，由于区内生态用地受到严重挤占，生态系统破碎化明显，缺乏系统的控制性防护，一些关键性生态区域面临严重威胁，森林生物量和净生产量不高，森林生态效益下降。

　　（3）污染物量激增，环境问题突出。随着城市化与工业化的快速推进，珠江三角洲城市生活污水和工业"三废"排放量激增，污染问题突出，导致生态环境恶化。①大气环境质量下降，酸雨频繁。珠江三角洲空气氮氧化物、二氧化硫、总悬浮微粒超过三级标准，酸雨频率居高不下，全区酸雨频率在 60% 左右，形成以广州、佛山、东莞为中心的酸雨高发地带（赵振华等，2003；张争胜，2016），广州达 70%，佛山达 80%，酸雨

　　[①] 1 亩≈666.67 m^2。

酸度平均 pH 为 4.57。②水体污染普遍。目前珠江三角地表水水质虽然以Ⅱ、Ⅲ类优良水质为主，但总体呈现轻度污染状态，生活废水排放量大、工业排污集中、畜禽养殖污染严重，水体污染趋于多样化（胡金蓉和张渊智，2011；张争胜，2016；肖荣波等，2017），受污染河流长度呈增长趋势，大部分流经城市的河流或河段的水质污染日益严重，其水质类别大部分为Ⅴ级或大于Ⅴ级，其中属于严重污染的有深圳和佛山的城市河流，属于中等污染的有中山、东莞和广州的城市河流，属于轻度污染的有江门、肇庆和珠海的城市河流及肇庆主干河流——西江，属于尚清洁的多数为各主干河流。就 5 种主要污染指标溶解氧、高锰酸盐指数、生化需氧量、非离子氨和石油类的情况来看，流经深圳、东莞和佛山中心城市的河流全部指标均超标，中山、广州、江门、肇庆和珠海等各市的城市河流均有不同的指标超标，主干河流中石油类超标较严重（赵振华等，2003；肖荣波等，2017）。③土壤污染问题不容乐观（肖荣波等，2017），部分城市土壤重金属超标突出，农业生产过程中，单位土地面积农药使用量、化肥施用量高于全国平均水平，氮肥污染、农药残留与持久性有机污染有所加重。

2．生态建设措施

面对严峻的生态环境问题，广东省积极实施可持续发展战略，积极建设绿色广东，使得珠江三角洲地区在加快经济发展的同时，不断加强环境保护与生态建设工作，与国家环境保护总局联合编制《珠江三角洲环境保护规划》和《广东省环境保护规划》。通过严格实施环保规划，加大污染治理力度，大力改造传统产业；通过加强建设项目环境影响评价审批，鼓励发展科技含量高、能耗低、排污少的高新产业，严格限制高能耗、高耗水、高污染的项目，较好地实现了污染物负荷的消减；尤其是基于良好的经济条件，进行了一系列生态环境建设，并取得明显成效。例如，2010 年以来，珠江三角洲地区大气环境整体有所好转，虽仍属于重酸雨区，广州、佛山和东莞的污染日数依然保持较高水平，但空气质量优良天数比例呈现上升趋势，从化和深圳的污染日相对较少，惠州的污染日减少最为显著（吴蒙等，2015）。以广州市为例，近年来广州按照现代化城市发展要求，大力建设绿色广州，开展了"青山绿地、蓝天碧水、固体废物处理"等七大工程建设，广州每年环保资金的投入都占其国内生产总值（gross domestic product，GDP）的 2%以上，目前广州市的城市生活污水总处理能力达到每日 150 万 t 以上，截污管网230 km，整治河涌 29 条，中心城区城市生活污水处理率达到 70.16%；绿化覆盖率高达35%，人均公共绿地超过 10 m²；生活垃圾无害化处理率 100%，对占全市污染负荷 80%以上的重点企业执行严格的排污许可制度，主要污染物排放总量减少 60%以上；珠江广州河段水质污染指数有较明显下降，基本消除了 20 世纪 90 年代初珠江广州河段水体发黑发臭现象；空气质量除个别指标外均控制在国家二级标准之内，部分指标比 10 年前明显好转。

第三节　社会经济发展及现状

改革开放以来，珠江三角洲地区依托其特殊的区位、较好的经济基础、国家改革开放的政策、国际产业转移的有利时机，尤其是行政管理体制改革提供的便利条件，社会经济发展突飞猛进，逐步实现了以工业化为主要内容和标志的经济起飞，取得了举世瞩目的成就，总体上已达到比较富裕的水平，一跃成为广东省乃至全国社会经济发展水平较高的地区之一。

一、人口与居民生活

依据统计资料，1990～2015 年，珠江三角洲地区常住人口由 2369.93 万人增加至 5874.27 万人，户籍人口由 2371.57 万人增加至 3265.69 万人（图 1.5），常住人口增加速度明显高于户籍人口，人口空间分布集聚现象逐渐趋于显著，2015 年，广州、深圳、佛山、东莞 4 个核心城市聚集了珠江三角洲地区 70%以上的人口（图 1.6）。其间，1990～2000 年是珠江三角洲地区人口高速增长期，常住人口增长了 1919.85 万人，常住人口年均增长率为 8.10%，增加人口中 9 成以上为外来人口，外来人口已成为珠江三角洲地区人口构成的重要组成部分，说明自改革开放以来珠江三角洲地区以劳动力密集型加工业为主的产业类型及外向型经济的发展极大地促进了大量外来人口向珠江三角洲地区聚集，珠江三角洲地区的外来城市人口快速增加，使珠江三角洲地区逐渐成为广东省人口最为稠密的区域。2011 年以来，受珠江三角洲产业结构调整、中部崛起和西部大开发战略推进等众多因素的影响，外来务工人员返乡就业趋势逐渐显现（姚士谋等，2016）。2011～2015 年，珠江三角洲地区常住人口增长了 227.76 万人，年均增长率为 1.01%，其中外来人口仅占 15.78%，部分年份的流动人口甚至出现了负增长，珠江三角洲地区的人口增长逐渐趋于平稳状态。

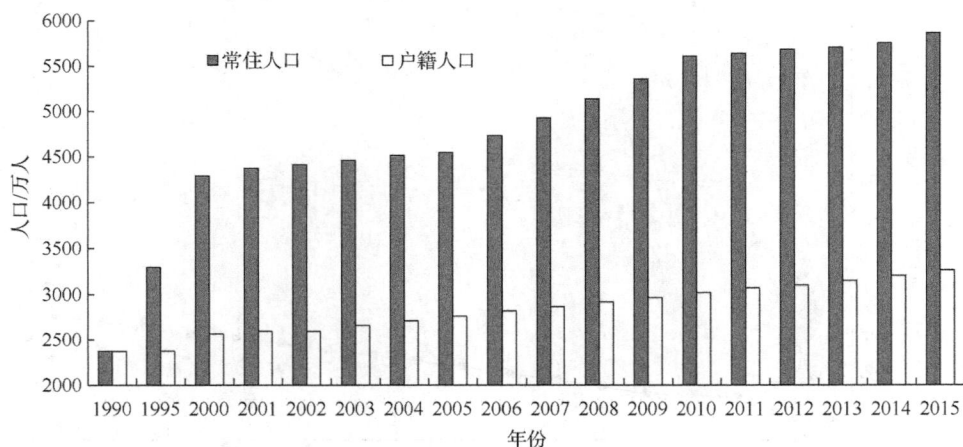

图 1.5　1990～2015 年珠江三角洲地区人口变化

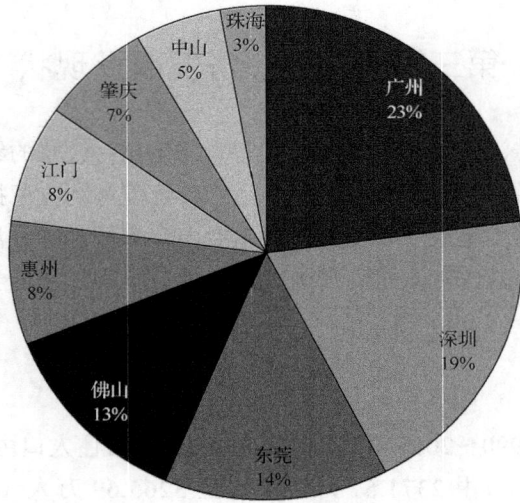

图 1.6　2015 年珠江三角洲地区各市常住人口比例

　　1990～2015 年，珠江三角洲地区常住人口密度由 430.05 人/km² 增加至 1065.96 人/km²，户籍人口密度由 430.35 人/km² 增加至 592.60 人/km²（图 1.7），由于外来人口的大量迁入，珠江三角洲地区的常住人口密度的增长速度明显大于户籍人口密度。其中，1990 年广州市人口密度（按户籍人口计算）为最高（799.33 人/km²），其次为佛山市（721.03 人/km²）和中山市（644.04 人/km²），而深圳市及珠海市的人口密度仅为 9 市中的第 7 位和第 8 位，人口密度分别为 343.81 人/km² 和 295.41 人/km²（图 1.8），但到 2015 年珠江三角洲地区 9 市人口密度最高的为深圳市（1851.12 人/km²），其次为广州市（1148.97 人/km²），佛山市为第三（1003.79 人/km²）。1990～2015 年，深圳市人口密度的增速为珠江三角洲地区 9 市中最大，人口密度由 1990 年的 343.81 人/km² 增加至 1851.12 人/km²，年均增加 17.54%；第二是珠海市，人口密度年均增速为 4.95%，第三是惠州市，人口密度年均增速为 2.32%，而肇庆市的人口密度增速为负值，说明人口流出明显。

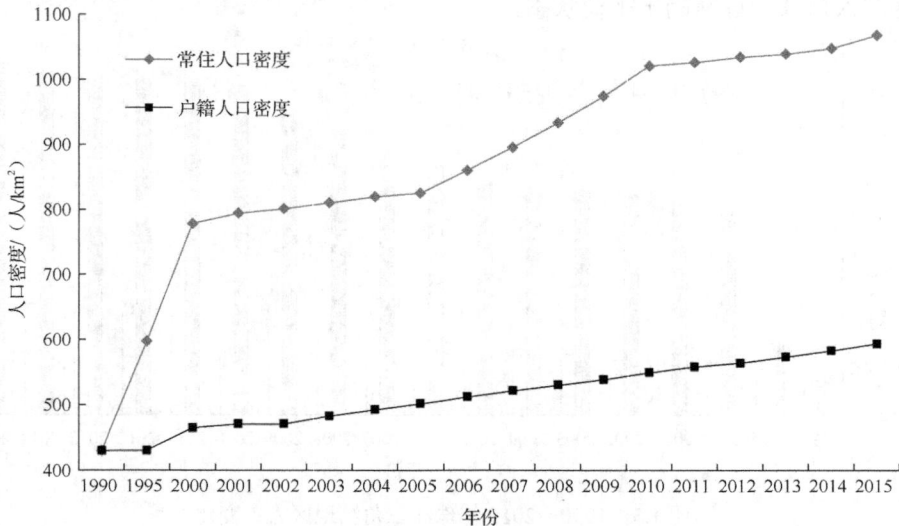

图 1.7　1990～2015 年珠江三角洲地区人口密度变化

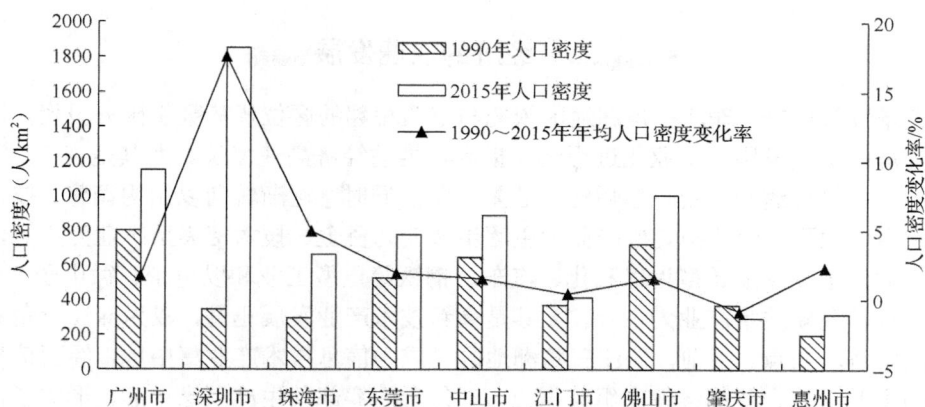

图 1.8　1990～2015 年珠江三角洲地区 9 市人口密度变化

　　自改革开放以来，随着经济快速腾飞，珠江三角洲地区的居民生活水平显著提高，城乡居民收入不断增加（图 1.9）。1990～2015 年由 3200 元/人增加至 36 290 元/人，增长了近 11 倍。其中：1990 年深圳城市居民人均可支配收入最高，为 4130 元/人，珠海次之为 3420 元/人，广州市为 2750 元/人；2015 年，广州市城乡居民收入显著增加，在 9 市中最高，为 46 740 元/人，深圳市仅次于广州市，为 44 630 元/人，东莞、佛山、珠海、中山市的城乡居民收入也相对较高，均大于 37 000 元/人，而惠州、江门、肇庆相对较少。1990～2015 年，珠江三角洲地区的农村居民人均可支配收入[①]由 1540 元/人增加至 19 090 元/人，增长了近 12 倍，其中：1990 年中山市农村居民人均可支配收入最高，为 2200 元/人，广州市与中山市相当，为 2140 元/人，再次为东莞市及佛山市，分别为 1540 元/人和 1531 元/人；2015 年，东莞、中山、广州及佛山的农村居民人均可支配收入相对较高，均高于 22 000 元/人，而其余 4 市均低于 18 000 元/人。

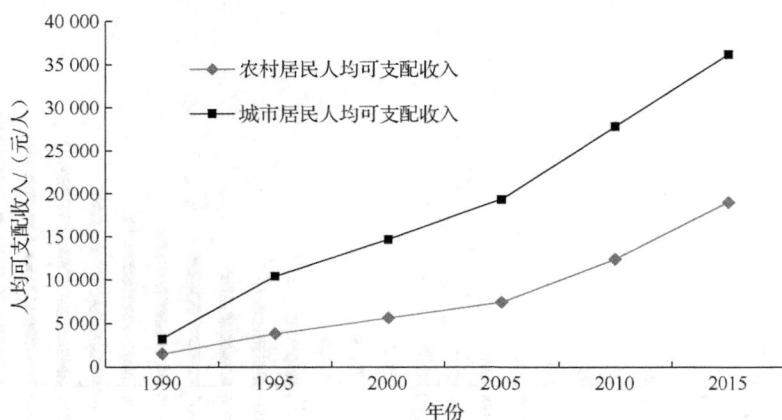

图 1.9　1990～2015 年珠江三角洲地区城乡居民人均可支配收入

---

① 深圳市无农业人口，故无农村居民人均可支配收入指标。

二、经济的快速发展

改革开放以来，珠江三角洲地区依托与港澳相邻的区位优势吸引国外投资，促进了区域经济的快速发展，工业化进程迅速提高，推动经济高速增长。尤其是在 20 世纪 90 年代经济总量已达到一定规模后注重总量扩张的同时，逐渐转向以结构调整、技术升级为主，由资源型、劳动密集型产业为主逐步转变为资金、技术密集型产业为主，由以轻小型产业为主导逐渐转型为以石化、汽车、钢铁等重型工业和以电子、微电子、通信、生物工程等高新技术产业为主导，尤其是高新技术产业发展迅猛，成为珠江三角洲地区主要的经济增长点。目前，珠江三角洲地区已成为信息技术产业集中地，经营信息技术产业的主要大型企业相继设立组装据点，与外资的零部件生产厂家一起，形成了世界屈指可数的信息技术产业高度集中地区，现在这里集约了 5 万家零部件生产厂家，形成零部件供应基地。同时，由于有了坚实的发展基础，并有较为雄厚的经济力量和人才力量作为支撑，珠江三角洲的电子信息、新材料、生物技术和光电一体化四大高新技术产业在全国同行业中也都处于优势地位，电子信息产品制造业成为珠江三角洲的支柱产业之一。因此，改革开放以来珠江三角洲地区的经济发展一直呈快速增长趋势，2015 年，GDP 达到 6.23 万亿元（图 1.10），占全省 GDP 的 79.14%；人均 GDP 由 0.42 万元增加至 10.7011 万元（表 1.1），明显高于广东省人均 GDP 6.19 万元，是全国经济发展水平较高的城市群区之一。珠江三角洲 9 市的经济发展水平具有明显差异，广州、深圳为珠江三角洲经济发展的"领头羊"，GDP 及人均 GDP 均是珠江三角洲地区最高的两个城市，其中 2015 年广州和深圳的 GDP 分别为 1.81 万亿元和 1.75 万亿元，占珠江三角洲地区 GDP 的 57.18%，人均 GDP 水平深圳市最高，为 15.7985 万元，广州市次之，为 13.6188 万元；在广州、深圳的经济发展带动下，佛山及东莞市的经济发展水平也较高，GDP 分别为 8003.92 亿元和 6275.07 亿元，相比之下，江门、肇庆的经济发展水平相对较低。

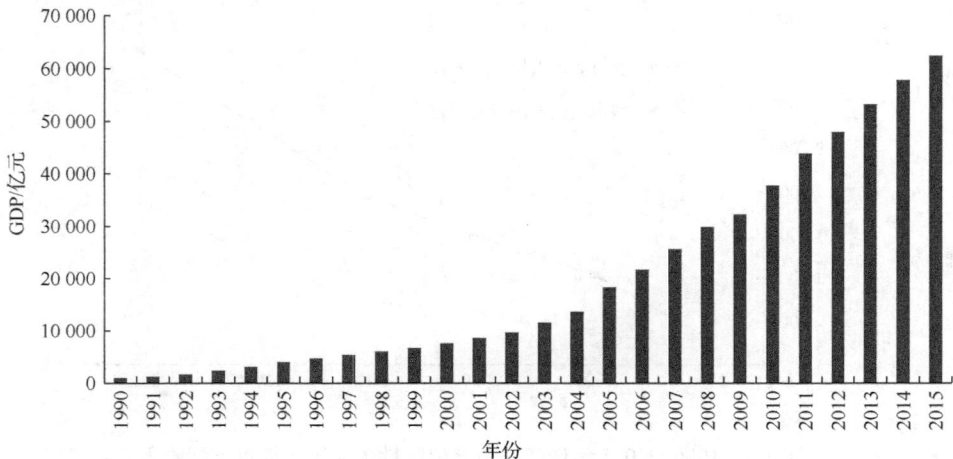

图 1.10　1990～2015 年珠江三角洲地区 GDP 变化

表 1.1　1990～2015 年珠江三角洲各市人均 GDP　　（单位：万元/人）

城市及地区	1990 年	1995 年	2000 年	2005 年	2010 年	2011 年	2012 年	2013 年	2014 年	2015 年
广州市	5 417	19 366	25 626	53 809	87 458	97 588	105 909	120 294	128 478	136 188
深圳市	6 896	23 381	32 800	60 801	96 184	110 520	123 451	137 632	149 495	157 985
珠海市	5 516	19 107	27 770	45 320	78 030	90 140	95 819	105 834	116 537	124 706
佛山市	4 536	17 702	20 231	42 066	79 902	85 650	90 792	96 317	101 617	108 299
惠州市	2 180	9 089	13 877	21 909	38 650	45 371	51 130	57 716	63 657	66 231
东莞市	4 959	14 428	13 679	33 287	53 193	57 913	60 907	66 440	70 605	75 616
中山市	3 828	12 477	15 077	36 435	60 888	70 063	77 694	83 804	88 682	94 030
江门市	2 658	9 571	12 851	19 546	35 622	41 063	42 028	44 546	46 237	49 608
肇庆市	1 697	6 832	7 422	11 890	28 052	33 754	36 999	41 811	45 795	48 670
珠江三角洲地区	4 220	14 124	20 280	40 336	69 002	77 689	84 434	93 548	100 448	107 011

　　珠江三角洲地区的人口和产业高度聚集，基本形成了城乡一体化和城镇高度密集的城镇群，大城市、特大城市也主要集中在珠江三角洲地区。珠江三角洲地区城镇数量多，分布密度大，城镇密度达 100 个/万 km^2，城镇间平均距离不到 10 km，是我国改革开放的先行地区、重要的经济中心及城市群区，在全国社会经济发展中具有突出的带动作用及重要战略地位。自改革开放以来，珠江三角洲城市群最初通过"三来一补"（来料加工、来样加工、来件装配和补偿贸易）及"村村点火、户户冒烟"的村镇企业开始了自下而上的工业化初始阶段，珠江三角洲工业化发展至今逐渐形成了城市群一体化的空间格局，但内部具有差异，珠江口附近的工业生产用地分布密集，而珠江三角洲城市群外围地区的工业用地空间分布零散，呈现沿交通线发展的小规模聚集。目前，在广州、深圳两个特大城市对周围 7 个地级市的辐射带动下，珠江三角洲地区逐渐形成广佛肇（广州、佛山、肇庆）、深莞惠（深圳、东莞、惠州）、珠中江（珠海、中山、江门）9 市三大经济圈，其内部城市逐渐走向有机融合（林雄斌等，2014）。

　　2008 年，国务院批复了《珠江三角洲地区改革发展规划纲要（2008—2020 年）》，珠江三角洲一体化上升为国家战略，围绕着基础设施、产业布局、城乡规划、公共服务、环境保护一体化，珠江三角洲的经济地理结构正在发生重大变化，轨道、绿道的"双道"建设为珠江三角洲区域一体化提速提供了基础性条件（冯永玖等，2008）。从社会经济的发展演变来看，珠江三角洲地区先后经历了农村工业化、城市工业化、大都市区化的发展阶段，从传统的基塘农业地区转变为世界工厂，再逐步发展为全国的重要经济增长极、全国市场化程度最高且最具经济活力的地区之一（姚士谋等，2016）。1990～2015 年，从产业结构的发展演变来看，珠江三角洲地区已由工业经济为主导转变为以第三产业为主导，基本实现了产业结构的转型升级，珠江三角洲地区的第一产业比例由 14.16%显著减少为 1.51%；第二产业比例略有降低，由 44.79%减少为 43.63%；第三产业比例有所提升，由 41.05%增加至 54.86%（图 1.11）。从珠江三角洲地区内部来看，9 个城市的产业结构具有显著差异，其中 2015 年肇庆市的第一产业比例高达 14.6%，高于 1990 年时珠江三角洲地区的第一产业比例平均值（14.16%），而深圳市已无第一产业，东莞、广州、佛山市第一产业比例仅分别为 0.3%、1.3%、1.7%；佛山、惠州、中山及肇庆市的第二产业比例相对较高，均超过 50%，分别为 60.5%、55.0%、54.3%及 50.3%，而广州及深圳市的第二产业比例相对较低，分别为 31.6%和 41.2%；广州、深圳、东莞市的第三产业比例较高，分别为 67.1%、58.8%、53.1%，而佛山及肇庆市相对较低。

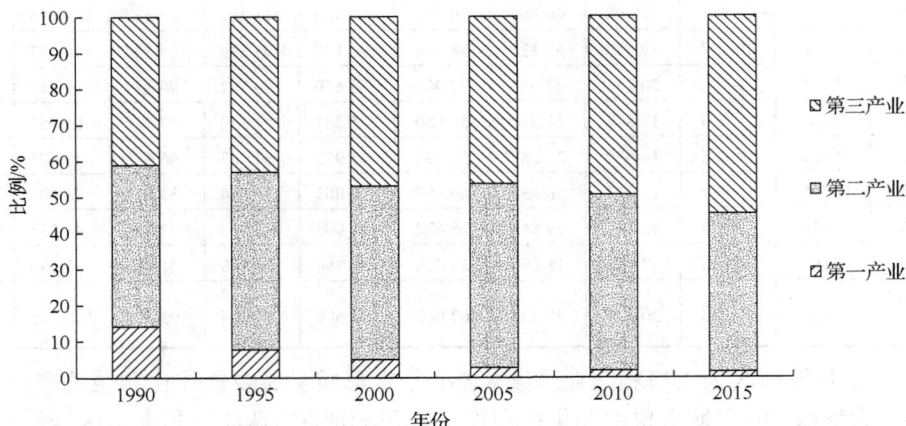

图 1.11　1990～2015 年珠江三角洲地区产业结构的变化

　　珠江三角洲地区是世界重要的加工制造及出口基地，是世界产业转移的优先选择地区，形成了电子信息、家电、家具制造等企业群和产业群，广东省重要科技资源的聚集地，以及中国规模最大的高新技术产业带，辐射带动华南、华中和西南地区的发展。

三、基础设施的建设

　　基础设施建设一体化是区域经济一体化的突破点，也是区域内各方开展合作的重要基本条件，为高效整合区域内资源、加速区域经济一体化进程提供强有力的支撑。改革开放，尤其是 20 世纪 90 年代以来，珠江三角洲地区加大了交通、能源、水资源和信息等基础设施的统筹规划建设力度，基础设施一体化建设取得显著成效，已形成比较完备的基础设施体系。目前，珠江三角洲地区已初步形成以广州为中心，铁路、公路、水运、民航等多种运输方式相衔接，连通全省和全国的综合交通运输体系。其中，高速公路网基本覆盖区域所有县（市），内河航道网以千吨级航道为骨干，主要港口出海主航道均满足 5 万 t 级船舶通航要求。初步形成与粤东、西、北地区电网连通的珠江三角洲 500 kV 双回路内外环电网骨干网架，覆盖珠江三角洲主要城市并连接省内现有主要炼油厂的珠江三角洲成品油管道，以及覆盖珠江口两岸主要城市的天然气主干管道，电网、天然气管网还与香港、澳门连接，加强了对港澳的能源保障。初步建成区域和流域相结合，以取水、供水、用水、排水、水生态保护和防治水害为主体的水资源管理机制，区域水资源开发利用体系和水政策法规体系初步形成，水务一体化改革稳步推进。基础通信网络已在珠江三角洲建成核心环、西环和东环，有线电视光缆干线网覆盖全省所有市、县（区），形成空中、地面、水下的立体通信传输网络，基础信息资源一体化建设初见成效。

　　珠江三角洲地区具有便捷的交通条件，综合交通运输方式构建了"珠三角地区一小时生活圈"，交通条件的便利性、通达性及对外联系强度等较高，相对完善的交通条件是推动珠江三角洲地区经济快速发展的重要因素。1990～2015 年，珠江三角洲地区公路里程由 1.63 万 km 增加至 6.31 万 km，尤其是 2005～2015 年，公路里程增长速度明显加快（图 1.12）。2015 年，珠江三角洲地区旅客周转量为 3929.73 亿人·km，货物周转量为 12 796.07 亿 t·km，货运量为 24.74 亿 t，民用汽车拥有量为 1164.38 万辆。

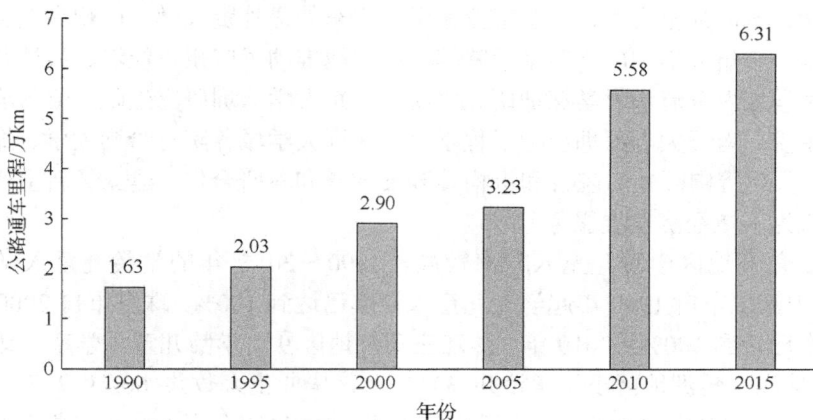

图 1.12　1990～2015 年珠江三角洲地区公路通车里程变化

1990～2015 年，珠江三角洲地区邮电业务总量由 12.47 亿元增加至 3573.05 亿元，由于互联网的迅速崛起，传统的邮电业务受到较大冲击，2010～2015 年珠江三角洲地区邮电业务总量由 3949.45 亿元减少至 3573.05 亿元（图 1.13）。2015 年，珠江三角洲地区函件 57 277.43 万件，报刊累计数 61 498.59 万份，快递 465 989.73 万件，移动电话用户 11 437.39 万户，城市电话用户 1666.20 万户，乡村电话用户 420.48 万户。

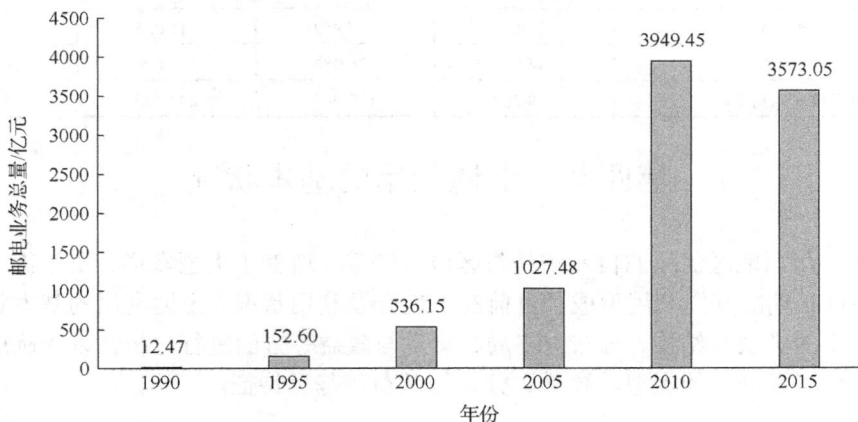

图 1.13　1990～2015 年珠江三角洲地区邮电业务总量变化

四、文化教育与科技

珠江三角洲地区文化教育水平较高，聚集了中山大学、华南理工大学、暨南大学等众多国内知名高校，是广东省文化教育与科技发展的核心区域，形成了以广州为龙头，深圳、珠海、佛山、东莞为骨干，协调其他中心城市高等学校发展的高等教育五大集聚群，5个城市的大学城建设形成高级人才培养、科学研究和交流的中心，是学、研、产一体化发展的城市新区。其中，广州大学城规划范围为 43.3 km²，可容纳学生 18 万～20 万，总人口达 35 万～40 万，相当于一个中等规模的城市，进驻学校有中山大学、华南理工大学、华南师范大学、广东工业大学、广东外语外贸大学、广州中医药大学、广东药科大学、广州大学和广州美术学院等，极大地推动了广州市经济、科技和文化的发展。深圳大学城内有清华大学深圳研究生院、北京大学深圳研究生院、哈尔滨工业大学深圳研究生院、南开大学深圳金融工程学院，深圳大学城各院与哈佛大学、加利福尼亚大学、伦敦大学等国际知名院校和机构等开展教学和科研合作，建立了新型产学研结合机制，积极为区域经济发展服务。

珠江三角洲地区学龄儿童入学率较高，1990～2015 年的学龄儿童入学率均高于99.7%，其中深圳市自 1990 年起学龄儿童入学率已达到 100%，珠海市自 2000 年起学龄儿童入学率已达到 100%。2010 年，珠江三角洲地区 9 市学龄儿童入学率均达到 100%。2015 年，珠江三角洲地区小学学校共 3315 所，毕业生人数共 60.21 万人，升学率为92.64%，其中深圳升学率为 99.93%，珠海市最低，为 91.84%，其余各市升学率均为 100%；普通中学学校数为 2036 所，毕业生人数共 81.93 万。

2000～2015 年，珠江三角洲地区卫生医疗条件显著改善（表 1.2），其中，卫生机构数由 4641 所增加至 14 481 所，床位数由 9.47 万张增加至 24.84 万张，卫生技术人员数由 13.82 万人增加至 38.95 万人。

表 1.2 2000～2015 年珠江三角洲地区卫生机构数、床位数及卫生技术人员数

指标	2000 年	2005 年	2010 年	2015 年
卫生机构数/所	4 641	7 952	11 026	14 481
床位数/张	94 749	126 386	175 694	248 419
卫生技术人员数/人	138 202	172 969	287 440	389 510

第四节　土地利用的基本状况

珠江三角洲地区优越的自然条件与区位优势等，造就了类型多样、质量优良的土地资源，经过长期的开发利用形成了目前的土地开发利用状况。土地利用的基本状况主要从土地利用的类型与结构、分布与格局、质量与效益等方面进行分析，以明确珠江三角洲地区土地资源利用的类型、数量、分布与效益等基本特征。

一、土地利用类型与结构

以下主要基于珠江三角洲地区 2014 年 Landsat TM 卫星遥感影像的土地利用解译数据，从土地利用的类型构成、空间结构的景观形态、分形结构及结构均衡度等方面，分析珠江三角洲地区的土地利用类型与结构特征。

1．土地利用类型构成

根据 2014 年 Landsat TM 卫星遥感影像的土地利用解译结果，珠江三角洲地区土地利用类型包括 6 个一级地类和 21 个二级地类（表 1.3），林地为其最主要的土地利用类型，面积为 18 702.24km^2，占区域土地总面积的 45.35%，其中有林地为林地的主要组成，占林地面积的 81.23%，是珠江三角洲地区生态环境优良的重要保障；其次为耕地类型，面积为 10 651.80km^2，占土地总面积的 25.83%，其中约 3/4 的耕地组成为水田，体现了我国南方耕地构成以水田为主要优势的特色；建设用地已成为珠江三角洲地区的重要土地利用类型，面积共为 7277.28km^2，占区域土地总面积的 17.65%，其中以城镇用地为主体，面积为 4287.52 km^2，占建设用地总面积的 58.92%，而农村居民点用地仅不足城镇用地总量的 1/3；水域占比相对其他地区较大，面积为 3859.46 km^2，占区域土地总面积的 9.36%，其中以水库坑塘和河渠为主要类型，分别占水域总面积的 67.60% 和 29.07%，体现了明显的岭南水乡特色；草地类型在珠江三角洲地区占比相对较少，面积共为 731.51 km^2，仅占土地总面积的 1.77%，其中约 9 成的草地为高覆盖度草地，说明草地占比虽少但质量较好；其余未利用地在珠江三角洲地区占比极少，仅为 0.04%，面积为 15.42 km^2。

表 1.3　2014 年珠江三角洲地区土地利用类型面积统计

土地利用类型			面积/km^2	占土地总面积的比例/%
一级类	二级类	地类代码		
耕地	旱地	12	3 174.98	7.70
	水田	11	7 476.82	18.13
	小计		10 651.80	25.83
林地	灌木林	22	456.12	1.10
	其他林地	24	1 327.30	3.22
	疏林地	23	1 727.16	4.19
	有林地	21	15 191.66	36.84
	小计		18 702.24	45.35
草地	低覆盖度草地	33	8.37	0.02
	高覆盖度草地	31	649.42	1.57
	中覆盖度草地	32	73.72	0.18
	小计		731.51	1.77
水域	河渠	41	1 122.04	2.72
	湖泊	42	0.81	0.00
	水库坑塘	43	2 608.84	6.33
	滩地	46	73.83	0.18
	滩涂	45	53.94	0.13
	小计		3 859.46	9.36
建设用地	城镇用地	51	4 287.52	10.40
	农村居民点	52	1 319.97	3.20
	其他建设用地	53	1 669.79	4.05
	小计		7 277.28	17.65

续表

土地利用类型			面积/km²	占土地总面积的比例/%
一级类	二级类	地类代码		
未利用地	裸土地	65	7.84	0.02
	其他	67	2.13	0.01
	沙地	61	3.59	0.01
	沼泽地	64	1.86	0.00
小计			15.42	0.04
总计			41 237.72	100.00

2．土地利用结构特征

景观格局特征是反映土地利用结构的直观标志（胡艳兴和潘竟虎，2016），如分形分析可反映区域土地利用结构的稳定性（朱晓华和蔡运龙，2005；叶长盛和董玉祥，2011），土地利用均衡度体现区域土地利用结构的均衡程度（陈彦光和刘继生，2001），故以下基于景观格局指数、分形分维模型、均衡度函数等，分析 2014 年珠江三角洲地区土地利用的组成结构特征。

1）土地利用结构的形态特征

区域土地利用结构的形态特征可通过景观破碎度及景观优势度指数予以表征。景观破碎度指数用以表征地类斑块间的邻近距离及破碎化程度，破碎度越大说明破碎化程度越高。珠江三角洲地区的景观破碎度平均为 0.82，外围区域（江门市西北部及南部、肇庆市、广州市从化区、惠州市北部）及珠江口附近的珠海市及中山市景观破碎度较低，中心区域的景观破碎度相对较高（图 1.14）。就不同的土地利用类型而言，2014 年珠江三角洲地区未利用地的破碎化程度最高，景观破碎度高达 6.67，其次是草地，为 3.91，林地及耕地的破碎化程度较低，破碎化指数分别为 0.65 和 0.93，连片的耕地便于机械化农业生产，林地面积大且连片分布保障了珠江三角洲地区的生态环境。从珠江三角洲 9 市的景观破碎化程度来看，东莞市的景观破碎化程度最高，为 1.23，明显高于其他城市，而珠海及肇庆市的景观破碎化程度最低，为 0.67，其他城市的景观破碎度指数为 0.69～0.90，这与城市的不同发展阶段及政府对土地利用规划的制定、实施、管理措施等密切相关。

景观多样性指数表征区域土地利用类型的多样化程度，珠江三角洲地区整体的景观多样性指数为 1.25。从空间分布特征来看，其景观多样性表现出明显的区域差异性（图 1.14），研究区外围区域的景观多样性明显小于中心区域。区内 9 个城市所表现出的景观多样性特征也具有一定差异，其中珠海及中山市的景观多样性水平较高，分别为 1.40 和 1.38，惠州及深圳市的多样性指数相对较低，分别为 1.06 和 1.08，其他区域介于上述之间。

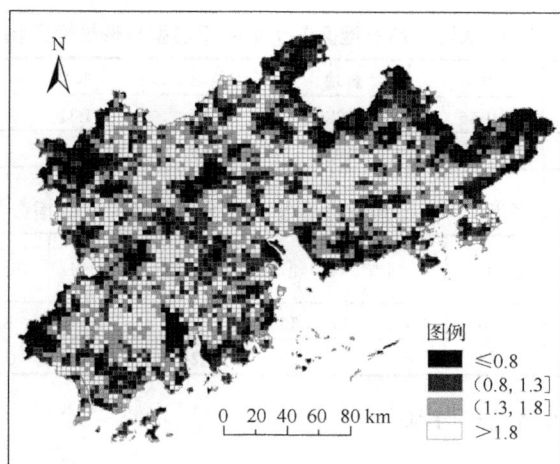

（a）破碎度

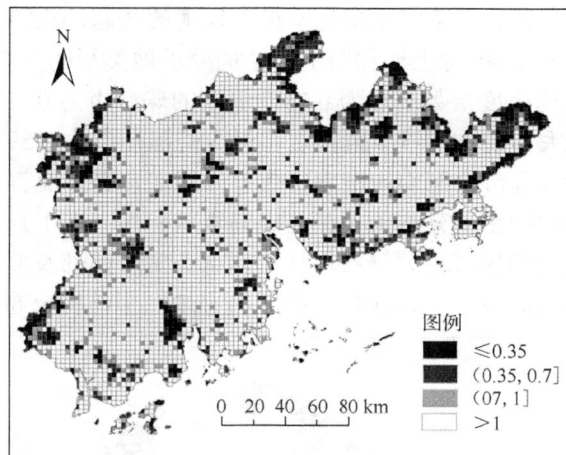

（b）多样性

图 1.14 2014 年珠江三角洲经济区的景观形态特征

2）土地利用结构的分形特点

土地利用类型的分形维数及结构稳定性指数可以反映区域地类结构分布的镶嵌状态及稳定性程度，其中分形维数（D）的值越大，空间分布结构越不稳定，结构稳定性指数（SK）越大，则土地利用的分布结构越稳定。2014 年，珠江三角洲地区全部地类的分形维数平均为 1.34（表 1.4），稳定性指数平均为 0.16，说明珠江三角洲地区土地利用结构形态较为简单，较为稳定。不同土地利用类型的分形维数大小排序为水域＞耕地＞草地＞建设用地＞林地＞未利用地，说明珠江三角洲地区的水域结构最复杂，旱地和水田的结构较复杂，未利用地空间结构最简单。同时，由于珠江三角洲内部自然、社会经济条件的差异，各地土地利用结构的分形特征存在明显差异（表 1.5），分形维数最大为佛山和东莞市，均为 1.36，土地利用结构相对珠江三角洲其他各市更加复杂和不稳定；其次为中山市和肇庆市，分形维数均为 1.34；而珠海市分形维数较小、深圳市最小，说明这两个城市的土地利用结构相对更加趋于稳定和简单。

表 1.4　2014 年珠江三角洲地区各土地利用类型分形维数及稳定性指数

项目	全部	耕地	林地	草地	水域	建设用地	未利用地
D	1.34	1.36	1.28	1.34	1.37	1.29	1.2
SK	0.16	0.14	0.22	0.16	0.13	0.21	0.3

表 1.5　珠江三角洲地区各市分形维数及稳定性指数

项目	珠江三角洲地区	广州市	佛山市	深圳市	东莞市	珠海市	中山市	惠州市	江门市	肇庆市
D	1.34	1.33	1.36	1.23	1.36	1.26	1.34	1.29	1.33	1.34
SK	0.16	0.17	0.14	0.27	0.14	0.24	0.16	0.21	0.17	0.16

3）土地利用结构的均衡特征

土地利用结构的均衡度 J 表征区域土地利用结构的均衡程度，取值范围为 $0 \leqslant J \leqslant 1.00$，$J=0$ 时土地利用空间结构处于最不均衡的状态，地类斑块的空间分布处于不均匀的分布状态，$J=1.00$ 时土地利用空间结构处于地类平衡分布。2014 年珠江三角洲地区土地利用结构均衡度指数平均为 0.73，最高的珠海市为 0.78，中山市、佛山市、广州市、东莞市与珠海市的均衡度 J 值接近，最少的惠州市为 0.59，深圳市土地利用结构均衡度 J 值为 0.61，各市的平均均衡度指数差异不大，整体而言，土地利用结构相对较为平衡。但是，区内的空间分布也存在一定调查差异性（图 1.15），$J \leqslant 0.10$ 的土地利用结构空间分布不均匀的区域主要分布在江门西部、肇庆西部及北部、广州从化、惠州北部等珠江三角洲外围区域，而珠江口核心区的土地利用结构分布更均匀和平衡。

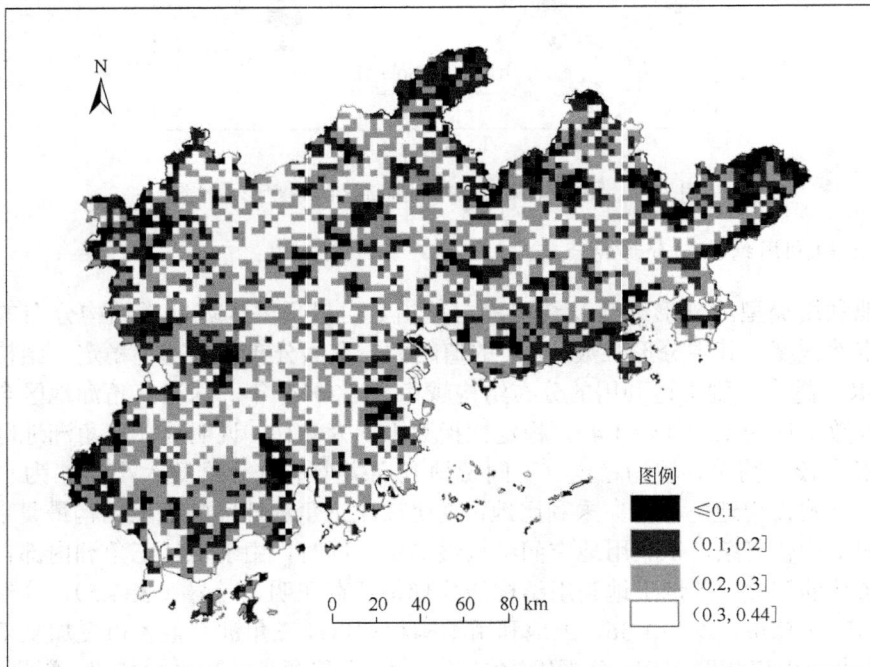

图 1.15　2014 年珠江三角洲经济区土地利用结构均衡度

二、土地利用的分布格局

土地利用的分布格局，包括水平分异和垂直分异两个方面，水平分布格局主要是分析不同土地利用类型在不同行政区域间的分布差异，垂直分布格局则选择佛山市进行典型区域的土地利用垂向分异的分析。

1. 水平分布格局

珠江三角洲的土地利用按农业用地、建设用地、水域和未利用地四大类进行划分，2014 年，这四大类面积分别占珠江三角洲地区土地总面积的 72.95%、17.65%、9.36% 和 0.04%，农业用地和建设用地约占区域土地总面积的 9 成，故下面分别按 4 类土地利用类型进行珠江三角洲土地利用分布格局的分析。

1）农业用地的空间分布

珠江三角洲地区主要农业用地包括耕地、林地和草地 3 类，总面积占土地总面积的 72.95%。其中，珠江三角洲地区的耕地以水田为主要类型，面积共为 7476.82km^2，占耕地总面积的 70.19%。珠江三角洲地区的耕地主要分布在江门、惠州及广州市（图 1.16），分别占珠江三角洲地区耕地总面积的 25.46%、22.01% 和 19.58%，3 市耕地面积合计占珠江三角洲地区耕地总面积的 67.05%。就耕地构成而言，仅深圳和珠海市的旱地面积大于水田，尤其是深圳市的旱地面积明显高于水田，但其他 7 个市均呈现水田面积大于旱地的特征，其中中山市的水田面积占耕地总面积的比例高达 94.10%；其次为佛山和广州市，水田面积分别占耕地面积的 84.66% 和 84.63%。

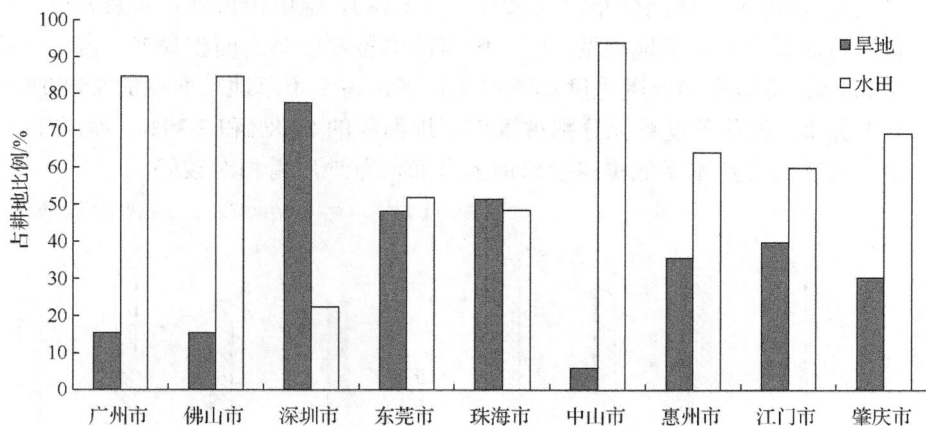

图 1.16　珠江三角洲地区耕地二级地类构成

林地为珠江三角洲地区面积最大的土地利用类型，面积共 18 702.24 km^2，其中有林地占林地总面积的 81.23%，疏林地和其他林地分别占林地总面积的 9.23% 和 7.10%，面积最少的为灌木林，仅占林地总面积的 2.44%。珠江三角洲地区的林地主要分布在惠州、江门及广州市，分别占林地总面积的 29.22%、25.34% 及 16.16%，合计占整个地区林地总面积的 70.72%。广州市林地主要分布在从化及增城区，故珠江三角洲地区林地主要分布在外围区域，为整个区域的生态环境起到较好的生态保障作用。就不同林地类型的空间分布而言（图1.17），均表现出有林地为最主要林地类型的特征，且面积明显高于其他的林地类型，除东莞市外，其余8市的有林地均占林地总面积的75%以上；江门、肇庆、惠州、深圳市的疏林地面积大于其他林地，而其他五市均为其他林地面积大于疏林地；灌木林面积主要分布在肇庆及广州市，其他各市的灌木林均很少。

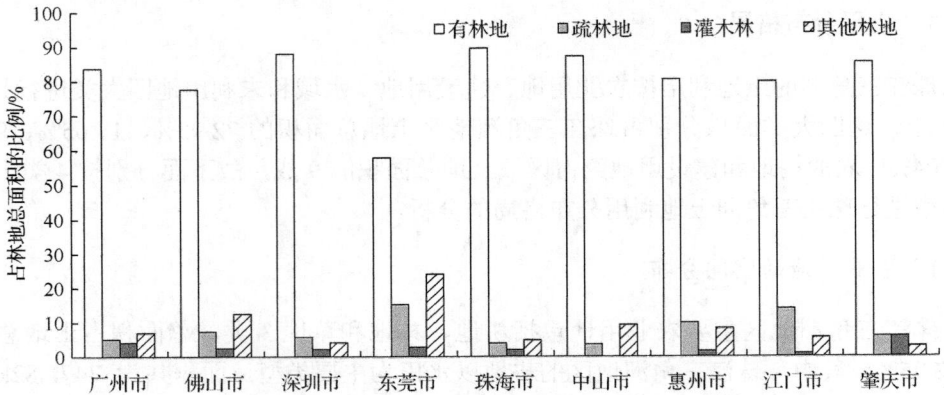

图1.17 珠江三角洲地区林地二级地类构成

珠江三角洲地区草地面积相对较少，仅占土地总面积的1.77%，其中高覆盖度草地面积占草地总面积的88.78%，中覆盖度草地占10.08%，低覆盖度草地面积最少。从草地的空间分布来看，主要分布在江门、惠州及广州市，分别占草地总面积的38.65%、29.14%及12.56%，合计占比80.35%，而分布最少的为中山及珠海市，占比均不足草地总面积的1%。从各市的草地分布情况来看（图1.18），除中山市外，其余8市的高覆盖度草地面积明显高于其他草地类型，而中山市的中覆盖度草地面积最多，占全市草地总面积的81.64%；珠海市的低覆盖度草地占比较高，占全市草地总面积的25.80%；其次为中山及深圳市，低覆盖度草地分别占本市草地面积的8.08%和7.39%；而广州、佛山、东莞、肇庆及江门市基本无低覆盖度草地的分布，草地质量相对较好。

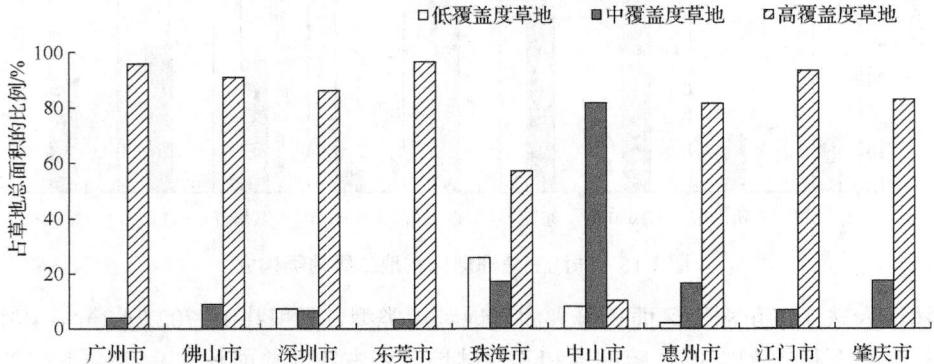

图1.18 珠江三角洲地区草地二级地类构成

2）建设用地的空间分布

建设用地是珠江三角洲地区重要的土地利用类型，面积占区域总面积的 17.65%，主要分布在广州、东莞、佛山及深圳市，面积分别占珠江三角洲地区建设用地总面积的 19.71%、16.82%、15.71%及 12.55%，肇庆市占比最少，仅为 3.35%。珠江三角洲地区建设用地中面积最大的为城镇用地（大、中、小城市及县镇以上的建成区用地），面积为 4287.52 km²，占建设用地总量的 58.92%；其次为其他建设用地（厂矿、大型工业区、油田、盐场、采石场等用地及交通、机场及特殊用地），面积占比为 22.94%；农村居民点用地相对最少，面积为 1319.97 km²，占建设用地总面积的 18.14%。但是，区内各市的建设用地内部构成差异较大（图 1.19），深圳、东莞、中山、广州及佛山市的城镇用地均占本市建设用地总面积的 50%以上，尤其是深圳及东莞市城镇用地面积的占比分别高达 87.11%和 81.64%，说明两市的土地城市化水平极高；惠州、肇庆及江门市的土地城市化水平较低，城镇用地占比分别仅为 24.52%、25.83%及 27.34%，其中惠州市的其他建设用地的面积为 3 类建设用地中的最大，占比为 41.08%，而肇庆及江门市中农村居民点用地为面积最大的建设用地类型，说明两市的城市化尚处于较低水平。

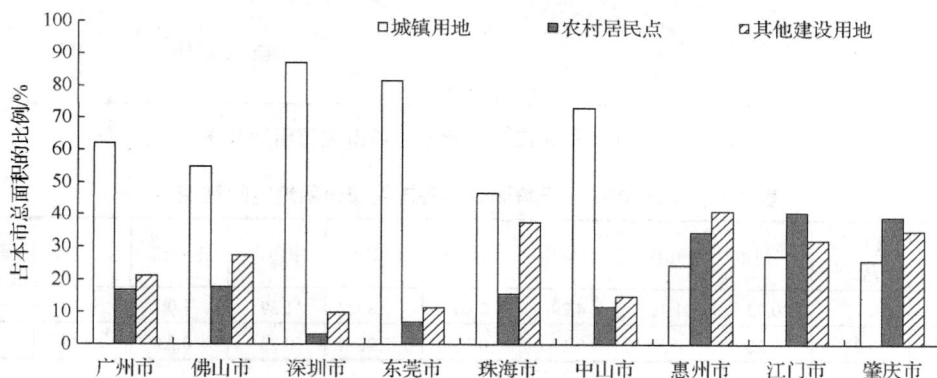

图 1.19 珠江三角洲地区建设用地二级地类构成

随着快速城镇化进程的推动，珠江三角洲地区已成为我国重要的典型巨型城市区域（闫小培等，2006），城镇之间的经济及地域联系十分紧密（顾朝林，2011），城镇用地成为珠江三角洲地区分布广泛的重要用地类型，其面积占区域建设用地总面积的 58.92%，占土地总面积的 10.40%。珠江三角洲地区城镇用地的空间分布格局表现出明显的以珠江口为圆心的扇形结构特征（图 1.20），且珠江口东岸的城镇用地分布较西岸更加密集，形成以珠江口为圆心的空间高集聚性的扇形分布特征。利用对城镇用地热点分析后得到的 Z 得分（Gi Z Score）及 P 值（Gi P Value）对比珠江三角洲地区九市城镇用地空间集聚性的差异性（表 1.6），广州、佛山、深圳、东莞、珠海及中山市的全市空间集聚性 Z 得分的均值为正值，而珠江三角洲地区外围区域的惠州、江门、肇庆市的 Z 得分均值为负值，说明城镇用地主要集聚在珠江口附近的城市，而珠江三角洲地区的外围区域没有表现出显著的城镇用地集聚特征。其中，深圳市的 Z 得分最高，为 4.29，而 P 值最低，为 0.17，说明深圳是九市中城镇用地空间集聚性程度最高的城市；而作为珠江三角洲地区中心城市的广州市 Z 得分仅为 0.33，主要原因是广州市南部的主城区城镇用地密集程度高，而北部的从化及增城区并未有显著的城镇用地聚集，说明广州市城镇用地的空间分布呈现明显的区域不均衡的特征，故全市 Z 得分的均值较低。

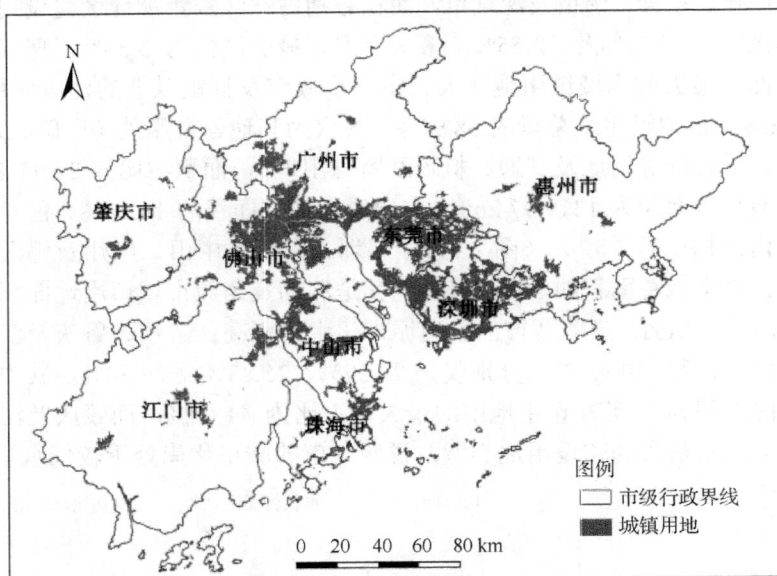

图 1.20　2014 年珠江三角洲地区各市城镇用地分布

表 1.6　2014 年珠江三角洲地区各市的城镇用地空间集聚性

项目	珠江三角洲	广州市	佛山市	深圳市	东莞市	珠海市	中山市	惠州市	江门市	肇庆市
Z 得分	0.82	0.33	1.12	4.29	2.86	0.80	1.37	-1.06	-1.17	-1.12
P 值	0.21	0.22	0.23	0.17	0.18	0.26	0.23	0.23	0.18	0.21

利用核密度方法生成珠江三角洲地区农村居民点用地密度图（图 1.21），显示存在较大的空间差异性，总体上表现为"珠江口稀疏，外围区域稠密"的空间分布格局，江门、肇庆、惠州为其密度核心，其中江门市北部为珠江三角洲地区最明显的农村居民点用地密度核心区，密度范围为 $0.45\sim0.55$ 个/km²。主要由于"广—佛"和"深—莞"两大发展轴带的快速发展驱动了城市空间快速扩张，珠江三角洲的城市区域网络一体化进一步增强，大量城边村融入城镇，乡村聚落空间用地大规模转变为城镇建设用地，因而珠江口附近区域农村居民点密度较低，而珠江三角洲外围区域的城市化水平相对较低，故其农村居民点密度相对较高。

3）水域的空间分布

珠江三角洲地区的自然特点决定了其水域面积相对较多，面积为 3859.46 km²，占土地总面积的 9.36%，其中水库坑塘用地为其最主要的类型，面积为 2608.84 km²，占水域总面积的 67.60%；其次是河渠，面积为 1122.04 km²，占水域总面积的 29.07%；而滩地、滩涂及湖泊的面积较小，3 种用地类型仅占水域总面积的 3.33%。珠江三角洲地区的水域用地主要分布在江门、广州、佛山和肇庆市，水域面积分别占研究区水域总面积的 22.53%、14.38%、13.50%和 12.20%，而深圳市水域面积相对较小，仅占珠江三角洲地区水域总面积的 1.55%。区内各地水域的构成存在一定差异（图 1.22），整体而言，水库坑塘用地均为最主要的水域用地类型，其中深圳、珠海、中山和肇庆市的水库坑塘用地分别占 89.25%、81.57%、75.91%和 75.81%；河渠用地均为各市较为重要的水域类型，其中东莞、广州和佛山市的河渠用地分别占水域总面积的 47.23%、42.57%和 39.44%，而深圳市的河渠用地面积相对较少，仅占本市水域面积的 6.14%；各市滩地、滩涂及湖泊的面积较小，除江门市 3 种用地面积占本市水域总面积超过 5%外，其余各市的占比均不足 5%，尤其是中山市仅占 0.15%。

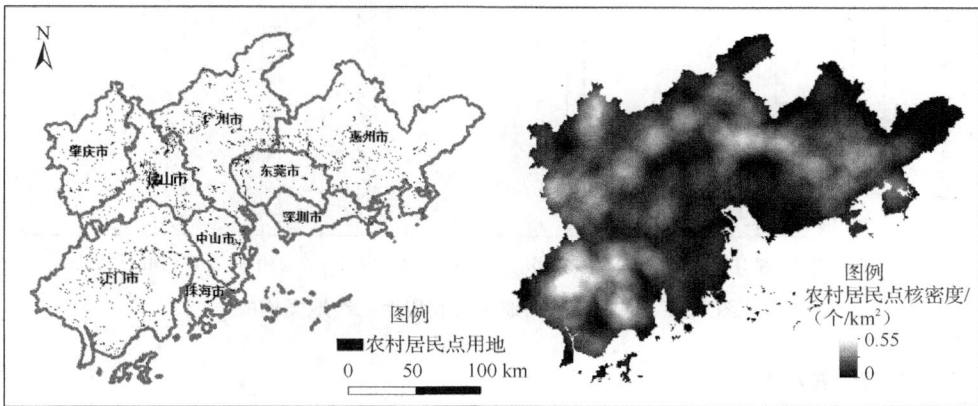

图 1.21　2014 年珠江三角洲地区农村居民点的空间分布及核密度空间分布特征

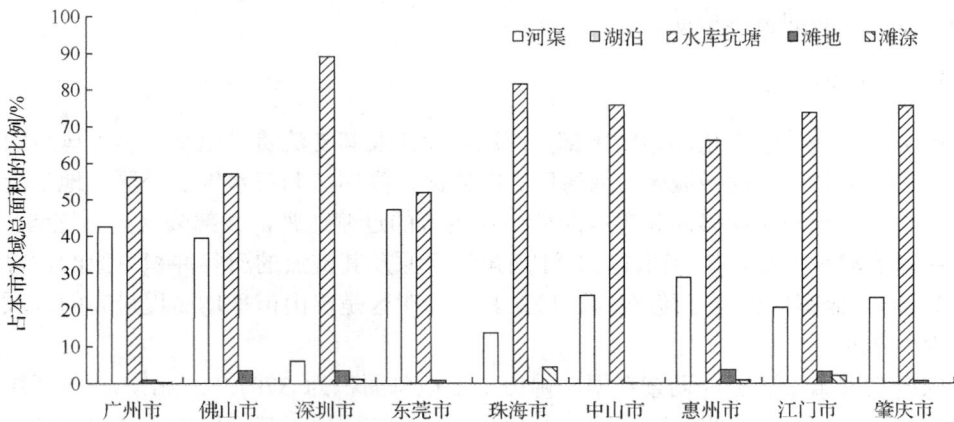

图 1.22　珠江三角洲地区水域二级地类构成

4）未利用地的空间分布

珠江三角洲地区的未利用地面积较小，共 15.42 km^2，仅占研究区总面积的 0.04%；其中，裸土地为主要的未利用地类型，占总面积的 50.84%；其次是沙地，占 23.28%，其他未利用地及沼泽地分别占 13.81%和 12.06%。珠江三角洲地区的未利用地主要分布在珠海、广州及惠州，分别占珠江三角洲地区未利用地总面积的 29.48%、23.61% 及 17.05%，其中珠海未利用地占土地总面积的比例相对较大为 0.17%，而其他各市均不足 0.1%。区内不同地区未利用地的类型构成差异明显（图 1.23），中山及江门市的未利用地类型全部为裸土地，广州及惠州市的未利用地类型主要是裸土地，沙地主要分布在惠州、佛山、珠海及广州市，沼泽地主要分布在东莞及佛山市，其中东莞市的未利用地全部为沼泽地，而其他未利用地仅分布在珠海市。

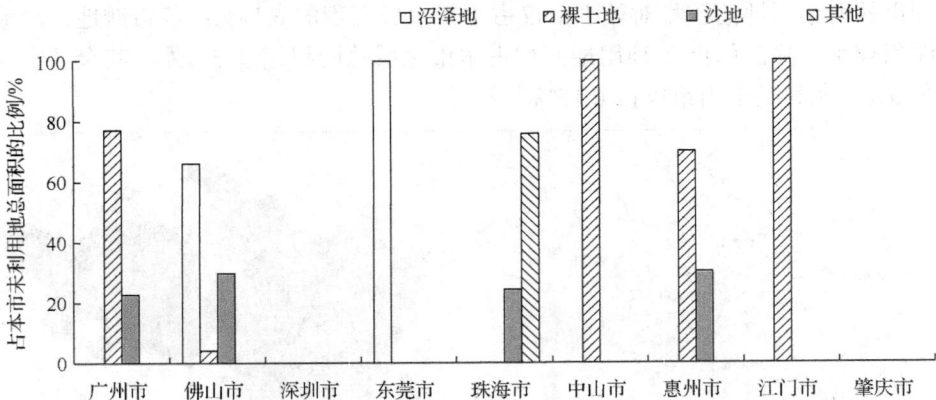

图 1.23　珠江三角洲地区未利用地二级地类构成

2. 垂向分布格局

选择佛山市为珠江三角洲地区代表区域，基于佛山市高程与土地利用的关系分析土地利用垂直分布的基本特征。

1）区域概况

佛山市地处珠江三角洲地区中部，西江、北江及其支流贯穿全境，属于典型的河网地区，行政区划上下辖禅城区、南海区、顺德区、高明区和三水区 5 个区。地形上，是珠江三角洲冲积平原向粤西和粤西北低山丘陵区的过渡地带，大部分地区为地势平坦、河流纵横的冲积平原，其中西江、北江三角洲平原及其支流的河谷冲积平原约占总面积的 2/3，同时兼有低山、丘陵（彩图 1），其中高明区是佛山市平均高程最高的区域，最高高程为 719 m。

依据全国第二次土地调查数据，佛山市土地总面积为 3797.72 km^2，共包括耕地、园地、林地、草地、交通运输用地、水域及水利设施用地、其他用地、城镇村及工矿用地 8 个一级地类，其中水域及水利设施用地、城镇村及工矿用地、林地占土地总面积的 80%（彩图 2）。

2）数据处理

佛山市土地利用数据来源于 2009 年土地利用现状数据，按照上述八大地类进行土地利用类型的划分（彩图 2）。佛山市高程数据来源于地理空间数据云共享的 DEM 数据，数据时期为 2009 年，空间分辨率为 30 m，数据类型为 IMG，投影类型为 UTM/WGS84，通过 GIS 软件对 4 幅图进行拼接、提取，得到佛山市数字高程数据。运用 ArcGIS 软件叠置分析工具里的 intersect 工具将佛山市土地利用数据和高程数据叠合，提取相关数据进行分析。

　　按照面积均等原则，把佛山市高程分为 8 级（表 1.7）。同时，为方便分析确定每一高程级中的优势地类，即把每一高程级中各地类所占该级别土地总面积的比例从大到小进行排列，如果前几种地类累计面积比例大于 85%，则认为这几种地类在该高程级占有绝对优势，就称为优势地类，其中所占比例最大的地类称为第一优势地类，其余依此类推。优势地类的优势度以该地类所占该高程级总面积的比例表示。

表 1.7　佛山市高程分级

高程分级	高程范围/m	面积比例/%
1	-34～2	9.11
2	3～4	14.04
3	5～6	14.83
4	7～8	13.69
5	9～12	13.19
6	13～26	13.45
7	27～96	12.48
8	97～719	9.21

3）分析结果

　　分析结果（图 1.24）显示，除林地外，各土地利用类型面积在较低高程级占有很大比例，随着高程升高，土地类型减少。其中，耕地和园地，多分布在 3～10 m 较低高程级；林地主要分布在 27 m 以上的第 7、第 8 高程级，林地的面积比例分别达到了 62% 和 96%；草地面积较少，分布零散，多分布在第 5、第 6 高程级；稍具规模的交通线路一般都选择在低平但汛期高于水面的地势上，交通运输用地大多分布在第 3～第 5 级高程上；除了少数水库以外，水域及水利设施用地多分布在区域内高程最低的区域；其他用地面积小，比较零散，内部分类较多，对高程的要求不一致；城镇村及工矿用地多选择地势低平的区域，大多分布于地势稍高于水面的平坦处，所以在高程级的两端分布都较少。

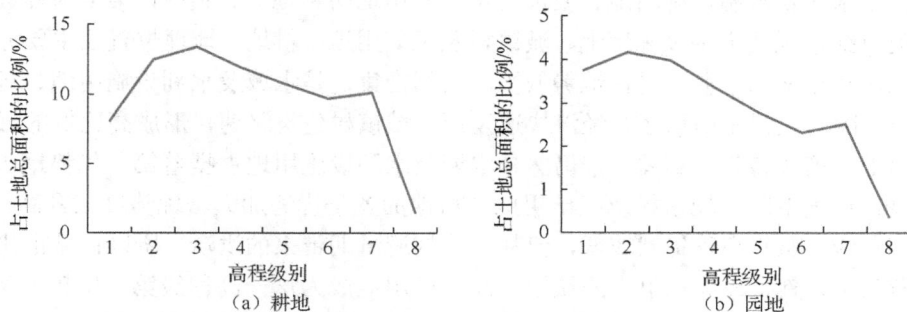

图 1.24　2009 年佛山市各地类在不同高程级间的面积分布比例

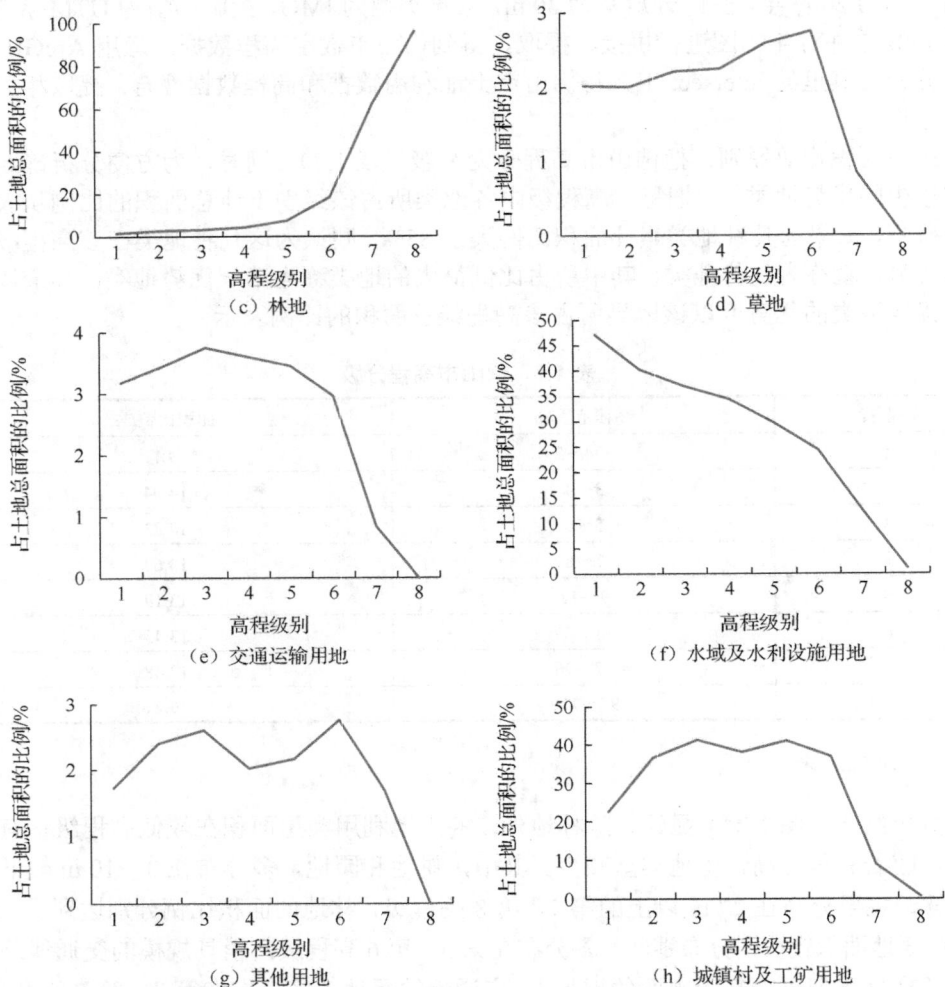

（c）林地

（d）草地

（e）交通运输用地

（f）水域及水利设施用地

（g）其他用地

（h）城镇村及工矿用地

图 1.24（续）

不同高程级的地类面积统计结果（表 1.8）显示，8 个高程级中前 6 个高程级的优势地类都包括水域及水利设施用地、城镇村及工矿用地两种地类。其中，第 1 高程级中的优势地类包括水域及水利设施用地、城镇村及工矿用地、耕地，地理位置上主要分布在佛山市东部和东南部下游地区，地势低平，河网密集，是水域及水利设施用地、耕地的良好选址，随着人口不断增多，经济快速发展，城镇村建设迅速，形成高比例的城镇村及工矿用地；第 2 和第 3 高程级，仍然是水域及水利设施用地占据着第一优势地类，但其优势度在逐渐下降，城镇村及工矿用地、耕地的竞争优势加大、优势度在升高；第 4 到第 6 高程级，虽然高程仍然较低，但基本能规避汛期带来的洪涝，所以在城市化快速发展的背景下，具有最高竞争力的城镇村及工矿用地成为这一高程级第一优势地类，同时随着高程升高，耕地的适宜性越来越低，从第 6 高程级开始林地的优势度超越耕地；从第 7 高程级开始，林地的竞争优势远超其他各类之和，城镇村及工矿用地因为成本和便利度的因素已经退出这一高程级的竞争，不过还有少量水库和耕地零散分布，在高程 97 m 以上的第 8 高程级，林地的优势度达到 95.99%，成为唯一的优势地类。

表 1.8　2009 年佛山市各高程级优势地类分布

高程级别	第一优势地类	第二优势地类	第三优势地类	第四优势地类	占总面积比例/%
1	水域及水利设施用地（47.11%）	城镇村及工矿用地（32.66%）	耕地（8.09%）		87.86
2	水域及水利设施用地（40.20%）	城镇村及工矿用地（33.55%）	耕地（11.90%）		85.65
3	水域及水利设施用地（37.96%）	城镇村及工矿用地（34.27%）	耕地（12.70%）	园地（3.99%）	88.92
4	城镇村及工矿用地（38.03%）	水域及水利设施用地（34.43%）	耕地（11.93%）	林地（4.28%）	88.67
5	城镇村及工矿用地（41.00%）	水域及水利设施用地（29.78%）	耕地（10.79%）	林地（7.34%）	88.91
6	城镇村及工矿用地（36.79%）	水域及水利设施用地（24.31%）	林地（18.39%）	耕地（9.73%）	89.22
7	林地（62.28%）	水域及水利设施用地（12.46%）	耕地（10.63%）		85.37
8	林地（95.99%）				95.99

因此，总体而言，除林地外，佛山市各地类都在 0~20 m 的低高程区域占有绝对优势，随着高程升高，土地类型减少，其中总面积 60.25% 的水域及水利设施用地、城镇村及工矿用地在高程 -5~25 m 占有很大优势，林地从高程 25 m 开始占据绝对优势。

三、土地利用水平与效益

土地利用水平与效益是土地利用现状的重要方面，一般通过相关单位面积土地所提供的产品、服务进行分析以反映人类利用土地目的的实现程度（毕宝德，2006）。考虑土地利用的系统性及其效果的综合性，可通过单位面积土地投入与消耗在区域发展的社会、经济、生态等方面所实现的物质产出或有效成果等予以评价（罗罡辉和吴次芳，2003）。具体通过珠江三角洲地区土地集约利用水平及典型代表性区域广州市与佛山市的土地利用效益现状评价结果，进行珠江三角洲地区土地利用水平与效益的综合评价与分析。

1. 珠三角地区土地集约利用水平

从系统发展角度，选择经典的压力-状态-响应（PSR）模型构建土地集约利用评价指标体系（表 1.9）（朱一中和曹裕，2011；郭旭东等，2011），采用极差标准化法对数据进行标准化处理，运用 SPSS20.0 软件的因子分析模块对标准化数据进行主成分分析，根据主成分分析结果确定指标权重，最后分别对各指标值进行加权求和即得 2014 年土地集约利用水平的评价值及排序（表 1.10 和图 1.25）。

表 1.9　基于 PSR 模型的土地集约利用评价指标体系

目标层	准则层	指标层	指标说明	指标方向	权重
土地集约利用	压力	人口密度（X_1）	常住总人口/土地总面积	+	0.12
		第二、第三产业GDP贡献度（X_2）	第二、第三产业增加值/GDP	+	0.10
		人均耕地（X_3）	耕地面积/常住总人口	−	0.12
	状态	地均GDP（X_4）	GDP/土地面积	+	0.09
		城镇人均可支配收入（X_5）	城镇收入/常住城镇人口	+	0.08
		土地利用程度指数（X_6）	$\sum_{i=1}$地类分级指数×地类面积百分比	+	0.11
		复种指数（X_7）	年播种农作物面积/耕地面积	+	0.08
		人均建设用地（X_8）	建设用地面积/常住总人口	−	0.11
	响应	地均固定资产投资（X_9）	固定资产投资/土地总面积	+	0.09
		地均从业人员（X_{10}）	从业总人口/土地总面积	+	0.10

表 1.10　2014 年珠江三角洲地区土地集约利用水平的评价值及排序

区域	评价值	排序
广州市	0.64	3
深圳市	0.91	1
珠海市	0.43	6
佛山市	0.63	4
惠州市	0.35	7
东莞市	0.71	2
中山市	0.62	5
江门市	0.32	8
肇庆市	0.29	9
珠江三角洲地区	0.54	

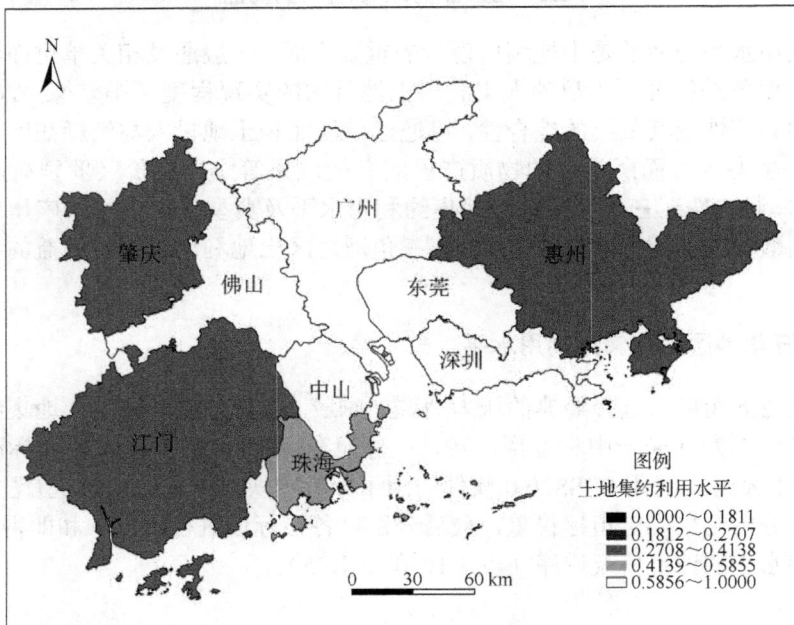

图 1.25　2014 年珠江三角洲地区土地集约利用水平分布图

评价结果（表 1.10 和图 1.25）显示，2014 年珠江三角洲地区土地集约利用水平评价指数值为 0.54，珠江三角洲地区土地集约利用水平整体而言处于中等集约利用水平，其中区内土地集约利用水平评价指数值排名前三位的城市为深圳、东莞和广州市，其中以深圳市的土地集约利用水平为最高，集约化指数高达 0.91，为区内唯一一个高集约利用水平的城市，同期土地利用集约化指数相对较低的是肇庆、江门和惠州市，处于低集约利用水平，尤其是肇庆市处于珠江三角洲地区末位，集约化指数仅为 0.29。因此，2014年珠江三角洲地区的土地集约利用水平呈现较为明显的增长极，即以深圳、东莞和广州市为中心，呈现土地集约水平以增长极为核心向外递减的特征。

为进一步反映珠江三角洲地区土地集约利用水平状况，选择广州市为研究区进行土地集约利用的典型分析。主要从土地可持续利用目标是在社会上具有公平性和可接受性、在资源环境方面具有可持续性和在经济上具有充分性出发（张凤荣等，2001），参考有关研究成果（齐伟等，2003；陈百明和张凤荣，2001；杨星等，2005），主要参考联合国社会发展研究所提出的社会指标体系标准，确定广州市土地可持续利用指标体系，根据国家制定的相关标准确定评价指标的标准值（杨星等，2005；杨赛明，2010），使用专家打分法和层次分析法确定所选指标的权重（表 1.11），利用综合指数方法进行广州市土地资源可持续利用水平的评价，并根据综合得分划分成不可持续（0～0.25）、弱可持续（0.25～0.50）、基本可持续（0.50～0.75）、强可持续（0.75～1.00）4 个等级。评价结果（表 1.12）表明，广州市土地资源可持续利用水平总体评价为强可持续，但其中资源指标评价结果并不理想，主要是由于广州市在经济快速发展时期，建设用地占用大量耕地，造成人均耕地面积只有评价标准值的 15.85%，耕地面积无法保证广州市土地可持续发展需要，同时人口多、人均资源偏低，从而在整体上造成了广州市土地资源可持续利用资源指标评价较差；从环境指标来看，评价结果得分较高，主要表现在影响城市可持续性的因素，如废水、固体废物等处理率较高，且人均绿地面积和建成区绿地率亦较适宜，使得广州市土地可持续性的环境良好，可以维持土地资源的生态可持续性；从经济指标可以看出，由于广州市经济高速发展，无论是总体经济状况还是人均水平，都比标准略高或超出很多，为广州市土地可持续性提供了非常稳固的经济保证；社会指标相比经济指标则有较大差距，表现出人民生活还未达到可持续性的水平，特别是交通状况偏差，对广州市土地资源可持续性水平有一定影响。

表 1.11　广州市土地可持续利用指标体系

目标	分类指标及权重	指标因子	权重	目标值
土地可持续利用	资源指标 0.284	森林覆盖率/%	0.147	40
		人均建设用地面积/m²	0.051	90
		人均耕地面积/m²	0.086	530
	环境指标 0.384	建成区绿化覆盖率/%	0.107	35
		工业废水处理率/%	0.065	100
		工业固体废物综合治理率/%	0.053	100
		人均绿地面积/m²	0.159	10

续表

目标	分类指标及权重	指标因子	权重	目标值
土地可持续利用	经济指标 0.142	人均 GDP/元	0.044	17 500
		城镇居民可支配收入/元	0.054	7 000
		固定资产投资占 GDP 比例/%	0.024	25
		第三产业占 GDP 比例/%	0.020	40
	社会指标 0.190	人口自然增长率/‰	0.049	5
		城市人口密度/（人/ km^2）	0.027	3 500
		城市人均居住面积/m^2	0.074	15.5
		人均道路长度/m	0.040	15

表 1.12 广州市土地可持续利用评价结果

分类及综合指标	资源指标	环境指标	经济指标	社会指标	总体评价
评价结果值	0.6853	0.9611	1.0000	0.9123	0.8790

2. 广州市的土地利用水平与效益

1）土地利用效益指标分析

在土地集约利用程度方面（表 1.13），2009 年广州市地均从业人员数为 10.19 人/hm^2，越秀区最高，达 238.90 人/hm^2，劳动力投入是排序第二位的天河区的 4.69 倍，是从化市的 129.14 倍，是广州市地均从业人员数的 23.44 倍，劳动力投入最高的 4 个区分别为越秀区、天河区、海珠区和荔湾区，集中在广州市老城区，也是广州市经济发展最早的地区，而劳动力投入最低的 4 个区是从化市、增城市、南沙区和花都区，分布在广州北郊和南部郊区；广州市地均固定资产投资平均为 36.70 万元/hm^2，越秀区最高，为 1758.87 万元/hm^2，最少的从化市仅为 3.68 万元/hm^2，地均固定资产投资排序靠前的 4 个区也集中在广州市老城区，而排序最低的 4 个区则集中在北部的从化市、增城市、花都区和白云区，此 4 区受到广州市保护北部生态屏障区和水源涵养策略的影响，固定资产投资受限严重，因此地均投入较少；广州市地均地区生产总值平均为 125.75 万元/hm^2，排序前四的区是越秀区、天河区、荔湾区和海珠区，分别为 4381.84 万元/hm^2、1177.46 万元/hm^2、831.41 万元/hm^2 和 609.64 万元/hm^2，地均地区生产总值最少的 4 个区分别为从化市、增城市、花都区和南沙区，分别仅为全市地均地区生产总值的 6.05%、23.71%、44.50% 和 71.67%。

表 1.13 2009 年广州市的土地集约利用程度

行政区域	地均从业人员数		地均固定资产投资		地均地区生产总值	
	指标值/（人/ hm^2）	排序	指标值/（万元/ hm^2）	排序	指标值/（万元/ hm^2）	排序
荔湾区	44.14	4	143.85	4	831.41	3
越秀区	238.90	1	1758.87	1	4381.84	1
海珠区	47.20	3	248.83	3	609.64	4
天河区	50.89	2	407.53	2	1177.46	2

续表

行政区域	地均从业人员数		地均固定资产投资		地均地区生产总值	
	指标值/（人/hm²）	排序	指标值/（万元/hm²）	排序	指标值/（万元/hm²）	排序
白云区	12.68	7	19.45	9	128.29	7
黄埔区	20.46	6	63.27	6	558.51	5
番禺区	21.38	5	33.47	8	112.08	8
花都区	7.19	9	11.95	10	55.96	10
南沙区	5.72	10	39.58	7	90.13	9
萝岗区	10.63	8	64.33	5	295.78	6
增城市	4.76	11	8.13	11	29.82	11
从化市	1.85	12	3.68	12	7.61	12
广州市	10.19		36.70		125.75	

在土地开发利用经济效果方面（表 1.14），2009 年，广州市的地均工业总产值平均为 5461.04 万元/hm²，越秀区最高，达 14 511.54 万元/hm²，其次是萝岗区，为 12 043.49 万元/hm²，是广州市平均水平的 2 倍以上，但白云区和增城市相对较少，分别为 2383.17 万元/hm² 和 2808.32 万元/hm²，分别占广州市地均工业总产值的 43.64%和 51.42%；广州城镇单位职工年平均工资为 49 215 元，其中，天河区最高，为 66 563 元，其次是越秀区，为 57 811 元，从化市和增城市最低，分别仅有 28 449 元和 35 473 元，仅为广州市平均水平的一半多；广州的地均财政收入平均为 5.34 万元/hm²，较高地区仍然集中在越秀区、荔湾区、海珠区和天河区，广州市北部的从化市、增城市、花都区和白云区的地均财政收入则较少，分别仅为广州市平均水平的 14.42%、36.70%、73.03%和 83.15%。

表 1.14　2009 年广州市土地开发利用的经济效果

行政区域	地均工业总产值		城镇单位职工年平均工资		地均财政收入	
	指标值/（万元/hm²）	排序	指标值/元	排序	指标值/（万元/hm²）	排序
荔湾区	4 239.05	7	45 975	6	43.21	2
越秀区	14 511.54	1	57 811	2	93.80	1
海珠区	3 038.93	10	50 362	3	29.72	3
天河区	7 922.24	4	66 563	1	23.06	4
白云区	2 383.17	12	45 629	7	4.44	9
黄埔区	10 220.93	3	48 826	4	11.04	6
番禺区	3 650.03	9	35 476	10	6.61	7
花都区	7 629.74	5	36 136	9	3.90	10
南沙区	5 384.79	6	37 725	8	4.60	8
萝岗区	12 043.49	2	47 441	5	18.89	5
增城市	2 808.32	11	35 473	11	1.96	11
从化市	4 084.32	8	28 449	12	0.77	12
广州市	5 461.04		49 215		5.34	

在土地开发利用的社会效益方面（表 1.15），2009 年，广州市人口密度平均为 1096.53 人/km²，排名前三的分别是越秀区、荔湾区和海珠区，分别为 34 500.75 人/km²、11 233.35 人/km² 和 10 178.28 人/km²，广州市人口主要集中在这 3 个地区；广州市幼儿

密度平均为 209.62 人/所，其中增城市、从化市和花都区排在前三位，分别为 293.28 人/所、286.08 人/所和 260.57 人/所，最低的是南沙区和番禺区，分别为 122.18 人/所和 186.78 人/所，说明在广州北部地区幼儿教育条件稍差，而在南部地区条件稍好，但总体上幼儿密度相差不大，多为 200 人/所左右；广州市的万人拥有卫生技术人员数和卫生机构床位数越秀区均排位第一，分别为 242.05 人和 157.83 张，白云区和黄埔区均分列第二、第三位，万人拥有卫生技术人员数和卫生机构床位数分别为 139.83 人、109.71 张和 125.79 人、81.16 张，地处广州市边缘的从化市、增城市、花都区和南沙区的水平总体相对较低。

表 1.15　2009 年广州市土地开发利用的社会效益

行政区域	人口密度		幼儿密度		万人拥有卫生技术人员数		万人拥有卫生机构床位数	
	指标值/（人/km²）	排序	指标值/（人/所）	排序	指标值/人	排序	指标值/张	排序
荔湾区	11 233.35	2	214.74	6	90.88	6	59.05	7
越秀区	34 500.75	1	221.81	4	242.05	1	157.83	1
海珠区	10 178.28	3	209.86	8	105.28	5	72.53	4
天河区	5 457.62	4	197.17	9	123.63	4	62.04	5
白云区	1 212.84	7	196.35	10	139.83	2	109.71	2
黄埔区	2 256.22	5	213.02	7	125.79	3	81.16	3
番禺区	1 296.54	6	186.78	11	78.63	8	57.17	8
花都区	673.38	8	260.57	3	67.16	10	48.63	9
南沙区	347.36	11	122.18	12	76.60	9	46.74	10
萝岗区	465.33	10	220.67	5	83.91	7	61.96	6
增城市	516.23	9	293.28	1	50.54	11	26.14	12
从化市	285.14	12	286.08	2	46.50	12	31.00	11
广州市	1 096.53		209.62		112.35		74.38	

2）土地利用效益综合评价

遵循全面性、系统性、代表性、差异性和可操作性原则，建立广州市土地利用效益综合评价的指标体系（表 1.16），通过指标的量化和标准化，采用层次分析法确定指标权重，采用综合指数方法对广州市土地利用综合效益水平进行评价。

表 1.16　广州市土地利用综合效益评价指标及权重值

目标层	准则层	准则层权重	指标层	指标层权重	性质
广州市土地利用综合效益	经济效益	0.423	土地利用率/%	0.080	正
			土地利用程度	0.080	正
			地均 GDP/（万元/hm²）	0.066	正
			工业用地地均工业总产值/（万元/hm²）	0.066	正
			地均第三产业增加值/（万元/hm²）	0.065	正
			地均固定资产投资/（万元/hm²）	0.066	正

续表

目标层	准则层	准则层权重	指标层	指标层权重	性质
广州市土地利用综合效益	社会效益	0.346	城镇居民人均可支配收入/元	0.064	正
			农村居民人均纯收入/元	0.063	正
			人均社会消费品零售总额/元	0.064	正
			人口密度/（人/km²）	0.078	负
			城镇化水平/%	0.077	正
	生态效益	0.231	森林覆盖率/%	0.087	正
			土地利用结构生态效应	0.072	正
			人均公共绿地面积/m²	0.072	正

　　评价结果（彩图 3）显示，广州市土地利用经济效益以中心地区为最高、南部地区最低，地域分异总体上呈现出"以越秀区为中心，土地利用经济效益由内向外逐渐降低"的特点；土地利用社会效益中部地区最高，北部地区最低，地域分异呈现出"中部最高，总体西南高于东北"的特点；土地利用生态效益北部地区最高，中心地区最低，地域分异总体上呈现出"北部高，两翼、南部其次，中心地区低"的特点。总体而言，广州市土地利用的综合效益存在明显地域分异，土地利用综合效益较高的街（镇）主要分布在中心地区，即越秀区各街镇及萝岗区萝岗街道和联和街道等，其评价得分值均大于 52；其次是天河、黄埔区各街（镇），萝岗区永和街道、九龙镇，白云区同和街，以及番禺区大石、市桥、东环、沙头街道，其评价得分值在 43～52；土地利用综合效益较低的街（镇）为北部从化市温泉、鳌头、太平镇和城郊、江埔、街口街道，西部白云区江高、人和镇，花都区雅瑶镇，东部增城市新塘、石滩镇，南部南沙区各街（镇）及番禺区化龙、石楼、东涌等镇，其评价得分值均小于 34，故广州市土地利用综合效益的地域分异总体上呈现出"中心地区高，外围地区低"的特点。

　　总体而言，广州市土地开发利用程度和土地利用水平已达到较高水平，在珠江三角洲地区处于前列，但区域土地利用水平与效益的分异明显，老城区发展较早的越秀区、天河区、荔湾区等土地开发和集约利用程度远高于北部从化市、增城市、花都区等，与此同时，受到政府发展战略的影响，番禺区、黄埔区等地区发展迅速，土地的开发和集约利用程度也逐步提高。

3. 佛山市的土地利用水平与效益

1）土地利用效益指标分析

　　2009 年佛山市土地利用率平均为 89.64%（表 1.17），其中高明区最高，为 94.37%，土地利用率最低的三水区也有 87.64%；市土地垦殖率平均为 9.98%，三水区最高，为 13.97%，禅城区和顺德区相对较低，仅为 1.85% 和 1.61%；佛山市建设用地率为 34.12%，禅城区高达 71.20%，南海区和顺德区分别为 48.10% 和 47.72%，但三水和高明区则分别为 22.12% 和 10.94%。

表 1.17 2009 年佛山市土地利用率

区域	土地利用率/%	土地垦殖率/%	农业用地率/%	建设用地率/%	土地利用程度综合指数/%
佛山市	89.64	9.98	55.52	34.12	279.54
禅城区	89.93	1.85	18.73	71.20	343.05
南海区	87.68	11.97	39.57	48.10	309.43
顺德区	88.74	1.61	41.01	47.72	301.24
三水区	87.64	13.97	65.51	22.12	259.36
高明区	94.37	12.72	83.44	10.94	234.11

　　佛山市土地利用集约水平明显高于广东省的平均水平（表 1.18），2009 年，佛山市单位土地面积从业人员数为 10.04 人/hm²，是广东省平均水平的 3.20 倍，单位面积固定资产投资为 38.72 万元/hm²，是广东省平均水平的 5.21 倍；单位面积能源消耗佛山市为标准煤 44.52 t/hm²，是广东省平均水平的 3.34 倍。整体而言，禅城区的土地利用集约水平最高；其次是南海区、顺德区，三水区和高明区相对较低。其中，单位面积从业人员数以禅城区最高，为 36.91 人/hm²，其次是南海和顺德，但最低的高明区仅为 1.58 人/hm²；禅城区单位面积财政支出为 22.34 万元/hm²，顺德和南海分别为 10.32 万元/hm² 和 7.44 万元/hm²，高明区仅有 1.27 万元/hm²，禅城区是高明区的 17.59 倍；单位土地面积固定资产投资以禅城区最高，为 228.26 万元/hm²，最低的高明区仅为 18.33 万元/hm²，后者仅为前者的 8.03%；禅城区单位面积能源消耗最高，达到标准煤 135.33 t/hm²，三水区最低，为标准煤 31.58 t/hm²。

表 1.18 2009 年佛山市土地利用集约水平

区域	单位面积从业人员数/ （人/hm²）	单位面积财政支出/ （万元/hm²）	单位面积固定资产 投资/（万元/hm²）	单位面积能源消耗/ （标准煤 t/hm²）
广东省	3.14	2.41	7.43	13.32
佛山市	10.04	7.03	38.72	44.52
禅城区	36.91	22.34	228.26	135.33
南海区	15.38	7.44	61.26	44.36
顺德区	15.14	10.32	56.86	45.14
三水区	3.97	2.22	28.48	31.58
高明区	1.58	1.27	18.33	40.67

　　佛山市土地利用经济效益（表 1.19）也优于广东省的平均水平，2009 年，单位土地资源面积的 GDP、工业总产值、财政收入和农业总产值分别为 126.94 万元/hm²、333.76 万元/hm²、6.71 万元/hm² 和 9.25 万元/hm²，分别是广东省平均水平的 5.78 倍、7.91 倍、3.30 倍和 4.89 倍，表明佛山市土地经济密度高，土地利用的经济效果较好。总体而言，市内的禅城区、南海区和顺德区土地利用经济效果相对较好，三水区与高明区相对较差。其中，单位面积 GDP 最高的禅城区为 575.18 万元/hm²，最低的高明区仅有 37.54 万元/hm²，两区之间差距显著；单位土地面积工业总产值最高的禅城区为 1195.22 万元/hm²，最低的亦为高明区，仅为 138.05 万元/hm²，前者是后者的 8.66 倍；同样单位土地面积财政收入最高的禅城区是收入最低的高明区的 13 倍；单位农用地面积农业总产值则以顺德区

为最高，为 19.59 万元/hm²，最低的高明区只有 3.29 万元/hm²；单位耕地面积粮食产量则以高明区为最高，为 4537 kg/hm²，其次三水区和顺德区分别为 3039 kg/hm² 和 749 kg/hm²。

表 1.19　2009 年佛山市土地利用经济效益

经济效益指标	禅城区	南海区	顺德区	三水区	高明区	佛山市
单位面积 GDP/（万元/hm²）	575.18	143.18	207.07	52.94	37.54	126.94
单位土地面积工业总产值/（万元/hm²）	1195.22	298.96	498.41	163.27	138.05	333.76
单位土地面积财政收入/（万元/hm²）	16.66	8.01	11.07	1.99	1.26	6.71
单位农用地面积农业总产值/（万元/hm²）	4.42	13.87	19.59	8.07	3.29	9.25
单位耕地面积粮食产量/（kg/hm²）	0	570	749	3039	4537	2573

佛山市土地利用社会效益（表 1.20）同样高于广东省平均水平，2009 年，佛山市人口密度高达 1579 人/km²，是广东省平均水平的近 3 倍；城镇居民人均可支配收入、农村居民人均纯收入和人均 GDP 分别为 24 578 元、10 699 元和 80 686 元，远超广东省平均水平；千人拥有卫生技术人员数、卫生机构床位数分别为 8.56 人和 5.84 床，为广东省平均水平的 1.73 倍和 1.95 倍。因此，佛山市土地资源利用的社会效益良好，但是也存在明显的区域差异，其中人口密度最高的禅城区为 6362 人/km²，是人口密度最小的高明区的 16 倍多；农村居民人均纯收入最高的南海区为 12 326 元，最低的高明区仅 7239 元，禅城区、顺德区和三水区分别为 11 367 元、10 195 元和 9066 元；城镇在岗职工年均工资南海区高达 38 283 元，但最低的高明区仅是 20 329 元；千人拥有卫生技术人员数和卫生机构床位数，最高的禅城区是最低的高明区的约 3 倍。很明显，禅城区、顺德区和南海区的土地资源开发利用的社会效益相对较好，三水区和高明区则相对较差。

表 1.20　2009 年佛山市土地利用社会效益

社会效益指标	禅城区	南海区	顺德区	三水区	高明区	佛山市
人口密度/（人/km²）	6 362	1 960	2 515	645	378	1 579
城镇居民人均可支配收入/元	24 649	28 309	28 417	19 078	16 110	24 578
农村居民人均纯收入/元	11 367	12 326	10 195	9 066	7 239	10 699
千人拥有卫生技术人员数/人	13.10	7.98	8.25	7.09	5.41	8.56
千人拥有卫生机构床位数/床	9.95	5.01	5.45	3.45	3.43	5.84

在土地利用生态效益方面，2009 年，佛山市的"三废"排放达标率等生态环境指标（表 1.21）多高于广东省平均水平，工业废水排放达标率达到 93.20%，工业烟尘排放达标率为 97.25%，工业固体废物综合利用率为 97.53%，城镇污水处理率为 68.83%，尤其是城区生活垃圾无害化处理率为 87.54%，比广东省平均水平高出 22 个百分点。但是，佛山市是一个以制造业为主的城市，"三废"排放量大，单位面积废水、COD、SO_2 的排放量分别达到 2011.19 t/hm²、175.89 t/hm² 和 270.43 t/hm²，分别是广东省平均水平的 5.26 倍、3.47 倍和 4.54 倍，林地比例 19.50% 和建成区绿化覆盖率 36.57% 的水平也低于广东省相应的平均水平，充分说明佛山市土地资源开发利用中的生态环境问题已经不容忽视。其中，单位面积废水排放量最大的禅城区为 12 595.31 t/hm²，约为废水排放量最小的三水区的近 10 倍；林地比例则是高明区最高，为 54.60%，而顺德区和禅城区仅为 2.01% 与 1.33%；工业废水排放达标率最高的为高明区，为 99.47%，最低的南海区为

85.60%；工业烟尘排放达标率和工业固体废物综合利用率高明区均为 100%，其余各区也在 94%以上。相对而言，高明区土地资源利用的生态环境效果较优，顺德、南海和禅城则相对较差。

表 1.21 2009 年佛山市土地利用生态效益

生态环境指标	禅城区	南海区	顺德区	三水区	高明区	佛山市
单位面积废水排放总量/(t/hm²)	12 595.31	3 252.10	4 179.44	1 262.54	1 996.24	2 011.19
林地比例/%	1.33	6.59	2.01	16.88	54.60	19.50
工业废水排放达标率/%	95.70	85.60	95.50	93.90	99.47	93.20
工业烟尘排放达标率/%	97.90	94.45	97.70	96.20	100.00	97.25
工业固体废物综合利用率/%	99.80	100.00	99.90	98.91	100.00	97.53

2）土地利用效益综合评价

基于上述土地开发利用的程度、经济、社会与生态效益的分析，建立佛山市土地利用效益综合评价指标体系（表 1.22），采用层次分析法（AHP 法）计算和确定指标的权重，各指标评价基准值主要依据 2009 年广东省的平均值，部分指标采用了佛山市平均值或国际公认值（表 1.22），采用多指标加权综合评价方法，对佛山市土地利用效益进行综合分析与评价。

表 1.22 佛山市土地利用效益综合评价指标基准值及权重

指标	基准值	基准值来源	权重
土地利用率/%	90	佛山市平均值	0.029 1
土地垦殖率/%	15	广东省平均值	0.016 1
土地利用程度综合指数	285	佛山市平均值	0.052 7
单位面积从业人员数/（人/hm²）	3	广东省平均值	0.020 4
单位面积固定资产投资/（万元/hm²）	7.5	广东省平均值	0.076 4
单位面积财政支出/（万元/hm²）	2.5	广东省平均值	0.032 2
单位面积 GDP/（万元/hm²）	22	广东省平均值	0.116 1
单位面积工业总产值/（万元/hm²）	45	广东省平均值	0.065 1
单位面积财政收入/（万元/hm²）	2	广东省平均值	0.045 6
单位农用地面积农业总产值/（万元/hm²）	2	广东省平均值	0.034 6
单位耕地面积粮食产量/（kg/hm²）	4 500	广东省平均值	0.024 8
人口密度/（人/km²）	550	广东省平均值	0.025 8
人均 GDP/元	45 000	广东省平均值	0.088 5
城镇居民人均可支配收入/元	22 000	广东省平均值	0.038 9
农村居民人均纯收入/元	7 000	广东省平均值	0.038 9
千人拥有卫生技术人员数/人	5	广东省平均值	0.019 6
林地比例/%	56	广东省平均值	0.109 5
工业废水排放达标率/%	100	国际公认值	0.073 5
工业烟尘排放达标率/%	100	国际公认值	0.046 1
工业固体废物综合利用率/%	100	国际公认值	0.046 1

佛山市土地利用效益综合评价结果（表 1.23）表明，全市综合得分为 2.7697，土地利用综合效益较好，其中以土地利用经济效益分值最大，为 1.4770，占综合得分值的 53.33%；其次是土地利用集约水平，得分为 0.6346，占综合得分的 22.91%；土地利用社会效果得分为 0.3677，占综合得分的 13.28%；土地利用生态效果和土地开发利用程度的得分分别为 0.1995 和 0.0909，分别占综合得分的 7.20% 和 3.28%。总体而言，禅城区作为佛山市中心城区，土地利用效益最高，其土地利用集约水平、土地利用经济和社会效果评分远高于其他各区，其中有 10 项单项指标居于第一，综合分析分值高达 9.4982；次之为顺德区和南海区，为佛山市次中心，土地利用集约水平高，经济社会效果良好，综合评分分值分别为 4.0157 和 3.2249；三水区和高明区生态环境良好，但经济社会发展相对滞后，综合评分分值分别为 1.7183 和 1.4306。

表 1.23 佛山市土地利用效益综合评价结果

区域	佛山市	禅城区	南海区	顺德区	三水区	高明区
土地开发利用程度	0.0909	0.0940	0.0978	0.0857	0.0907	0.0869
土地利用集约水平	0.6346	3.3972	0.9633	0.9346	0.4138	0.2582
土地利用经济效果	1.4770	5.2088	1.6117	2.4092	0.7158	0.5073
土地利用社会效果	0.3677	0.6312	0.3838	0.4178	0.3029	0.3029
土地利用生态效果	0.1995	0.1670	0.1683	0.1684	0.1951	0.2753
综合得分	2.7697	9.4982	3.2249	4.0157	1.7183	1.4306

简略概括以上区域范围与行政区划、自然条件与环境建设、社会经济发展状况及土地利用基本情况等珠江三角洲地区概况，珠江三角洲地区优越的自然条件与地区优势等造就了类型丰富、质量优良的土地资源，改革开放以来依托其特殊的区位和国家改革开放政策等条件，实现了以工业化为主的经济起飞，土地利用水平也得到了快速提升，造就了其土地利用类型多样、土地利用结构复杂、利用水平不断提高、建设用地扩展迅速等土地利用特点，珠江三角洲地区已初步形成了一个土地利用方式多样、开发利用程度高、结构与布局日趋合理的土地利用局面。

参 考 文 献

毕宝德，2006. 土地经济学[M]. 5 版. 北京：中国人民大学出版社.

陈百明，张凤荣，2001. 中国土地可持续利用指标体系的理论与方法[J]. 自然资源学报，16（3）：197-203.

陈金月，2017. 基于 GIS 和 RS 的近 40 年珠江三角洲海岸线变迁及驱动因素研究[D]. 成都：四川师范大学.

陈晓宏，陈永勤，2002. 珠江三角洲网河区水文与地貌特征变异及其成因[J]. 地理学报，57（4）：429-436.

陈彦光，刘继生，2001. 城市土地利用结构和形态的定量描述：从信息熵到分数维[J]. 地理研究，20（2）：146-152.

冯永玖，刘妙龙，童小华，2008. 广东省公路交通网络分形空间特征研究[J]. 地球信息科学，10（1）：26-33.

顾朝林，2011. "十二五"期间需要注重巨型城市群发展问题[J]. 城市规划，35（1）：16-18.

郭旭东，邱扬，连纲，等，2011．基于 PSR 框架的土地质量指标体系研究进展与展望[J]．地理科学进展，22（5）：479-489.

胡金蓉，张渊智，2011．珠江三角洲地区土地利用变化的 MODIS 监测及其水环境意义[J]．遥感信息（6）：103-108.

胡艳兴，潘竟虎，2016．基于土地利用空间格局的兰州市景观稳定性[J]．中国沙漠，36（2）：556-563.

黄镇国，李平日，张仲英，等，1982．珠江三角洲形成发育演变[M]．广州：科学普及出版社广州分社.

蒋陈娟，杨清书，戴志军，等，2012．近几十年来珠江三角洲网河水位时空变化及原因初探[J]．海洋学报，34（1）：46-56.

孔兰，陈晓宏，张强，等，2010．海平面上升对珠江口水位影响的分析[J]．生态环境学报，19（2）：390-393.

李冬平，杨友孝，2005．泛珠江三角洲经济圈发展战略研究[J]．经济地理，25（2）：169-172.

林雄斌，马学广，晁恒，等，2014．珠江三角洲巨型区域空间组织与空间结构演变研究[J]．人文地理，29（4）：59-65，97.

刘昌明，周成虎，于静洁，等，2014．中国水文地理[M]．北京：科学出版社.

刘俊勇，2014．珠江三角洲河网主要汊道分洪输沙作用研究[J]．人民珠江（3）：17-21.

陆发熹，1988．珠江三角洲土壤[M]．北京：中国环境科学出版社.

罗罡辉，吴次芳，2003．城市用地效益的比较研究[J]．经济地理，23（3）：367-370，392.

骆永明，等，2012．长江、珠江三角洲土壤及其环境[M]．北京：科学出版社.

缪鸿基，沈灿燊，黄广耀，等，1988．珠江三角洲水土资源[M]．广州：中山大学出版社.

倪培桐，闻平，刘剑宇，2016．珠江三角洲水沙年际变化趋势分析[J]．人民珠江，37（1）：19-24.

齐伟，张凤荣，东野光亮，2003．区域可持续土地利用管理评价指标体系探讨[J]．水土保持学报，17（6）：40-43.

王树功，2005．珠江河口区典型湿地景观演变及调控研究[D]．广州：中山大学.

吴蒙，彭慧萍，范绍佳，等，2015．珠江三角洲区域空气质量的时空变化特征[J]．环境科学与技术，38（2）：77-82.

吴尚时，曾昭璇，1947．珠江三角洲[J]．岭南学报，8（1）：105-122.

吴舜泽，王金南，邹首民，等，2006．珠江三角洲环境保护战略研究[M]．北京：中国环境科学出版社.

肖荣波，李智山，吴志峰，等，2017．珠三角区域城市化过程及其生态环境效应[M]．北京：科学出版社.

徐进勇，张增祥，赵晓丽，等，2015．近 40 年珠江三角洲主要城市时空扩展特征及驱动力分析[J]．北京大学学报（自然科学版），51（6）：1119-1131.

许学强，2013．珠江三角洲研究：城市·区域·发展[M]．北京：科学出版社.

闫小培，毛蒋兴，普军，2006．巨型城市区域土地利用变化的人文因素分析：以珠江三角洲地区为例[J]．地理学报，61（6）：613-623.

杨赛明，2010．煤矿区生态安全研究：以南屯煤矿区为例[D]．济南：山东师范大学.

杨星，蔡彦，郭璐，2005．广东省土地资源可持续利用评价研究[J]．中国人口·资源与环境，15（3）：65-69.

姚士谋，周春山，王德，等，2016．中国城市群新论[M]．北京：科学出版社.

姚章民，王永勇，李爱鸣，2009．珠江三角洲主要河道水量分配比变化初步分析[J]．人民珠江，30（2）：43-45，51.

叶长盛，董玉祥，2011. 珠江三角洲土地利用分形特征及其影响机制[J]. 农业工程学报，27（4）：330-335，404.

张凤荣，齐伟，薛永森，等，2001. 盐渍土区耕地质量指标及其在持续土地利用管理评价中的应用[J]. 中国农业大学学报，6（5）：42-48.

张争胜，2016. 广东地理[M]. 北京：北京师范大学出版社.

赵振华，匡耀求，等，2003. 珠江三角洲资源环境与可持续发展[M]. 广州：广东科技出版社.

朱晓华，蔡运龙，2005. 中国土地利用空间分形结构及其机制[J]. 地理科学，25（6）：671-677.

朱一中，曹裕，2011. 基于 PSR 模型的广东省城市土地集约利用空间差异分析[J]. 经济地理，31（8）：1375-1380.

第二章　土地利用变化的时空过程

珠江三角洲地区的土地资源开发历史悠久，土地利用的类型、规模及水平等随着生产力水平和人口规模等的发展而不断变化，尤其是改革开放以来，伴随区域经济社会的快速发展，土地利用也发生了巨变，故主要借助历史文献简要梳理珠江三角洲地区历史时期的土地利用变化，着重基于遥感影像等数据具体分析近期珠江三角洲地区土地利用数量与程度的变化过程。

第一节　历史时期的土地利用变化

历史时期，珠江三角洲地区的自然因素演变，尤其是海陆变迁等对土地利用有一定制约作用，但政治、经济、移民、民族等人文因素对土地利用发挥着越来越重要的作用，形成了不同时期的土地利用特征。本节主要基于相关历史文献记载、考古资料等，以广州和佛山市为代表，对历史时期不同阶段尤其是民国时期珠江三角洲地区土地利用状况及其变化进行分析。

一、明代之前土地利用的发展

依据珠江三角洲地区历史时期土地利用变化的过程，基于社会经济历史发展阶段和资料数据等，简单地把珠江三角洲地区明代之前土地利用发展过程划分为距今6000年～公元前221年的先秦时期、公元前221年～公元220年的秦汉时期、公元220～589年的三国两晋南朝时期、公元589～971年的隋唐五代时期和公元971～1638年的宋元时期5个阶段。

1. 先秦时期

珠江三角洲地区的海岸线一直处于推进变化之中（徐俊鸣，1973）。例如，距今6000年前后广州的海岸线大致是从新市棠涌东北入境，穿新市棠涌，沿白云山西南，过越秀山南麓，经黄埔沙堤，向东延伸到墩头基，再沿现在东江向东北过白江村、久裕村到增城的金兰寺，此线以南区域在距今6000年左右时还未成陆，此时佛山地区的滨线大致可确定在九江—灶岗—西樵山东麓—大岸—罗村镇务岗—寨边村—河宕—深村—梁边—奇槎—雅瑶—坦边—颖水一线。距今4000年前，广州的滨线扩展到番禺紫泥、沙湾、市桥、石楼、莲花山、化龙、广州东郊南岗一带，佛山距今4000年前后的滨线大致为龙江—西海—都宁一线（李平日等，1991），人类的活动范围也因此得以扩大。

据考古发现，早在6000多年前珠江三角洲地区就已经有人类居住，但从发掘的新石器时期遗址点来看，区内古越族人数量有限，或位于山林中主要从事狩猎与采集，或位于水陆交界之处开展渔猎活动，也有可能还形成了一些零星的耕作农业用地。西樵山文化遗址出土的石器以细小的器形为主，鲜有大型农耕所需的大石器，由此可推断当地的先民主要是以渔猎和采集为主。但是，高明古椰贝丘遗址水田区的 6 层出土有大量的动、植物遗存，其中稻谷的个体就超过 20 粒，大多没有炭化，初步断定应当是人工栽培稻而非野生稻谷（崔勇，2007），说明佛山北部地区新石器时代晚期已经出现零星的农业耕作用地。在公元前 3000 年左右，珠江三角洲的先民进入青铜时代，水稻种植已在三角洲地区发展（谭棣华，1993）。至战国时期，山冈和台地遗址大量增加，并主要分布于广州旧城区一带及番禺北部的山丘和台地之上，用于平整土地的石铲明显增加（李平日等，1991），旱地农业经济开发水平有所提高。不过，该时期珠江三角洲地区，尤其是广州的人口主要分布在广花平原及增江冲积平原一带，由于地广人稀，土地利用还处于零星开发阶段。

2．秦汉时期

秦朝建立之后，在公元前 214 年统一岭南，并设南海郡、桂林郡和象郡，今广东大部分地区属南海郡，下辖番禺、四会、博罗、龙川和揭阳五县，郡治番禺（司徒尚纪，1998），今珠江三角洲一带多属番禺县。秦朝统一岭南后设置政区具有划时代的意义，是珠江三角洲地区土地利用新阶段的开端。南海郡尉任嚣选中白云山和珠江北岸之间的台地作为南海郡治，修建了番禺城，史称任嚣城，对后来广州市的发展具有深远的影响。任嚣城规模较小，位于今广州仓边路一带，地址靠近甘溪水道。秦始皇还曾迁徙中原人民来岭南，即"谪戍移民"，"与越杂处"，南迁的中原移民达到十万至二十万人（杨万秀和钟卓安，1996）。北方移民的到来，为岭南地区带来了先进的技术与工具，不仅提高了土地的利用效率，同时也使得耕地范围在原来基础上有所扩大。

公元前 204 年，赵佗乘中原楚汉相争之机，在岭南建立南越国，定都番禺，广州城镇用地得以继续扩大。秦番禺城规模较小，赵佗把城池扩大到周长 10 里（5.76 km），号称越城，俗称赵佗城（徐晓梅，1988），其范围自西门口中山六路起，穿过光塔街，经番、禺二山（双门底），至旧仓巷、仓边街，绕大东门，沿越秀北路，经小北门，抵越秀山朝汉台、越王台，过大北门，经光孝寺，达西门口（陈代光，1996）。南越国的农业以种植水稻为主，人工培植的各种蔬菜、瓜果已普遍出现，渔猎经济也很发达。广州地区作为都城及周边地区，土地的利用程度较高，得到较快的开发，人烟稠密，经济繁荣（杨万秀和钟卓安，1996）。同时，番禺城市商业发达，位于当时全国大都会之列。

汉武帝元鼎六年（公元前 111 年）平息南越国叛乱时，番禺城被烧毁，南海郡和番禺县治一并南迁至番禺市桥一带。南海郡及番禺县治南迁带动了市桥台地的开发，从市桥一带发现的多处汉墓群可推测此地两汉时期已有不少定居人口。不过，步骘于建安二十二年（217 年）将交州治与南海郡、番禺县一道北徙于赵佗旧治处，并"筑立城郭"，以为官署之用，城市用地的重心再次发生了转移（吴宏岐，2006）。西汉末，成帝绥和元年（公元前 8 年）十二月改刺史部置州，直接管理郡县，行州、郡、县三级行政制度，原交趾刺史部遂改称交州。

3．三国两晋南朝时期

公元 220～589 年的三国两晋南朝时期，由于中原及江南地区的战乱，岭南地区相对安定，北人为躲避战乱，大量南迁，形成了两次规模较大的移民潮，对珠江三角洲地区的土地开发具有直接的促进作用，特别是与此相适应的耕地增加迅速，但同时又有波动性特点。

东晋南朝时期今广州市先后增加了怀化、熙安、绥宁、南海4县，反映出珠江三角洲土地开发进入了一个高潮阶段。南朝时珠江三角洲地区郡县设置更多，刘宋时广州辖18郡，其中南海郡辖10县，较之东晋多出熙安、绥宁、始昌3县，始昌由四会分出，而熙安、绥宁则由番禺、增城分出，所以今广州地区实际上分属南海郡番禺、增城、怀化、熙安、绥宁5县之地。梁时废怀化、熙安、绥宁三县，但又立一个新县南海县。陈朝时期多沿梁制，今广州地区仍属南海郡番禺县、南海县、东官郡增城县之地。东晋在今黄埔区与天河区交界一带设置怀化县，促进了珠江下游一带的经济开发，南朝时期先后设置的熙安、绥宁、南海诸县，使北江下游和东江下游水网区的农地垦殖渐有起色，说明东晋南朝时期，珠江三角洲地区政治环境相对稳定，在北方战争频发、经济衰退之际，珠江三角洲地区反而因为北方人口的迁入，促进了当地的土地开发。

三国至南汉时期有关佛山地区经济开发的记载较少，说明这一时期佛山的土地利用仍然处于缓慢发展阶段。三国至南北朝结束，在岭南地区增加了不少郡县，佛山逐渐发展成一个集贸兴旺的集镇。佛山属南海郡番禺县管辖，原名季华乡，该地在晋代时还是珠江口咸淡水交界的土洲群中较大的土洲，后来经过长期的自然演变及劳动人民对自然的利用和改造，宽阔的古海湾头变成了肥沃的土地，4世纪时已成为一个很热闹的渔村集镇，集贸兴旺。

4. 隋唐五代时期

随着泥沙的沉积，隋唐时期广州地区南部陆地继续扩大，海岸线向南推进，唐代建立的居民点南界有顺德的南华、昌教、龙涌、桂洲一线，以北有许多唐代文物出土和唐代建立的村庄，如顺德杏坛西马宁村曾出土较多唐代陶瓷器具（李平日等，1991）。《南越笔记》记载："顺德之容奇、桂洲、黄连村，吹角卖鱼。其北水古、粉龙渚、马齐村，则吹角卖肉。相传黄巢屯兵其地，军中为市，以角声号召。此其遗风云。"[1]可见唐代黄巢就曾屯兵容奇、桂洲、黄连、古粉、马齐等地，这也可以作为这一地区至少在唐中后期就已经成陆的有力佐证。广州地区的海岸线大致经佛山桂洲向东北过石碁南、莲花山，再向北在黄埔东一带过珠江，东南绕过庙头村，折向东北过南岗、新塘到莞城一线，岸线北面成陆部分有所扩大。在上述变化过程中，区内土地利用的范围和规模得以拓展，广州城镇规模也有所扩大。

隋唐时期广州城的规模不大，面积不足1 km²，东起今德政路，西至今教育路，南至中山路，北抵越华路，城内经济繁荣。唐兴元元年（784年），岭南藩帅杜佑"为开大衢""修伍列，群康庄"，广州市容大为改观，旧有的坊市结构被打破，今中山路和北京路已成为东西和南北走向的主要街道，店肆行铺林立。天祐三年（906年），清海节度使刘隐凿平禺山，在南城之南修建城池，号"新南城"（杨万秀和钟卓安，1996）。广州城

---

① 〔清〕李调元《南越笔记》卷1，吴绮等撰，林子雄点校：《清代广东笔记五种》，广东人民出版社，2006年，第196页。

区面积大增，范围包括今越华路以南、仓边路以西、华宁路以东、大南路—文明路以北的大片市区。由于人口的增加、经济繁荣及对外贸易的扩展，在城区四周，兴起了大片居民区和商业区，特别是城西市区，为中外商贾聚居之地，蕃坊一带，"任蕃商列肆而市"，是广州最繁华的商业区（杨万秀和钟卓安，1996）。蕃坊正当南濠东岸，为蕃舶码头区，有蕃巷，为外国人聚居区，其范围北到中山路，南达惠福路和大德路，西抵人民路，东达解放路，面积约 1 km²。城南临江地区淤出大片滩地，交通方便，形成工商业发达的码头区，沿江街市也随之形成，其附近蕃舶蚁聚，中外客商来往如鲫（陈代光，1996）。南汉时期广州为国都所在地，称为兴王府城，城市建设用地有所扩大，但宫殿、池苑占了较大的比例。

据唐人李吉甫《元和郡县图志》记载，武则天长安三年（703 年）在"江南洲上别置番禺县"，而且还特别提到了这个江南洲的大小是"周回约八十里"，这透露出唐代广州江南洲上的人口规模和沙田开发方面的信息。这一时期广州郊区农业得到很大的发展，城镇周围为满足居民对新鲜蔬菜的需求而形成蔬菜种植区，所种蕹菜可"和畦卖也"[①]，具有一定的专业化水平。种花卖花甚至成为一些人的专门职业，"番禺士女多以彩缕贯花卖之"[②]。郊区果木种植业比较发达，其中水果如荔枝、龙眼、甘蔗等占有重要地位。南汉时期城西的泮塘是"刘王花坞"，荔枝湾有显德园，烟水 20 余里；更西为花田，皆种素馨花。城北以越秀山为中心，流花桥为枢纽，名芳春园，"飞桥跨沿，林木拥之如画"（陈代光，1996）。今小北路及以北唐代有溪水流经，为踏青避暑胜地，南汉辟为御苑，建甘泉宫；中有泛杯池、濯足渠、避暑亭。南连甘溪，夹溪二三里皆植木棉、刺桐，两岸为平坦大道。越秀山上也有不少古迹，具备建设用地与林地双重性质。

5. 宋元时期

南宋时期，珠江三角洲地区南部的海岸线继续向南扩展，当时的海岸线西起潭州，经过沙湾和黄阁之间向东北到莲花山，向北延伸到黄埔一线。宋初废番禺县入南海县之后，在宋仁宗皇祐三年（1051 年）又复置番禺县，由唐时广州城南江南洲上的旧治迁徙到更南一些的紫坭（紫泥），主要是为了进一步加强珠江三角洲地区洲渚沙田（沙坦）的开发和管理。

宋元时期是广州城市发展的一个转折时期，广州城的面积急剧扩大。宋代的广州城由三个城组成，即中城（子城）、东城和西城。宋代子城或中城比唐代子城要大些，因宋子城是承南汉兴王府而修建，即已把南汉时凿平番、禺二山地划入城中。子城城内结构大致分为三段，北部是历代广州官衙所在，由越王宫到南海郡或广州府均在这里，包括各种衙门在内，即今中山四路以北地区；南部城内商业区，以双底门为中心，到西湖路附近；第三段为沿宋江边地，即大市（沿江边商业区），今惠福路一带，包括河边码头区。宋东城规模较小，北界在今越华路南高坡向东延展地方，南界和文明路相接，东界在农民讲习所西侧，衷四里，折算约 0.5 km²，有官署和仓库等官方设施及民居。宋西城西界即和今天西濠相当，南界即和玉带濠相当，东界与西湖相当，北界与天濠街相

---

① 〔唐〕段公路撰：《北户录》卷 3。

② 〔万历〕《广东通志》卷 16《郡县志三·广州府·水利》，《广东历代方志集成》省部第 5 册，第 408 页。

当。三城总面积约 2.86 km²。元代城池规制沿宋制，但城墙不高，后人谓元"三城低矮"。

宋代以前，佛山地区水域宽广，湖沼密布，河网纵横，水利未兴，地力未辟，经济还比较落后。到了宋代，区内淤积范围比前代大为扩大，许多河流迅速淤积，海岸线后退，露出大片沙田，如沙湾以南，甘竹滩以下小榄、大黄圃一带，江门至会城以南，以及石龙、莞城以下地带都先后形成，为农业生产提供了大量的土地资源。宋元时期的佛山堡一直归南海县管辖。佛山一带的交通条件尤其是水路交通，有了长足的进步。据元《大德南海志》记载，元时水铺有罗村、何村、古灶、扶南、沙贝、张槎、澜石、深村、石湾等，横水渡有叠滘、沙滘、大江、官山、蟠岗、河清、佛山、张槎、澜石、深村等，可见当时南海、顺德、佛山一带交通颇为方便，村落也比较密集。随着水路交通的发展，城镇和商业也日益繁荣。当时佛山通往各地的水陆交通便捷，佛山水道宽阔而又深邃，东南出海的海道畅通。结合宋时佛山石湾陶窑的建立和发展、南昌王墓就葬于蟠岗、澜石亦发现大量宋墓等事实，说明宋、元时佛山已开始发展为珠江三角洲地区除广州以外的另一个经济、文化、交通、贸易的中心，为佛山在明代发展为全国的四大名镇之一而奠定了基础。宋、元两代北方移民对佛山地区的开发以集中开垦河岸两边的平原地区为主，宋之前的开发多在三角洲平原边缘及丘陵台地地带，入宋后潮田因建人工堤围，成为高产稳产田，故在九江—桂洲—沙湾一线以上的南海、顺德一带地区的居民村落已有很大发展，"顺德祠堂南海庙"之谚语即反映了当时顺德等地村落发展、经济繁荣、宗族势力扩张的情形。

二、明代土地利用的基本概况

宋元时期以后，西江、北江上游地区土地开垦增多，泥沙量增大，加速了珠江入海处陆地的沉积速度。明代广州附近海岸线在中山市三角镇到番禺的黄阁一线，东江下游已基本成陆，珠江三角洲地区的可利用土地资源大量增加，通过水利设施的建设，明代耕地数量与城镇规模都有较大扩展。

1. 水利设施用地

明代珠江三角洲地区人口增加，对土地资源的需求急剧扩大，特别是耕地需求扩大十分明显，为应对珠江三角洲地区水文状况不稳定的问题，修建了许多水利工程以保障农业生产的顺利进行，尤其是随着土地开发逐渐向山丘地区和沿海地区转移，水利工程的作用愈发重要。沿海的顺德、香山县"是多潮田，大江之水，昕夕上下旱魃，海若不能为灾，农逸而多获，所藉陂池堤岸者特十一耳，岂非地势便乎"[1]。人们不仅认识到水利设施建设对土地开发的重要作用，还认识到根据不同地形修建不同的水利工程。"吾广南海多下田，则曰基围；番禺多高田，虞旱则为水车，转轮激水，以上高原，地名车陂多有之。"[2] 又有言"古者，高田用堰壩，低田用圩岸，平田用陂塘，是谓三农[3]。总

---

①〔嘉靖〕《广东通志》卷 26《民物志七·水利》，广东省地方史志办公室誊印，1997 年，第 623 页。
②〔嘉靖〕《香山县志》卷 3《政事志·水利》，《广东历代方志集成》广州府部第 34 册，第 42 页。
③〔嘉靖〕《广州志》卷 15《沟洫》，《广东历代方志集成》广州府部第 1 册，第 326 页。

体而言，"广州东北多平阜，西南多汙泽，故番禺、东莞、增城之田资于陂而常丰，南海谓圩岸曰基围，基围崩溃则野有饿莩，遵顺德而南至于香山、新会皆濒海，多沙坦，民种芦渍土其成田也，数千百亩可跱而待也"[①]。珠江三角洲地区的水利工程名目多样，从用途上看，提水设施有水车、筒车和桔槔，蓄水工程有池、塘、陂、湖、潭等，引水工程主要有水渠和圳，嘉靖《广州志》中曾记载了明代广州府各县的水利工程建设情况（表 2.1）。一方面，水利设施的修筑可以促进土地资源的开发，提高土地使用效率；另一方面，水利工程本身要占用一定土地，也是土地利用的一种类型。

表 2.1　明嘉靖珠江三角洲各县水利建设统计表

县名	水利设施类型与数量				受益田数量/顷	每宗水利受益面积/顷
	陂（堰）	塘	圩岸（堤）	基围		
南海		35	10		6 527.02	145.04
番禺		6	17		1 770.80	76.99
顺德	1		11		4 036.46	336.40
三水				23	29 638.00	1 288.60
东莞	1	1	3		33 028.00	6 605.60
香山	4				30.00	7.50
新会	1	1		7	644.15	71.60
新宁	2			3	53.00	10.60

资料来源：〔嘉靖〕《广州志》卷 15《沟洫》。

注：①受益田数量包括护田、障田、灌田、包田几种，余数不取，1 顷=6.667 hm²；②合计中每宗田亩受益面积为各县平均数。

2. 耕地面积变化

沙田是珠江三角洲地区河流入海口广泛分布的一种耕地类型。"广州边海诸县，皆有沙田，顺德、新会、香山尤多。农以二月下旬，偕出沙田上结墩，墩各有墙栅二重以为固。其田高者牛犁，低者以人秧莳，至五月而毕，名曰田了，始相率还家。"[②] 关于沙田的利用，明人王圻在《三才图会》中有所描述："或滨大江，或峙中洲，四围芦苇骈密以护堤岸，其地常润泽，可保丰熟。普为塍埂，可种稻秫；间为聚落，可艺桑麻。或中贯潮沟，旱则频溉；或傍绕大港，涝则泄水；所以无水旱之忧，故胜他田也。"[③] 潮田分布在沿海或沿河地区，圃田为"种蔬果之田也"，分布在村落周围。沿河沿海外，也还有丘陵分布，其耕地类型有自身的特点。嘉靖《香山县志》中记载："畲田，刀耕火种，惟横琴、西草湾有之，今亦为异县豪右所夺，争讼不已。土田凡五等，而瑶人畲田不与焉。一曰坑田，山迳之间颇低润者，垦而种之，或遇涝水，流沙冲压，岁用荒歉。二曰旱田，平埔高硬，潮水不及，候雨而种，岁旱则多抛弃，俗谓之望天田。三曰洋田，沃野平原得水源之先者焉为上。四曰咸田，西南薄海之田咸潮伤稼，筑堤障之，俟山坑水至而耕，堤或圮，苗则稿矣。五曰潮田，东北海通广西，潮漫汐涸，稼宜交址稻，每

---

① 〔明〕屈大均：《广东新语》卷 2《地语》，中华书局，1985 年，第 51-53 页。

② 〔明〕王圻：《三才图会》卷 16《地理》，上海古籍出版社，1988 年，第 510 页。

③ 〔嘉靖〕《香山县志》卷 1《风土志》，《广东历代方志集成》广州府部第 34 册，第 15-16 页。

西水东注，流块下积，则沙浑渐高，植芦草其上，浑浊凝积，久而成田，然后报税，其利颇多。"①

珠江三角洲平原地区还有一种重要的耕地类型，即围田。围田，筑土作围，以绕田也。珠江三角洲平原地区河网密布，一旦涨水，田庐皆有被淹没之危险，在这种情况之下，"其有力之家，度视地形，筑土作堤，环而不断，内容顷亩千百，皆为稼地。后值诸将屯戍，因令兵众，分工起土，亦仿此制，故官民异属。复有圩田，谓垒为圩岸，捍护外水，与此相类。虽有水旱，皆可救御"②。在围田保护之下，耕地、聚落可以免于水患，因此"不惟本境足食，又可赡及邻郡，实近古之上法，将来之永利，富国富民，无越于此"③。明清时期，珠江三角洲地区修筑了大量的堤围，保护了耕地，提高了土地的利用效率。

明代修撰的省志、县志中的赋税部分记载了各县纳税地的面积，虽然纳税田亩数与实际的田亩数存在一定差异，但纳税地面积较接近实际耕地面积，也是研究明代田亩数的基础。依据嘉靖《广东通志初稿》、万历《广东通志》、康熙《广东通志》等方志中记载的部分明代广州府部分年份的纳税土地数量（表2.2），明代广州府载籍田地数在总量上呈现波动性，其中洪武二十四年（1391年）到天顺六年呈上升趋势，成化八年（1472年）开始下降，隆庆年间降至低谷。

表2.2 明代珠江三角洲各县册载耕地数量　　　　　（单位：顷）

时间	南海县	番禺县	东莞县	新会县	香山县	顺德县	三水县	新安县
洪武二十四年（1391年）	27 009.13	8 768.82	11 910.50	11 179.31	3 902.46			
永乐十年（1412年）	27 010.90	8 776.50	11 918.39	11 218.58	4 378.58			
天顺六年（1462年）	29 603.12	9 904.11	12 094.45	11 577.11	5 256.73	8 475.49		
成化八年（1472年）	27 010.90	9 904.11	12 178.31	11 599.52	5 481.25	8 475.49		
弘治五年（1492年）	27 010.90	9 904.11	12 222.90	11 568.89	3 700.30	8 475.49		
正德七年（1512年）	27 010.90	9 904.11	12 227.59	9 198.68	5 769.16	8 566.74		
嘉靖元年（1522年）	27 010.90	9 701.50	12 231.46	9 205.31	5 811.23	8 566.74		
隆庆六年（1572年）	15 410.40	9 701.40	12 244.15	9 254.41	5 894.55	8 594.51	4 570.20	
万历十年（1582年）	15 809.22	11 939.39	13 135.36	11 979.38	6 445.57	8 700.94	5 000.16	4 020.82
万历二十年（1592年）	15 809.70	11 939.39	13 135.36	12 041.51	6 670.51	8 701.34	5 002.72	4 034.30
万历二十八年（1600年）	15 809.22	11 939.39	13 135.36	11 979.38	6 445.57	8 700.94	5 000.16	4 020.82
崇祯五年（1632年）	15 809.70	11 939.39	13 135.36	12 041.51	6 670.51	8 701.34	5 002.72	4 034.30

资料来源：〔嘉靖〕《广东通志初稿》卷二十三《田赋》载嘉靖十一年广州各县土地数字；〔万历〕《广东通志》卷十七《赋税》载洪武二十四年、永乐十年、天顺六年、成化八年、弘治五年、正德七年、嘉靖元年、隆庆六年、万历十年、万历二十年各县土地数字；〔康熙〕《广东通志》卷九《贡赋上》载万历二十八年、崇祯五年的土地数字。

3. 城镇用地情况

随着城镇人口的增加，明代广州城镇用地规模扩大，其中主要集中于广州城。明代对广州城先后多次进行改造和扩建，连宋代三城合为一，把原广州城北郊扩展为城内一

① 〔明〕屈大均：《广东新语》卷2《地语》，中华书局，1985年，第51-53页。
② 〔明〕王圻：《三才图会》卷16《地理》，上海古籍出版社，1988年，第508页。
③ 〔清〕（乾隆）张嗣衍：《广州府志》卷四《城池》，岭南美术出版社，2007年，第113页。

部分，并且修建新南城。明初广州有三城，东城与中城之间有文溪，中城与西城之间有西湖，其间桥梁众多，影响了城内的交通，于是须将之连为一城。洪武三年（1370年），"朱亮祖连三城为一，因浚旧濠，周二千三百五十六丈五尺"[①]，"惟北一面枕山未浚"[②]。修好之城即为宋三城之范围。之后对北城进行了修筑，由光孝寺东北向北延伸至象岗山脚，沿越秀山北麓到桂花岗南，向东南沿越秀山接东大门，其南的百灵路、天濠路、越华路、豪贤路一线为宋代三城北界（陈代光，1996），越秀山部分已经扩入城中。

随着珠江河岸继续向南淤积，广州城南逐渐产生了不少商业贸易用地，其时"民廛稠聚，海舶鳞凑，富商异货，咸萃于此"[③]，加上广东沿海地区屡受倭寇侵扰，1565年在元雁翅城基础上修建了新城。明代新城的街区具有商业性"街圩"性质，即呈现出街区沿江岸发展，延伸发展为主街的现象，面积约为5.4 km²。城外郊区也得到了明显的发展，特别是珠江南岸的河南地区和城西的西关地区。珠江河南沿河有不少住宅区，一些地方也开发成为游览区，如海幢公园即为郭岳龙别业。西关地区已经形成了号称"十八甫"的商业区，计由西濠金字湾第一津开始，到老城为第八甫，折西至下西关冲为十一甫，再南折而西为十三甫、十四甫，至西濠，再南转而西为十八甫。十八个甫即十八条街之外，即为农村地方，或小村、小市所在，其间分布庙堂、佛寺，是供人游玩的地点。经测算，广州城外街区面积约为2.01 km²，用地性质属于园地与建设用地的结合。

除广州外，明时珠江三角洲地区各县城用地的规模相差较大，规模较大的几个县城位于珠江三角洲与周边丘陵交界地带。其中最大为东莞，周长数最大，达到2239丈[④]；其次超过1000丈的县城有新会，500～1000丈的有香山县（630丈）、顺德县（615丈）和新宁县（530丈）。

三、清朝时期的土地利用情况

清朝，珠江三角洲地区附近海岸线进一步向南推进，清初屈大均《广东新语》记载："黄花惟大澳乃有。大澳者，咸水之边也。"大澳沙即今番禺区万顷沙北面的义沙。1838～1902年，万顷沙已围田四千顷发展到七涌，之后的1917年扩展到十一涌（李平日等，1991），为土地开发规模的扩大与土地利用水平的提高奠定了基础。

1. 水利设施建设情况

清代珠江三角洲地区土地开发利用规模扩大的基础是水利设施的修建，其本身也是一种重要的土地利用类型。清代广州府水利工程的类型主要是堤岸、陂、塘基围等（表2.3），建设规模与数量呈现波动变化特点，如清初至乾隆时期广州府的陂塘数量下降较为明显，至光绪时期陂塘的数量回升，并较康熙年间有一定的提高。

① 〔清〕（康熙）郭尔摬：《南海县治》卷二《建置志》，岭南美术出版社，2007年，第49页。
② 〔道光〕《广东通志》卷一百二十五《建置略一》，上海古籍出版社，1990年，第2443页。
③ 〔清〕（康熙）郭尔摬：《南海县志》卷二《建置志》，广东历代方志集成，广州府部（二），南海县志，岭南美术出版社，2007年，第49页。
④ 1丈≈3.333 m。

表 2.3　清代广州府各县水利建设表

县名	时间	堤（圩岸）	陂	塘	基围
南海	康熙十二年（1673 年）	33			
	乾隆二十四年（1759 年）	29			
	光绪五年（1879 年）				86
番禺	康熙十二年（1673 年）	3	16	11	
	乾隆二十四年（1759 年）	2	13	7	
	光绪五年（1879 年）	4	15	7	
顺德	康熙十二年（1673 年）	8			
	乾隆二十四年（1759 年）	8			
	光绪五年（1879 年）	1			89
东莞	康熙十二年（1673 年）	6	1		
	乾隆二十四年（1759 年）	3	1		
	光绪五年（1879 年）	5	1		
三水	康熙十二年（1673 年）	31			
	乾隆二十四年（1759 年）	29			
	光绪五年（1879 年）				35
新会	康熙十二年（1673 年）	10	1		
	乾隆二十四年（1759 年）	9	1		
	光绪五年（1879 年）	1	1		11
新宁	康熙十二年（1673 年）	3		2	
	乾隆二十四年（1759 年）	2	1		
	光绪五年（1879 年）	1	2		3
新安	康熙十二年（1673 年）				
	乾隆二十四年（1759 年）				
	光绪五年（1879 年）	15			
香山	康熙十二年（1673 年）	5			
	乾隆二十四年（1759 年）	4			
	光绪五年（1879 年）	4	1		1

　　资料来源：〔清〕汪永瑞：〔康熙〕《广州府志》卷十七《水利》载康熙十二年（1673 年）水利情况；〔清〕张嗣衍、沈廷芳：〔乾隆〕《广州府志》卷六《水利附》载乾隆二十四年（1759 年）水利情况；〔清〕瑞麟、戴肇辰、史澄：〔光绪〕《广州府志》卷六十九《建置略六》之《江防》和《水利附》载光绪五年（1879 年）水利情况。

2. 册载纳税田亩情况

　　明末清初战乱导致人口减少、田地荒芜，珠江三角洲地区耕地数量下降，至康熙十一年广州府的田地数量开始回升（表 2.4），之后基本一直处于上升趋势，至道光年间达到最高峰，其间，耕地总面积由康熙十一年的 69 892.53 顷升至道光二年的 91 828.83 顷，耕地面积扩大了三成多。

表 2.4 清代广州分县册载田亩数 （单位：顷）

县名	顺治十四年 （1657 年）	康熙元年 （1662 年）	康熙十一年 （1672 年）	雍正年间 （1730 年）	乾隆二十二年 （1757 年）	道光二年 （1822 年）
南海	15 810.82	15 663.82	15 013.82	14 545.62	12 603.33	12 635.90
番禺	11 943.8	11 762.67	11 066.40	10 384.68	12 863.48	12 782.11
东莞	13 135.36	11 730.83	12 309.17	13 120.53	14 491.78	14 285.49
新会	12 224.71	8 861.53	6 188.36	9 165.83	8 974.55	9 716.72
香山	7 075.35	5 887.53	2 377.83	7 075.35	11 592.76	12 537.57
清远	5 913.93	5 913.93	5 913.93	5 913.93	6 411.47	6 197.67
顺德	8 716.55	8 607.57	7 132.23	8 575.20	8 832.53	8 598.36
新宁	3 545.67	3 147.57	2 505.12	3 490.73	4 275.85	5 617.21
三水	5 017.59	5 017.46	5 017.46	5 017.59	5 365.16	5 559.69
新安	4 319.56	1 341.60	2 368.21	3 596.59	3 926.56	3 898.11

资料来源：〔康熙〕《广东通志》卷九《贡赋》载顺治十四年、康熙元年、康熙十一年（1672 年）各县田亩数；雍正《广东通志》卷二一《贡赋》载雍正年间收税田亩数；〔乾隆〕《广州府志》卷十一《贡赋》载乾隆年间收税田亩数；〔道光〕《广东通志》卷一百六十二《田赋二》载道光年间收税田亩数。

注：①康熙元年、康熙十一年、道光年间取实征田亩数；②乾隆二十二年取田、地、山塘、沙坦、屋地等各项数。

3. 城镇用地扩展情况

清代，珠江沿岸沙坦逐渐形成，自 1564 年到 1647 年的 80 多年间，珠江江岸又淤出了 20 多丈滩地，平均每年达 0.9 m。新形成的沙坦有商户居住，出于保护之需要修建了鸡翼城。顺治四年（1726 年），"筑新城东西二翼城，各二十余丈"[①]，城"高二丈，厚一丈五尺，各为门一。其东南曰正东，其西南曰安澜"[②]。鸡翼城街道东西向江岸布局为大街，为商业网点、码头所在地（陈代光，1996），测算鸡翼城内面积约为 0.53 km²，其时整个广州城内的面积合计约为 5.53 km²。

清代广州西关平原随着纺织业、洋行商业区、沙面的发展而逐渐开发起来。清代广州的纺织业发达，多集中在西关，主要分布在第六甫、第七甫、第八甫、上九甫、长寿里、茶仔园、小圃园，北连洞坤坊、青紫坊、芦排巷等在内的地区。十三行街开于 1777 年，十三行商人在这一带建有十三商馆，租给外国商人居住，称"十三夷馆"。这些商行与外国夷馆共同组成了洋行商业区。由于商业贸易繁盛，乾隆以后洋行地区不断扩展，一度实行填江造陆的活动，兴建码头、花园、运动场等。沙面自清中叶以后成为广州最繁华的地区之一，当时的情形是"妓馆与阛阓栉比"[③]。1859 年（清咸丰九年）7 月 12 日，英、法侵华分子巴夏礼、罗伯逊与粤督黄宗汉议定在沙面西部和东部分别设立英、法租界。因此，广州西关地区是清代广州城镇用地变化较大的区域，具有鲜明的近代化特征。

清代广州河南地区的城镇用地主要集中于珠江南岸的河南一带，西起白鹅潭，东止

---

①〔清〕阮元：《广东通志》卷一百二十五《建置略一》，上海古籍出版社，广东通志（二），1990 年，第 2443 页。

②〔清〕周寿昌：《思益堂日记》卷九第二十六，顾廷龙主编：《续修四库全书》，第 1161 册，第 456 页，上海古籍出版社，2002。

③广州市政厅：《广州市沿革史略》，广州市地方志编委会办公室、广州市地方志研究所重印，1989 年，第 93-94 页。

于"河南尾"处，即今草芳围路，东西长约 2.4 km 的河岸"街村"，南北宽限于台地迫近江岸，只有 800～1000 m。不过，河南早在宋元时期即是有名的游览区，到明清时期更多的富者居此，在此建立了更多的园林，清代比较著名的有海幢寺、伍家花园、南墅、陈氏花园、小港等，另外有诸多的小园林与住宅连在一起。但在广州珠江的河南占地 90 余平方千米的区域中，农业用地还是主要的用地类型，花卉种植也占据相当数量的土地，河南地区实际上呈现出多种用地类型并存的局面。

清代广州东关地区的开发主要是指大东门到小东门一段，南至大沙头。清代修建了江边大街，明代与清代大街之间有诸多的街沟通，晚清形成了一些街道，如海旁街南三条（永安西、永安直、宝源街）、横沙四条（横沙大街、永安坊、横沙南约、横街）、东鬼基一条（东市大街）等。从道路相连的程度看，其时东山区已属城镇用地之范围。东关地区利用平原和池塘修建了许多园林，比较有名的有东皋别业、洛墅、感旧园、瀚海故宅、邓园等。当然，作为郊区，东关地区农地也占有很大的比重，总体上仍是建设用地、耕地、园地相结合的状况。此外，在广州城东边黄埔港一带，外资修建了一些造船厂，如柯拜船坞、旗记铁厂、高阿船厂、福格森船厂等（程浩，1985），城市建设用地在这一时期也得到了很大的发展。

总体而言，清代广州郊区已经形成了新的街区，街道整齐、宽阔，支干分明（陈代光，1996）。至清后期，广州城外街区面积达到了 8.23 km²，而此时广州城内的面积为 5.93 km²，城外街区的面积超过了城内的面积。当然，不同的郊区又具有不同的特点，俗语"东村西富，南富北贫"，形象地说明了当时广州经济社会水平的区域差异情况，同时也是土地利用方式区域差异的具体反映。

四、民国时期的土地利用状况

进入民国时期，今珠江三角洲地区除了广州和佛山之外，其他分别为南海、番禺、顺德、高明、香山、三水等几个县所辖，因自然、社会经济条件及开发程度不一，各地在土地利用上也表现出了不同特点。

1. 广州市域土地利用状况

广州的行政建置格局，由于民国初年广州市的成立而相应地发生了重大的变化。1918 年 10 月 22 日"设市政公所于育贤坊之禺山关帝庙，为广州创办市政萌芽"[1]。1920 年 11 月 29 日重开政务会议议定市制，划定广州市区，置市政厅，由此广州市区正式成为独立的行政区域，开我国京都以外城市型行政区设立之先河[1]。1923 年 12 月市政厅拟定的广州市权宜区域范围，是广州市正式确定的完整的市区划界，奠定了日后广州市区域的基础[2]。1924 年 1 月，由孙中山核准，权宜区域进一步拓展为拟定区域，其北部以白云山为界，西部以增埗对河之两岛为界，西南部以贝底水、石围塘为界，南部以河南黄埔为界，东南部以黄埔对河之东圃圩及沿下车陂涌北上至水土岗为界，所划定区域（拟定区域）面积（连水面）达 29 万亩（193.33 km²），较之 1921 年的广州市区扩

---

① 广州市地方志编纂委员会，1998. 广州市志：卷 2[M]. 广州：广州出版社：146.
② 佛山市地方志编纂委员会，1994. 佛山市志[M]. 广州：广东人民出版社：168.

大了 8 倍之多，使广州由城区较单一的以建设用地为主的土地利用方式向综合土地利用形式转变，带动广州的土地利用进入了一个新的发展阶段。

广州市域新扩展后，土地利用方式发生了很大变化，形成以农业用地为主、建设用地为辅的格局，农业用地约占 80%，为建设用地的 4 倍左右，耕地主要分布在河南和1923 年划分的权宜区域，林地和牧草地主要集中于北部的白云山区，而珠江及其他诸水道和支流则构成水面的主要因素。同时，民国时期广州的土地利用也发生了一定的变化，但限于数据只能采用 1928 年与 1907 年的对比反映该时期的土地利用变化（表 2.5）。1907～1928 年广州建成区土地规模在扩大，同时农用地所占比重也在增加。从绝对数量变化看，以水面面积的增加最为迅速。1907 年，广州建成区内水域总面积 303.78 hm^2，其中，珠江主干面积为 195.28 hm^2、大小支流面积为 46.81 hm^2、其他湖泊与塘面等水域合计为 61.69 hm^2，基本是沿珠江主干集中分布在今荔湾区西北侧、越秀区东南侧及海珠区东北侧等地；1928 年，广州建成区内的水面总面积扩大到 436.85 hm^2，其中，珠江主干面积增至 307.79 hm^2、大小支流面积增至 74.55 hm^2，其他水域面积为 54.51 hm^2（纪芸等，2009）。

表 2.5　1907～1928 年广州主要农用地面积变化

时间	项目	耕地	园地	林地	牧草地	水域	小计
1907 年	面积/hm^2	62.81	39.54	48.25	89.56	303.78	543.94
1928 年		96.34	145.50	78.07	43.51	436.85	800.27
1907 年	占总土地面积比例/%	3.38	2.13	2.60	4.82	16.36	29.29
1928 年		4.11	6.20	3.33	1.85	18.61	34.10
1907～1928 年	净变化量/hm^2	33.53	105.96	29.82	−46.05	133.07	256.33

注：1907 年、1928 年的总面积分别为 1858.63 hm^2 和 2346.88 hm^2。

2. 佛山镇的土地利用状况

自 1912 年南海县署从广州迁到佛山，佛山改镇制后，佛山城镇范围几经调整，至1946 年佛山 3 镇（汾文、富福、佛山）合并重组佛山镇[①]。清末开始，佛山工商业日渐衰落，1936 年粤汉铁路建成通车后，往昔西、北江经佛山输往广州及外省的货物直输广州，导致佛山的工商业大量向广州转移，加之 20 世纪 30 年代初，世界经济危机使广东蚕丝业遭受惨重打击，以该业为经济支柱的佛山相关地区经济由此一蹶不振。1938 年10 月，佛山沦陷，日军拆烧了 38 条街，30 多万人口的佛山，仅剩 7 万多人[②]。据南海档案资料，1946 年时佛山共有各类商店 2035 家，比 1934 年时仍减少 3314 户，至 1949年佛山人口仅为 14.3 万余人，其中从事工商业者约 2.7 万人[③]。

经过上述变化后，佛山镇的经济有所衰落，但这一区域的土地利用方式仍然以城镇建设用地为主，据 1949 年有关统计数据，在建设用地方面，清代的佛山镇在佛山涌环绕的范围内已经几无农田隙地，"佛山居人稠密，未易得地"[④]，至新中国成立前夕，佛

---

① 佛山市政协文史组等编：《佛山文史资料选辑·佛山历史概述初稿》，1982 年，第 3 页。
② 佛山市商业局编：《佛山市商业志》，广东科技出版社，1990 年，第 58-59 页。
③ 佛山市统计局：《佛山市主要年份统计资料提要 1949—1988》，佛山市禅城印刷厂承印，1988 年。
④ 冼宝干：《民国佛山忠义乡志》卷 9《乡族·方伯家庙记》，第 12 页。

山城区的面积大约扩展为 19 km²。同期，区内耕地面积为 49 987 亩，约为当时佛山市区面积的 37.02%，其中水田 40 866 亩、旱地 9121 亩，水稻的夏秋两季的播种面积合计为 75 025 亩，粮食作物的播种总面积也仅为 78 067 亩，水稻的播种面积约占粮食作物播种总面积的 96%。如果以单季来算，水稻播种面积约为 37 512.5 亩，占耕地面积的 75.04%，占水田总面积的 91.79%。在农用地中，土地利用方式仍以种植水稻最为重要，其他种植面积比较多的作物主要还有糖蔗、花生等，但所占面积十分有限，其中糖蔗为 1018 亩，花生更是仅有 107 亩而已。不过，与珠江三角洲其他地区一样，佛山镇的桑基鱼塘也占有很重要的分量，其中有桑园 224 亩、鱼塘 12 626 亩。

3. 其他各县土地利用状况

民国时期珠江三角洲地区除了广州和佛山之外的其他各县的土地利用受战争影响严重，以抗战为转折点可分为三个时期：抗战前土地利用与开发平稳增长；抗战时期对土地利用造成很大破坏，未利用土地增加；抗战结束至新中国成立是恢复与发展时期，土地利用程度超过了战前水平，特别是建设用地比例得到了较大的提高。

1）耕地

民国时期番禺和花县的农业用地以耕地为主（表 2.6），耕地占地比例分别为 66% 和 52%，垦殖指数相应也比较高，其中番禺的垦殖指数更是高达 52%；其次基本属于林地的山地，面积分别占县内土地总面积的 29% 和 33%。

表 2.6 1940 年广州市各县耕地、荒地、山地面积统计表

县名	耕地		荒地		山地	
	面积/亩	占地比例/%	面积/亩	占地比例/%	面积/亩	占地比例/%
番禺	1 778 835	66	37 635	1	768 360	29
花县	667 980	52	93 105	7	426 630	33

资料来源：《广东经济年鉴二十九年度（1940 年）》，1941 年编印，第 5-9 页。

1932～1949 年，今佛山市范围内的南海、顺德、三水和高明四县的耕地总体上呈下降趋势，但各县耕地数量的变化不尽相同（表 2.7）。1941 年，四县耕地以南海和顺德的耕地面积为大，南海县 1 374 150 亩，占四县耕地总面积的 43.92%，顺德县 903 150 亩，占 28.87%，而三水和高明两县合计仅占 27.21%。1949 年，顺德县耕地面积 249 700 亩，占比仅为 14%，南海县耕地占四县耕地总面积的比例为 38%，同期三水县和高明县耕地所占比例分别跃升至 27% 和 17%。总体而言，1932～1941 年，南海、顺德、三水和高明四县的耕地面积有所下降，但下降幅度并不大，下降幅度最大的顺德为 16.51%，其他三县的下降幅度均不超过 8.00%。1941～1949 年四县耕地面积发生了更大变化，南海和顺德耕地面积下降幅度分别高达 50.77% 和 72.35%，三水县耕地面积下降了 13.65%，但同期高明县的耕地面积增加了 3.73%。该期间南海和顺德两县耕地面积大幅度下降的原因，一是佛山地区经历了漫长的战争岁月，常年的战乱，使得大量的人口或死亡或逃亡，进而使大量的农田荒废，而作为当时佛山地区较繁华的南海和顺德便首当其冲地受到了强

大的冲击；二是受战争影响被大量抛荒的主要是旱地，顺德和南海的旱地在 1941~1949
年分别下降了 695 150 亩和 563 633 亩，下降率分别高达 84.58% 和 78.91%（表 2.8），而
水田除了南海县有一些下降外，其他各县均有所上升；此外，顺德和南海作为当时日伪
政权的主要经济来源地之一，侵华日军的掠夺破坏和解放战争期间的战争影响，进一步
加剧了南海、顺德两县耕地的丧失。三水、高明两县的情况有所不同，离战场较远，特
别是高明县，其主要的土地利用形式是林业用地，不仅受战争破坏较小，而且由于地缘
优势吸引了不少人员来此避免战祸，反而促进了耕地尤其是水田的增加。

表 2.7　1932 年、1941 年、1949 年佛山四县耕地面积

县名	耕地面积/亩			变化率/%	
	1932 年	1941 年	1949 年	1932~1941 年变化率	1941~1949 年变化率
南海	1 491 000	1 374 150	676 548	−7.84	−50.77
顺德	1 081 700	903 150	249 700	−16.51	−72.35
三水	602 200	554 700	479 000	−7.89	−13.65
高明	322 300	296 700	307 777	−7.94	3.73
合计	3 497 200	3 128 700	1 713 025	−10.54	−45.25

资料来源：广东省政府秘书处统计股：《广东统计丛刊第一种：人口与土地》，东成印务局承印，1932 年，第 18-19 页；
《广东经济年鉴二十九年度（1940 年）》，1941 年编印，第 18-21 页。佛山市统计局：《佛山市主要年份统计资料提要 1949—
1988》，佛山市禅城印刷厂承印，1988 年，第 15-17 页。

表 2.8　1941~1949 年水田和旱田变化对比

地类	项目	顺德县	南海县	三水县	高明县
水田	1941 年/亩	81 300	659 850	354 750	148 350
	1949 年/亩	123 000	525 881	394 000	297 736
	变化率/%	51.29	−20.30	11.06	100.70
旱地	1941 年/亩	821 850	714 300	199 950	148 350
	1949 年/亩	126 700	150 667	85 000	10 041
	变化率/%	−84.58	−78.91	−57.49	−93.23

资料来源：《广东经济年鉴二十九年度（1940 年）》，1941 年编印，第 18-21 页。佛山市统计局：《佛山市主要年份统计
资料提要 1949—1988》，佛山市禅城印刷厂承印，1988 年，第 15-17 页。

南海、顺德、三水和高明四县的耕地类型构成中（表 2.9 和表 2.10），1949 年各县
普遍以水田为主，水田面积合计为 1 381 483 亩，占全部耕地总面积的 78%，面积为旱
地的近 4 倍。与 1941 年相比，顺德县的水田面积由 1941 年的 81 300 亩上升至 123 000
亩，其所占耕地面积比例从 9.00% 提升至 49.26%，南海县和三水县的水田占耕地总面积
的比例亦分别跃升至 77.73% 和 82.25%，高明县的水田更是从 1941 年 148 350 亩增长为
297 736 亩，使其占耕地总面积比例高达 96.74%。

表 2.9　1941 年佛山各县耕地（水、旱）面积统计

县名	耕地总面积/亩	水田		旱地	
		面积/亩	占耕地总面积比例/%	面积/亩	占耕地总面积比例/%
南海	1 374 150	659 850	48.02	714 300	51.98
顺德	903 150	81 300	9.00	821 850	91.00
三水	554 700	354 750	63.95	199 950	36.05
高明	296 700	148 350	50.00	148 350	50.00

资料来源：《广东经济年鉴二十九年度（1940 年）》，1941 年编印，第 18-21 页。

表 2.10　1949 年佛山市耕地面积统计

项目		全市	顺德县	南海县	三水县	高明县	市区
耕地	面积/亩	1 763 012	249 700	676 548	479 000	307 777	49 987
	占总面积比例/%	100.00	14.16	38.37	27.17	17.46	2.84
水田	面积/亩	1 381 483	123 000	525 881	39 4000	29 7736	40 866
	占本县总面积比例/%		49.26	77.73	82.25	96.74	81.75
	占全区总面积比例/%	78.36	6.98	29.83	22.35	16.88	2.32
旱地	面积/亩	381 529	126 700	150 667	85 000	10 041	9 121
	占本县总面积比例/%		50.74	22.27	17.75	3.26	18.25
	占全区总面积比例/%	21.64	7.18	8.54	4.82	0.58	0.52

资料来源：佛山市统计局：《佛山市主要年份统计资料提要 1949—1988》，佛山市禅城印刷厂承印，1988 年，第 15-17 页。

2）居民点及工矿用地

　　番禺县市桥镇在 20 世纪二三十年代已是个商业发达、手工业遍布的市镇， 1931 年，市桥中心地区以东涌街、桥东街、横街、正街、西街和海傍街为主要街道，有绸缎店 10 家、茶楼 10 多家、金铺 5 家和米铺 91 家，1935 年建成桥东路、大东路、大西路、大南路、海傍东路、大北路和东涌路等，总长 2730 m、宽 8 m，两侧人行道宽 2.5 m。县内农村居民开村时间有先有后，房屋建造形式也有差别，按地区有丘陵小平原之民田区、冲积平原、河网密布的沙田区，民田区多砖木结构的平房，沙田区多禾秆蔗叶的茅寮。居民聚族而居的较大的村庄，建有大大小小的祠堂，如沙湾村兴建祠堂 100 余座，占地 4 万多平方米，建筑面积 3 万 m²[①]。

　　南海县 1937 年 8 月县署从广州迁至佛山福宁路后就以佛山为县城，抗日战争时期因被日军侵占县政府先后撤至九江西岸银坑村以至高明、高要、新兴等地，光复后县政

---

① 番禺市地方志办公室，1995. 番禺县志[M]. 广州：广东人民出版社：488-496.

府于 1945 年 8 月从新兴迁回佛山[①]。南海县各镇城区原来均为依河堤或道路、山边等走向，以板石铺砌街巷，经过很长历史营造成小圩镇，其中许多圩镇在民国时期得到较快的发展，如九江有过一河两岸的工程建设，盐步因工业发展而增有许多工厂。其中九江镇在清末东西两岸就有街衢 26 条、店铺 1500 余家，1920 年后逐渐沿两岸向西南纵深发展，1929 年两岸店铺连绵长达约 5 km，有"小广州"之称，人口逾 7 万，但日军入侵后九江沦陷，遭受极其严重的破坏，几成废圩，到处是断垣残壁，被人比喻为"无烟砖窑"。工矿业用地方面，县内曾有煤矿开采，民国初年西樵山采石业渐趋衰微基本停采，但在狮山则有另一个采石场。此外，县内还有少数农民开采的零星矿点，但都产量不大。在工厂和商铺方面，至 1938 年，县内火柴制造业由 8 家减少到 4 家。毛巾织造业则以里水圩为中心发展至几十家。丝织、棉织和缫丝则有过产销两旺时期，最盛时佛山有织布厂 30 多家，叠滘有 50 多家。新中国成立前，县内造船业以盐步、九江等地为盛，以造船谋生者则以平洲居多，夏东孔溪村半数以上户口以造船为业（含出外埠造船）。沦陷期间，不少船铺倒闭，光复后有所复苏，新办了 30 多家，至新中国成立前夕九江、盐步、泌冲三地共有船铺 25 户[②]。

顺德县城设在大良，清末民初县城范围逐渐扩展至北门外锦岩岗和城南碧鉴河一带，1921～1930 年相继筑成环城马路、碧鉴路、鉴海路、华盖路、阜南路、县前路、县东路、县西路、文秀路、果栏路。民国时期在凤山东南角建中山公园，兴建师范讲习所 1 所、公立小学 10 所、私立小学 5 所，县辖镇区和乡村有过卓有成效的建设，如改整街道、修建马路和桥梁、铺设排水和供水设施、园林绿化等多方面的工作。抗日战争前，容奇、陈村两镇各有商铺过千家，大良和龙江、勒流、伦教、桂洲各有数百家，其他散布在各乡的小圩市，也各有数十家至过百家不等。抗日战争期间，商铺倒闭大半，战后才有所恢复。1946 年，全县有 52 家食品作坊；1947 年，顺德大小糖厂有 51 家、皮鞋店铺 7 家；1949 年末，全县有私营工厂 176 家、个体手工业户 2836 家，从业人数近 2 万[③]。

三水县城在 20 世纪二三十年代市面繁盛一时，但 1938 年 10 月日军侵占河口后大拆民房店铺，除半江桥、海关大楼外几成废圩，抗战胜利时店铺只剩 30 余家，人口 300 余人。1945 年抗战胜利，县府迁到西南镇，该镇民国时期因濒临肄江、广三铁路经此，交通便利，为货物集散之地，抗战胜利后商业稍微有所恢复，但至新中国成立初期西南镇面积只有 0.5 km²，居民 1.6 万多人。工矿业用地方面，400 多年前，芦苞老鸦岗铅锌矿曾一度开采，为县内采矿业之始。民国时期，私人经营的石灰岩开采业主要集中在今六和镇内，但规模小且手工操作，产量低。1949 年，西南街仅有火柴厂、酱油厂、犁头厂和烟丝厂等几家作坊式的小厂[④]，此外，在西南街、河口圩等地还开办有船舶修造方面的小船厂，抗战期间转到芦苞、大塘经营。

① 南海市地方志编纂委员会，2000．南海县志[M]．北京：中华书局：96.
② 南海市地方志编纂委员会，2000．南海县志[M]．北京：中华书局：616-747.
③ 顺德市地方志编纂委员会，1996．顺德县志[M]．北京：中华书局：147-794.
④ 三水县地方志编纂委员会，1995．三水县志[M]．广州：广东人民出版社：129-729.

3）水利设施用地

民国时期在南海西江的中游河段修筑了兆安围，堤长 3150 丈，护田 67 顷。桑园围的顺德龙江段至民国初期才明显加高并与大围相连，1923 年又增建歌滘、龙江和狮颌口三座水闸后，使桑园围真正成为较为完整的闭口围，现堤长 64 km，捍卫南海的西樵、九江、沙头和顺德的龙江、勒流等镇的 20 余万亩耕地。民国期间，县内共建有山塘 16宗，灌溉面积 1823 亩。1930 年在丹灶良登村建县内第一宗机械提水站，但后因无法筹收水费终于 1938 年废置[①]。

顺德县在 1914～1915 年的两次大水灾中损失惨重，之后伦教、大良、五沙一带掀起筑围垦殖高潮。1947 年大水后，有些基围又进行联筑联管，如杏坛锦鲤南、北围，均安江尾、淋刀围。民国时期共筑围 127 条、水闸 172 座，其中护卫千亩面积以上的有 14条，容奇围是民国时期修筑的最大基围。1947 年夏潦期间，农民堵塞上游 8 个涌口，只留下游一个涌口让潮水出入，实行上游挡洪、下游排灌，免遭水患，至 1948 年春土方基本完成，全围长 22 km、面宽 2 m，内外坡均为 1∶2，但无水闸，建闸工程到新中国成立后才完成[②]。

三水县堤围自 1942 年开始，修建了中部地区的木棉、魁岗等 13 道堤围，民国期间还建有蓬村水位站、潮湾水位站、西南水位站、芦苞水闸内水位站（后改汛期站）和芦苞水闸下游建的水位站等。此外，为了减轻洪水对北江沿堤的压力，控制流量，降低广州的洪水位及保障芦苞涌下游地区安全，1921 年开始在芦苞涌入口处兴建芦苞水闸，基本工程于 1923 年竣工[③]。

4）交通用地

民国期间广州下辖的各县都进行了一定的修路与筑路工程，逐渐形成了省、县、乡道的三级公路交通体系。依据 1934 年 1 月第 1 号《统计汇刊》所载数据（表 2.11），番禺和花县的公路里程最长，分别为 122.0 km 和 56.5 km，从化县和增城县不足 45.0 km。不过，四县的公路面积所占的比例却都不超过 0.30%，说明整体的交通体系还有待进一步的完善。

表 2.11 1934 年广州各县公路里程与面积

县名	公路里程/km				公路面积占土地总面积比例/%
	合计	省道	县道	乡道	
番禺	122.0	48.5	65.5	8.0	0.22
花县	56.5	19.0	37.5		0.17
从化	44.5	11.5	33.0		0.21
增城	44.0	44.0			0.24

资料来源：广东省调查统计局：《统计汇刊》，1934 年 1 月第 1 号，第 168-175 页。

---

① 南海市地方志编纂委员会，2000. 南海县志[M]. 北京：中华书局：431-446.
② 顺德市地方志编纂委员会，1996. 顺德县志[M]. 北京：中华书局：332-333.
③ 三水县地方志编纂委员会，1995. 三水县志[M]. 广州：广东人民出版社：328-361.

晚清至民国几十年间，佛山地区只有短暂的安定时期，交通环境日渐恶化，尤其是抗日战争期间，交通设施更遭到毁灭性破坏。南海县 1938 年沦陷后，九江圩被日本侵略军夷为废圩，江面被封锁，正常水运完全停顿。公路方面，1933～1939 年，南海县筑公路总长 88.7 km 且均为狭窄不平的沙土路。铁路方面，广三铁路由东而西横贯县境，广三线东起石围塘、西止三水县河口镇，全长 48.9 km。顺德县直至 1949 年，县境公路通车里程仅有 21 km，多数是路面窄、质量差的砂土或三合土路面[①]。新中国成立前，三水县内只有通车公路线 1 条、支线 2 条，共长 43.4 km。广三铁路在三水县境段长 9 km，三水境内有走马营、西南、三水（河口）3 站。另外，三水县内曾计划在六和镇境内修建一条全长 7.8 km 的虎北石矿场专用简易铁路，自 1940 年开始耗时两年半筑成路基 2 km，后未成弃置[②]。

第二节　近期土地利用的数量变化

改革开放以来，珠江三角洲地区随着社会经济的迅猛发展发生了巨大变化，同时丰富的遥感资料等也为准确分析土地利用变化提供了数据基础，故可从土地利用的区域整体变化、典型区域的土地利用变化及主要土地利用类型的变化等具体分析珠江三角洲地区近期土地利用的数量变化。

一、土地利用数量的整体变化

依据 1990 年、2000 年、2005 年、2014 年 4 期 TM 影像解译的土地利用数据，基于 ArcGIS 10.2、Fragstats 4.2 等软件平台，利用地统计分析、景观格局分析等方法，主要从土地利用类型、景观格局、空间结构演化特征等方面，对珠江三角洲地区整个区域的土地利用数量变化进行分析。

1. 土地利用类型及其构成变化

1990 年，珠江三角洲地区耕地、林地、草地、水域、建设用地和未利用地的占地比例分别为 34.15%、47.72%、2.15%、9.01%、6.91%和 0.06%，2014 年，其用地构成比例变为 25.83%、45.35%、1.77%、9.36%、17.65%和 0.04%（图 2.1），1990 年珠江三角洲土地利用结构组成为林地＞耕地＞水域＞建设用地＞草地＞未利用地，2014 年演变成林地＞耕地＞建设用地＞水域＞草地＞未利用地，除建设用地占比提升外，其余地类排序并无变化。1990～2014 年，区内土地利用的基本构成状况没有发生根本性改变，林地和耕地仍是珠江三角洲地区土地利用中面积最大的土地利用类型并构成区域土地利用的主体。其中，林地面积虽逐年下降，林地占比由 1990 年的 47.72%下降至 2014 年的 45.35%，但仍为研究区最主要的土地利用类型，空间分布环绕珠江口两岸城市密集区一周，形成天然屏障，是珠江三角洲城市群生态环境优良的重要保障。耕地是减少最显著的土地利用类型，耕地面积由 1990 年的 14 081.70 km² 减少至 2014 年的 10 651.80 km²，面积共减少

① 顺德市地方志编纂委员会，1996. 顺德县志[M]. 北京：中华书局：534-535.
② 三水县地方志编纂委员会，1995. 三水县志[M]. 广州：广东人民出版社：466-488.

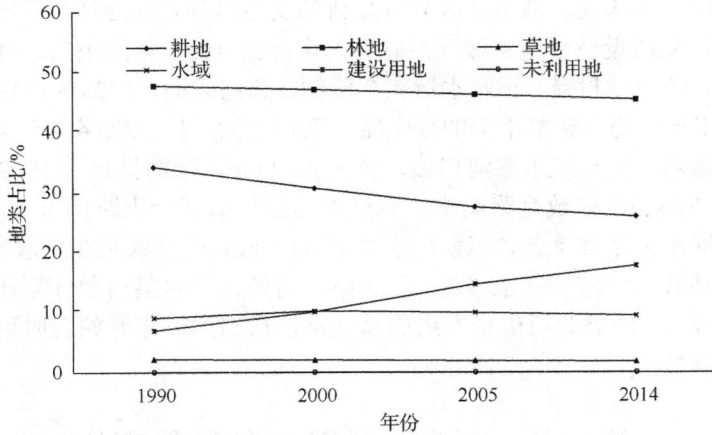

图 2.1　1990～2014 年珠江三角洲地区土地利用类型变化

了 3429.91 km²，用地占比由 1990 年的 34.15%下降至 2014 年的 25.83%，年均减少142.91 km²，其中，2000～2005 年耕地减少最为显著，年均面积减少 264.39 km²，2005～2014 年趋势减缓，年均减少 82.15 km²。同期，建设用地规模急剧扩张，珠江三角洲地区的建设用地规模由 2847.55 km² 增加到 7277.28 km²，增加了 155.56%。但是，同期珠江三角洲地区的水域、草地及未利用地无显著变化。

　　1990～2014 年，珠江三角洲地区建设用地的扩张主要来自耕地、林地和水域（表 2.12），其中耕地转移为建设用地为转移面积最大的类型，面积高达 2773.46 km²。其中，1990～2000 年耕地转移为建设用地的速率最慢，年均转移 83.85 km²；2000～2005年转移速率为最快，年均 218.42 km² 耕地转移为建设用地；2005～2014 年较快，年均100.29 km² 耕地转移为建设用地。三个时段中，耕地转移为建设用地、林地转移为建设用地、水域转移为建设用地、耕地转移为水域均为珠江三角洲的主要地类转移类型，耕地转化为水域的面积高达 1112.92 km²，主要是开挖为鱼塘。2005～2014 年与前两个时段相比（1990～2000 年、2000～2005 年）的最大区别，是出现了建设用地转移为耕地、建设用地转移为林地等类型，转移面积分别为 195.54 km²、156.63 km²，说明区内土地利用变化出现了新的态势。

表 2.12　珠江三角洲地区不同时段的主要地类转移类型

时段	转移类型	面积/km²	所占比例/%	累加比例/%
1990～2000 年	耕地—建设用地	838.53	37.14	37.14
	耕地—水域	724.85	32.10	69.24
	林地—建设用地	291.81	12.92	82.16
	水域—建设用地	128.96	5.71	87.88
	水域—耕地	106.83	4.73	92.61
2000～2005 年	耕地—建设用地	1092.09	49.72	49.72
	林地—建设用地	438.35	19.96	69.68
	水域—建设用地	320.96	14.61	84.28
	耕地—水域	190.69	8.68	92.96

续表

时段	转移类型	面积/km²	所占比例/%	累加比例/%
2005~2014 年	耕地—建设用地	902.62	27.19	27.19
	水域—耕地	478.40	14.41	41.60
	林地—建设用地	462.65	13.94	55.55
	耕地—水域	445.80	13.43	68.97
	水域—建设用地	309.50	9.32	78.29
	建设用地—耕地	195.54	5.89	84.19
	建设用地—林地	156.63	4.72	88.91
1990~2014 年	耕地—建设用地	2773.46	40.80	40.80
	耕地—水域	1112.92	16.37	57.17
	林地—建设用地	1104.69	16.25	73.42
	水域—建设用地	620.01	9.12	82.53
	水域—耕地	432.15	6.36	88.89
	耕地—林地	159.91	2.35	91.24

2．土地利用景观格局演化特征

景观格局指数是评价土地利用变化的基本指标（冯异星等，2010；崔晓伟等，2012），故采用斑块数（NP）、平均斑块面积（MPS）、分形维数（PAFRAC）、蔓延度（CONTAG）、集聚度（AI）、最大斑块指数（LPI）、香农多样性指数（SHDI）、香农均匀度指数（SHEI）等景观格局的常用指数，对 1990~2014 年珠江三角洲地区及不同土地利用类型与不同行政区之间的景观格局时空演化特征进行分析。

1990~2014 年，珠江三角洲地区景观斑块数呈整体上升趋势（表 2.13），由 20 837 个增至 23 618 个，平均斑块面积有所减少，由 197.31 hm² 减少至 174.08 hm²，景观特征向着更加破碎化的方向发展；分形维数整体呈下降趋势，由 1.45 下降至 1.34，景观形状逐渐趋于简单化，频繁、剧烈的人类活动干扰愈加明显；蔓延度和集聚度均呈不断下降的态势，分别由 60.91%和 96.27%下降至 57.86%和 96.09%，说明相同地类斑块的集聚程度越来越低，而不同地类斑块的团聚程度越来越高；最大斑块指数呈下降趋势，由 8.23%下降至 7.43%，单一景观优势度降低，而多样性指数、均匀度指数呈现逐渐增加的趋势，其原因为珠江三角洲地区耕地被大量占用为建设用地，作为优势地类的林地面积有所减少，城市化发展使景观特征的优势度降低，土地利用分布的空间格局向着多样化、均衡化的方向发展。

表 2.13　1990~2014 年珠江三角洲地区景观指数变化

年份	NP/个	MPS/hm²	PAFRAC	CONTAG/%	AI/%	LPI/%	SHDI	SHEI
1990	20 837	197.31	1.45	60.91	96.27	8.23	1.21	0.67
2000	21 276	193.24	1.45	59.12	96.11	8.23	1.26	0.71
2005	23 796	172.78	1.37	58.10	96.10	8.22	1.30	0.72
2014	23 618	174.08	1.34	57.86	96.09	7.43	1.31	0.73

1990~2014 年，珠江三角洲地区不同土地利用类型的景观格局特征差异明显

（表 2.14）。①耕地。斑块数呈现增加态势，平均斑块面积有所减少，其中 1990～2005 年斑块数有所增加，说明由于建设用地的扩张，对耕地的侵占明显，耕地更加破碎化，而 2005～2014 年斑块数有所减少，说明耕地类型的破碎化程度有所缓解；分形维数呈整体下降的趋势，说明耕地类型的空间分布结构逐渐趋于稳定和简单化；聚集度呈逐年下降趋势，耕地斑块的集聚程度越来越低；耕地的最大斑块指数呈逐年下降趋势，景观优势度逐年降低。②林地。斑块数呈逐年增加趋势，平均斑块面积逐年下降，说明林地的景观破碎化程度愈加明显；分形维数由 1.43 下降至 1.28，空间结构趋于稳定化；聚集度略有降低，最大斑块指数由 8.23% 下降至 7.43%，林地的空间集聚性降低和优势度均有所降低。③草地。斑块数波动上升，愈加破碎化；分形维数由 1.44 下降至 1.34，聚集度波动下降，最大斑块指数略有减少，草地的空间分布特征向着更加稳定化、分散化的方向发展。④水域。斑块数逐年减少，平均斑块面积也呈整体下降的趋势；分形维数由 1.49 下降至 1.37，空间分布结构向简单化方向发展；聚集度略有减少，相同斑块的集聚程度降低；最大斑块指数呈波动下降趋势。⑤建设用地。斑块数有所减少，景观破碎化程度降低；分形维数呈整体下降的趋势，空间分布结构更加稳定；建设用地的聚集度和最大斑块指数均呈明显的上升趋势，集聚程度增加且优势度明显增加，建设用地逐渐呈连片化方向发展。

表 2.14 1990～2014 年不同土地利用类型景观指数变化

年份	指数	耕地	林地	草地	水域	建设用地	未利用地
1990	NP/个	2996	3972	1915	4208	7679	67
	MPS/hm²	469.63	493.77	46.30	87.38	37.03	35.50
	PAFRAC	1.46	1.43	1.44	1.49	1.40	1.25
	AI/%	95.95	97.55	91.40	94.26	93.16	93.49
	LPI/%	3.75	8.23	0.03	4.92	0.28	0.01
2000	NP/个	3244	4050	1881	4561	7475	65
	MPS/hm²	389.01	477.54	43.54	91.20	55.28	36.15
	PAFRAC	1.48	1.43	1.43	1.45	1.41	1.25
	AI/%	95.42	97.53	97.53	94.23	94.50	93.59
	LPI/%	3.30	8.23	0.02	4.74	0.74	0.01
2005	NP/个	5216	4856	2108	4762	6789	65
	MPS/hm²	216.60	390.81	36.42	84.84	88.56	28.36
	PAFRAC	1.37	1.33	1.36	1.39	1.40	1.20
	AI/%	95.04	97.52	90.74	94.10	95.66	92.45
	LPI/%	2.58	8.22	0.02	5.22	1.93	0.01
2014	NP/个	4891	5099	2011	4691	6877	49
	MPS/hm²	217.58	365.52	36.13	81.55	105.76	18.08
	PAFRAC	1.36	1.28	1.34	1.37	1.29	1.20
	AI/%	94.97	97.51	90.71	93.99	96.07	90.65
	LPI/%	1.22	7.43	0.02	4.70	2.53	0.00

　　1990～2014 年，珠江三角洲地区内各市土地利用的景观格局特征存在较大差异（表 2.15）。除佛山市外，珠江三角洲地区其余 8 市的景观格局均呈斑块数增加、平均斑块面积下降的趋势，土地利用的景观破碎化程度增加。深圳、中山、惠州、江门市的分形维数呈逐年下降趋势，广州、佛山、东莞、珠海市为波动下降趋势，土地利用空间分布结构特征向着更加稳定、简单化的方向发展；肇庆市是唯一分形维数整体增加的城市，为 1990～2005 年下降、2005～2014 年有所增加的格局。广州、佛山、珠海、中山、惠州、江门、肇庆市的蔓延度和集聚度均呈整体下降趋势，但深圳及东莞市的蔓延度和集聚性指数呈波动增加。同期，广州、佛山、珠海、中山、肇庆、惠州市的最大斑块指数呈整体下降趋势，其单一景观优势度有所降低，但是深圳、东莞、江门市的最大斑块指数呈整体增加趋势，尤其深圳市增加最为明显，由 28.69 hm^2 增加至 42.70 hm^2，此应与建设用地连片扩张其优势度增大有关。广州、佛山、珠海、中山、惠州、江门、肇庆市的景观多样性及均匀度均呈现整体增加的趋势，说明土地利用景观格局向着类型更加多样化、均衡化的方向发展，而深圳和东莞市的景观多样性、均匀度则为整体下降的趋势。

表 2.15　1990～2014 年珠江三角洲地区 9 市景观指数变化

年份	指数	广州市	佛山市	深圳市	东莞市	珠海市	中山市	惠州市	江门市	肇庆市
1990	NP/个	3877	2731	926	1901	732	1992	3170	5317	722
	MPS/hm^2	184.95	138.91	206.16	128.72	235.79	208.04	204.76	175.80	214.57
	PAFRAC	1.40	1.38	1.32	1.41	1.34	1.44	1.39	1.45	1.27
	CONTAG/%	61.77	57.89	55.28	53.29	60.93	63.57	65.25	61.84	61.22
	AI/%	96.24	95.73	96.50	94.37	96.99	96.94	96.46	96.00	96.97
	LPI/%	23.42	17.86	28.69	6.87	18.75	26.65	21.24	11.63	18.72
	SHDI	1.18	1.29	1.26	1.39	1.24	1.02	1.06	1.16	1.24
	SHEI	0.66	0.72	0.78	0.78	0.69	0.63	0.59	0.65	0.69
2000	NP/个	3985	2708	899	1942	893	2059	3185	5424	786
	MPS/hm^2	179.94	140.09	212.36	126.00	193.28	201.28	203.79	172.33	197.10
	PAFRAC	1.41	1.39	1.31	1.41	1.36	1.44	1.39	1.45	1.26
	CONTAG/%	59.89	55.20	55.92	51.70	57.37	62.38	64.98	60.74	58.26
	AI/%	96.04	95.33	96.59	94.24	96.18	96.80	96.44	95.90	96.82
	LPI/%	23.39	20.21	25.33	5.40	19.51	26.66	21.25	11.72	16.37
	SHDI	1.24	1.37	1.24	1.44	1.33	1.05	1.07	1.20	1.34
	SHEI	0.69	0.77	0.77	0.81	0.74	0.65	0.60	0.67	0.75
2005	NP/个	4050	2876	1445	2722	998	2188	3595	5752	867
	MPS/hm^2	177.05	131.90	132.12	89.89	172.94	189.41	180.55	162.50	178.69
	PAFRAC	1.37	1.35	1.29	1.32	1.30	1.40	1.36	1.41	1.25
	CONTAG/%	58.80	54.39	57.37	55.04	55.90	61.01	63.85	60.43	56.35
	AI/%	96.12	95.43	96.21	94.84	96.10	96.70	96.31	95.87	96.58
	LPI/%	23.42	17.72	22.60	26.69	12.69	26.53	20.94	11.87	12.56
	SHDI	1.28	1.40	1.18	1.35	1.38	1.09	1.11	1.21	1.39
	SHEI	0.71	0.78	0.73	0.75	0.77	0.67	0.62	0.67	0.78

续表

年份	指数	广州市	佛山市	深圳市	东莞市	珠海市	中山市	惠州市	江门市	肇庆市
2014	NP/个	4295	2605	1122	2373	880	2181	3905	5964	860
	MPS/hm²	166.95	145.62	170.15	103.11	196.13	190.02	166.22	156.73	180.14
	PAFRAC	1.33	1.36	1.23	1.36	1.26	1.34	1.29	1.33	1.34
	CONTAG/%	58.05	56.11	61.17	57.40	56.06	60.15	62.81	59.60	56.25
	AI/%	96.08	95.59	96.78	95.29	96.21	96.69	96.26	95.84	96.55
	LPI/%	23.28	8.35	42.70	29.52	12.33	26.48	21.18	11.76	17.38
	SHDI	1.30	1.35	1.08	1.29	1.38	1.11	1.14	1.24	1.40
	SHEI	0.73	0.75	0.67	0.72	0.77	0.69	0.64	0.69	0.78

3. 土地利用空间结构演化特点

1990 年，珠江三角洲地区 9 市的土地利用结构可划分为两类（图 2.2）：一类是以林地为主的广州市、深圳市、东莞市、惠州市、江门市、肇庆市 6 市；另一类是以耕地为主的佛山市、中山市、珠海市 3 市。2014 年，广州市、惠州市、江门市、肇庆市的土地利用结构仍以林地为主（图 2.3），珠海市因耕地面积的大量减少由耕地为主转成以林地为主，深圳市、东莞市的土地利用结构以建设用地为主，佛山市、中山市则形成了耕地、建设用地并重的土地利用结构。就不同类型土地利用变化的区域差异而言，1990～2014 年，珠江三角洲地区农地非农化趋势明显，除惠州市、江门市、肇庆市外，其余 6 市表现为耕地面积的大幅减少，其中珠海市耕地减少幅度最大，24.65%市域面积的耕地被侵占，东莞市、中山市、深圳市、广州市流失的耕地面积分别占市域面积的 22.28%、15.42%、12.09%、10.66%；建设用地变化与耕地变化表现为显著负相关，除惠州市、江门市、肇庆市的耕地面积无显著变化外，其余地市耕地大量转移为建设用地，其中东莞市、深圳市、中山市、佛山市、珠海市、广州市城市建设用地扩展面积分别占市域总面积的 35.42%、29.32%、22.70%、20.98%、16.18%、11.36%；水域除佛山及珠海市有显著变化外，其余地市无明显变化；草地及未利用地在各市占比不大，变化也不明显。

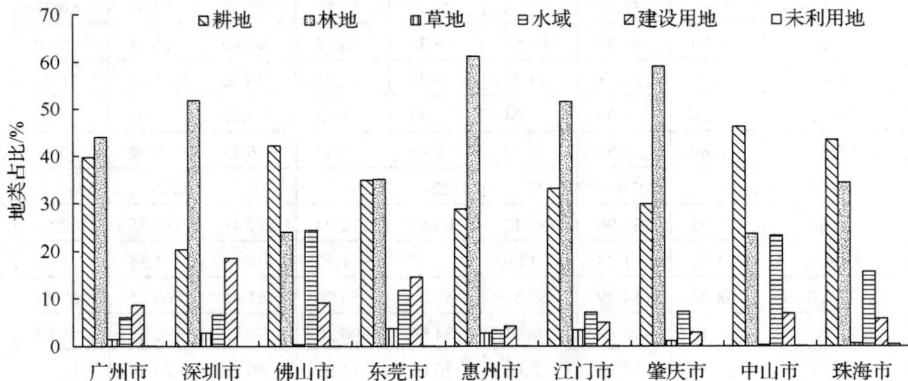

图 2.2 1990 年珠江三角洲地区 9 市土地利用结构

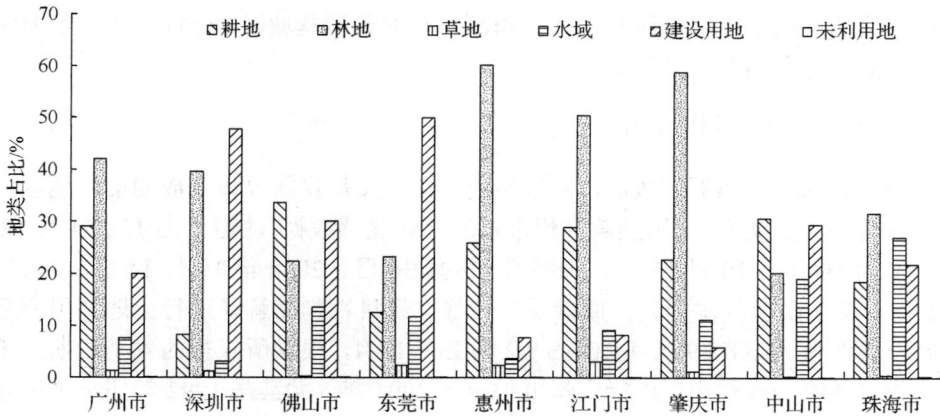

图 2.3　2014 年珠江三角洲地区 9 市土地利用结构

1990～2014 年珠江三角洲地区不同土地利用类型的分形维数（D）及结构稳定性指数（SK）计算结果（表 2.16）显示，所有地类的分形维数均较大，说明珠江三角洲地区的土地利用分形结构客观存在，即均属于"自然-人工复合分形体"。其中，1990 年珠江三角洲地区 6 类土地利用类型空间分布结构的复杂程度表现为水域＞耕地＞林地＞草地＞未利用地＞建设用地，2014 年各地类空间分布结构的复杂程度为水域＞耕地＞草地＞建设用地＞林地＞未利用地，各地类中以水域及耕地的空间结构最为复杂，是 4 个年份 D 值最大的两种类型，建设用地、草地及未利用地的空间分布结构相对较为简单，其 D 值分别为 4 个年份中较小的几种类型。就变化而言，1990～2000 年土地利用空间分布稳定性下降，2000 年 D 值为 1.497，趋近 1.5，地类空间分布极不稳定，向镶嵌分布状态复杂化方向发展，并趋于布朗运动随机分布状态；2000～2014 年 D 值逐渐降低，空间分布结构复杂化降低，逐步向稳定性方向发展。总体而言，1990～2014 年珠江三角洲地区的土地资源开发利用向着更加综合化、功能更加多样化、更加成熟的方向发展，土地利用空间结构趋于合理、稳定及平衡。

表 2.16　不同土地利用类型分形维数及结构稳定性指数

土地利用类型	1990 年		2000 年		2005 年		2014 年	
	D	SK	D	SK	D	SK	D	SK
全部	1.481	0.019	1.497	0.003	1.370	0.130	1.336	0.164
耕地	1.504	0.004	1.528	0.028	1.378	0.122	1.359	0.141
林地	1.467	0.033	1.495	0.005	1.339	0.161	1.277	0.223
草地	1.434	0.066	1.486	0.014	1.300	0.200	1.339	0.161
水域	1.506	0.006	1.498	0.002	1.401	0.099	1.374	0.126
建设用地	1.396	0.104	1.406	0.094	1.317	0.183	1.292	0.208
未利用地	1.409	0.091	1.407	0.093	1.348	0.152	1.197	0.303

二、典型区域的土地利用变化

珠江三角洲地区土地利用变化最大的区域是珠江三角洲核心区，变化最大的土地利用类型是建设用地和耕地，故分别选择具有代表性的广州市及分别代表建设用地扩展和农用地变化的广州市中心城区与珠江三角洲特有的典型基塘区，进行珠江三角洲地区内典型区域的土地利用变化分析。

1. 广州市的土地利用变化

广州地处珠江三角洲的核心，发展历史悠久，又是我国改革开放的前沿地区，是我国经济发达地区的代表。选用涵盖广州市域的 TM 遥感数据，轨道号为 122/44 及 122/43，时相分别为 1990 年 10 月 13 日、1995 年 12 月 30 日、2000 年 10 月 14 日、2005 年 10 月 22 日，所有影像基本无云，成像质量较好，经目视判读解译进行土地利用信息的提取，处理软件为 ArcGIS 9.2、ERDAS 9.2 和 ENVI 4.4。根据所获得的 4 个时期广州市土地利用类型数据处理结果，进行广州市 1990~2005 年，尤其是 1992 年邓小平南方谈话前后的 1990 年和 2000 年之间土地利用主要变化的分析。

1）建设用地变化

1990~2005 年，广州市中心城区面积由 1990 年的 135.89 km² 增加到 2005 年的 450.30 km²，增长了 231.37%（表 2.17），年均增长了 15.42%，同期建设用地的总面积由 1990 年的 618.53 km² 增加到 2005 年的 1079.12 km²，年增长率为 4.96%。其中，1990~1995 年扩张速度较快，之后的 1995~2000 年基本处于平稳阶段，该时期主要是进行存量土地的潜力挖掘，城市土地集约化利用得到加强，城市内部密集发展，并由此提高了土地利用率。但在 2000~2005 年，广州市建设用地的面积在数量上呈逐年上升趋势，从 860.70 km² 增加到 1079.12 km²，城市外延扩展速度呈现出加快趋势。总体而言，较大规模的外延扩展是广州市建设用地变化的主要特征，但比较建设用地增长与区内人口数量的变化，1990~2005 年广州市建设用地的面积增长率为 74.47%，同期户籍人口增长率为 26.30%，广州建设用地扩张系数为 2.83，远高于同期全国建设用地扩张系数平均值 2.0，表明广州市虽然在进行产业结构调整和土地置换、存量土地利用挖潜方面取得一定的成效，但是在土地利用方面还有一定的挖掘潜力。

表 2.17　1990~2005 年广州市建设用地的扩展

项目	1990 年	1995 年	2000 年	2005 年
中心城区面积/km²	135.89	306.24	314.29	450.30
建设用地面积/km²	618.53	824.72	860.70	1079.12

1990~2005 年，广州市各区（市）之间建设用地的变化差异较大（表 2.18），中心城区（东山区、荔湾区和越秀区）在 1990 年已经全部成为建设用地；近郊区（海珠区、白云区、花都区、黄埔区、芳村区、番禺区及天河区）的建设用地面积变化较大，其中增加较多的有番禺区，面积为 158.97 km²，花都区面积增加了 144.19 km²，白云区增加了 127.35 km²，天河区增加了 53.20 km²；远郊区（增城市和从化市）在此期间的建设用地增加面积相对较少，分别只增加了 77.88 km² 和 27.32 km²，表明广州市建设用地扩展程度最高、变化最剧烈的地方位于广州市主城区的边缘区即城乡接合地带。具体而言，通过 ArcGIS 空间分析功能间隔 5 km 进行缓冲区分析，在 1990~2000 年建设用地扩展主要发生在距离城市重心 30~40 km 的地段，2001~2005 年建设用地扩展主要发生在距离城市重心 20~

45 km 的地段，充分说明广州市建设用地扩展由中心城区向近郊区递增的趋势。

表 2.18　1990～2005 年广州市各区（市）建设用地的变化

区域	1990 年			2005 年		
	城镇用地/km²	农村居民点用地/km²	其他建设用地/km²	城镇用地/km²	农村居民点用地/km²	其他建设用地/km²
东山区	13.68	0.00	1.35	14.58	0.00	0.00
增城市	5.95	83.23	3.03	71.45	70.00	28.64
从化市	10.56	30.08	14.15	17.48	41.54	23.09
海珠区	33.14	5.76	0.00	58.25	1.96	1.26
番禺区	47.01	42.71	15.01	132.10	75.95	55.65
白云区	32.21	83.40	8.56	83.35	108.50	59.67
花都区	10.21	45.47	8.45	48.14	112.70	47.48
芳村区	14.87	3.66	0.11	16.71	8.41	3.68
荔湾区	13.14	0.04	0.00	13.91	0.00	0.00
越秀区	8.61	0.00	0.00	8.61	0.00	0.00
黄埔区	15.01	22.06	0.40	59.16	0.20	6.09
天河区	29.91	12.67	4.08	88.29	0.98	10.59

就建设用地的扩展强度而言，1990～2005 年每隔 5 年的广州市城市扩张程度指数分别为 23.65、3.10、34.61，表明广州市在 1990～1995 年及 2000～2005 年的城市扩展速度较快，此应与"开发区热"和"房地产热"有着密切的联系。广州市城镇建设用地扩张最为剧烈的地区均位于中心城区的外缘地带，主要包括珠江后航道以南、番禺区金山大道以北的地区、白云区和天河区中北环高速公路以北、华南路以南的地区。另外，芳村区和黄埔区及增城市的新塘镇、永和镇扩展趋势也较为明显。从不同时间段上看，1990～1995 年，广州市城镇建设用地以东南、东北两个方向的扩展为主，向东沿珠江扩展到黄埔区，向南沿广州大道扩展到洛溪大桥北桥头，向西南沿广中公路扩展到芳村区二围河，向北扩展到江高镇、神山镇、雅瑶镇一带；1995～2000 年，天河区是广州市建设用地扩展的重点；2000 年后，广州提出了"南拓、北优、东进、西联"的发展战略，向南以广州国际会展中心—广州国际生物岛—广州大学城—广州新城—南沙为轴线，已建设了新火车站、地铁 3 号线、4 号线、大学城、国际会展中心、南沙码头等重大建设项目，城区向南扩展成为城市扩展的主要趋势。广州市各行政区间建设用地扩展程度的差异较大（表 2.19），其中番禺区由于相对优越的区位条件使得其扩展程度最大，扩展程度指数为 11.49。但是，区内各地的城镇用地扩张系数均为正值，从化市、海珠区、荔湾区和黄埔区的农村居民点扩展程度减少，说明其加强了基本设施及旧城改造的力度，扩展与改造同步进行，土地节约集约利用程度提高。

表 2.19　1990～2005 年广州各区（市）建设用地扩展程度指数

区域	城镇用地	农村居民点用地	其他建设用地	建设用地合计
东山区	0.22	0.00	-3.33	0.00
从化市	36.70	-0.53	28.17	5.63
增城市	2.19	1.27	2.11	1.98

续表

区域	城镇用地	农村居民点用地	其他建设用地	建设用地合计
海珠区	2.53	−2.20	0.00	1.63
番禺区	6.04	2.60	9.03	11.49
白云区	5.29	1.01	19.90	9.21
花都区	12.39	4.93	15.40	10.42
芳村区	0.41	4.33	58.18	0.73
荔湾区	0.20	−3.34	0.00	0.00
越秀区	0.00	0.00	0.00	0.00
黄埔区	9.81	−3.31	47.42	2.02
天河区	6.51	−3.08	5.32	3.85

广州市建设用地扩展的方式主要是蔓延式和填充式。总体而言，近 15 年市辖区、番禺区和花都区建设用地以蔓延式和填充式扩张为主，增城市和从化市以蔓延式扩张为主，其中各区（除番禺区）蔓延式扩张建设用地面积大体呈上升趋势，市辖区、番禺区和花都区填充式建设用地面积也呈逐步增加趋势，但跳跃式扩张建设用地面积在各区所占比例均较小。其中，1990～1995 年广州市各区建设用地均以蔓延式扩张为主，市辖区和番禺区有一部分建设用地属填充式扩张，跳跃式扩张在各区所占比例都较小；1995～2000 年，花都区、增城市、从化市建设用地仍以蔓延式扩张为主，市辖区蔓延式扩张建设用地面积保持不变，填充式扩张建设用地迅速增加，番禺区蔓延式扩张建设用地面积急剧减少，填充式扩张建设用地迅速增加，花都区填充式扩张建设用地面积也有大幅度增加；2000～2005 年，市辖区蔓延式和填充式扩张建设用地面积急剧增加，其中蔓延式扩张的建设用地面积相对较大，番禺区和花都区填充式建设用地面积也有大幅提升。

2）耕地面积变化

1990～2005 年，广州市农用地面积有较大幅度减少（表 2.20），其中耕地面积减少 60 100 hm^2、园地减少 1462 hm^2、林地减少 9343 hm^2。耕地是 1990～2005 年广州市变化最大的土地利用类型，2005 年广州市耕地面积为 104 500 hm^2，其中灌溉水田、旱地、望天田、水浇地和菜地分别占耕地总面积的 68.89%、27.39%、1.26%、1.29% 和 1.17%，与 1990 年相比，广州市的耕地总面积减少了 36.51%。1990～2005 年，增城市、从化市、天河区、海珠区、番禺区、白云区、花都区、芳村区和黄埔区的耕地动态度分别是 1.42、3.34、4.44、5.22、2.76、1.94、3.75、4.30 和 4.69，耕地利用动态度从大到小排列依次为海珠区、黄埔区、天河区、芳村区、花都区、从化市、番禺区、白云区、增城市，市郊区耕地利用动态度相对较大，其中海珠区由于自身基数小，属于耕地利用动态度较大的地区，番禺反之，耕地利用动态度不大。在上述变化过程中，广州市耕地的分布重心也随之变化，耕地分布重心在白云区和从化市境内移动，其中尤以 2000～2005 年耕地重心往西南方向移动速度最快。

表 2.20　1990～2005 年广州市土地利用变化

土地利用类型	1990 年		2005 年		变化量/hm²
	面积/hm²	比例/%	面积/hm²	比例/%	
居民点与工矿用地	56 338	7.58	103 227	13.89	46 889
耕地	164 600	22.14	104 500	14.06	−60 100
园地	88 666	11.93	87 204	11.73	−1 462
林地	343 978	46.27	334 635	45.01	−9 343
草地	2 379	0.32	3 434	0.46	1 055
交通用地	8 346	1.12	19 106	2.57	10 760
未利用土地	7 738	1.04	14 124	1.90	6 386
水域	44 238	5.95	41 249	5.55	−2 989
湿地	27 117	3.65	35 921	4.83	8 804
总计	743 400	100.00	743 400	100.00	0

　　广州市耕地面积的减少与建设占用密切相关，如 1997～2003 年广州市耕地共减少了 16 000 hm²，同期建设用地合计增加 28 641.36 hm²，建设用地增加总量中有 47.81% 来自耕地（表 2.21）。

表 2.21　广州市建设占用耕地情况

年份	年末耕地面积/hm²	非农建设占用耕地面积/hm²	其中重点工程占用耕地面积/hm²	一般建设占用耕地面积/hm²	重点工程占用耕地比例/%	建设用地增加面积总量/hm²	建设用地增加占用耕地比例/%
1997	126 300	1 294.8	843.2	451.6	65.12	4 637.20	27.92
1998	125 400	3 035.4	2 594.3	441.1	85.47	8 234.74	36.86
1999	122 700	880.9	358.4	522.5	40.69	1 452.09	60.66
2000	118 500	2 397.3	1 653.2	744.1	68.96	3 369.68	71.14
2001	115 400	1 679.7	1 035.6	644.1	61.65	2 630.72	63.84
2002	113 000	1 043.9	425.0	618.9	40.71	2 098.03	49.76
2003	110 300	3 362.4	2 358.9	1 003.5	70.16	6 218.90	54.07
合计		13 694.4	9 268.6	4 425.8	67.68	28 641.36	47.81

　　就耕地占区域土地总面积比例的垦殖指数而言，1990～2005 年广州增城市、从化市、天河区、海珠区、番禺区、白云区、花都区、芳村区和黄埔区垦殖指数的变化分别是 1.51%、2.07%、4.73%、5.56%、6.06%、3.56%、4.00%、4.59% 和 4.95%，其中，垦殖指数变化较大的是番禺区、海珠区、天河区、花都区、芳村区和黄埔区，以番禺区的垦殖指数变化为最高，从化市、增城市垦殖指数变化相对较小。

　　耕地面积减少的同时，区内人口在不断增长，人地矛盾日益突出。1990～1996 年为耕地急剧减少阶段，年均递减率为 3.16%，同期年人口增长率为 17.33‰；1996～2005 年为耕地持续减少阶段，耕地年均减少率为 1.78%，人口增长率为 14.40‰。广州市的人均耕地面积从 1990 年的 0.0277 hm² 减少到 2005 年的 0.0139 hm²，年均减少率为 3.11%，其中 1990～1996 年减少率为 4.21%，1996～2005 年减少率为 2.87%。

3）利用效益变化

受资料数据所限，在此仅对比广州市 1990 年和 2000 年的地均 GDP 和植被覆盖率数据，分析广州市土地利用效益的变化。1990 年，广州市越秀区的地均 GDP 最高，为5581.69 万元/km²，从化市最低，为 32.09 万元/km²。经过 10 年发展，到 2000 年广州市各区地均 GDP 都有较大幅度的增加（表 2.22），地均 GDP 最高的荔湾区达 36 020.08 万元/km²，最低的从化市也有 350.42 万元/km²。同时，对比广州市 1990 年和 2000 年由Landsat TM 影像处理所获得的归一化植被指数（NDVI）（图 2.4），1990 年广州市植被覆盖率从中心区向外呈递增趋势，绝大多数街镇植被覆盖率大于 80%，覆盖率最低的区域位于广州市中心城区，同时靠海分布大面积鱼塘的广州最南部的新垦镇植被覆盖率在 20%～40%；至 2000 年，广州市各街镇的植被覆盖率有较大变化，植被覆盖率较低的区域向外扩展，植被覆盖率为 80%～100% 的范围向西北方向退缩，而其他级别的植被覆盖率（低于 80%～100%）范围有增大趋势。

表 2.22　1990 年和 2000 年广州市的地均 GDP　　　　（单位：万元/km²）

年份	东山区	越秀区	荔湾区	海珠区	天河区	白云区
1990	2 198.78	5 581.69	4 065.76	684.79	3 801.85	146.20
2000	15 215.81	29 983.03	36 020.08	6 200.17	8 233.61	1 235.88
年份	黄埔区	芳村区	番禺区	花都区	从化市	增城市
1990	233.66	3 145.05	226.42	115.97	32.09	62.25
2000	2 173.11	5 589.51	2 238.18	1 622.29	350.42	813.20

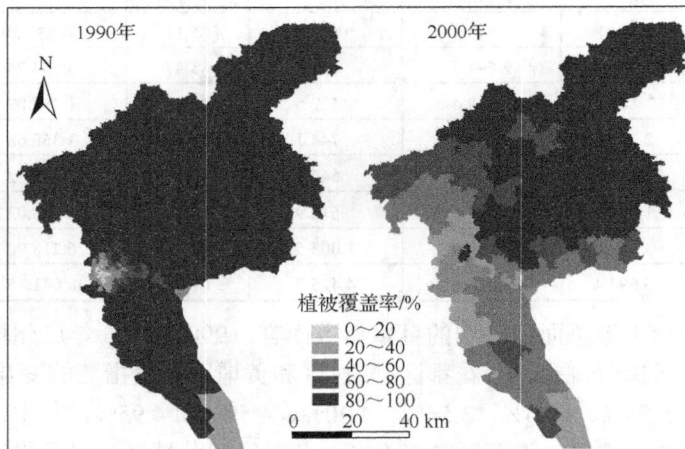

图 2.4　1990 年和 2000 年广州市植被覆盖度

对比 1990～2000 年广州市土地利用社会经济与生态效率类型的变化（图 2.5），2000年广州市社会经济高效与生态高效的双高型消失，社会经济高效生态中效型萎缩，社会经济高效生态低效型扩张，社会经济中效生态高效型萎缩，出现了社会经济中效生态中效型，同时原增城市大部分街镇和原从化市社会经济低效生态高效型没有变化，原番禺市各类型变化较大。

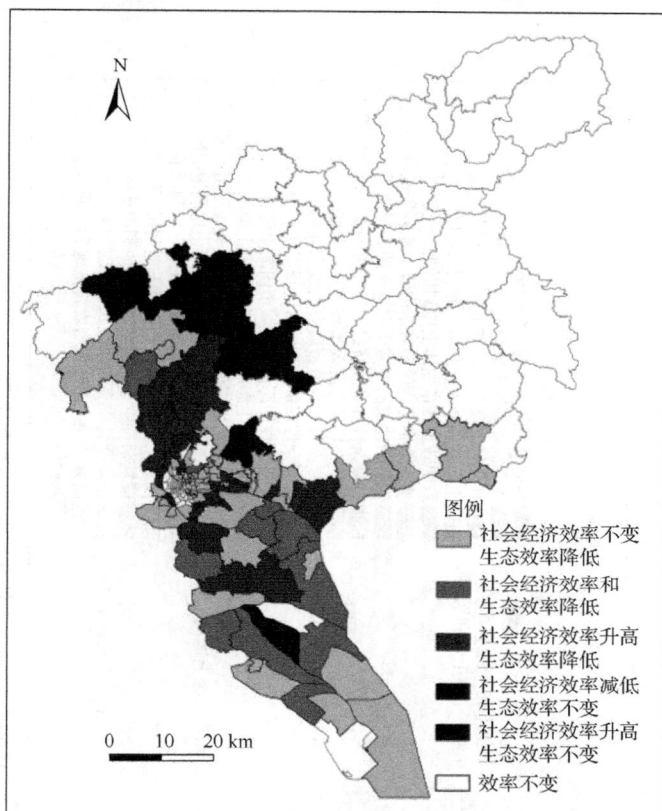

图 2.5　土地利用效率类型变化

4）空间结构变化

选择土地利用的威弗-托马斯组合数（刘闯，1989）、信息熵（谭永忠等，2003）两个指标来描述土地利用类型组合，选择土地利用程度（庄大方和刘纪远，1997）、地均人口承载水平、地均 GDP 和植被覆盖率 4 个指标分析土地利用效率的空间结构，选择非农业人口比例、GDP 构成和城镇用地比例等指标来表征广州市的土地利用功能特征，采用三维魔方图方法（段学军和陈雯，2005）来构建土地利用类型空间结构、土地利用效率空间结构和土地利用功能空间结构的综合分类，将土地利用类型空间结构、土地利用效率空间结构和土地利用功能空间结构三个矢量图相叠加，进行广州市土地利用空间结构类型的划分。结果表明（图 2.6～图 2.8），1990～2000 年广州市土地利用空间结构类型不断变化，不同的亚区出现了消失和产生等过程，但土地利用空间结构类型变化主要发生在广州市的老八区、番禺市和花都市，10 年间从化市的土地利用空间结构类型没有发生变化。

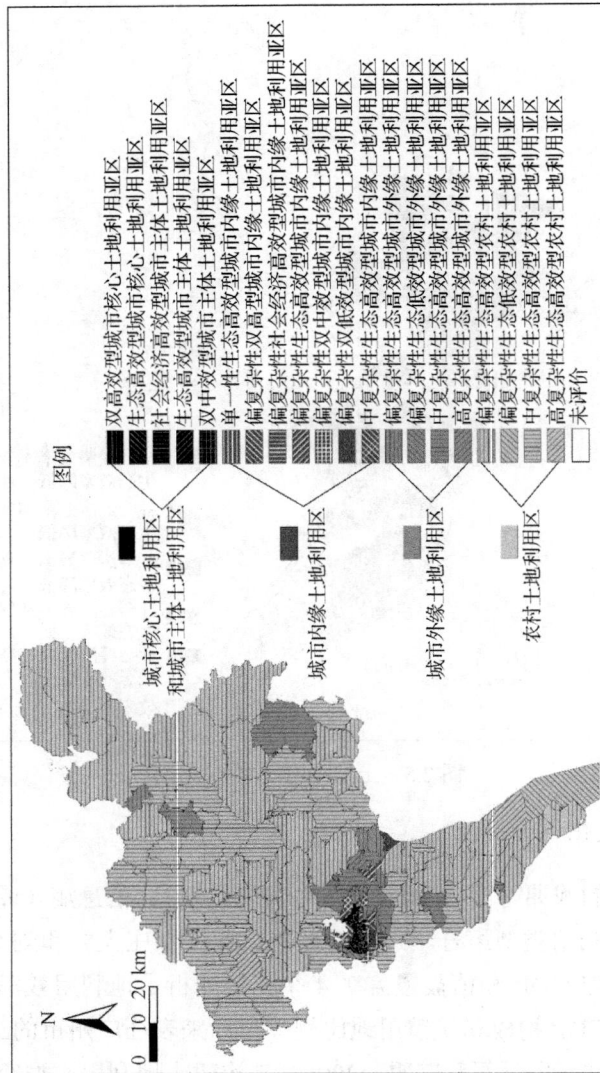

图2.6 1990年广州市土地利用空间结构类型图

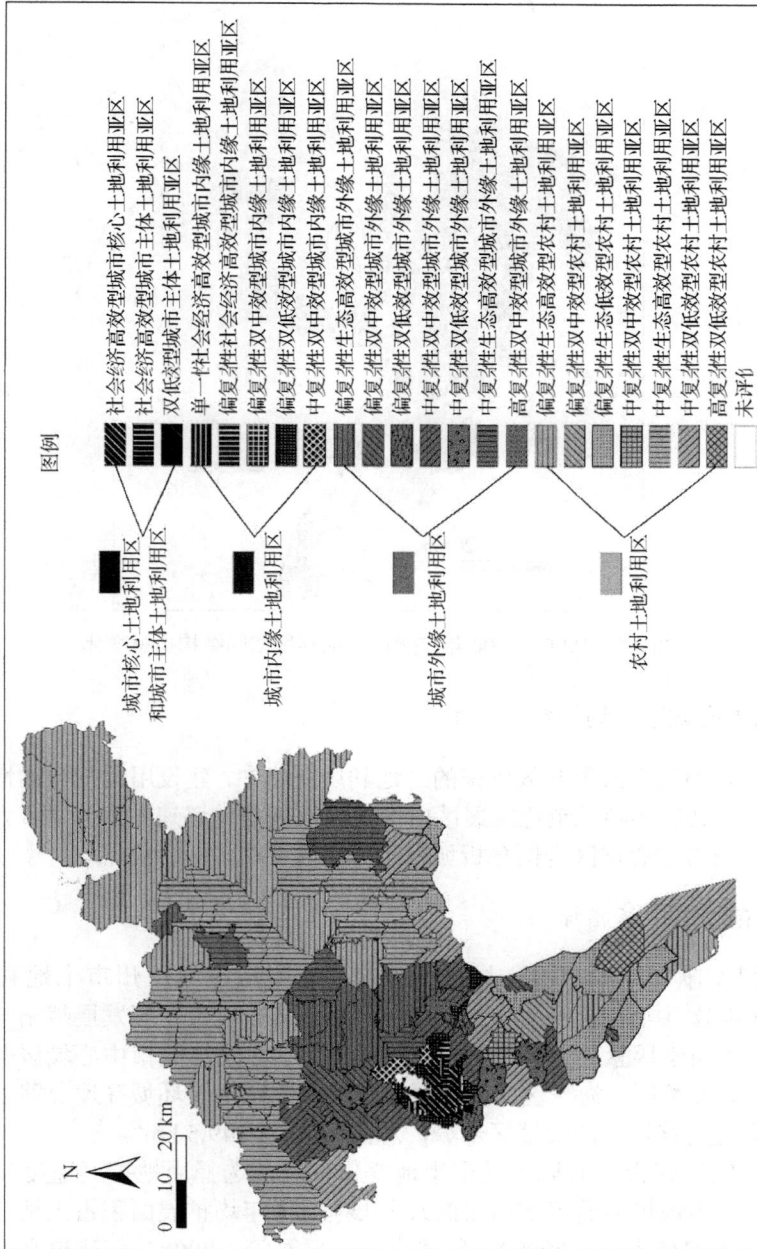

图 2.7　2000 年广州市土地利用空间结构类型图

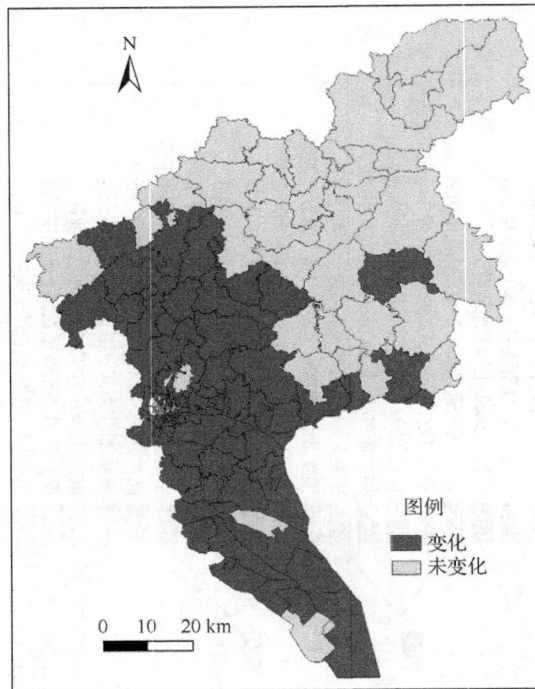

图 2.8　1990～2000 年广州市土地利用空间结构类型变化

2. 广州中心城区用地扩展

在珠江三角洲地区改革开放以来的土地利用变化中，建设用地规模的快速增加是一重要特点，其中又以伴随城镇化发展区内城镇用地规模的迅速扩大为主，为此特选择具有代表性的广州市中心城区为例分析城镇用地扩展变化过程及特点。

1）区域范围与分析指标

依据资料文献对广州市中心城区的划定，同时参考《广州市土地利用总体规划（2006～2020 年）》中心城区控制范围，结合广州市未来城市空间发展战略与行政界线划分、河流水系等自然因素的分割及数据范围的限制，划定广州市中心城区范围为包括东山区、越秀区、荔湾区、海珠区、芳村区和天河区的全部及环城高速公路以南的白云区部分和环城高速公路以西的黄埔区部分，总面积为 77 949.5 hm^2。

为全面反映广州市中心城区城市用地变化特征，选择用地扩展速度（年均扩展面积）、扩展速率（用地扩展面积增加比例）、扩展强度（年均扩展面积占土地总面积比例）、分形维数（杨勇和任志远，2009）、紧凑度（王厚军等，2008）和建设密度等指标进行广州市中心城区用地扩展的分析。其中，建设密度是以某个像元为中心的区域网格内的城市用地像元数与总像元数的比值，其在空间上的差异和变化可以作为城市不同区域发展程度的表征，并且对于衡量城市不同空间方位的扩展潜力具有重要意义，一般通过建设密度可将研究区域划分为高密度城市用地（城市用地像元个数大于 60）、中密度城市用地（城市用地像元个数为 21～59）和低密度城市用地（城市用地像元个数小于 20），高密度城市用地代表城市用地具有高聚集度和紧凑度，中密度城市用地代表城市用地的紧凑度相对较低，低密度城市用地代表城市用地分散地分布（周锐等，2009）。

分析数据主要来自 1990 年、1995 年、2000 年、2005 年广州市 Landsat TM 遥感影像，空间分辨率为 30 m×30 m，分析主要采用象限方位分析法和缓冲区分析法。象限方位分析法，就是以广州市海珠广场的雕塑为广州市的城市中心原点，在该点以东西方向为横轴，南北方向为纵轴，按 4 个象限 8 个方位将研究区划分成 8 个区块，每个区块对应为一个象限，统计计算分析各时段各象限的城市用地空间扩展特征。缓冲区分析法主要是以中心城区 1990 年的基准面向外做 13 个 1 km 间距的等距缓冲带，由内而外依次为 1～13 号缓冲带，然后将各缓冲带与各期城市用地分布图、建筑密度图进行叠加，研究不同时段各缓冲带的城市用地扩展特征。

2）城市用地的总体变化

1990 年，广州中心城区城市用地面积为 15 055.1 hm²，2005 年增至 32 742.1 hm²，15 年间扩展了 1.2 倍（图 2.9）。其中，1990～1995 年增加了 8238.6 hm²，年均增加 1647.7 hm²；1995～2000 年增加了 3584.6 hm²，年均增加 716.9 hm²，增速明显减慢；2000 年以后，城市用地又加速扩展，2000～2005 年共增加 5863.9 hm²，年均增加 1172.8 hm²。

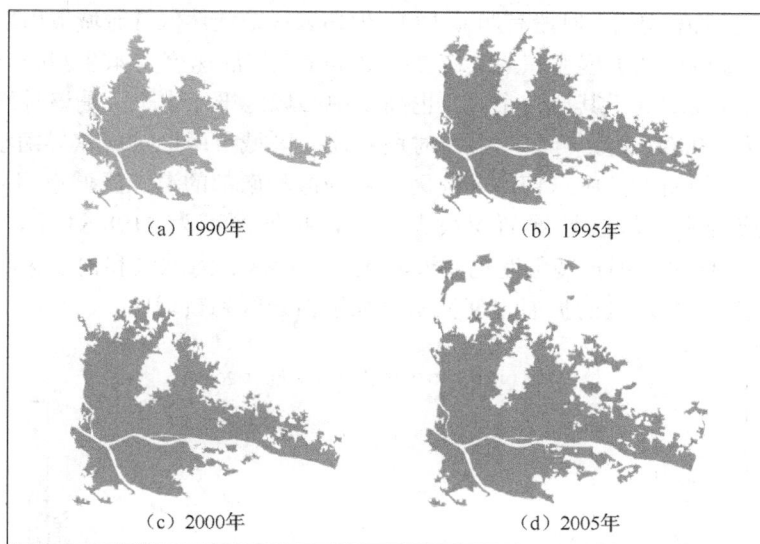

图 2.9　1990～2005 年广州中心城区城市用地形态特征示意图

广州市中心城区建设用地在不断扩展的同时，其土地利用的紧凑度和分形维数变化较大（表 2.23）。其中，1990～1995 年中心城区在扩展过程中，紧凑度降低，分形维数增高，中心城区空间形态日趋复杂，城市形状变得不规则；1995～2000 年，紧凑度有所增高，分形维数则有所下降，中心城区外延扩展速度放缓，转而注重填充式扩展，城市形态趋于紧凑，其中白云区北部、海珠区中部及白云山西南部均有新增城市用地填充式扩展；2000～2005 年，紧凑度下降，分形维数增加，城市扩展重点又转移到外围，其中白云区北部、天河区东南部出现飞地式扩展，主要源于该时期白云区房地产开发及广州开发区的扩张。

表 2.23　广州中心城区不同时期紧凑度和分形维数

年份	紧凑度	分形维数
1990	0.171	1.188
1995	0.116	1.217
2000	0.119	1.207
2005	0.114	1.218

　　1990～2005 年广州市中心城区用地变化中表现出较强的不均衡性，各区的扩展面积、扩展速度、扩展速率、扩展强度在各个时段表现出很大的空间分异性（图 2.10 和表 2.24）。其中，1990～1995 年，老城区的东山区、荔湾区、越秀区基本无新增城市用地，新增城市用地主要位于天河区、白云区、海珠区和黄埔区，4 个区的城市用地扩展面积占整个中心城区城市用地扩展面积的 95.9%，天河区用地扩展面积最大为 3270.6 hm^2，扩展速度为 654.1 hm^2/a，该时期广州中心城区的扩展以外延式扩展为主；在扩展速率和扩展强度方面，黄埔区的扩展速率最大，其次是天河区，扩展强度也以这两个区为强，是该时段城市用地扩展最为剧烈的地区，白云区虽然扩展速率也较大，但扩展强度较小，而海珠区则刚好相反，虽然扩展速率远低于白云区，但扩展强度明显强于白云区。1995～2000 年，中心城区整体扩展速度明显放慢，以填充式扩展模式为主，比上个时段更注重老城区城市用地挖掘，扩展速率和扩展强度均比上时段有明显下降，但白云区则依然保持着城市用地的高速扩展趋势，白云区城市用地扩展面积最大有 2316.0 hm^2，扩展速度为 463.2 hm^2/a，白云区扩展速率和扩展强度均高于其他几个区，也高于中心城区平均水平，是该时段城市用地扩展的重点区域。2000～2005 年，与上一时段相比各区城市用地扩展差异缩小，各区的城市用地扩展相对均衡，其中东部的天河区、黄埔区和南部的海珠区城市用地扩展加速，天河区重新成为中心城区扩展面积最大的区，扩展面积为 2198.6 hm^2，扩展速度为 439.7 hm^2/a，扩展速率和扩展强度也是天河区、黄埔区、海珠区和白云区明显高于其他几个区，天河区和海珠区的扩展强度又明显高于白云区和黄埔区。

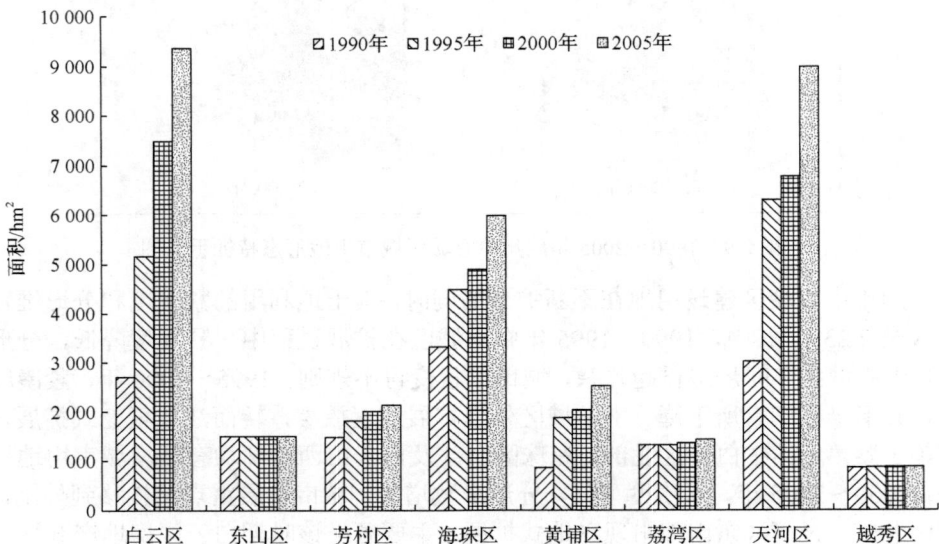

图 2.10　1990～2005 年广州市各区城市用地面积

表 2.24　中心城区各区城市用地的扩展变化

区域	扩展面积/hm²			扩展速度/（hm²/a）			扩展速率/%			扩展强度/%		
	1990~1995年	1995~2000年	2000~2005年	1990~1995年	1995~2000年	2000~2005年	1990~1995年	1995~2000年	2000~2005年	1990~1995年	1995~2000年	2000~2005年
白云区	2448.2	2316.0	1888.6	489.6	463.2	377.7	18.09	8.99	5.06	1.27	1.20	0.98
东山区	0.0	0.0	0.0	0.0	0.0	0.0	0.00	0.00	0.00	0.00	0.00	0.00
芳村区	336.2	193.6	128.2	67.2	38.7	25.6	4.54	2.13	1.27	1.46	0.84	0.56
海珠区	1163.8	401.9	1092.5	232.8	80.4	218.5	7.02	1.80	4.48	2.52	0.87	2.37
黄埔区	1017.8	155.0	486.1	203.6	31.0	97.2	23.69	1.65	4.78	3.19	0.49	1.52
荔湾区	0.0	40.2	69.9	0.0	8.0	14.0	0.00	0.61	1.03	0.00	0.48	0.83
天河区	3270.6	473.1	2198.6	654.1	94.6	439.7	21.70	1.51	6.51	4.40	0.64	2.96
越秀区	2.0	4.7	0.0	0.4	0.9	0.0	0.05	0.11	0.00	0.04	0.10	0.00
总计	8238.6	3584.5	5863.9	1647.7	716.9	1172.8	10.94	3.08	4.36	2.11	0.92	1.50

　　1995~2005年，广州市中心城区用地扩展占用的土地利用类型在不同时期也存在一定差异（表2.25~表2.27）。1990~1995年，以占用耕地、农村居民点和林地为主，面积分别为3962.3 hm²、2366.9 hm²和1012.0 hm²，分别占土地总面积的48.1%、28.7%和12.3%，其中白云区、芳村区、黄埔区和天河区以耕地和农村居民点为占用主体且耕地占用比例最大，海珠区园地是城市用地占用的主体，越秀区新增城市用地全部来源于林地。1995~2000年，中心城区扩展仍然以占用耕地、农村居民点和林地为主，占用耕地、农村居民点和林地分别为1284.3 hm²、1200.4 hm²和694.2 hm²，但与上一时段相比各区占用情况发生了较明显变化，其中农村居民点转化面积最多分布在白云区，芳村区、黄埔区和越秀区仍以占用耕地为主要扩展途径，天河区和海珠区占用则以林地为主、耕地为辅。2000~2005年，农村居民点占用超越耕地占用，成为中心城区用地扩展占用面积中比例最大的地类，各区不同占用地类面积相对较为均衡，除芳村区和荔湾区外，其他区各地类占用面积均未超过该区占用总面积的50%，芳村区和荔湾区的耕地占用面积虽然超过占用总面积的50%，但其总量仅占中心城区占用总面积的1.9%，并非中心城区城市用地扩展占用的主体地类。

表 2.25　1990~1995年中心城区城市用地扩展占用类型　　　　（单位：hm²）

地类	白云区	芳村区	海珠区	黄埔区	天河区	越秀区	总计
耕地	1210.7	277.0	222.9	527.6	1724.2	0.0	3962.4
园地	176.3	20.2	524.6	25.4	51.9	0.0	798.4
林地	224.0	0.0	170.8	112.0	503.3	2.0	1012.1
水域	22.6	0.4	5.1	0.4	13.9	0.0	42.4
农村居民点	802.8	38.6	240.4	352.5	932.6	0.0	2366.9
其他建设用地	11.8	0.0	0.0	0.0	46.1	0.0	57.9
总计	2448.2	336.2	1163.8	1017.9	3271.9	2.0	8240.1

表 2.26 1995～2000 年中心城区城市用地扩展占用类型 　（单位：hm²）

地类	白云区	芳村区	海珠区	黄埔区	荔湾区	天河区	越秀区	总计
耕地	760.0	139.9	171.0	119.9	0.0	88.9	4.7	1284.4
园地	0.0	0.0	3.1	1.2	0.0	0.0	0.0	4.3
林地	79.4	0.0	220.5	25.4	0.0	368.9	0.0	694.2
草地	60.5	0.0	0.0	0.0	0.0	0.0	0.0	60.5
水域	119.3	0.0	0.0	0.0	0.0	15.3	0.0	134.6
农村居民点	1130.8	53.7	7.3	8.5	0.0	0.1	0.0	1200.4
其他建设用地	166.1	0.0	0.0	0.0	40.2	0.0	0.0	206.3
总计	2316.1	193.6	401.9	155.0	40.2	473.2	4.7	3584.7

表 2.27 2000～2005 年中心城区城市用地扩展占用类型 　（单位：hm²）

地类	白云区	芳村区	海珠区	黄埔区	荔湾区	天河区	总计
耕地	426.9	75.4	302.6	98.5	38.6	667.8	1609.8
园地	162.9	19.3	24.0	99.9	0.0	505.0	811.1
林地	315.3	0.0	370.2	105.8	0.0	366.3	1157.6
草地	26.7	0.0	0.0	0.0	0.0	0.0	26.7
水域	66.6	9.8	175.4	18.6	30.9	78.4	379.7
农村居民点	838.4	16.5	220.3	163.3	0.5	449.1	1688.1
其他建设用地	51.8	7.0	0.0	0.0	0.0	132.0	190.8
总计	1888.6	128.0	1092.5	486.1	70.0	2198.6	5863.8

3）用地扩展的空间特点

　　广州市中心城区用地扩展的空间差异明显。为进一步分析广州市中心城区城市用地的空间扩展特征,分别采用缓冲区分析法和象限位分析法(图 2.11)定量分析 1990～2005 年广州市中心城区城市用地扩展在距离城市中心点不同距离和不同象限的差异。同时,以村级行政区域为研究单元评价中心城区用地扩展的速度与强度,更深入地分析广州市城市用地扩展变化的空间差异。

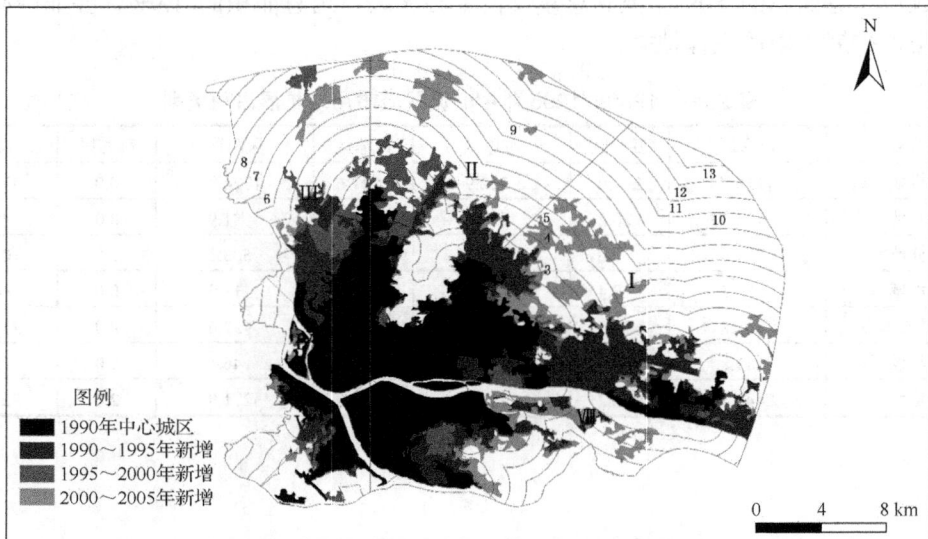

图 2.11 1990～2005 年广州市中心城区扩展示意图

（1）基于缓冲区分析的用地扩展空间分异。依照前述所划分缓冲带进行对比分析，总体而言，广州市中心城区的城市用地扩展强度随着距离中心城区距离的增加而呈现波动减小的态势（图2.12、图2.13和表2.28），城市用地扩展强度由近郊到远郊逐渐减弱，表现出较强的空间集中性和中心临近性，用地圈层式扩展模式明显，扩展强度指数在1～13号缓冲带内先后出现了3次波峰和波谷，且3次波峰的扩展强度值逐渐减小。

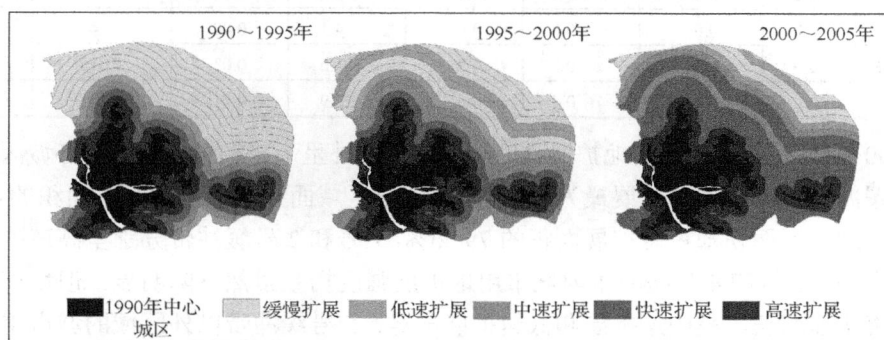

图2.12　1990～2005年各时段各缓冲带城市用地扩展空间分异图

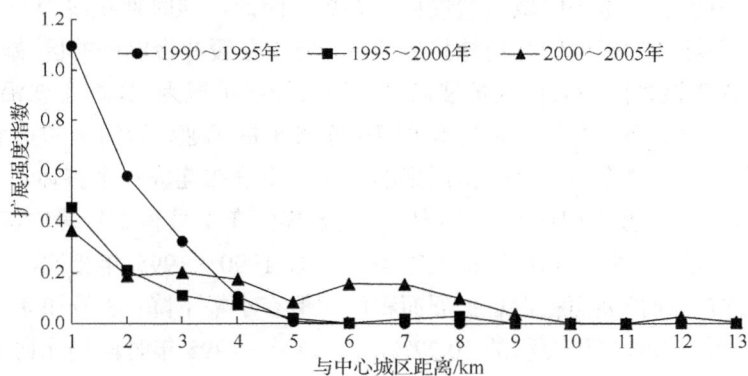

图2.13　1990～2005年各时段各缓冲带内城市用地扩展强度指数

表2.28　1990～2005年各时段各缓冲带内城市扩展面积

缓冲带	1990～1995年		1995～2000年		2000～2005年		1990～2005年	
	扩展面积/hm²	扩展强度/%	扩展面积/hm²	扩展强度/%	扩展面积/hm²	扩展强度/%	扩展面积/hm²	扩展强度/%
1	4267.3	1.09	1770.9	0.45	1418.9	0.36	7457.1	1.91
2	2260.4	0.58	817.4	0.21	737.3	0.19	3815.0	0.98
3	1258.2	0.32	435.6	0.11	790.4	0.20	2484.2	0.64
4	422.0	0.11	290.8	0.07	687.0	0.18	1399.8	0.36
5	30.7	0.01	81.5	0.02	335.1	0.09	447.2	0.11
6	0.0	0.0	3.3	0.00	613.3	0.16	616.6	0.16
7	0.0	0.0	71.0	0.02	609.5	0.16	680.5	0.17
8	0.0	0.0	114.2	0.03	393.2	0.10	507.4	0.13

续表

缓冲带	1990~1995 年		1995~2000 年		2000~2005 年		1990~2005 年	
	扩展面积/hm²	扩展强度/%	扩展面积/hm²	扩展强度/%	扩展面积/hm²	扩展强度/%	扩展面积/hm²	扩展强度/%
9	0.0	0.0	0.0	0.0	146.3	0.04	146.3	0.04
10	0.0	0.0	0.0	0.0	4.4	0.00	4.4	0.00
11	0.0	0.0	0.0	0.0	4.1	0.00	4.1	0.00
12	0.0	0.0	0.0	0.0	101.6	0.03	101.6	0.03
13	0.0	0.0	0.0	0.0	22.9	0.01	22.9	0.01

1990~1995 年，城市用地扩展强度随缓冲区向外呈下降趋势，紧邻中心城区的 1 号和 2 号缓冲带是城市土地扩展最为活跃的区域，该区域面积仅占缓冲区总面积的 4.32%，但城市用地扩展面积却占总扩展面积的 79.23%，1 号和 2 号缓冲带分别呈高速扩展和快速扩展态势；3 号和 4 号缓冲带内城市用地扩展强度指数虽然下降明显，但城市用地仍然保持着快速增长，呈中速扩展和低速扩展态势；5 号缓冲带以外区域的城市用地扩展强度都降为 0，5~13 号缓冲带面积占缓冲区总面积的 87.25%，城市用地扩展面积仅占扩展总面积的 0.37%，整个区域呈缓慢扩展态势。因此，该时期距离中心城区 4 km 内的区域受到中心城区的辐射影响用地扩展活跃，但 5 号缓冲带以外的区域基本上没有城市用地扩展，说明该时段中心城区扩展以沿着原有城区扩展为主，即主要沿白云区南部、天河区北部和东部呈面状扩展，尤其是天河区东部扩展迅速，天河区和黄埔区的城市用地已基本连为一片，整个中心城区由原来的一大一小分布连成一个整体。

1995~2000 年，城市用地快速扩展区仍主要集中在 1 号和 2 号缓冲带内，1 号和 2 号缓冲带仍分别呈高速扩展和快速扩展态势，但与 1990~1995 年相比，城市用地扩展强度指数和城市用地扩展面积占总扩展面积的比例有小幅下降；3 号和 4 号缓冲带内的城市用地扩展面积占总扩展面积的 20.27%，与 1990~1995 年时段相比比例变化不大，呈中速扩展态势；4 号缓冲带以外的区域城市用地扩展面积比 1990~1995 年时段有明显增多，已占扩展总面积的 7.53%，整个区域呈低速扩展与缓慢扩展相间形态，说明距中心城区 4 km 以外的区域已经受到中心城区的辐射影响。其间，随着离中心城区距离增大，城市用地扩展强度指数下降并在 6 号缓冲带内达到最小，但在 7 号和 8 号缓冲带内又开始上升，在 9 号缓冲带内又降为 0，5~8 号缓冲带扩展强度已明显高于 1990~1995年同地域水平，说明 5~8 号缓冲带内的城市用地扩展速度在逐渐加快，中心城区的辐射距离已扩大至 8 km，但距离中心城区 8 km 以外的区域城市用地扩展速度和扩展强度仍较低。

2000~2005 年，城市用地扩展强度呈现出与 1995~2000 年相似的变化，但波动更为明显，先是在 1~5 号缓冲带依次降低，在 6 号和 7 号缓冲带又有所回升，8~10 号缓冲带又下降，之后在 11~13 号缓冲带又经历了一次先升后降的过程，从 1 号缓冲带到 11 号缓冲带总共经历了两次明显的波动过程，说明该时段已由之前的单一沿中心城区面状扩展转变为沿面状扩展与飞地式扩展同时进行，2000 年以后广州新的城市空间发展战略的实施及近郊出现的开发区扩张是造成这种现象的主要原因。同时，2000～2005 年城市用地快速扩展区域已扩展到距中心城区 8 km 范围区域，对距离中心城区 4～8 km 区域的影响已明显强于 1995～2000 年，但对距中心城区 8 km 以外的区域影响仍不很明显，其中 1～8 号缓冲带内城市用地扩展面积占同期总扩展面积的 95.24%，8 km 以外区域城市扩展面积仅占同期扩展总面积的 4.76%，呈缓慢扩展态势。

纵观 1990～2005 年，1～13 号缓冲带由内到外可以分为主要扩展区域、次要扩展区域和零星扩展区域三个区域，其中 1～4 号缓冲带为主要扩展区域，15 年间城市用地面积增加 15 156.1 hm²，占全部新增城市用地面积的 85.69%，且每个缓冲带新增城市用地面积均大于 1000 hm²，扩展强度均大于 0.35%；5～8 号缓冲带为次要扩展区域，15 年间城市用地面积增加 2251.7 hm²，占全部新增城市用地面积的 12.73%，且每个缓冲带新增城市用地面积均大于 500 hm²，扩展强度均大于 0.10%；9～13 号缓冲带为零星扩展区域，15 年间城市用地面积仅增加 279.3 hm²，单个缓冲带新增城市用地面积最大值不超过 150 hm²，且扩展强度均小于 0.05%。

建设密度的高低变化可以从另外一个侧面反映城市用地扩展程度的变化。总体而言，1990～2005 年（图 2.14），中高密度城市用地逐渐增加，低密度城市用地逐渐减少，各时间段新增的中、高密度城市用地总体上随距离增加呈下降趋势，1～5 号缓冲带内高密度城市用地的迅速增加主要为填充式扩展或沿原有城区呈面状扩展，而 5 号缓冲带以外的区域高密度城市用地的增加主要为飞地式扩展。其中，1990～1995 年，5 号缓冲带以外的区域没有发生建设密度变化，1～5 号缓冲带内高密度城市用地和中密度城市用地随着距中心城区距离的减小而逐渐增加，且高密度城市用地呈急剧增加趋势，而中密度城市用地增加相对缓慢，低密度城市用地则随着距中心城区距离的减小而急剧减少，该期间低密度城市用地减少了 8763.8 hm²，年均减少 1752.8 hm²。1995～2000 年，1～5 号缓冲带内高密度城市用地依然随着距中心城区距离的减小而急剧增加，而中密度用地则先增加后减少，低密度城市用地也是依然保持着急剧减少的趋势，该期间低密度城市用地减少 3646.5 hm²，年均减少 729.3 hm²，5 号缓冲带以外的区域中除 8 号和 9 号缓冲带内有少量的低密度用地变为高密度用地，其他缓冲带内没有发生建设密度变化。2000～2005 年，各类密度用地均呈波浪式变化，高密度用地随着离中心城区距离的减少而呈现波状增加，中密度城市用地随着离中心城区距离的减少呈现出先增加后减少的趋势，而低密度城市用地则随着离中心城区距离的减少曲折减少，该期间低密度城市用地共减少 6531.5 hm²，年均减少 1306.3 hm²，其中 5 号缓冲带是一个比较明显的分界处，5 号缓冲带以内的区域离中心城区越近，新增的高密度用地越多，6～9 号缓冲带城市用地呈现飞地式扩展模式，主要是因广州经济技术开发区等开发区建设导致高密度用地的增加。

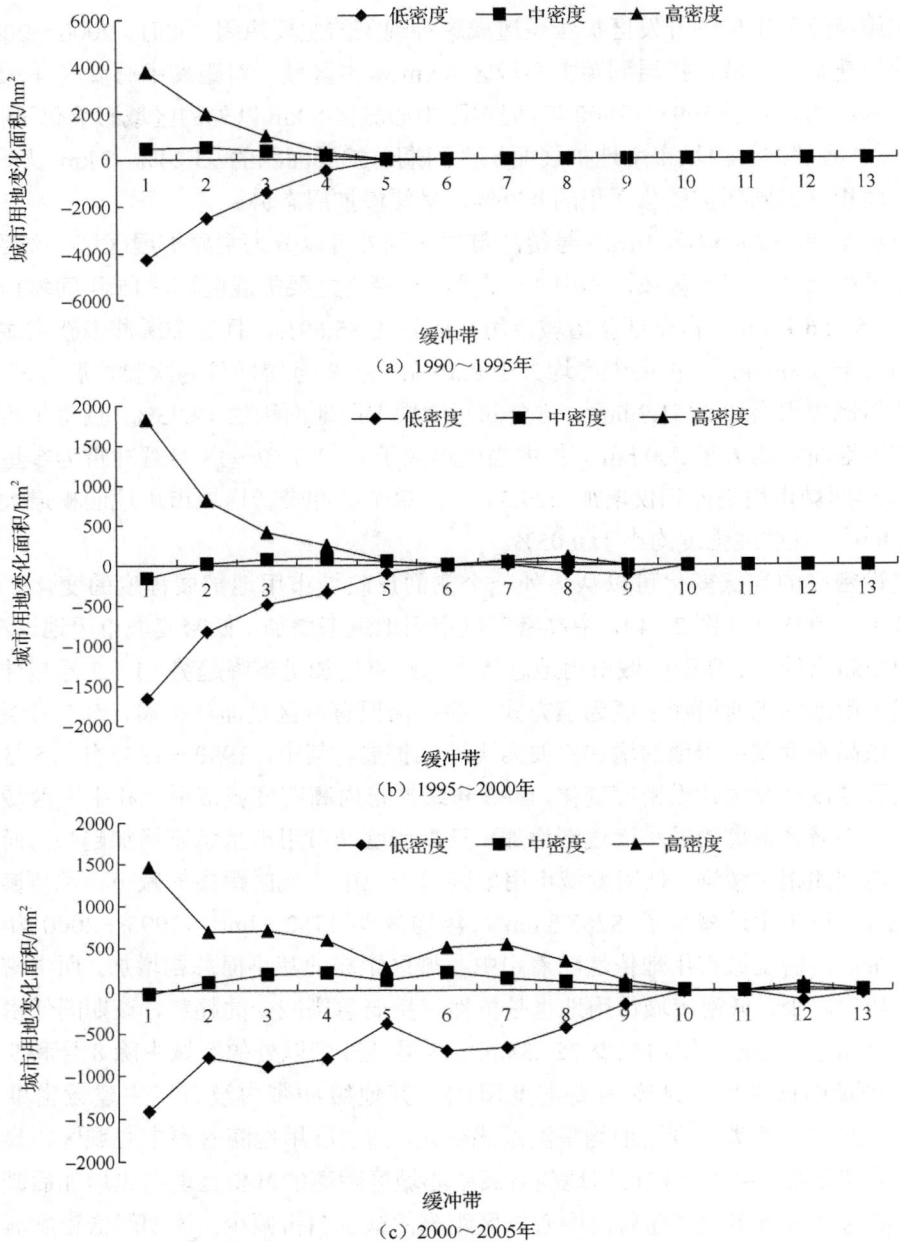

图 2.14　1990～2005 年各时段各缓冲带内各级密度城市用地面积变化

（2）基于象限方位分析的城市用地扩展空间分异。广州市中心城区城市用地扩展的象限方位分析结果表明（表 2.29 和图 2.15），1990～2005 年广州市中心城区城市用地扩展主要位于第 I、II、III 和Ⅷ象限，其余象限城市用地扩展较慢，其中第 II 象限 1995～2000 年时段保持高速扩展并在其他两个时段也保持快速扩展，第Ⅷ象限一直保持快速扩展，第 I 象限在 1990～1995 年和 2000～2005 年时段均保持高速扩展。

表 2.29　1990～2005 年各象限城市用地扩展面积和扩展强度指数

象限	1990～1995 年		1995～2000 年		2000～2005 年	
	扩展面积/hm²	扩展强度/%	扩展面积/hm²	扩展强度/%	扩展面积/hm²	扩展强度/%
I	3143.1	0.81	339.7	0.09	2500.2	0.64
II	1151.2	0.30	1328.7	0.34	1159.8	0.30
III	1318.5	0.34	1023.0	0.26	552.1	0.14
IV	5.1	0.00	41.0	0.01	67.3	0.02
V	180.4	0.05	35.4	0.01	65.2	0.02
VI	150.7	0.04	157.5	0.04	66.3	0.02
VII	430.5	0.11	92.1	0.02	9.5	0.00
VIII	1860.4	0.48	567.3	0.15	1443.5	0.37

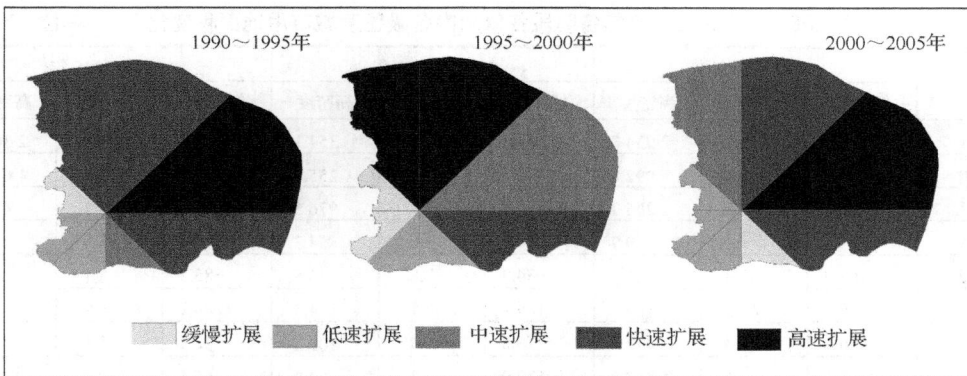

图 2.15　1990～2005 年各时段各象限城市用地扩展空间分异图

　　1990～1995 年，中心城区主要向东部、北部和东南部方向扩展，第 I 象限城市用地高速扩展，扩展面积和扩展强度最大值在第 I 象限，扩展面积和扩展强度分别为3143.1 hm² 和 0.81%，扩展面积占该时段扩展总面积的 38.14%；扩展面积和扩展强度指数较大的象限还有 II、III、VIII 象限，扩展面积分别占该时段扩展总面积的 13.97%、16.00%、22.58%；扩展面积和扩展强度指数最小的象限为第 IV 象限，其扩展面积仅占该时段扩展总面积的 0.06%。

　　1995～2000 年，中心城区主要扩展方向在北部，第 I 象限城市用地由高速扩展降为中速扩展，第 II、III 象限城市用地由快速扩展变为高速扩展，扩展面积和扩展强度最大值出现在第 II 象限，其扩展面积占该时段扩展总面积的 37.07%，第 III、VIII 象限的城市用地扩展较快，分别占该时段扩展总面积的 28.54% 和 15.83%；第 VIII 象限城市用地仍为快速扩展；其余几个象限扩展强度仍然较小，其中第 V 象限城市用地扩展强度最小，其扩展面积仅占该时段扩展总面积的 0.99%。

　　2000～2005 年，中心城区主要扩展方向仍以东部、北部和东南部为主，第 I 象限城市用地重新变为高速扩展，其扩展面积占该时段扩展面积的 42.64%；第 II、III 象限城市用地则由高速扩展降为快速扩展和中速扩展，第 VIII 象限城市用地保持快速扩展，第 II、VIII 象限的扩展面积分别占该时段总扩展面积的 19.78% 和 24.62%；其余几个象限城市用地扩展缓慢，其中扩展强度最小的象限出现在第 VII 象限，其扩展面积仅占该时段扩展总面积的 0.16%。

就不同象限的建设密度变化而言（表 2.30 和图 2.16），1990～2005 年广州中心城区高密度城市用地经历了 20 世纪 90 年代前期的高速发展期、90 年代后期的平稳发展期和 21 世纪以来的快速发展期 3 个阶段，重点扩展方向由初期的向北、向东扩展为主逐渐转变为向东、向南扩展为主，高密度城市用地扩展主要位于第Ⅰ、Ⅱ、Ⅲ 和Ⅷ 象限内。其中，1990 年第Ⅰ、Ⅲ、Ⅷ 象限内的中、高密度城市用地面积较大，第Ⅳ、Ⅴ 象限的低密度城市用地面积较小；1995 年各象限的中、高密度城市用地相对 1990 年都有所增加，其中第Ⅰ 象限增幅最为明显，其次是第Ⅲ 象限；2000 年，第Ⅱ 象限的高密度城市用地增加最为显著，第Ⅲ、Ⅷ 象限的高密度城市用地也有较大幅度的增加；2005 年，高密度城市用地的最大增加量仍为第Ⅰ 象限，第Ⅱ、Ⅷ 象限也依然保持着较大的增加量。

表 2.30　1990～2005 年各时段各象限内各级密度城市用地面积变化　　（单位：hm²）

象限	1990～1995 年			1995～2000 年			2000～2005 年		
	低密度	中密度	高密度	低密度	中密度	高密度	低密度	中密度	高密度
Ⅰ	-3 321.0	386.9	2 934.0	-331.1	-23.1	354.1	-2 699.8	396.8	2 302.3
Ⅱ	-1 270.1	277.2	992.8	-1 424.3	168.7	1 255.4	-1 270.4	260.8	1 009.2
Ⅲ	-1355.0	89.8	1 265.3	-1070.0	93.3	976.5	-623.7	145.7	478.0
Ⅳ	-4.3	-5.4	9.7	-40.2	-14.0	54.3	-55.9	-38.0	93.9
Ⅴ	-168.9	-38.4	207.3	-34.7	-2.8	37.5	-85.5	3.1	82.5
Ⅵ	-189.3	61.5	127.7	-134.4	-40.1	174.5	-88.2	4.7	83.5
Ⅶ	-400.1	-72.4	472.3	-78.8	-30.4	109.3	-42.3	-5.1	47.6
Ⅷ	-2055.1	399.3	1 655.9	-532.9	-96.3	628.9	-1 665.6	187.9	1477.5

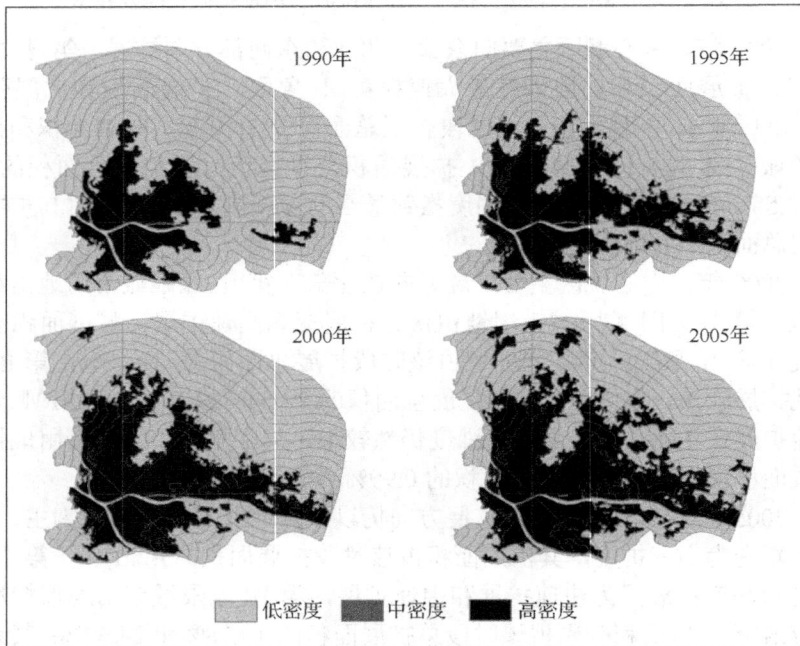

图 2.16　1990～2005 年各级城市用地建设密度空间分布

（3）基于村级行政区的城市用地扩展空间分异。为进一步揭示行政区域间城市用地变化的空间分异，以村级行政单元为评价单元，揭示广州市中心城区用地扩展变化的空间差异。

1990～1995 年是中心城区三个时段中扩展最为剧烈的一个时段，广州中心城区内扩展速度大于 40 hm²/a 的村级行政单元有 11 个（表 2.31），扩展速度大于 20 hm²/a、小于 40 hm²/a 的村级行政单元有 14 个，合计新增城市面积占此时段中心城区新增城市用地总面积的 67.2%，其中主要分布在白云西南、白云南—天河北、天河东—黄埔、海珠东和芳村。

表 2.31 1990～1995 年扩展速度大于 20 hm²/a 的村级行政单元统计

区	村	扩展面积/hm²	扩展速度/（hm²/a）	占中心城区扩展总面积百分比/%
白云区	槎龙村	328.8	65.8	4.0
	大冈村	126.0	25.2	1.5
	潭岗村	164.5	32.9	2.0
	同德街	204.8	41.0	2.5
	同和村	398.2	79.6	4.8
	永泰村	171.0	34.2	2.1
	小计	1393.3		16.9
海珠区	沥村	101.2	20.2	1.2
	琶洲村	181.2	36.2	2.2
	瑞宝村	139.2	27.8	1.7
	三村	189.3	37.9	2.3
	小计	610.9		7.4
黄埔区	横沙村	207.4	41.5	2.5
	茅岗村	161.1	32.2	2.0
	双沙村	339.0	67.8	4.1
	文冲村	118.9	23.8	1.4
	小计	826.4		10.0
天河区	长村	209.3	41.9	2.5
	车陂村	391.7	78.3	4.7
	车陂街	137.9	27.6	1.7
	黄村	400.0	80.0	4.8
	吉山村	183.8	36.8	2.2
	京溪村	160.2	32.0	1.9
	前进村	227.3	45.5	2.8
	棠东村	170.2	34.0	2.1
	棠下街	421.8	84.4	5.1
	元岗村	189.8	38.0	2.3
	珠村	227.8	45.6	2.8
	小计	2719.8		32.9
总计		5550.4		67.2

1995～2000 年，扩展速度大于 40 hm²/a 的村级行政单元仅有 2 个（表 2.32），且全部分布在白云区，扩展速度大于 20 hm²/a、小于 40 hm²/a 的村级行政单元有 9 个，分布在白云区、天河区和海珠区。1995～2000 年扩展速度大于 20 hm²/a 的村级行政单元明显减少，扩展速度大于 20 hm²/a 的村级行政单元扩展总面积仅占中心城区扩展总面积的 42.8%，且分布相对集中，新增城市用地主要分布在白云区和海珠区，形成了以白云片块为主核，海珠东—天河西南片块为副核的分布格局。天河区和芳村区也有零星新增城市用地，主要以填充式扩展为主，扩展强度较小。

表 2.32　1995～2000 年扩展速度大于 20 hm²/a 的村级行政单元统计

区	村	扩展面积/hm²	扩展速度/（hm²/a）	占中心城区扩展总面积百分比/%
白云区	江村	102.6	20.5	2.9
	江夏村	112.3	22.5	3.1
白云区	联边村	119.9	24.0	3.3
	罗岗村	114.8	23.0	3.2
	潭岗村	238.6	47.7	6.7
	望岗村	256.9	51.4	7.2
	夏茅村	115.3	23.1	3.2
	永泰村	156.4	31.3	4.4
	小计	1216.8		34.0
海珠区	东风村	111.2	22.2	3.1
	凤和村	106.4	21.3	3.0
	小计	217.6		6.1
天河区	猎德村	100.6	20.1	2.8
总计		1535.0		42.9

2000～2005 年，广州中心城区城市用地扩展明显加速，并由之前的连片式扩展转变为填充式和飞地式扩展，东、北、南三个方位均有明显的城市用地扩展。其间，扩展速度大于 40 hm²/a 的村级行政单元增加到 9 个（表 2.33），扩展速度大于 20 hm²/a、小于 40 hm²/a 的村级行政单元也只有 9 个，扩展速度大于 20 hm²/a 的村级行政单元占中心城区扩展总面积的 66.8%，空间分布与上个时段相比较为分散，主要分布在天河区、白云区、海珠区及黄埔区。

表 2.33　2000～2005 年扩展速度大于 20 hm²/a 的村级行政单元统计

区	村	扩展面积/hm²	扩展速度/（hm²/a）	占中心城区扩展总面积百分比/%
白云区	江村	205.7	41.1	3.5
	南村	193.6	38.7	3.3
	南岭村	131.4	26.3	2.3
	同和村	172.1	34.4	3.0
	夏良村	137.1	27.4	2.4
	镇湖村	141.4	28.3	2.4
	小计	981.3		16.9

续表

区	村	扩展面积/hm²	扩展速度/（hm²/a）	占中心城区扩展总面积百分比/%
海珠区	长洲村	206.7	41.3	3.6
	黄埔村	170.5	34.1	2.9
	沥村	124.1	24.8	2.1
	琶洲村	285.7	57.1	4.9
	小计	787.0		13.5
黄埔区	火村	176.1	35.2	3.0
天河区	岑村	204.2	40.8	3.5
	华南植物园	255.8	51.2	4.4
	柯木村	463.2	92.6	8.0
	龙眼洞村	240.6	48.1	4.1
	五山街	372.4	74.5	6.4
	新塘村	239.8	48.0	4.1
	渔沙坦村	157.8	31.6	2.7
	小计	1933.8		33.2
总计		3878.2		66.6

3. 基塘区的土地利用变化

基塘是一种分布于珠江三角洲地区的独具特色的用地类型，选择佛山市南海区的九江镇、西樵镇和丹灶镇的典型基塘区为研究区域，进行基塘区土地利用变化分析。

1）区域基本概况与数据来源

典型基塘区地处珠江三角洲河网区，位于西江、北江下游，佛山市南海区的西部和南部，境内河道交错纵横，包括九江、西樵和丹灶3镇，土地总面积414.86 km²。九江、西樵属于传统基塘区，丹灶属于新增基塘区。2009年，区内常住人口58.30万人，其中户籍人口33.50万人；实现产业增加值322.65亿元，其中，第一产业增加值14.62亿元，第二产业增加值184.99亿元，第三产业增加值123.04亿元；农村经济总收入867.31亿元，完成农业总产值28.92亿元，塘鱼养殖面积11 758.07 hm²，淡水养殖、花卉、蔬菜种植、家禽养殖等是其主要的农业生产部门；工业总产值702.23亿元，形成了以纺织服装、五金、化工、建陶、电力生产等为支柱产业的工业体系，工业是其经济发展的最主要驱动力。

综合考虑数据精度等，典型基塘区的土地利用数据分别采集自1987年第一次全国土地调查数据、2002年土地更新调查数据和2009年第二次全国土地调查数据，通过不同时期土地利用分类之间的相互衔接，将基塘单独划为一个一级地类，共分成耕地、园地、林地、草地、交通用地、水域及水利设施用地、基塘、其他土地、城镇村及工矿用地9种土地利用类型，编绘出3期土地利用类型图（图2.17），依此对比分析典型基塘区土地利用的变化特征。

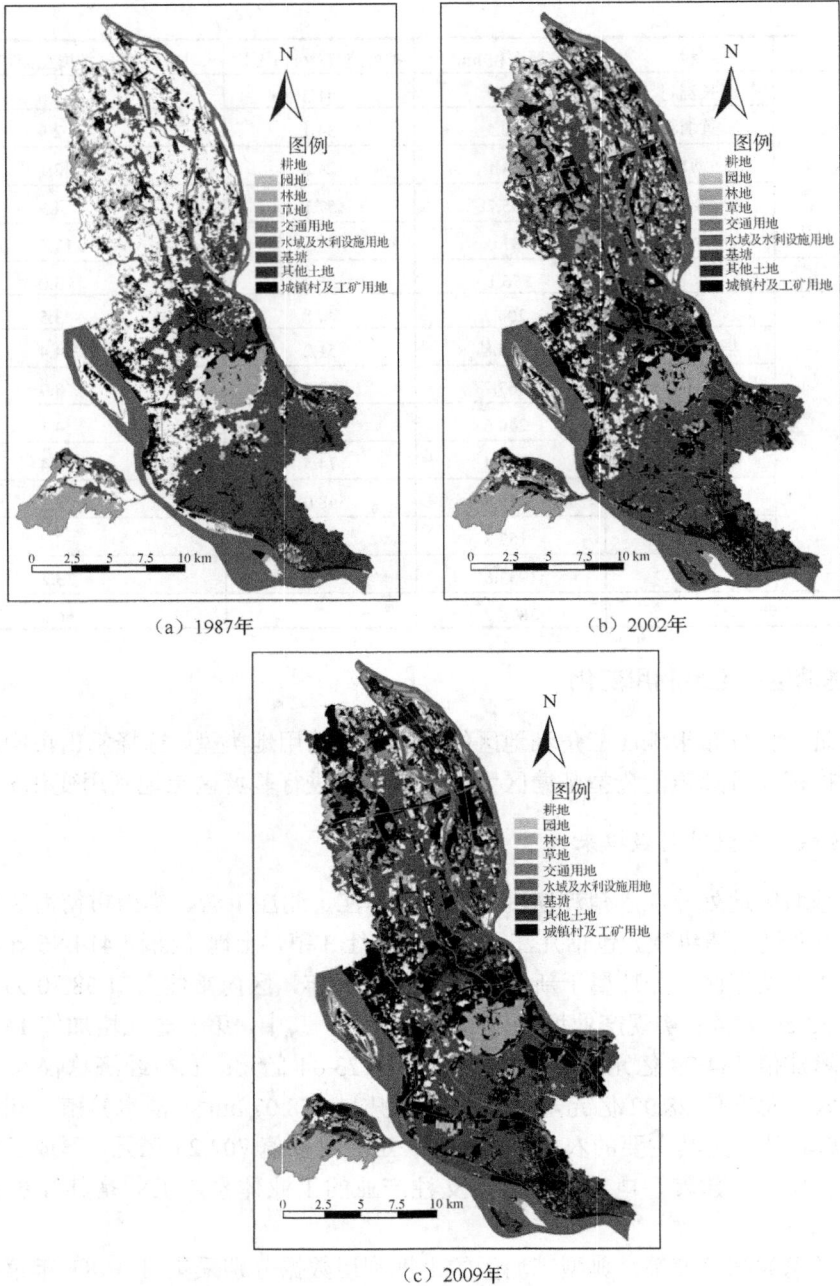

（a）1987年　　（b）2002年

（c）2009年

图 2.17　典型基塘区土地利用类型图

2）土地利用变化及类型转换

1987～2009 年，典型基塘区的土地利用发生了剧烈变化（表 2.34），主要表现为建设用地的扩张及耕地、林地和基塘等面积的急剧减少。在建设用地方面，城镇村及工矿用地快速扩张，面积由 1987 年的 4534.22 hm^2 增至 2009 年的 13 110.43 hm^2，增加了

8576.21 hm²，增长了 189.14%，占土地总面积比例由 11.02%增至 31.88%；区内交通系统的网络化导致交通用地急剧增加，1987 年为 43.42 hm²，2009 年增至 1327.96 hm²，同期增长了 29.58 倍。水域及水利设施用地 22 年间增加了 1526.15 hm²，占土地总面积比例由 14.25%增至 17.96%。农用地方面，区内耕地、林地和基塘面积减少，尤以耕地减少为最，由 1987 年的 13 528.25 hm² 减至 2009 年的 2456.35 hm²，减少了 81.84%，占土地总面积的比例减少了 26.92%；林地面积减少了 425.38 hm²，减少了 11.92%；基塘面积则由 1987 年的 12 862.75 hm² 减至 2009 年的 11 712.98 hm²，减少了 1149.77 hm²，占土地总面积比例由 31.27%减至 28.48%，基塘的减少主要发生在 2002～2009 年。但是，随着农业结构调整，种植花卉、观赏性树木用地不断增加，区内园地面积由 1987 年的 467.05 hm² 增加到 2009 年的 1132.25 hm²，占土地总面积比例增加了 1.61%；同时，基塘类型由过去的"桑基鱼塘"变为"草基鱼塘"或"菜基鱼塘"，种植鱼草的面积大幅度增加，草地面积由 1987 年的 262.36 hm² 增加到 2009 年的 763.79 hm²，增长了 191.13%。

表 2.34 1987～2009 年典型基塘区土地利用类型及面积

土地利用类型	1987 年		2002 年		2009 年		数量变化/hm²		
	面积/hm²	比例/%	面积/hm²	比例%	面积/hm²	比例/%	1987～2002 年	2002～2009 年	1987～2009 年
耕地	13 528.25	32.89	3 817.11	9.28	2 456.35	5.97	-9 711.14	-1 360.76	-11 071.90
园地	467.05	1.14	1 025.90	2.49	1 132.25	2.75	558.85	106.35	665.20
林地	3 569.66	8.68	3 692.46	8.98	3 144.28	7.64	122.80	-548.18	-425.38
草地	262.36	0.64	1 027.55	2.50	763.79	1.86	765.19	-263.76	501.43
交通用地	43.42	0.11	1 057.67	2.57	1 327.96	3.23	1 014.25	270.29	1 284.54
水域及水利设施用地	5 859.57	14.25	7 915.22	19.24	7 385.72	17.96	2 055.65	-529.50	1 526.15
基塘	12 862.75	31.27	13 257.10	32.23	11 712.98	28.48	394.35	-1 544.12	-1 149.77
其他土地	1.72	0.00	154.17	0.37	95.23	0.23	152.45	-58.94	93.51
城镇村及工矿用地	4 534.22	11.02	9 181.82	22.32	13 110.43	31.88	4 647.60	3 928.61	8 576.21

从典型基塘区各类土地利用类型的具体变化速率看（表 2.35），1987～2009 年耕地年均转移 520.11 hm²，转移面积最大且转移速率（3.84%）远大于新增速率（0.12%），属于快速衰减型；交通用地由于基数相对较小，新增速率较快，新增速率高达 136.49%，远大于同期的转移速率（2.02%），属于急剧扩展型；城镇村及工矿用地的新增速度最快，年均新增 426.58 hm²，占基塘区所有新增面积的 46.69%，新增速率为 9.41%；园地属于扩展型，新增速度与速率均大于同期的转移速度与速率，研究期内新增 1111.55 hm²，转移 446.36 hm²，新增速率为 10.82%，转移速率为 4.34%，变化速率次于其他土地、交通用地和草地；基塘属于萎缩型，年均转移 250.30 hm²，年均新增 198.04 hm²，其间，大量基塘被非农建设占用，但同时新的基塘不断开挖；林地属于衰退型，转移速度与速率大于同期的新增速度与速率，净面积在减少，减少了 425.38 hm²；草地、水域及水利设施用地属于扩展型，新增速度与速率要大于同期的转移速度与速率。

表2.35 1987~2009 年典型基塘区土地利用变化速率

土地利用类型	未变化面积/hm²	转移部分			新增部分			变化速率/%
		面积/hm²	转移速度/(hm²/a)	转移速率/%	面积/hm²	新增速度/(hm²/a)	新增速率/%	
耕地	2 085.74	11 442.51	520.11	3.84	370.61	16.85	0.12	3.96
园地	20.70	446.36	20.29	4.34	1 111.55	50.53	10.82	15.16
林地	2 407.77	1 161.89	52.81	1.48	736.51	33.48	0.94	2.42
草地	2.58	259.77	11.81	4.50	761.21	34.60	13.19	17.69
交通用地	24.12	19.30	0.88	2.02	1 303.84	59.27	136.49	138.51
水域及水利设施用地	5 407.40	452.17	20.55	0.36	1 978.33	89.92	1.53	1.89
基塘	7 356.18	5 506.57	250.30	1.95	4 356.80	198.04	1.54	3.49
其他土地	0.00	1.72	0.08	4.55	95.23	4.33	252.28	256.83
城镇村及工矿用地	3 725.70	808.52	36.75	0.81	9 384.73	426.58	9.41	10.22
合计	21 030.19	20 098.80	913.58	2.22	20 098.80	913.58	2.22	4.44

典型基塘区土地利用类型间转移规模的分析结果显示（表 2.36），土地利用发生变化的总面积为 20 098.80 hm²，占区域土地总面积的 48.87%。其中，耕地（01）是典型基塘区中面积减少最大的土地利用类型，变化面积合计有 11 442.51 hm²，占 1987 年耕地面积的 84.58%，主要转化为城镇村及工矿用地、基塘，分别为 4416.54 hm²、3713.41 hm²，二者占耕地转出量的 71.05%。园地（02）发生变化的面积为 446.36 hm²，主要是转化为城镇村及工矿用地、林地和基塘，分别为 217.58 hm²、61.89 hm² 和 59.39 hm²，转入类型则以耕地为主，面积有 909.26 hm²。林地（03）是典型基塘区净减少较多的土地利用类型，变化面积合计 1161.89 hm²，大部分流向城镇村及工矿用地（843.92 hm²），转入则以耕地、城镇村及工矿用地为主，分别转入 445.21 hm²、106.87 hm²。草地（04）发生变化面积合计 259.77 hm²，主要流向城镇村及工矿用地（97.18 hm²）和林地（78.59 hm²），转入则以耕地和基塘为主，分别转入 426.61 hm² 和 240.49 hm²。交通用地（10）变化速度较快，面积净增加 1284.54 hm²，发生变化面积共 19.30 hm²，主要流向城镇村及工矿用地、水域及水利设施用地，转入类型则以耕地和基塘为主，分别转入 589.77 hm² 和 486.53 hm²。水域及水利设施用地（11a）变化比例最小，变化面积合计 452.17 hm²，仅占 1987 年该地类面积的 7.72%，主要流向基塘（192.05 hm²）、城镇村及工矿用地（147.04 hm²），转入以耕地（898.05 hm²）、基塘（738.79 hm²）、城镇村及工矿用地（220.21 hm²）为主。基塘（11b）发生变化面积合计为 5506.57 hm²，占 1987 年该地类面积的 42.81%，转出主要是流向城镇村及工矿用地（3651.99 hm²）、水域及水利设施用地（738.79 hm²）和交通用地（486.53 hm²），转入类型则以耕地占绝对优势，转入面积达 3713.41 hm²。城镇村及工矿用地（12）是典型基塘区内数量增加最多的土地利用类型，22 年中净增加 8576.21hm²，以耕地、基塘和林地转入为主，其占城镇村及工矿用地新增面积的 94.97%，转出面积有 808.52 hm²，主要转变为基塘、水域及水利设施用地和林地。

表 2.36　1987～2009 年典型基塘区土地利用类型转移矩阵　　　（单位：hm²）

2009 年	1987 年								
	01	02	03	04	10	11a	11b	12	20
01	**2085.74**	909.26	445.21	426.61	589.77	898.05	3713.41	43.67	4416.54
02	42.71	**20.70**	61.89	19.62	14.73	28.34	59.39	2.10	217.58
03	34.32	37.11	**2407.77**	25.08	69.09	63.65	63.54	25.19	843.92
04	4.72	1.32	78.59	**2.58**	12.85	21.42	41.78	1.91	97.18
10	0.09	0.95	1.00	0.03	**24.12**	7.85	0.44	0.00	8.94
11a	32.27	9.84	7.79	24.12	38.81	**5407.40**	192.05	0.26	147.04
11b	205.05	135.58	35.03	240.49	486.53	738.79	**7356.18**	13.10	3651.99
12	0.00	0.00	0.14	0.00	0.03	0.00	0.00	**0.00**	1.55
20	51.46	17.50	106.87	25.27	92.03	220.21	286.19	8.99	**3725.70**

3）土地利用变化的区域差异

典型基塘区内不同土地利用类型在不同区域的变化幅度存在明显差异（表 2.37），其中耕地变化幅度大于典型基塘区平均水平的为丹灶镇，园地相对变化率大于 1.00 的镇有九江和丹灶，林地变化幅度九江和丹灶均高于平均水平，丹灶镇的草地变化幅度远远大于典型基塘区平均水平，水域及水利设施用地变化幅度在 1.00 以上的镇有西樵和丹灶，基塘变化幅度中丹灶相对变化率最大为 6.62，其他土地的相对变化率以西樵镇 2.68为最大，城镇村及工矿用地则是丹灶的变化幅度要大于典型基塘区的平均水平。

表 2.37　1987～2009 年典型基塘区各镇土地利用类型的相对变化率　　　（单位：%）

土地利用类型	耕地	园地	林地	草地	交通用地	水域及水利设施用地	基塘	其他土地	城镇村及工矿用地
九江镇	0.90	2.06	2.73	0.55		0.28	3.93		0.87
西樵镇	0.98	0.28	0.26	0.22	0.35	1.26	1.56	2.68	0.84
丹灶镇	1.02	1.38	2.80	5.40		1.75	6.62	0.70	1.41

典型基塘区不同年份各镇、村的土地利用程度综合指数计算结果（图 2.18 和表 2.38）表明，整体而言，区内的土地利用程度在不断提高，全区 1987 年土地利用程度综合指数为 287.56，2002 年为 293.43，2009 年升至 307.18，其中土地利用程度综合指数最高的为丹灶镇，其次是西樵镇和九江镇。但是，典型基塘区的土地利用程度综合指数低于其所属南海区土地利用程度综合指数的平均值，二者间差值日渐扩大，由 1987 年的 9.36扩大到 2009 年的 23.38，同期典型基塘区的土地利用程度综合指数的增加值也较南海区小 14.02。另外，同期土地利用程度的变化亦存在一定的区域差异，一般在各镇城区及周边村落的土地利用程度明显更高，如金沙城区、丹灶城区、沙头城区、九江城区、官山城区、民乐城区、太平城区，而西樵山、西岸、平沙、海寿等村为林地或河流集中分布区的则土地利用程度相对较低，其中 1987 年土地利用程度综合指数最高的为西樵镇的民乐城区，指数为 391.91，最低的为西樵镇西樵山，指数为 215.38；2002 年指数最高的是西樵镇太平城区，指数为 399.95，最低的是西樵镇西樵山，指数为 233.55；2009年指数最高的是九江镇文昌村，指数为 400.00，最低的是九江镇海寿村，指数为 233.73。

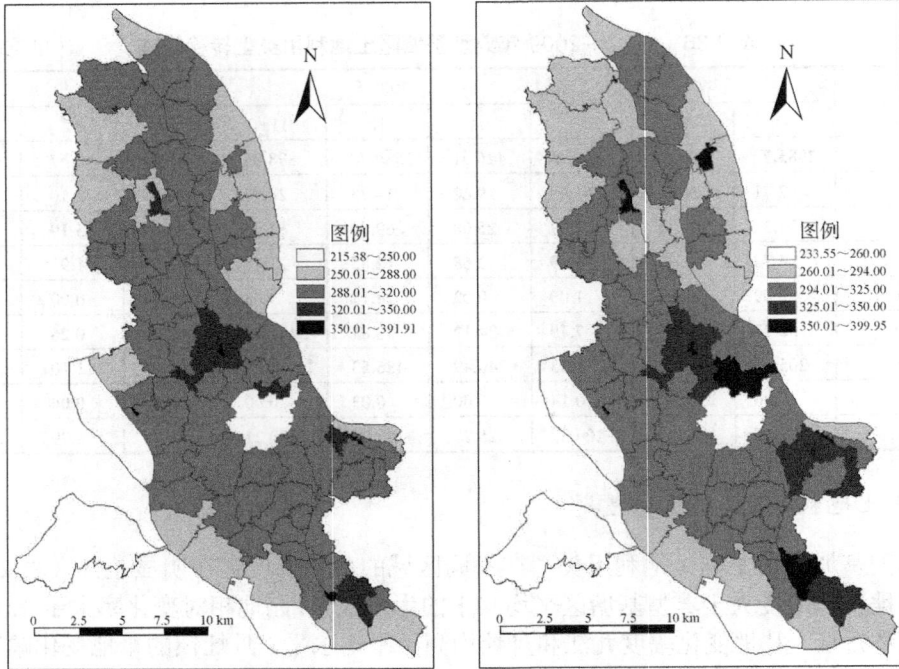

（a）1987年　　　　　　　　　　（b）2002年

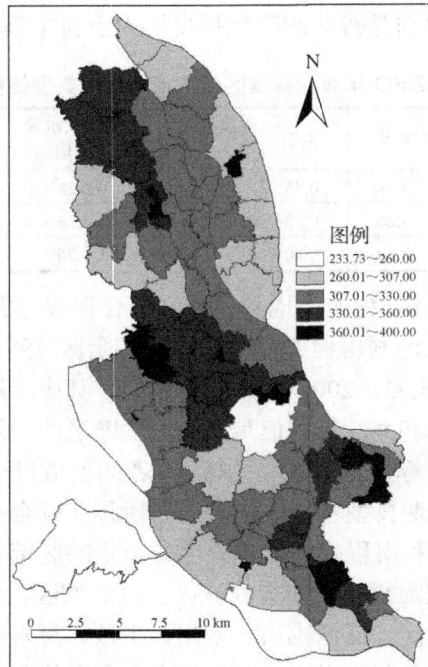

（c）2009年

图 2.18　典型基塘区土地利用程度综合指数空间差异

表 2.38　典型基塘区各镇土地利用程度综合指数及变化

区域	1987 年	2002 年	2009 年	1987~2009 年变化量
南海区	296.92	308.56	330.56	33.64
典型基塘区	287.56	293.43	307.18	19.62
九江镇	286.14	297.20	305.93	19.79
西樵镇	284.87	292.33	303.90	19.03
丹灶镇	291.78	292.23	312.02	20.24

三、主要土地利用类型的变化

珠江三角洲地区土地利用在长期的变化过程中，不同土地利用类型的变化并不相同，其中近期最显著的变化就是建设用地，尤其是城镇用地的扩张及耕地面积和生态用地的减少，故分别以广州市的城镇用地、珠海市的建设用地、珠海市的耕地、佛山市的生态用地和珠海市湿地景观等为例，从生产用地、生活用地和生态用地"三生用地"的角度分析区内不同用地类型的变化特征。

1．广州城镇用地的扩展

1）数据来源与分析方法

以广州市最新行政区域为界，以城镇用地为研究对象，采用广东省信息中心提供的广州市 1990 年、1995 年和 2000 年土地利用现状图及 2009 年的第二次土地利用调查数据，通过数据处理、地类转换等，建立广州市城镇用地扩展研究数据库，对比分析 1990~2009 年广州市城镇用地的扩展。

广州市城镇用地扩展研究的重点是研究时段内城镇用地数量结构的变化特点，故主要选用扩展强度指数、重心转移指数、扩展方位指数等指标进行具体分析。其中，重心转移指数描述城镇用地几何重心的转移距离和角度状况（曹雪等，2008），具体是以 1990 年广州市城镇用地的几何中心为交点，交点经纬度为 23°7′12″N，113°20′29″E，大概位于天河区跑马地花园社区，以此点画出 4 条线，把平面空间划分为 8 个方位，分别为正北、东北、正东、东南、正南、西南、正西和西北（图 2.19），利用扩展方位指数研究不同方位的城镇用地变化状况。扩展方位指数反映了城区扩展在某段时间某一方位上发展

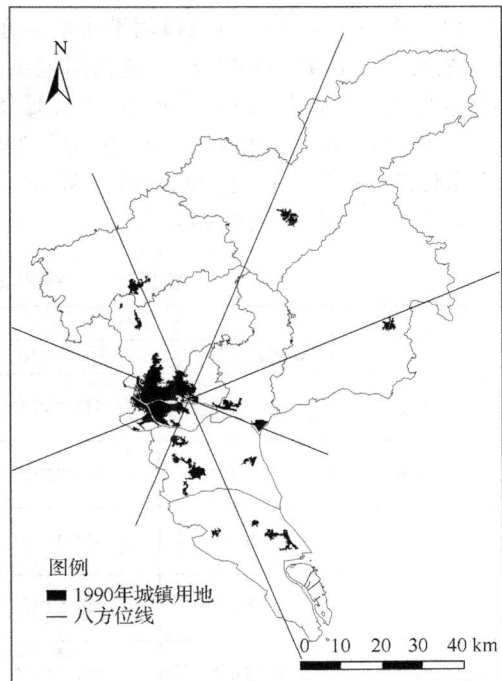

图 2.19　八方位示意图

的概率，即城市用地在某一方位增长的可能性大小（康红刚和孙希华，2009）。

2）城镇用地的扩展数量

对比 1990 年、1995 年、2000 年、2005 年和 2009 年 5 个不同时期的广州市城镇用地情况（彩图 4 和表 2.39）可知，1990～1995 年，广州市城镇用地面积增长幅度最大，增长了 87.59%，扩展强度为 0.57；1995～2000 年，广州市城镇用地增长面积和扩展强度相对不高，保持较低的扩展水平；2000～2005 年，广州市城镇用地扩展较强，比 20 世纪 90 年代初期稍强，城镇用地面积增长了 48.51%，扩展强度为 0.67；2005～2009 年，广州市城镇用地扩展继续加强，从 739.13 km² 增加到 1072.29 km²，增长了 45.07%，扩展强度为 1.15。即在 20 世纪 90 年代初期，城镇用地扩展强劲，90 年代后期明显放缓，进入 21 世纪后，城镇用地扩展强度加大，并且超过了 90 年代初期水平。

表 2.39　不同时期增长比例和扩展指数

时间	增长比例/%	扩展强度指数
1990～1995 年	87.59	0.57
1995～2000 年	13.23	0.16
2000～2005 年	48.51	0.67
2005～2009 年	45.07	1.15

3）重心转移与扩展方位

广州市城镇用地在 1990～2009 年不同时期的扩展中，其分布重心也随之发生变化。1990～1995 年，广州市城镇用地重心向东北方向转移，角度为东偏北 3°10′16″，距离为 2943.09 m；1995～2000 年，城镇用地重心向西北方向转移，角度为北偏西 46°56′36″，距离为 889.06 m；2000～2005 年，城镇用地重心又向东北方向转移，角度为东偏北 29°42′30″，距离为 2048.17 m；2005～2009 年，城镇用地重心又向东北方向转移，角度为东偏北 24°21′00″，距离为 2526.88 m。整体而言，19 年内广州市城镇用地的重心逐渐向东北方向偏移（表 2.40）。

表 2.40　广州市城镇用地重心相关指数值

年份	重心坐标		重心转移	
	纬度（北纬）	经度（东经）	距离/m	角度（正东为 0°）
1990	23°7′12″	113°20′29″	2943.09	3°10′16″
1995	23°7′18″	113°22′12″	889.06	136°56′36″
2000	23°7′37″	113°21′49″	2048.17	29°42′30″
2005	23°8′11″	113°22′51″	2526.88	24°21′00″
2009	23°8′45″	113°24′12″		

广州市的城镇用地三个时期向各个空间方位均有扩展，但在不同时期不同方位的扩展有较明显的差异（图 2.20）。1990～1995 年，主要向正东、西北和正南扩展，扩展方位指数分别为 43.64、18.54 和 13.18，其次是正北、东南和东北，西南和正西最少，指数值不超过 4；1995～2000 年，主要向西北、正南和正北方向扩展，扩展方位指数分别为 34.50、20.78 和 12.03，其次是西南、正东和正西，东北和东南最少，扩展方位指数均未超过 5；2000～2005 年，主要为正南、正北、正东和东南方向，扩展方位指数分别为 20.82、19.13、19.08 和 16.67，其次是东北和西北，西南和正西最少分别为 2.06 和 1.64；2005～2009 年，主要为正东、东北、正北和东南方向，扩展方位指数分别为 22.90、17.40、17.02 和 15.95，其次是西北和正南，西南和正西最少分别为 4.16 和 2.25。因此，正南方向扩展态势一直较强劲，正南方向城镇用地扩展稳定且较强，正北和东北方向在整个研究时段内缓慢加强，西南和正西方向扩展一直较慢，其他方向则变化起伏较大。

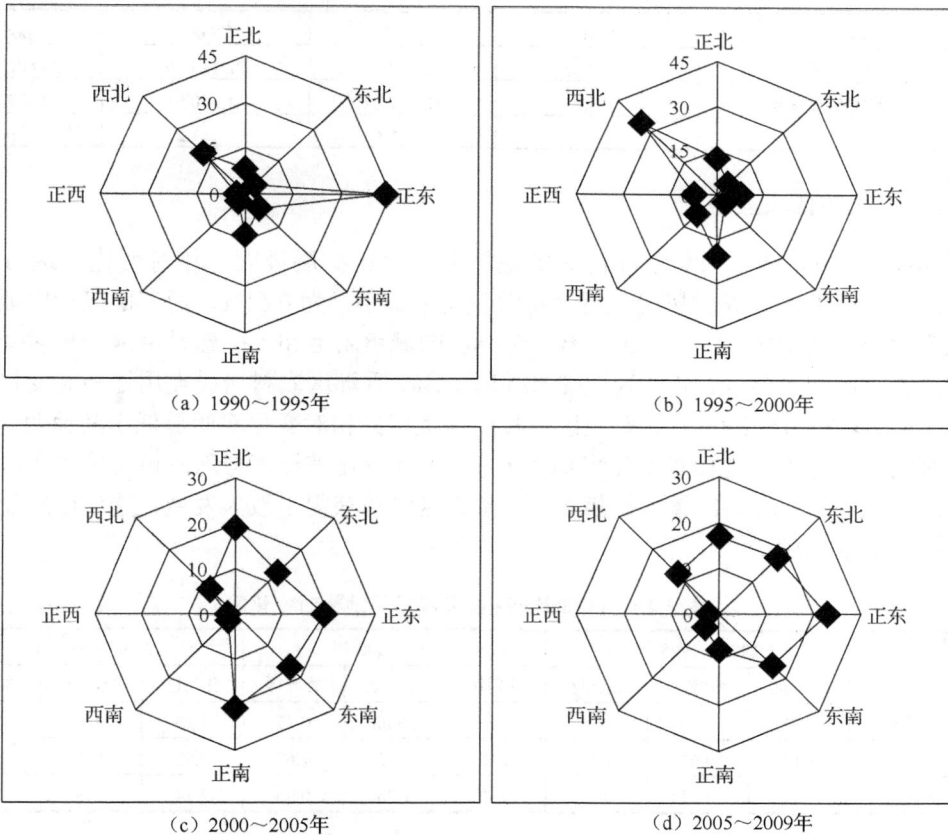

（a）1990～1995 年　　（b）1995～2000 年

（c）2000～2005 年　　（d）2005～2009 年

图 2.20　不同时期扩展方位雷达图

2. 珠海建设用地的变化

珠海市作为改革开放的试验区之一，建设用地规模扩大迅速，是珠江三角洲地区建设用地扩展的典型区域，故着重基于 1990 年、1995 年、2000 年和 2006 年的土地利用数据，分析珠海市建设用地的变化。

1）变化幅度和速度

20 世纪 90 年代以来，珠海市建设用地面积快速增长（表 2.41），由 1990 年的 7902.33 hm² 增加到 2006 年的 34 602.81 hm²，年均增长 21.12%。其中，1990～1995 年和 2000～2006 年两个阶段建设用地变化幅度明显，分别增加了 12 901.22 hm² 和 12 479.26 hm²，1995～2000 年变化幅度相对较小，仅增加 1320.01 hm²。因此，1990～1995 年建设用地年变化速度最大，为 32.65%，呈急剧增长态势；1995～2000 年增长相对缓慢，年变化率仅为 1.27%；2000～2006 年又呈现快速增加的趋势，珠海市的建设用地三个时期内经历了"急剧变化—缓慢变化—快速变化"的过程。

表 2.41 不同时期建设用地规模及其变化幅度和速度

年份	1990	1995	2000	2006
建设用地规模/hm²	7 902.33	20 803.55	22 123.56	34 602.81
相邻时期增加规模/hm²		12 901.22	1 320.01	12 479.26
动态度/%		32.65	1.27	9.40

2）变化的区域差异

1990～1995 年，珠海市斗门区的城镇用地面积扩展最大，相对变化率达 1.51%（表 2.42）；金湾区的农村居民点用地相对变化率最小，为 0.61%，而工矿建设用地相对变化率大于其他两区。1995～2000 年，金湾区的城镇用地和工矿建设用地的相对变化率均超过香洲区和斗门区，分别为 25.02% 和 1.26%，香洲区农村居民点用地相对变化率最大为 1.62%。2000～2006 年，香洲区三种用地类型的相对变化率明显低于其他两区，且斗门区的工矿建设用地相对变化率均大于 1。上述变化差异，与珠海市实施"东部大转型，西部大开发"战略部署密切相关，西部地区经济获得了较大发展，建设用地变化保持较快的扩展速度。

表 2.42 珠海市分区城乡建设用地相对变化率　（单位：%）

类型	1990～1995 年			1995～2000 年			2000～2006 年		
	斗门区	金湾区	香洲区	斗门区	金湾区	香洲区	斗门区	金湾区	香洲区
城镇用地	1.51		0.81	0.07	25.02	0.77	1.15	2.8	0.34
农村居民点	1.14	0.61	1.17	0.18	0.76	1.62	2.82	2.29	1.15
工矿建设用地	0.14	3.33	0.71	0.30	1.26	0.86	2.14	0.79	0.67

3）用地增加的来源

总体而言，1990～2006 年建设用地面积增加的最主要来源是耕地（表 2.43），耕地转为建设用地的面积合计 15 431.04 hm²，贡献率为 57.79%，另外还有 5961.15 hm² 林地和 5331.47 hm² 水域转化为建设用地，但未利用地开发的贡献率仅为 0.09%。其中，1990～1995 年，7160.47 hm² 耕地转化为建设用地的贡献率为 55.50%，水域对建设用地增加的贡献率为 23.65%；林地和草地的贡献率分别为 19.78%和 1.07%。1995～2000 年，808.48 hm² 林地转化为建设用地的贡献率为 61.25%，水域和耕地转化对建设用地面积增加的贡献率分别为 26.78%和 24.98%，未利用地贡献率为 1.87%。2000～2006 年，有 7940.86 hm² 的耕地转化为建设用地，对建设用地增加的贡献率为 63.63%，远远超出了其他土地利用类型转化为建设用地的贡献率，同期林地和水域对建设用地面积增加的贡献率分别为 20.84%和 15.44%，10.00 hm² 草地转化为建设用地的贡献率仅为 0.08%。

表 2.43　不同时期建设用地变化的转移情况

时间	耕地		林地		草地		水域		未利用地	
	面积/hm²	比例/%	面积/hm²	比例/%	面积/hm²	比例/%	面积/hm²	比例/%	面积/hm²	比例/%
1990～1995 年	7 160.47	55.50	2 551.65	19.78	138.56	1.07	3 050.54	23.65	0	0
1995～2000 年	329.71	24.98	808.48	61.25	-196.44	-14.88	353.54	26.78	24.71	1.87
2000～2006 年	7 940.86	63.63	2 601.02	20.84	10.00	0.08	1 927.39	15.44	0	0
1990～2006 年	15 431.04	57.79	5 961.15	22.33	-47.88	-0.18	5 331.47	19.97	24.71	0.09

3. 珠海耕地的时空变化

珠海市建设用地面积的扩展主要来源于耕地，耕地面积伴随其经济的腾飞而迅速减少。为更好地体现珠海市耕地数量的变化，基于数据基础，选取改革开放前的 1973 年、改革开放初期的 1988 年及之后的 1998 年和 2008 年，进行珠海市耕地数量不同时段变化的对比分析。

1）耕地数量的变化

总体而言，珠海市耕地面积自 1973 年以来一直处于减少状态（表 2.44），只是不同时期减少的规模与速度略有差异，由 1973 年的 59 533.78 hm² 减少到 2008 年的 36 664.81 hm²，这期间耕地面积共减少 22 868.97 hm²，年均减少 653.40 hm²。其中，灌溉水田面积减少迅速，1973～2008 年共减少 16 878.74 hm²，年均减少 482.25 hm²，下降幅度为 41.97%；旱地的面积先增加后减少，1973～1988 年增加面积 5085.97 hm²，1988～2008 年面积减少了 11 076.20 hm²，下降幅度为 45.38%，1973～2008 年年均减少 171.15 hm²。随着耕地面积的降低和人口数量的增加，1973～2008 年珠海市人均耕地面积急剧下降，由 0.165 hm² 减少到 0.025 hm²，减少 0.140 hm²，减少幅度为 85.00%。

表 2.44　1973～2008 年珠海市耕地面积变化

年份	指标	灌溉水田	旱地	合计
1973	面积/hm²	40 214.40	19 319.38	59 533.78
	占耕地面积比例/%	67.55	32.45	100
	人均耕地面积/hm²	0.111	0.054	0.165

续表

年份	指标	灌溉水田	旱地	合计
1988	面积/hm²	37 856.46	24 405.35	62 261.81
	占耕地面积比例/%	60.8	39.2	100
	人均耕地面积/hm²	0.067	0.043	0.111
1998	面积/hm²	32 664.00	21 359.80	54 023.80
	占耕地面积比例/%	60.46	39.54	100
	人均耕地面积/hm²	0.03	0.02	0.05
2008	面积/hm²	23 335.66	13 329.15	36 664.81
	占耕地面积比例/%	63.65	36.35	100
	人均耕地面积/hm²	0.016	0.009	0.025

注：由于行政区划调整等原因导致数据缺失，珠海市 1973 年人口用 1979 年珠海市年末常住人口代替，为 360 742 人。

就耕地的年变化速率而言，珠海市耕地年均变化速率为-1.10%（表 2.45），但 1973～2008 年内先增后减，1973～1988 年年均增长 0.31%，1988～1998 年开始减少，年均减少 1.32%，1998～2008 年减少速率加快，年均速率为 3.21%。其中，灌溉水田的年均减少速率逐步加快，1973～1988 年、1988～1998 年和 1998～2008 年分别为 0.39%、1.37%、2.86%，1973～2008 年年均减少 1.20%；旱地在 1973～1988 年年均增加速率为 1.76%，1988～1998 年年均减少 1.25%，到 1998～2008 年年均减少速率达到 3.76%，1973～2008 年年均变化速率为-0.89%。

表 2.45　1973～2008 年耕地利用年均变化速率　　（单位：%）

地类	1973～1988 年	1988～1998 年	1998～2008 年	1973～2008 年
灌溉水田	-0.39	-1.37	-2.86	-1.20
旱地	1.76	-1.25	-3.76	-0.89
耕地小计	0.31	-1.32	-3.21	-1.10

2）耕地转入与转出

1973～2008 年珠海市由其他土地利用类型转为耕地的总面积为 29 354.33 hm²（表 2.46），其中，1973～1988 年转入面积最大，占总转入面积的 47.96%；1988～1998 年次之，占总数的 29.60%；1998～2008 年最小，占总数的 22.44%。耕地增加主要是由水域和林地转变而来，前者通过围（填）海造地新增耕地面积 13 272.87 hm²，占新增总量的 45.22%，后者通过改造果园、山坡地等种植业用地新增耕地面积 10 082.77 hm²，占新增总量的 34.35%。建设用地复垦新增耕地面积 3306.61 hm²，占新增总量的 11.26%，未利用地开发新增耕地面积 2692.08 hm²，占新增总量的 9.17%。就不同时期而言，1973～1988 年，水域转化为耕地的面积最大，占当时转入耕地面积的 45.53%，其中，新增灌溉水田面积占 76.49%，这一时期围（填）海造地的面积最大；其次是林地转为耕地，占当时转入耕地面积的 36.66%，并且以改造成旱地为主；再次是未利用地开发为耕地（主要是滩涂），占当时转入耕地面积的 11.22%，其中主要是灌溉水田，占 88.61%。这期间建设用地复垦为耕地 927.30 hm²，占当时转入耕地面积的 6.59%。1988～1998 年，水域转化为耕地的面积最大，占当时转入耕地面积的 49.43%，其中，新增灌溉水田面积占 71.27%，这一时期围（填）海造地的面积较大；其次是林地转为耕地，占当时转入耕地面积的 29.52%，并且以改造成旱地为主，达到林地新增面积的 60.51%；再次是未利用地开发为耕地（主要是滩涂），占当时转入耕地面积的 12.75%，其中主要是旱地，占 71.62%。这期间建设用地复垦为耕地 721.77 hm²，占当时转入耕地面积的 8.31%。1998～2008 年，水域转化为耕地的面积最大，占当时转入耕地面积的 38.99%，其中，新增旱地面积占 67.78%，这一时期围（填）海造地的面积最小；其次是林地转为耕地，占当时转入耕地面积的 35.78%，并且以改造成旱地为主；再次是建设用地复垦为耕地，占当时转入耕地面积的 25.16%，其中主要是复垦为灌溉水田，占 62.08%。这期间未利用地开发为耕地 4.95 hm²，占当时转入耕地面积的 0.08%。

表 2.46　1973～2008 年其他土地利用类型转为耕地情况

时段	地类	林地		建设用地		水域		未利用地		合计
		面积/hm²	比例/%	面积/hm²	比例/%	面积/hm²	比例/%	面积/hm²	比例/%	面积/hm²
1973～1988 年	水田	1 329.77	16.66	350.30	4.39	4 902.26	61.42	1 399.35	17.53	7 981.68
	旱地	3 831.50	62.86	577.00	9.47	1 507.03	24.72	179.88	2.95	6 095.41
	小计	5 161.27	36.66	927.30	6.59	6 409.29	45.53	1 579.23	11.22	14 077.09
1988～1998 年	水田	1 012.91	21.80	257.39	5.54	3 061.32	65.89	314.39	6.77	4 646.01
	旱地	1 551.90	38.38	464.38	11.48	1 233.99	30.52	793.51	19.62	4 043.78
	小计	2 564.80	29.52	721.77	8.31	4 295.31	49.43	1 107.90	12.75	8 689.79
1998～2008 年	水田	879.01	32.07	1 028.95	37.55	827.59	30.20	4.95	0.18	2 740.50
	旱地	1 477.68	38.41	628.59	16.34	1 740.68	45.25	0	0	3 846.95
	小计	2 356.69	35.78	1 657.54	25.16	2 568.27	38.99	4.95	0.08	6 587.45
1973～2008 年	水田	3 221.69	20.96	1 636.64	10.65	8 791.17	57.20	1 718.69	11.18	15 368.19
	旱地	6 861.08	49.06	1 669.97	11.94	4 481.70	32.04	973.39	6.96	13 986.14
	小计	10 082.77	34.35	3 306.61	11.26	13 272.87	45.22	2 692.08	9.17	29 354.33

1973～2008 年珠海市耕地转为其他土地利用类型的面积合计为 52 109.90 hm²（表 2.47），其中，1998～2008 年转出面积最大，占转出总面积的 45.91%；1988～1998 年次之，占总面积的 32.41%；1973～1988 年耕地转出的面积最小，占总面积的 21.68%。耕地转出面积减少主要是农业结构调整（耕地转变为养殖水面和果园）及建设占用，其中耕地转变为林地或果园的面积为 14 337.61 hm²，转变为水域（主要是养殖水面）的面积有 14 789.59 hm²，建设用地的面积是 22 800.32 hm²，分别占转出总面积的 27.51%、28.38% 和 43.75%。就不同时期而言，1973～1988 年耕地转化为林地的面积最大，占当时转出耕地面积的 61.37%，其中旱地面积占 60.60%，该时期耕地转化为果园的面积不断增加；其次建设占用占当时转出耕地面积的 24.37%，并且占用耕地中的灌溉水田为主，达到占用面积的 66.95%；再次是灌溉水田转为水域（主要是养殖水面），占当时转出耕地面积的 12.88%；这期间耕地转化为未利用地的有 156.20 hm²，占当时转出耕地面积的 1.38%，主要是用于围垦滩涂。1988～1998 年，耕地转化为建设用地的面积最大，占当时转出耕地面积的 54.04%，其中旱地面积占 60.80%；其次是耕地转为林地，占当

时转出耕地面积的 30.57%；再次是灌溉水田转为水域（主要是养殖水面），占当时转出耕地面积的 15.28%；期内耕地转化为未利用地的有 18.71 hm²，占当时转出耕地面积的 0.11%。1998～2008 年，耕地转化为建设用地的面积仍然最大，占当时转出耕地面积的 45.65%；其次是灌溉水田为主转为水域，占当时转出耕地面积的 44.95%；再次是旱地转为林地（主要是果园）占当时转出耕地面积的 9.37%；同期耕地转化为未利用地的有 7.47 hm²，占当时转出耕地面积的 0.03%。

表 2.47　1973～2008 年耕地转为其他土地利用类型情况

时段	地类	林地		建设用地		水域		未利用地		合计
		面积/hm²	比例/%	面积/hm²	比例/%	面积/hm²	比例/%	面积/hm²	比例/%	面积/hm²
1973～1988 年	水田	2 731.36	46.73	1 842.92	31.53	1 164.78	19.93	106.11	1.82	5 845.17
	旱地	4 201.21	77.07	909.75	16.69	290.11	5.32	50.09	0.92	5 451.16
	小计	6 932.57	61.37	2 752.67	24.37	1 454.89	12.88	156.20	1.38	11 296.33
1988～1998 年	水田	1 214.61	19.05	3 577.37	56.12	1 581.47	24.81	0.98	0.02	6 374.43
	旱地	3 948.01	37.55	5 548.43	52.78	998.75	9.50	17.73	0.17	10 512.92
	小计	5 162.62	30.57	9 125.80	54.04	2 580.22	15.28	18.71	0.11	16 887.35
1998～2008 年	水田	1 086.28	8.70	4 345.89	34.83	7 039.70	56.41	7.11	0.06	12 478.98
	旱地	1 156.14	10.10	6 575.96	57.45	3 714.78	32.45	0.36	0.00	11 447.24
	小计	2 242.42	9.37	10 921.85	45.65	10 754.48	44.95	7.47	0.03	23 926.22
1973～2008 年	水田	5 032.25	20.37	9 766.18	39.54	9 785.95	39.62	114.20	0.46	24 698.58
	旱地	9 305.36	33.95	13 034.14	47.55	5 003.64	18.25	68.18	0.25	27 411.32
	小计	14 337.61	27.51	22 800.32	43.75	14 789.59	28.38	182.38	0.35	52 109.90

3）变化的区域差异

珠海市内香洲、金湾和斗门三区耕地变化面积占耕地总面积比例的耕地利用变化率存在一定差异（表 2.48），1973～2008 年香洲区和金湾区耕地相对变化率呈现逐步下降的趋势，斗门区耕地相对变化率呈现逐渐上升的趋势，同期耕地相对变化率 1973～1988 年金湾区最大，为 5.56%，之后两个时段都以香洲区的耕地相对变化率为最大，1988～1998 年金湾区次之，1998～2008 年斗门区次之。

表 2.48　1973～2008 年珠海市耕地面积的相对变化率　　　　　　（单位：%）

时段	香洲区	金湾区	斗门区
1973～1988 年	3.11	5.56	0.13
1988～1998 年	2.19	1.04	0.82
1998～2008 年	1.72	0.81	1.01

随着耕地面积的减少，1973～2008 年珠海市的垦殖指数随之不断降低（表 2.49），下降幅度高达 21.26%。其中，1973～2008 年 35 年间垦殖指数下降最大的是斗门区，下降了 27.52%，其次是金湾区，下降了 21.75%，香洲区也下降了 10.09%。

表 2.49　1973～2008 年珠海市的垦殖指数变化　　　（单位：%）

时期	香洲区	金湾区	斗门区	珠海市
1973 年	13.19	41.84	64.27	42.30
1988 年	10.89	45.84	61.20	41.43
1998 年	7.02	31.29	54.48	32.58
2008 年	3.10	20.09	36.75	21.04
1973～2008 年	−10.09	−21.75	−27.52	−21.26

4．佛山生态用地的变化

基于国内外当前生态用地分类及遥感数据特点，依据土地利用特点，可把佛山市的生态用地划分为农业生态用地、林地生态用地、滩地生态用地和水域生态用地 4 类，其中，农业生态用地包括水田、旱地、草地和坑塘水面（基塘），林地生态用地为林地，滩地生态用地包括滩涂、滩地、沙地、盐碱地、沼泽地及裸地，水域生态用地包括各种河渠、湖泊、水库。具体以 1990 年、2000 年、2006 年和 2013 年 4 个时期分辨率为 30 m×30 m 的 Landsat TM、ETM 影像数据为基础数据进行解译，运用 ArcGIS 对佛山市 4 期解译数据进行分类统计，编绘出佛山市 1990 年、2000 年、2006 年和 2013 年的生态用地类型图，统计分析佛山市 4 期的生态用地类型与面积。

1）佛山生态用地数量变化

依据佛山市 1990 年、2000 年、2006 年和 2013 年生态用地数据（图 2.21 和表 2.50），1990～2013 年佛山市生态用地持续减少，其面积由 344 861.41 hm² 下降到 265 642.99 hm²，数量减少了 79 218.42 hm²，占土地总面积的比例由 90.81% 下降到 69.95%，下降了 20.86%。

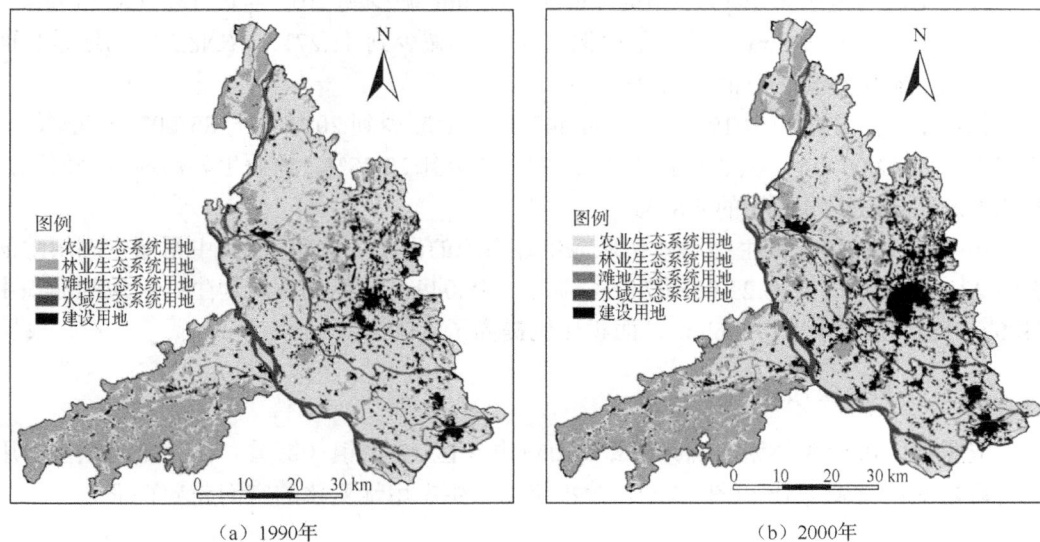

（a）1990年　　　（b）2000年

图 2.21　佛山市生态用地分布图

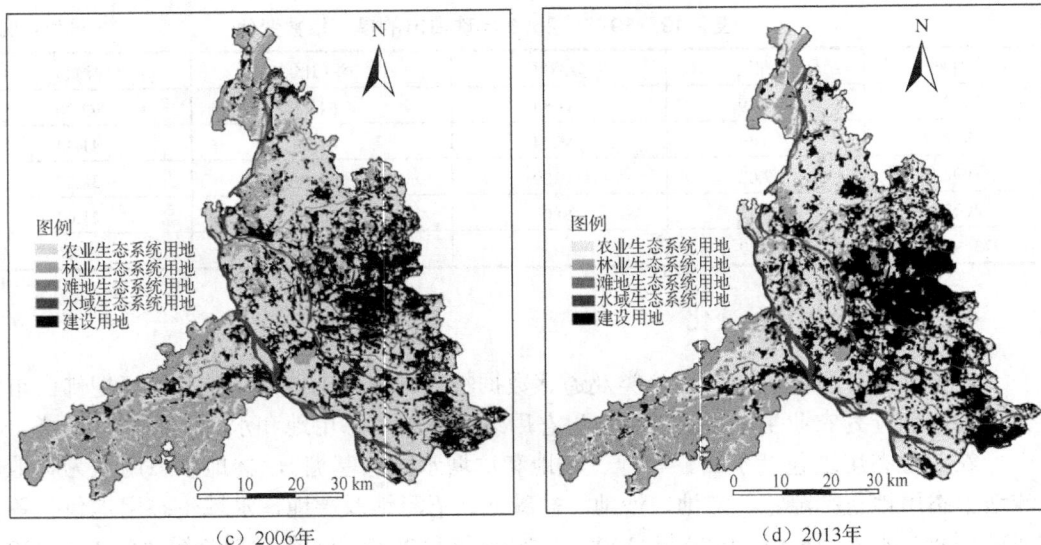

（c）2006年　　　　　　　　　　（d）2013年

图 2.21（续）

表 2.50　佛山市生态用地类型面积

用地类型	1990 年		2000 年		2006 年		2013 年	
	面积/hm²	比率/%	面积/hm²	比率/%	面积/hm²	比率/%	面积/hm²	比率/%
农业生态用地	230 557.82	60.71	210 025.59	55.30	166 306.16	43.79	156 730.13	41.27
林地生态用地	90 449.24	23.82	90 014.44	23.70	83 641.71	22.02	85 007.24	22.38
滩地生态用地	1 580.63	0.42	1 586.32	0.42	1 188.72	0.31	1 919.95	0.51
水域生态用地	22 273.71	5.87	22 266.09	5.86	22 049.73	5.81	21 985.67	5.79
合计	344 861.41	90.81	323 892.46	85.29	273 186.33	71.93	265 642.99	69.95

农业生态用地面积由 1990 年的 230 557.82 hm² 减少到 2013 年的 156 730.13 hm²，面积减少了 73 827.69 hm²，其占地比例由 60.71%减少到 41.27%，农业生态用地减少面积占同期生态用地减少总面积的 93.19%。

林业生态用地面积由 1990 年的 90 449.24 hm² 减少到 2013 年的 85 007.24 hm²，面积减少了 5442.00 hm²，其占地比例由 23.82%减少到 22.38%，林业生态用地减少面积占同期生态用地减少总面积的 6.87%。

1990～2013 年水域生态用地和滩地生态用地的面积变化较少，其中水域生态用地面积由 22 273.71 hm² 变为 21 985.67 hm²，减少 288.04 hm²，但同期滩地生态用地的面积由 1580.63 hm² 增加到 1919.95 hm²，面积比例提高了 0.09%。

2）生态用地空间变化特征

依照佛山市行政区划，统计计算佛山市内 5 区 32 个镇（街道）在 4 个时期生态用地的数量变化（表 2.51 和图 2.22），分析佛山市生态用地变化的空间差异特征。

表 2.51　1990～2013 年佛山市生态用地数量变化　　　　　（单位：hm²）

数量变化	1990～2013 年	1990～2000 年	2000～2006 年	2006～2013 年
南庄镇	-3 154.02	-833.63	-858.35	-1 462.04
石湾镇街道	-1 498.89	-819.49	-467.20	-212.20
张槎街道	-1 543.79	-724.91	-644.23	-174.66
祖庙街道	-390.27	-350.39	27.22	-67.10
禅城区	**-6 586.97**	**-2 728.42**	**-1 942.56**	**-1 916.00**
桂城街道	-4 014.06	-1 020.86	-1 507.33	-1 485.87
大沥镇	-5 164.59	-2 151.14	-2 373.56	-639.88
里水镇	-3 618.40	-445.22	-3 360.83	1 87.65
狮山镇	-12 417.90	-2 526.83	-8 965.48	-925.59
丹灶镇	-2 437.73	-669.07	-2 049.46	280.80
西樵镇	-3 915.64	-1 537.95	-2 015.07	-362.62
九江镇	-2 350.07	-764.88	-1 220.22	-364.97
南海区	**-33 918.38**	**-9 115.96**	**-21 491.94**	**-3 310.48**
荷城街道	-3 164.55	-207.96	-3 132.04	175.45
杨和镇	-1 160.16	0.00	-724.78	-435.38
更合镇	-471.51	-28.27	-529.57	86.33
明城镇	-553.25	-46.46	-1187.16	680.37
高明区	**-5 349.47**	**-282.69**	**-5 573.55**	**506.77**
西南街道	-2 590.83	-813.67	-1 889.21	112.05
云东海街道	-522.61	-36.38	-468.83	-17.40
芦苞镇	-833.93	0.00	-818.65	-15.28
大塘镇	-709.16	288.14	-1 907.36	910.06
白坭镇	-1 203.98	-133.75	-914.11	-156.12
乐平镇	-2 896.35	-235.92	-1 887.68	-772.75
南山镇	-539.25	-375.85	-997.50	834.10
三水区	**-9 296.10**	**-1 307.43**	**-8 883.33**	**894.66**
大良街道	-3 009.47	-1 018.71	-1 567.81	-422.95
容桂街道	-3 533.39	-1 039.39	-1 496.66	-997.34
伦教街道	-1 515.99	-614.45	-468.66	-432.88
勒流街道	-2 287.95	-748.02	-1 055.24	-484.69
北滘镇	-3 636.23	-707.52	-2 389.21	-539.50
陈村镇	-1 506.76	-399.12	-793.91	-313.73
乐从镇	-3 138.98	-1 019.57	-1 534.21	-585.20
龙江镇	-2 618.08	-1 288.10	-1 464.43	134.45
杏坛镇	-1 747.79	-414.76	-1 151.70	-181.33
均安镇	-1 072.88	-284.83	-892.90	104.85
顺德区	**-24 067.52**	**-7 534.47**	**-12 814.73**	**-3 718.32**

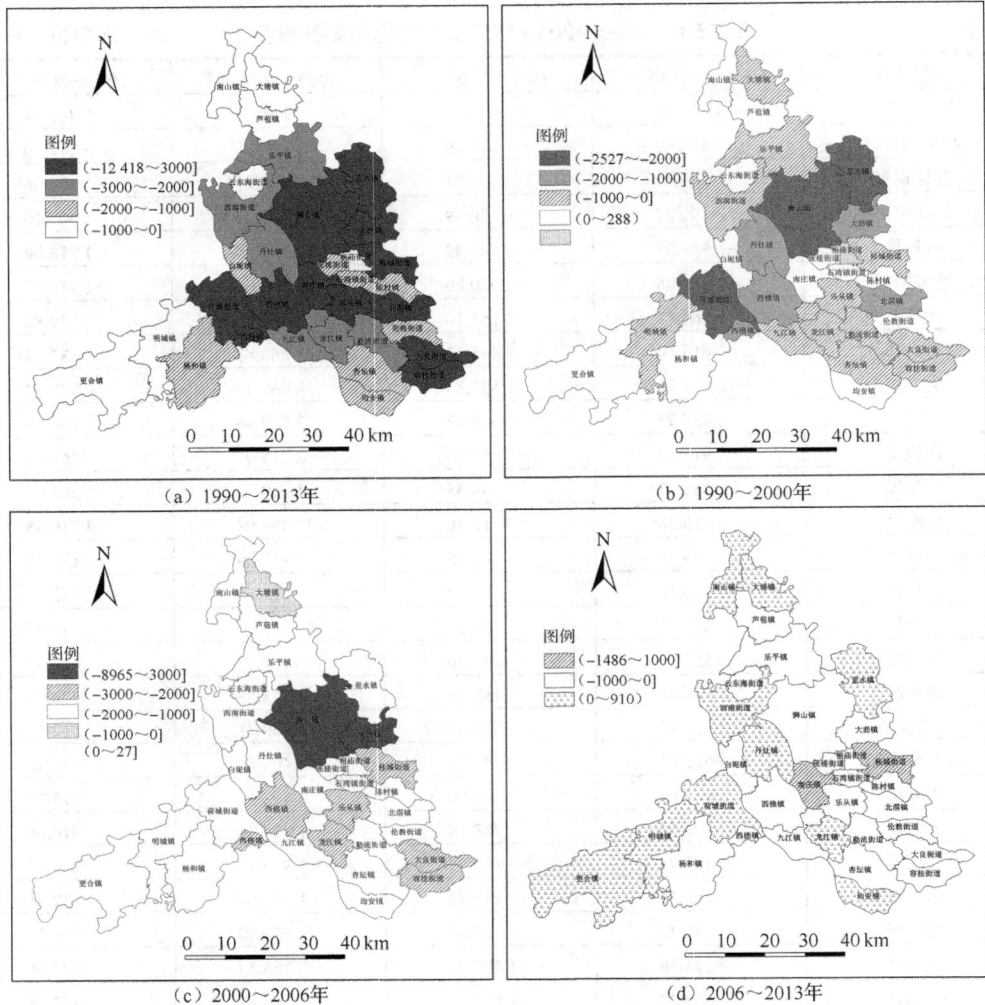

图 2.22 1990～2013 年佛山市生态用地数量变化空间差异（hm²）

1990～2013 年，佛山市内禅城、南海、高明、三水和顺德区的生态用地面积分别减少了 6586.97 hm²、33 918.38 hm²、5349.47 hm²、9296.10 hm² 和 24 067.52 hm²，以南海区和顺德区的生态用地减少幅度为最大。其间，生态用地面积减少超过 3000 hm² 的镇（街）有 11 个，主要分布在南海区和顺德区，包括南海区的狮山镇、大沥镇、桂城街道、西樵镇和里水镇及顺德区的北滘镇、乐从镇、容桂街道和大良街道等。生态用地面积减少值低于 1000 hm² 的镇（街）有 7 个，分别是三水区的芦苞镇、云东海街道、南山镇和大塘镇，高明区的明城镇、更合镇及禅城区的祖庙街道，其余 14 个镇（街）生态用地的数量减少量为 1000～3000 hm²。

在 1990～2000 年、2000～2006 年和 2006～2013 年 3 个时期中，2000～2006 年阶段变化情况最为明显，狮山镇、里水镇和荷城街道 3 个镇（街）的生态用地数量减少超过 3000 hm²，其中，狮山镇生态用地面积净减少最多，达 8965.48 hm²，16 个镇域的生态用地减少量在 1000～3000 hm²，2000～2006 年的农业、林地、滩地和水域生态系统用地的减少量也是 3 个时期中变化量最大的，分别减少了 43 719.43 hm²、6372.73 hm²、397.60 hm² 和 216.36 hm²。

1990～2000 年，生态用地减少量没有镇（街）超过 3000 hm²，南海区的大沥、西樵、狮山镇和桂城街道及顺德区的龙江、乐从镇和容桂、大良街道 10 年间生态用地面积减少量均在 1000～3000 hm²，其余 24 个镇（街）生态用地减少量在 1000 hm² 以下。在该期间，农业生态用地面积减少了 20 531.83 hm²，林地生态用地面积减少了 434.80 hm²，滩地和水域生态用地面积变化不明显。

2006～2013 年，佛山市生态用地面积减少了 7543.34 hm²，减少幅度明显下降，仅为 2000～2006 年减少量的 14.88%，在这期间，只有南海区桂城街道和禅城区南庄镇生态用地面积减少量在 1470 hm² 左右，有 20 个镇的生态用地减少量均在 1000 hm² 以下。同时，7 年间林地和滩地生态用地面积分别增加了 1365.53 hm² 和 731.23 hm²，高明区更合镇、荷城街道、明城镇，顺德区均安镇、龙江镇，三水区西南街道、南山镇、大塘镇及南海区里水镇、丹灶镇生态用地面积均出现增加。

5. 珠海湿地景观的变化

1）数据来源与信息提取

主要数据为 1988 年、1998 年和 2008 年的 Landsat TM 影像数据，辅助数据有珠海市 1∶1 万土地利用现状图（1996 年、2008 年）、1∶10 万地形图（1989 年）和 1∶1 万海图资料（2008 年）等。首先，根据景观生态分类原则（肖笃宁等，2003），借鉴国内湿地分类研究成果基础（吕宪国和黄锡畴，1998；张华等，2007；高义等，2010），根据珠海湿地特点，按照人类活动对景观的影响程度将湿地景观一级划分为自然湿地和人工湿地，其中自然湿地是指未受到或受人类干扰很小的景观，景观中的能量流动与物质循环关系仍然属于自然生态系统；人工湿地景观是指受人类活动干扰强烈的景观（刘红玉和吕宪国，1999）。然后，借鉴土地利用分类系统，将自然湿地二级划分为浅海水域湿地、滩涂湿地、河流湿地和红树林湿地 4 个景观类型，将人工湿地二级划分为水田、水库坑塘和养殖水面 3 个景观类型。之后，在 ArcGIS 环境下进行人机交互式解译影像数据，生成珠海市 1988 年、1998 年和 2008 年共 3 期含湿地景观类型的土地利用类型图，利用 ArcGIS 的空间分析功能对不同时期的湿地数据进行计算和分析，反映研究区 20 年间湿地景观变化的时空特征。

珠海市湿地景观动态变化包含面积变化和空间格局变化两个方面，其中面积变化可用景观类型变化率和景观类型转移矩阵两项指标来反映，空间格局变化选取部分景观指数来表征（Robert et al.，1999；邬建国，2000；刘江等，2010），包括斑块数（NP）、斑块形状指数（LSI）、最大斑块面积指数（LPI）、面积加权的平均邻近度指数（CONTIG_AM）、蔓延度指数（CONTAG）、分离度指数（DIVISION）、香农多样性指数（SHDI）和均匀度指数（SHEI）等。

2）湿地景观的面积变化

珠海市湿地以自然湿地占绝对优势，其不同时期的面积均占湿地总面积的 70%以上（表 2.52）。1988～1998 年，占主导的是浅海水域湿地和水田两种类型，其中，浅海水域湿地占湿地景观总面积的 60%左右，为珠海滨海湿地优势类型，体现了珠海滨海环境特点，占湿地总面积 20%左右的水田主要分布在西部地区的河流沿岸。2008 年，除上述两类湿地外，养殖水面和河流也分别占湿地总面积的 12.15%和 11.26%。红树林和水库坑塘的分布面积较小，在各时期面积比例均小于 1%，其中，红树林主要分布在淇澳岛、横琴岛和红旗西堤、磨刀门和鸡啼门水道出海口附近堤岸。比较 1988～1998 年和 1998～2008 年前后两个 10 年，珠海湿地面积一直呈减少趋势，由 1988 年的 177 580.66 hm² 下降到 1998 年的 166 401.47 hm² 和 2008 年的 162 891.82 hm²，20 年间共有 8.27%的湿地丧失，其中前 10 年湿地丧失面积大于后 10 年丧失的面积，丧失速率也明显快于后 10 年。

表 2.52 不同时期珠海市滨海湿地景观动态

一级分类	二级分类	1988 年		1998 年		2008 年	
		面积/hm²	比例/%	面积/hm²	比例/%	面积/hm²	比例/%
自然湿地	河流	12 418.28	6.99	12 764.05	7.67	18 346.06	11.26
	滩涂	3 163.02	1.78	3 344.38	2.01	3 069.19	1.88
	红树林	1 207.21	0.68	624.61	0.38	539.84	0.33
	浅海水域	120 414.31	67.81	106 166.08	63.80	97 101.56	59.61
	小计	137 202.82	77.26	122 899.12	73.86	119 056.65	73.09
人工湿地	水田	37 475.21	21.10	32 590.70	19.59	23 331.16	14.32
	水库坑塘	679.00	0.38	668.16	0.40	717.04	0.44
	养殖水面	2 223.63	1.25	10 243.49	6.16	19 786.97	12.15
	小计	40 377.84	22.74	43 502.35	26.14	43 835.17	26.91
合计		177 580.66	100.00	166 401.47	100.00	162 891.82	100.00

不同湿地类型在不同时段的面积变化存在不同变化方向、规模和速度的差异（表 2.52）。其中，自然湿地中河流面积始终处于增加中，前 10 年增加了 345.77 hm²，后 10 年大幅度增加，达 5582.01 hm²，年变化率由 0.28%上升到 4.37%；滩涂面积先增后减，整个 20 年内变化幅度和速度不是很大，分别为 93.83 hm² 和 0.30%；红树林面积呈现持续下降趋势，由 1988 年的 1207.21 hm² 减少到 2008 年的 539.84 hm²，2008 年仅为 1988 年的 44.72%，下降趋势在前 10 年尤为突出，减少幅度为 582.60 hm²，减少速率达到 4.83%；浅海水域湿地受人类开发活动的影响面积不断缩减，由 1988 年的 120 414.31 hm² 减少到 2008 年的 97 101.56 hm²，前后两个时段减少的幅度和速度有所下降，减少幅度由 14 248.23 hm² 降为 9064.52 hm²，减少速率由 1.18%降为 0.85%；水田是区内唯一持续减少的人工湿地类型，且减少趋势不断加剧，两个时间段内分别减少了 4884.51 hm² 和 9259.54 hm²，减少的速率由 1.30%上升到 2.84%，水田流失速度在后 10 年明显加快；水库坑塘面积在 20 年间无明显变化，前后两个时段的变化速率分别为-0.16%和 0.73%；珠海市拥有丰富

的淡水养殖水域及海水养殖滩涂资源，养殖业是珠海市农村经济的支柱产业，生产规模不断扩大，在两个时间段内养殖水面的面积分别增加了 8019.86 hm² 和 9543.49 hm²，增长速率明显高于其他湿地类型，分别为 36.07% 和 9.32%。

3）湿地景观的转化特征

1988～1998 年，自然湿地向水田、养殖水面和非湿地人工类型转化为主（图 2.23、表 2.53 和表 2.54）。其中，滩涂和红树林转移的幅度最大，分别仅有 0.08% 和 0.91% 的面积得到保留，这一时期是滩涂围垦及沿海工程建设非常活跃的时期；浅海水域保留率虽明显高于其他类型，但转出的面积仅次于水田，达 119 144.08 hm²，其中转为河流、养殖水面和非湿地的面积分别为 5166.52 hm²、3598.34 hm² 和 2516.99 hm²，主要是大面积的滨海湿地资源被开发围垦用于发展农业、养殖业和工业所致。

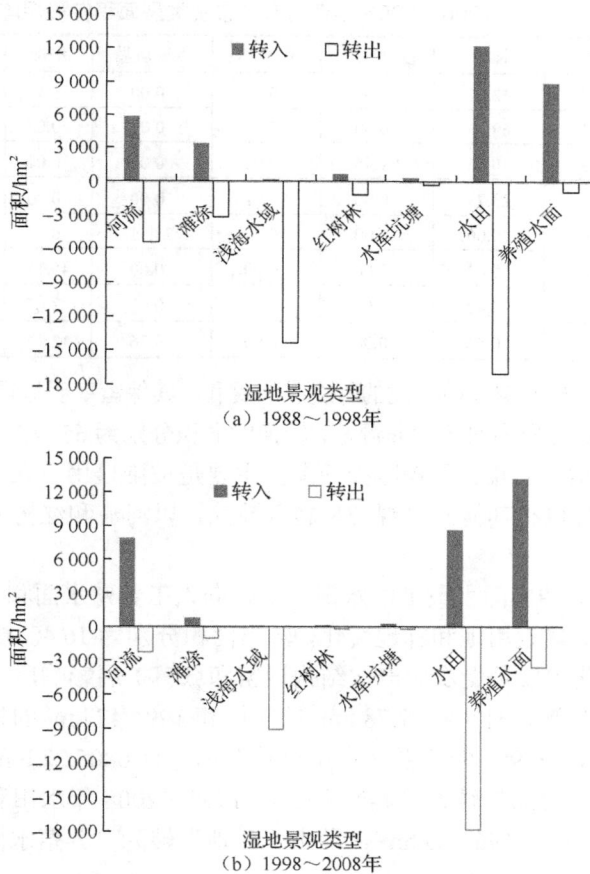

图 2.23　不同时间段各湿地景观类型之间的转换关系

表 2.53　1988～1998 年珠海市各景观类型面积转移矩阵　（单位：%）

类型	河流	滩涂	浅海水域	红树林	水库坑塘	水田	养殖水面	非湿地
河流	55.74	0.97	0.00	0.05	0.00	15.33	8.28	19.64
滩涂	3.32	0.08	0.00	4.29	0.00	9.62	51.92	30.78
浅海水域	4.34	1.63	88.05	0.36	0.00	0.49	3.02	2.11
红树林	0.05	0.10	0.00	0.91	0.00	10.16	43.83	44.95
水库坑塘	0.00	0.00	0.00	0.00	53.43	4.18	0.07	42.33
水田	1.11	0.00	0.00	0.00	0.00	54.43	2.69	41.76
养殖水面	0.28	0.08	0.00	0.32	0.00	0.00	59.48	39.84
非湿地	1.91	0.02	0.00	0.08	0.74	21.66	6.41	69.18

注：表中数据所在行表示发生变化的景观类型，所在列表示变化的方向。列与行对应同一类型时，相应的数据代表该类型保持不变，下表同。

表 2.54　1998～2008 年珠海市各景观类型面积转移矩阵　（单位：%）

类型	河流	滩涂	浅海水域	红树林	水库坑塘	水田	养殖水面	非湿地
河流	82.15	2.92	0.00	0.41	0.00	3.47	5.51	5.53
滩涂	0.13	69.33	0.00	0.00	0.00	0.02	24.00	6.52
浅海水域	6.13	0.06	91.45	0.02	0.00	0.01	0.33	2.00
红树林	0.00	23.73	0.00	73.92	0.00	0.00	2.32	0.03
水库坑塘	0.00	0.00	0.00	0.00	72.55	0.03	0.96	26.47
水田	1.98	0.02	0.00	0.00	0.00	45.15	19.49	33.36
养殖水面	2.06	0.42	0.00	0.00	0.03	3.65	64.73	29.10
非湿地	1.77	0.43	0.00	0.00	0.36	12.16	17.64	67.65

1998～2008 年，自然湿地被开发的程度有所缓和，其保留率明显得到提高，其中，浅海水域达 91.45%，主要转变为河流和非湿地，转换的面积分别为 6509.33 hm² 和 2122.25 hm²，河流面积由此大幅增加；滩涂面积减少的原因主要是被围垦用于人工养殖，转出的面积为 802.64 hm²；同时也有其他的景观类型转入滩涂，以河流和红树林的贡献为主，共转入面积 521.23 hm²。

1998～2008 年，转出面积最多的水田主要是向人工养殖水面和非湿地转化，尤其是向非湿地中的旱地、建设用地和林地转化，转出面积分别为 16 486.31 hm²、7823.61 hm² 和 2211.63 hm²，此主要是受农业产业结构调整和城镇扩展影响所致。同期，旱地、林地与水田相互转化频繁，有 13 437.78 hm² 的旱地和 1994.47 hm² 的林地转化为水田。养殖水面的增加，1988～1998 年主要是占用自然湿地，有 6805.22 hm² 的自然湿地转化为养殖水面，即"沿海滩涂"转为"养殖水面"，1998～2008 年水田和旱地分别向养殖水面净转移 5559.70 hm² 和 1965.25 hm²，即由"耕地"转为"养殖水面"。

4）湿地景观的格局变化

由珠海市湿地景观指数计算结果（表 2.55）可知，1988～2008 年滨海湿地斑块总数量处于波动状态，整体呈现出先增后减的趋势。其中，河流景观斑块数量、最大斑块指数和形状指数先增后减，河流景观在前一时段受人类活动干扰呈现出复杂的几何形状和高度的破碎化，到后一时段由于填海使得小斑块河流融入邻近更大斑块中，已破碎化的河流湿地景观得到改善，景观单元之间的连通性增强，趋于集中分布；滩涂景观的变化趋势与河流景观正好相反，说明对滩涂围垦开发利用的程度加强，形状趋于规则化，但景观单元趋于离散分布。1988~1998 年，在红树林的面积大幅度减少的同时，其斑块数量和形状指数也明显减少，受这一时段围垦造地、修路、建桥等开发建设活动及珠江口海域污染影响，红树林遭到一定程度的破坏、退化甚至基本消失（章金鸿等，2003）；1998~2008 年，红树林景观斑块数量和形状指数缓慢增加，说明红树林保护区的设立及人工营造红树林的活动导致其形状变得较不规则。浅海水域的最大斑块指数和形状指数持续减少，在一定程度上反映了填海造地的行为使海域面积不断减少，海岸线趋于规则化、堤线化（水利部珠江水利委员会科学研究所，2005）。水田景观在面积大幅减少的同时，斑块数量先增后减，形状指数显著增长，这一时段以水田原有大景观斑块单元的破碎变化为主，使得该景观类型形状复杂化。水库坑塘景观在期内景观特征并没有发生明显变化，该景观类型较为稳定。养殖水面景观的斑块数量和形状指数大幅增加，最大斑块指数先增加后减少，而邻近度指数呈持续减少的趋势，说明养殖业的迅速发展不仅扩大了原有沿海地区的生产规模，而且还具有向内陆河流沿岸发展的特征，养殖水面的扩展表现出快速性和复杂性。

表 2.55　1988~2008 年珠海市各景观类型特征指标

景观类型	斑块数 NP/个			最大斑块指数 LPI/%			形状指数 LSI			邻近度指数 CONTIG-AM		
	1988 年	1998 年	2008 年	1988 年	1988 年	1998 年	2008 年	1988 年	1988 年	1998 年	2008 年	1988 年
河流	38	216	119	2.66	4.59	4.37	18.44	19.75	17.05	0.943	0.941	0.957
滩涂	47	22	28	0.45	0.96	0.99	8.12	3.22	4.15	0.950	0.981	0.974
红树林	20	6	8	0.13	0.12	0.12	7.89	4.74	5.64	0.921	0.935	0.917
浅海水域	21	27	3	45.89	40.39	26.76	5.53	5.48	5.05	0.995	0.994	0.994
水田	1344	2549	1867	5.53	3.98	3.03	39.59	57.03	62.53	0.931	0.893	0.859
水库坑塘	38	41	44	0.05	0.06	0.06	10.41	9.86	10.58	0.862	0.869	0.862
养殖水面	85	1117	1468	0.33	1.44	1.23	10.02	23.21	47.70	0.926	0.922	0.883

　　比较珠海市自然湿地与人工湿地的景观特征（表 2.56），自然湿地和人工湿地景观斑块数均以 1998 年为最大，在湿地总面积减少的情况下，斑块总数量增加导致滨海湿地破碎化程度加剧，湿地景观的最大斑块指数呈减少趋势。自然和人工湿地中最大斑块指数分别是浅海水域和水田，说明浅海水域和水田在研究期内受干扰程度最大，大斑块不断被破碎化。同时，人工湿地景观形状指数呈不断增加趋势。1988~2008 年，随着湿地景观蔓延度指数的降低和分离度指数的增加，湿地景观聚合的程度减弱，优势斑块呈分散退化趋势，分布更为分散（韩海辉等，2009）。同期，湿地景观多样性指数和均匀度指数比整个研究区景观的指数明显小，表明湿地景观类型较少、面积差异较大，但期内湿地景观多样性指数和均匀度指数不断增加，说明珠海市不同湿地景观类型面积趋于均匀分布，景观异质性上升，各景观斑块之间的面积差异有所减少。

表2.56　1988～2008年珠海市景观水平指标

类型	年份	斑块数 NP/个	最大斑块指数 LPI/%	形状指数 LSI	蔓延度指数 CONTAG	分离度指数 DIVISION	多样性指数 SHDI	均匀度指数 SHEI
自然湿地景观	1988	126	87.762	11.697	82.950	0.226	0.460	0.332
	1998	271	86.237	11.887	82.226	0.246	0.486	0.351
	2008	158	58.979	11.761	79.055	0.590	0.573	0.414
人工湿地景观	1988	1 467	35.964	41.305	85.916	0.831	0.298	0.271
	1998	3 707	24.037	57.733	68.694	0.891	0.621	0.565
	2008	3 379	18.150	62.696	56.265	0.950	0.762	0.694
研究区景观	1988	15 190	45.892	61.542	62.515	0.784	1.816	0.641
	1998	16 898	40.389	58.586	58.579	0.830	1.978	0.714
	2008	12 535	26.762	60.539	56.374	0.911	2.084	0.752

四、土地利用的垂向变化分析

土地利用的变化不仅存在水平方向上的区域和类型差异，也存在垂直方向上的差别，因为地形尤其是高程对土地利用方式及其利用程度存在重要影响（Hoerscha et al.，2006；龙花楼和李秀彬，2001）。以珠江三角洲地区的广州市为例，分析1990～2009年广州市土地利用垂向变化过程及其垂直分布模式的演变特征。

1. 数据来源与分析方法

具体采用ArcGIS技术，对广州市的DEM、高程分级图和5期土地利用图进行叠置分析，计算不同土地利用类型及变化强度随不同高程的分布情况，分析不同高程层级内土地利用变化的差异。

1）数据来源

根据TM影像、土地利用现状图等获得1990年、1995年、2000年、2005年和2009年的广州市土地利用数据。为便于分析研究，根据广州市土地利用的特点，将广州市土地利用类型划分为耕地、园地、林地、草地、居民点及工矿交通用地、水面、其他土地和河流滩涂等8类进行垂直变化的分析（表2.57）。

表2.57　广州市土地利用分类体系

分类编号	分类名称	包含地类
1	耕地	水田、水浇地、旱地
2	园地	果园、茶园、其他园地
3	林地	有林地、灌木林地、其他林地
4	草地	天然牧草地、人工牧草地、其他草地
5	居民点及工矿交通用地	城镇用地、农村居民点用地、工矿用地、交通设施用地
6	水面	坑塘水面、水库水面等
7	其他土地	裸土地、空闲地、沙地
8	河流滩涂	河流水面、滩涂

DEM数据来源于CGIAR-CSI网站上下载的SRTM3数据，其空间分辨率为90 m，投影坐标为WGS1984，投影方式为高斯-克吕格投影。5期土地利用数据为矢量数据，

通过 ArcGIS 按照面积优势规则将其转换为栅格数据，转换输出时的空间分辨率统一设置为 90 m，以保证分析数据更具有可比性。

2）分析方法

　　土地利用垂向变化主要是分析不同高程土地利用变化的差异，其中高程间隔的划分是基础。相关研究大多是基于高程数值间隔相等原则且间隔较大（邱扬等，2003；孙丽等，2004；吴晓莆等，2006；刘瑞民等，2006；冯朝阳等，2007），但这样的分层方式难以适合土地利用垂直分层的研究，因一般而言，土地利用程度最大、变化最为剧烈的多集中于高程相对较低的地方，高程较低的区域通常土地利用的面积又较大，因此设计采取像元数量相等原则进行高程的分层，将更有利于把握高程较低处土地利用的垂直变化特征。由于高程值为整数，难以做到各高程分级的像元数完全相等，故利用 ArcGIS 空间分析工具条的重分级命令，选择分类的方法为等数量（quantile），同时结合广州市高程特点（图 2.24），将广州市高程划分为 15 个高程层级进行土地利用变化的垂直变化分级（图 2.25）。

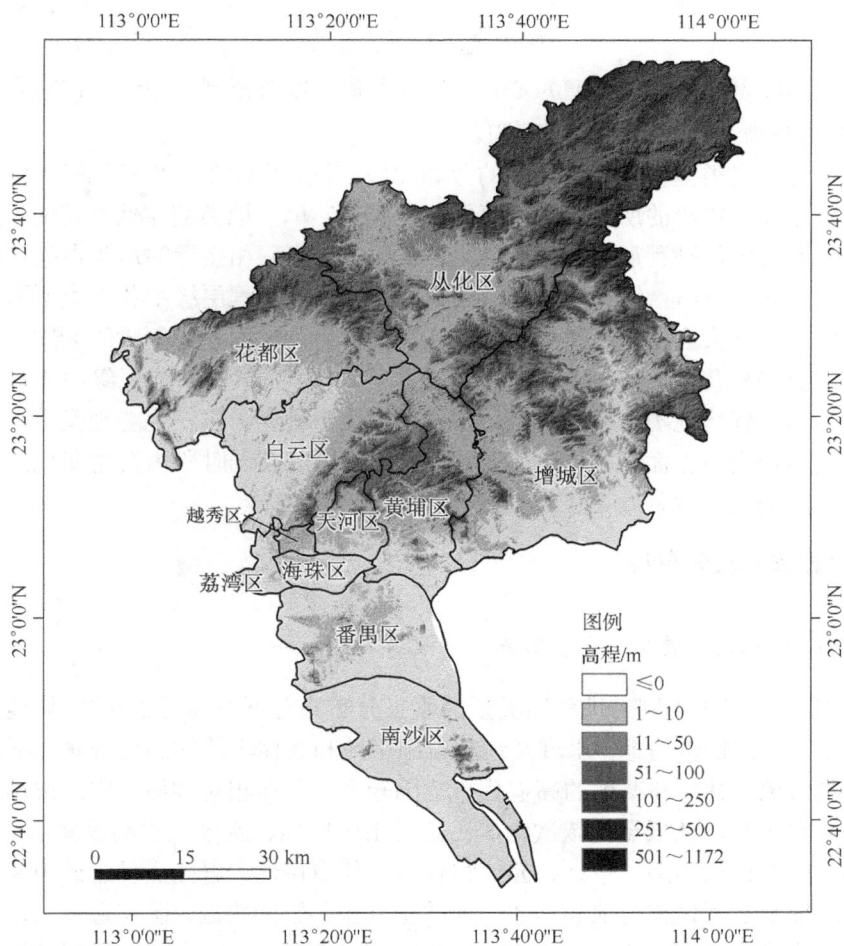

图 2.24　广州市高程分布图

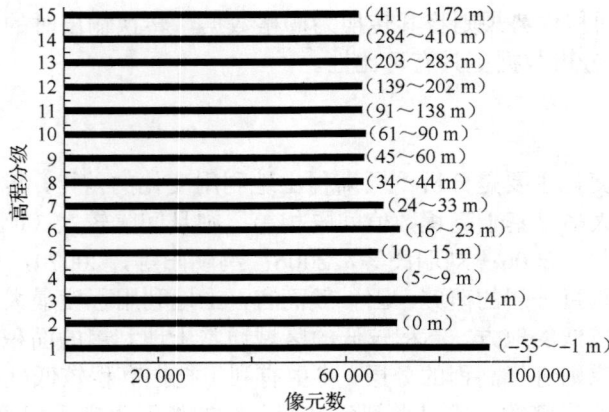

图 2.25　广州市高程分级结果

土地利用的垂直重心，是指某一区域内某一种土地利用类型（以下简称"地类"）的平均高程，反映的是某地类的垂直分布上的一个综合特征，其计算公式为

$$H_i = \sum A_{iE} \times E / \sum A_{iE}$$

式中，H_i 为第 i 类型土地的垂直重心；E 为高程值，取值范围为 -55～1172 m；A_{iE} 为第 i 类土地利用类型在高程值为 E 的面积。

由于土地利用类型在垂直方向上的分布比较广泛，往往在一个高程层级中任一地类都无法独占该高程层级的所有土地，而且高程越低，单一地类的排他性越弱，因此较多高程层级尤其是中低高程层级区域通常是由 2 种以上面积相接近的地类占据该层级的大部分面积。为此，提出"优势地类"的概念，即把每一高程层级中各地类所占该层级土地总面积的比例从大到小进行排列，若前几种地类所占的面积比例大于 85%，则认为这几种地类占有绝对优势，称其为"优势地类"，其中，在某一高程层级中所占比例最大的地类称为第一优势地类，以此类推，得到第二优势地类、第三优势地类等。优势地类的优势度用该地类所占面积的比例表示。另外，采用以某一时段内发生变化的像元数来表述土地利用变化强度。

2. 垂直重心及分布特点

1）不同土地利用类型的垂直分布

2009 年，广州市不同土地利用类型的垂直分布略有不同（图 2.26），耕地、居民点及工矿用地、交通运输用地、水域及水利设施用地和其他土地的高程分布范围相对比较集中，但是园地、林地和草地的高程分布范围较大、分布相对零散。广州市不同土地利用类型的垂直重心，从低至高依次为居民点及工矿用地、水域及水利设施用地、耕地、其他土地、交通运输用地、草地、园地和林地，其中耕地、居民点及工矿用地、交通运输用地、水域及水利设施用地和其他土地的垂直重心较为接近，除交通运输用地外，其余土地利用类型的垂直重心均低于 30 m，居民点及工矿用地、水域及水利设施用地更是低于 20 m。同时，广州市园地和草地的垂直重心较为接近，分别为 69.83 m 和 62.19 m，高于垂直重心最低的 5 种土地利用类型，尤其是林地的垂直重心远远高于其他土地利用类型，达到了 231.21 m。依据 2009 年广州市各不同土地利用类型所占面积比例的垂直变化（图 2.27），不同土地利用类型垂向分布的基本特点如下。

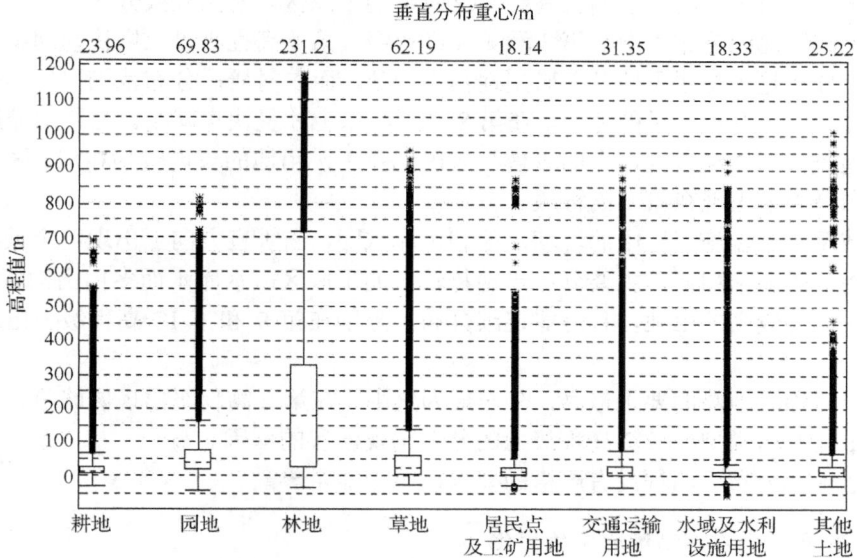

图 2.26　2009 年广州市各类型土地的高程分布箱线图

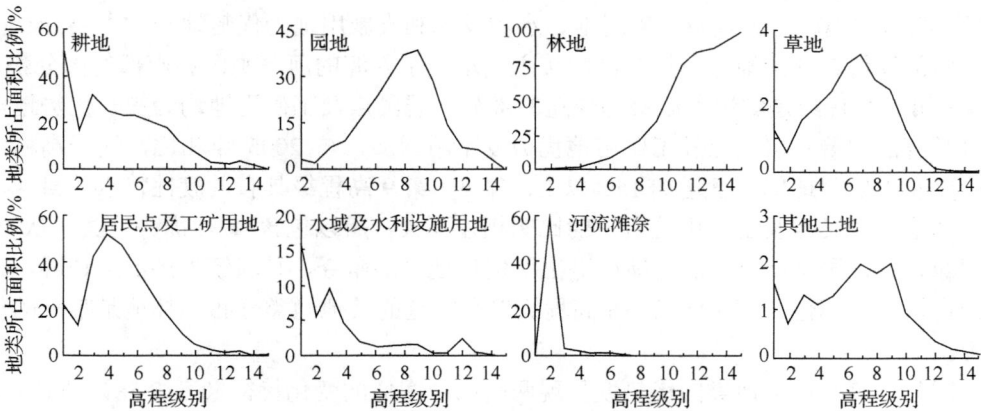

图 2.27　2009 年广州市各地类所占面积比例的垂直变化

耕地，集中分布在地势较低区域，耕地面积随高程级的增加呈现出快速递减（第 1 高程级至第 2 高程级、第 8 高程级至第 11 高程级）与波动平缓递减（第 2 高程级至第 8 高程级、第 11 高程级至第 15 高程级）交替的趋势。

园地，随高程增加的分布形态呈单峰型，第 8 高程级以下由波动增加过渡至快速增加，并在第 8 高程级和第 9 高程级保持高值，而后快速递减。相对于耕地而言，园地对地形和水源的要求低，适宜种植区域更广，因而多分布在耕地外围、高程较高地方。

林地，总体而言，高程越高，林地的竞争优势也越大，其垂直分布在第 10 高程级以下表现出明显的指数递增趋势，在第 10 高程以上呈线性增加趋势，但增幅有所下降。

草地，分布随高程级增加总体上呈递减趋势，并且在第 6 高程至第 10 高程级递减趋势最大，此与城镇用地的高程分布趋势相似。

居民点及工矿用地，一般要求地势稍高一些，以不受洪水威胁（吴传均等，1994），因而多集中分布于比河流水面稍高的坡度较缓的平原区。在高程级分布上，广州市的居民地及工矿用地的分布集中在第 3 和第 4 高程级，第 4 高程级以上则快速递减。城镇用地的高程分布趋势与居民地及工矿用地基本一致，而农村居民分布范围更广，因此在地势较高的地方仍有较大量的分布，在第 8 高程级以上才呈快速减少。交通运输用地的高程分布趋势从第 2 高程级以上的表现与居民地及工矿用地的表现较为相似，区别在于前者的分布最大值出现在第 1 高程级。

水域及水利设施用地中的坑塘水面和水库水面，在垂直方向上出现两个波峰。坑塘水面与耕地的要求相似，主要分布于地势较低的平原区；水库水面多由山沟蓄水而成，多布局在地势较高的山地，且呈非连续分布，分别在第 9 和第 12 高程级上出现两个波峰值。

河流滩涂对地势的要求最高，分布最为集中，在第 2 高程级出现陡峰值，这也是造成其他土地利用类型在第 2 高程级上的分布出现波谷的原因。

其他土地分布对高程没有严格的要求，分布非常零散。

2）不同高程层级优势地类的变化

就不同高程级而言，2009 年广州市不同高程级上的优势地类分别是（表 2.58）：第 1 高程级以耕地、居民点及工矿用地、水域及水利设施用地为优势地类，主要分布在广州市南部地势较低的地方；第 2 高程级主要承载了入海的河流水面和南部的部分耕地；第 3～第 5 高程级是城镇发展最为快速的部分，居民点及工矿用地均为第一优势地类，随着经济的发展，居民点及工矿用地优势度不断增加，与 2005 年相比，这一高程内的居民点及工矿用地优势度增加 15% 以上；第 6～第 9 高程级具有过渡性特点，耕地、园地、林地、居民点及工矿用地所占的比例相差不大，所以包含 4 种优势地类；从第 10 高程级开始，居民点及工矿用地已退出了优势地类的争夺，是城镇扩展的上边界，林地开始占据主导地位；第 12～第 15 高程级仅有零星的其他地类分布，林地是唯一的优势地类。

同时，第一优势地类的优势度呈现两端高中间低的变化特征（表 2.58），除第 3 高程级外的第 1～第 4 高程级的第一优势地类所占比例均大于 50%，第 5～第 10 高程级的第一优势地类优势度从 47% 快速下降到 40% 以下，最低为第 7 高程级的 29.82%，反映出居民点及工矿用地与耕地、园地、林地在该高程区间内对空间的激烈争夺，同时也表明该高程区间内土地的适宜性最广。与此同时，从第 8 高程级开始，第一优势地类所占比例开始迅速提高，到第 11 高程级，第一优势地类所占比例已提高至约 80%。

表 2.58 2009 年广州市各高程级上的优势地类

高程级别	第一优势地类（优势度）	第二优势地类	第三优势地类	第四优势地类	占土地总面积比例/%
1	耕地（51.32%）	居民点及工矿用地	水域及水利设施用地	—	89.69
2	河流滩涂（59.42%）	耕地	居民点及工矿用地	—	89.95
3	居民点及工矿用地（42.05%）	耕地	水域及水利设施用地	园地	92.00
4	居民点及工矿用地（51.79%）	耕地	园地	—	86.80
5	居民点及工矿用地（46.90%）	耕地	园地	—	87.15
6	居民点及工矿用地（37.24%）	耕地	园地	林地	92.94
7	园地（29.82%）	居民点及工矿用地	耕地	林地	92.67
8	园地（37.20%）	林地	耕地	居民点及工矿用地	93.95
9	园地（39.00%）	林地	耕地	居民点及工矿用地	93.59
10	林地（56.00%）	园地	—	—	85.01
11	林地（77.84%）	园地	—	—	92.84
12	林地（85.48%）	—	—	—	85.48
13	林地（87.15%）	—	—	—	87.15
14	林地（93.22%）	—	—	—	93.22
15	林地（98.28%）	—	—	—	98.28

不同高程级中的各地类占高程级内土地总面积比例表明（图 2.28），虽然广州市在1990～2009 年经历了剧烈的土地利用变化过程，但土地利用的垂直分布特点保持相对一致，优势地类和优势度的变化主要集中在第 3～第 10 高程级。

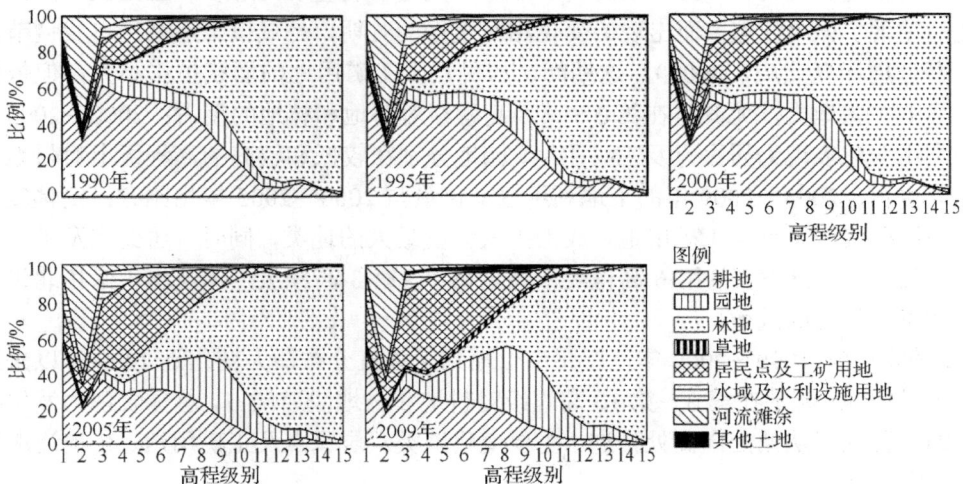

图 2.28 5 个年份各地类的垂直分布结构图

3．土地利用的垂向变化

　　就土地利用变化的强度而言，在 1990～1995 年、1995～2000 年、2000～2005 年、2005～2009 年 4 个时期内，垂直方向上广州市土地利用的变化强度从大到小依次为 2000～2005 年、2005～2009 年、1990～1995 年、1995～2000 年（图 2.29）。同时，在垂直方向上，广州市土地利用变化强度表现出相对一致的变化趋势，即随着高程级增大，变化强度呈波动减小趋势，其中，以河流滩涂为优势地类的高程级（第 2 高程级）因受人类活动影响较少变化强度出现明显的波谷，该变化趋势也表现出人类活动影响程度随着高程增加而减少的基本特征。

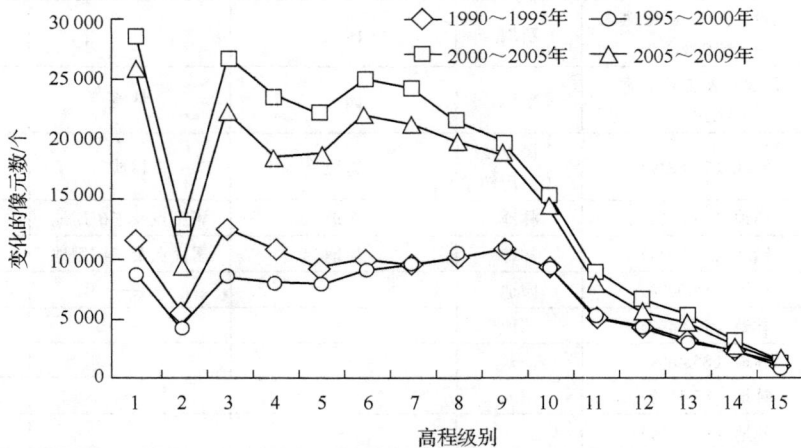

图 2.29　土地利用变化强度的垂直分布

　　从 4 个时期内各地类所占高程级土地面积比例的变化量（图 2.30）可知，1990～1995 年，主要的土地利用变化是高程较低处的居民点及工矿用地、水域及水利设施用地的快速扩张对耕地的侵占；1995～2000 年，土地利用总变化量相对较少，应是上一阶段快速变化后呈现扩张"疲态"而出现的变化相对缓慢的时期，是城市土地利用自我调节的过程（龚建周和夏北成，2007），这期间，居民点及工矿用地的面积扩张不大，但依然是最主要的扩张地类，尤其是在第 3～第 8 高程级对耕地和林地的侵占；2000～2005 年，土地利用变化表现为居民点及工矿用地、园地分别在较低和较高的高程级上对耕地更为快速地侵占；2005～2009 年的土地利用总变化量与 2000～2005 年相比有一定幅度的减少，园地取代居民点及工矿用地，成为扩张幅度最大的地类，同时，居民点及工矿用地的扩张最大幅度从第 3～第 6 高程级下降至第 1～第 3 高程级，体现出"南拓北优"城市空间发展战略的成效。

　　总体而言，1990～2009 年，广州市土地利用垂直分布最大变化是 2000 年以来居民点及工矿用地、园地在第 3～第 10 高程级对耕地和林地快速侵占，总体表现为发生主要变化的高程区间从低处向高处传递，主要变化地类从居民点及工矿用地、耕地逐渐过渡为园地和林地。

—■—耕地—●—园地—▲—林地—▼—草地—◀—居民点及工矿用地—▶—水域及水利设施—◆—河流滩涂—◆—其他土地

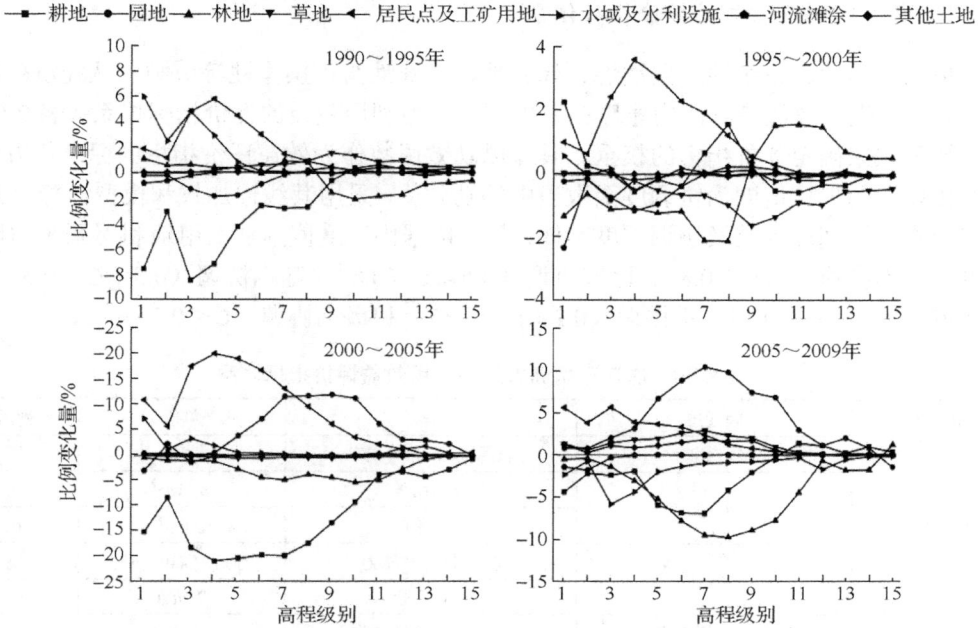

图 2.30　4 个时期 8 种地类在各高程级上的变化强度

第三节　近期土地利用程度的变化

土地利用变化包含相互联系、密不可分的土地利用数量变化与土地利用程度变化两个方面，珠江三角洲地区在近期土地利用数量快速变化的同时，其利用程度也处于不断变化之中。选择珠江三角洲地区整体及典型区域广州市、珠海市和佛山市等，通过土地利用综合效益和土地可持续利用水平等不同方面程度变化的分析，认识珠江三角洲地区近期土地利用程度变化的基本特征。

一、土地利用综合效益的变化

在珠江三角洲地区农用地、广州市与佛山市土地利用综合效益变化分析基础上，通过珠江三角洲地区集约利用水平及其变化的评价与分析，重要用地类型、典型区域与整体区域的分析评价相结合，以充分反映珠江三角洲地区土地利用综合效益的变化。

1. 珠江三角洲农用地利用效益变化

根据全国土地调查结果，1996～2007 年珠江三角洲农用地呈减少趋势，共减少了 129 022.59 hm²。其中，耕地、林地和牧草地均有所减少，耕地减幅最大，共减少了 608 584.16 hm²，林地减少了 90 564.96 hm²，牧草地减少了 937.98 hm²，主要是耕地向园地的转化，同期园地面积增加了 107 891.96 hm²。

1）农用地利用效益的评价指标体系

根据科学性、系统性、层次性、代表性、特殊性与可操作性等原则，从经济效益、社会效益、生态效益等方面构建珠江三角洲农用地利用效益的评价指标体系（表2.59），采用熵值法来确定评价指标的权重。具体以功效函数作为效益评价指标的标准化方法，标准化以后的指标值即为协调度函数当中的功效值，采用其线性加权和模型计算协调度以表现农用地利用效益及协调程度高低，其中依据协调度值判别农用地利用系统的协调程度，即高度协调（$C \geq 0.8$）、比较协调（$0.6 \leq C < 0.8$）、基本协调（$0.5 \leq C < 0.6$）、不太协调（$0.35 \leq C < 0.5$）、不协调（$0.2 \leq C < 0.35$）和极不协调（$C < 0.2$）。

表2.59　珠江三角洲农用地利用效益评价指标体系

准则层	因素层	指标	单位	性质
经济效益	经济影响	农用地 GDP 贡献率	%	正
	效率	耕地利用效益	元/ hm^2	正
		粮食单产	t/ hm^2	正
	产投比	机械化生产能力	万元/（kW·h）	正
		农业化学投入	万元/t	正
社会效益	农民生活水平	农民人均生产性纯收入	元	正
	社会稳定	粮食安全指数	t/人	正
		人均耕地面积	hm^2	正
	农业基础设施建设	灾害抗逆指数	%	正
		有效灌溉面积比例	%	正
生态效益	对环境的影响	耕地环境质量指数		正
		森林覆盖率	%	正
		水土流失治理面积比例	%	正
	资源利用效率	农业生产总值增长率	%	正
		复种指数		正
		节水排灌面积比例	%	正

2）农用地利用综合效益的时间变化

综合效益评价结果（表2.60）显示，1996年珠江三角洲地区农用地利用的经济效益、社会效益与生态效益的贡献排序为生态效益＞社会效益＞经济效益，1996～2003年（除2002年外）转变为经济效益＞社会效益＞生态效益，2004年与2006年变为生态效益＞社会效益＞经济效益，2005年则是生态效益＞经济效益＞社会效益。1996～2006年，珠江三角洲地区农用地利用的经济效益、社会效益与生态效益变化的趋势并不稳定，主要表现为经济效益增长迅速、社会效益与生态效益增长相对较慢。其中，经济效益1996～2000年上升，2000～2004年下降，2004～2005年上升，2006年又下降到较低水平，这期间，经济效益协调度上升了63.50%；社会效益1996～2002年下降，2003～2004年上升，2005年下降之后2006年又上升，社会效益整体提升了22.69%；生态效益1996～2001年下降，2002年持续上升，生态效益整体提升了29.65%。在上述变化中，1996～2006年珠江三角洲农用地利用综合效益总体呈现增长趋势，综合协调度由0.4444增加至 0.5984，增长了 34.65%，其协调程度也由 1996～2003 年的不太协调升级为基本协调。其中，珠江三角洲农用地利用综合效益 1996～2002 年为下降趋势，2003 年后转为上升趋势，协调水平继 1996～2003 年的不太协调之后整体协调度上升至基本协调。

表 2.60　珠江三角洲农用地利用经济效益、社会效益、生态效益协调度

效益	1996 年	2000 年	2001 年	2002 年	2003 年	2004 年	2005 年	2006 年
经济效益	0.2992	0.5863	0.5752	0.5468	0.4701	0.4089	0.5753	0.4892
社会效益	0.4557	0.3383	0.2815	0.2336	0.3397	0.5135	0.4296	0.5591
生态效益	0.5715	0.3361	0.2001	0.2516	0.3041	0.5855	0.7233	0.7410
综合效益	0.4444	0.4181	0.3491	0.3415	0.3699	0.5041	0.5770	0.5984

3）农用地利用效益变化的空间差异

比较珠江三角洲地区各市的农用地利用综合效益协调度（表 2.61），总体而言，1996～2006 年珠江三角洲农用地利用效益空间分异特征变化不大，2000 年后各市农用地利用的综合效益基本处于上升趋势。其中，深圳、东莞、江门和肇庆市农用地利用综合效益明显提高，佛山和中山两市的农用地利用综合效益略有提升，但广州、惠州和珠海市的农用地利用综合效益不升反降。

表 2.61　珠江三角洲各市农用地利用综合效益协调度

城市	1996 年	2000 年	2001 年	2002 年	2003 年	2004 年	2005 年	2006 年
肇庆	0.5326	0.5511	0.4718	0.5070	0.5030	0.5320	0.5496	0.5507
深圳	0.5029	0.5204	0.3866	0.4776	0.4761	0.4761	0.4790	0.5206
惠州	0.3929	0.3277	0.4812	0.3094	0.3344	0.3758	0.3785	0.3278
广州	0.3765	0.3361	0.2853	0.3906	0.3467	0.3335	0.3855	0.3359
江门	0.3487	0.3958	0.3079	0.3067	0.3108	0.3254	0.3432	0.3958
珠海	0.3088	0.2568	0.2242	0.3008	0.2920	0.2609	0.2846	0.2570
中山	0.2520	0.2563	0.2844	0.2720	0.2763	0.2802	0.2845	0.2566
佛山	0.2490	0.1705	0.1353	0.1505	0.1546	0.2550	0.2611	0.1704
东莞	0.1547	0.3193	0.1895	0.2059	0.2067	0.1398	0.0981	0.3194

具体而言，1996～2006 年珠江三角洲地区农用地利用效益中以肇庆市协调度最高，其协调度远高于其他地区，农用地利用协调度大部分年份处于比较协调状态；其次是深圳市，除 2001 年低于惠州外，其他年份均处于区域较高水平；广州、惠州和江门市农用地利用大部分年份处于不太协调状态，珠海和中山市则大部分年份处于不协调状态；佛山市农用地利用协调度从 2000～2003 年的极不协调演变为 2004 年及以后的不协调，区域农用地利用效益排名有所增长；在珠江三角洲 9 个城市中，东莞市农用地利用协调度最低，2004～2006 年均处于极不协调状态，2006 年由极不协调提升到不协调。

2. 土地利用多功能的动态变化

土地利用的多功能性，即土地多元化利用直接或间接提供给人类的多种产品和服务的能力（甄霖等，2009，2010；陈睿山等，2011；李德一等，2011），是土地利用综合

效益的另外一个体现方面。土地利用的多功能性具体可从"三生"（生产、生活、生态）角度（陈婧和史培军，2005；陈百明等，2008）、可持续发展的三个维度（经济、社会、生态环境）（张洁瑕等，2008；甄霖等，2009，2010；Xie et al.，2010）等途径进行类别划分。珠江三角洲地区是我国经济发达、城镇集中的地区，土地利用功能呈现多样化，选择地处珠江三角洲地区中心腹地的广州市和佛山市作为代表土地利用质量变化的一个重要表现方面，分析珠江三角洲地区土地利用多功能的动态变化及其空间差异。

1）广州市土地利用多功能的变化

根据自然条件、经济发展状况和土地利用状况的空间差异特征，参考已有土地利用多功能类别划分方法（甄霖等，2009，2010；Xie et al.，2010；李德一等，2011；陈睿山等，2011；张晓平等，2014），遵循层次性、科学性、完备性和可比性等原则，借鉴联合国粮农组织（Food and Agriculture Organization of the United Nations，FAO）颁布的《可持续土地利用评价纲要》的基本框架思路（FAO，1993；李灿等，2013），从可持续发展的经济、社会和环境三大维度，建立广州市土地利用多功能评价指标体系（表2.62），基于评价数据资料的可获取性等，将广州市分为中心城区（包括荔湾、越秀、海珠、天河、白云和黄埔6区）、番禺区、花都区、南沙区、萝岗区、增城市和从化市7个单元进行土地利用多功能的评价。

表 2.62　广州市县域土地利用多功能评价指标体系

目标层	项目层	准则层	指标层	单位	标准值	标准值选取依据
土地利用总功能（A）	环境功能（B₁）	生态维持功能（C₁）	森林覆盖率（D₁）	%	50	现代化标准值
			生态用地比例（D₂）	%	80	参考文献（张晓平等，2014）
			土地退化率（D₃）	%	4	参考文献（张杨等，2013）
		环境净化功能（C₂）	废污水排放强度（D₄）	亿 m³/km²	0.000 2	参考文献（涂小松等，2008）
		资源供给功能（C₃）	人均水资源（D₅）	m³	3 000	参考文献（高长波等，2006）
			人均耕地面积（D₆）	hm²	0.057 2	参考文献（张凤荣等，2003）
			人均禽畜产品占有量（D₇）	kg	80	全国平均水平
	经济功能（B₂）	经济发展功能（C₄）	经济密度（D₈）	亿元/km²	2.95	国内领先城市平均值
			产业结构（D₉）	%	76	国内特大城市最大值
		农业生产功能（C₅）	粮食单产（D₁₀）	kg/hm²	6 750	区域粮食单产较大值
			土地垦殖率（D₁₁）	%	45	广东省粮食自给要求值
			人均粮食拥有量（D₁₂）	kg	400	参考文献（何露等，2010）
		交通功能（C₆）	交通用地密度（D₁₃）	%	4.5	国内大城市标准
	社会功能（B₃）	社会保障功能（C₇）	万人拥有的卫生机构床位数（D₁₄）	张	97	国内特大城市最大值
			农民人均纯收入（D₁₅）	元	15 000	现代化标准值
			城乡居民收入平衡指数（D₁₆）		0.8	参考文献（张晓平等，2014）

续表

目标层	项目层	准则层	指标层	单位	标准值	标准值选取依据
土地利用总功能（A）	社会功能（B_3）	文化休闲功能（C_8）	人均公共图书馆藏书册数（D_{17}）	册	2	国际图书馆协会联合会标准
			高景观功能斑块面积比例（D_{18}）	%	45	全省平均
			水域面积比例（D_{19}）	%	10	广东省城市建议值
		居住家园功能（C_9）	人口密度（D_{20}）	人/km²	4 239	广东省最高城市标准
			建设用地比例（D_{21}）	%	40	土地利用规划远期目标值
		就业支持功能（C_{10}）	从业人口密度（D_{22}）	人/km²	1 720	国内特大城市最大值

在具体评价过程中，根据各指标的特性和水平参考国家、地方和行业规定的相关标准、广州市域本底背景值、国内该项指标处于前列的大城市或全国的平均水平等进行指标标准值的确定（表 2.62），采用递级突变模型进行广州市县域土地利用多功能的评价，通过构建递级突变模型计算初始突变评价值，构造拟合函数计算改进突变评价值，依照计算得出的功能改进突变评价值判定其多功能的等级水平，其中功能改进突变评价值 $r \in [0,0.4]$，功能等级为低度持续；功能改进突变评价值 $r \in (0.4,0.7]$，功能等级为中度持续；功能改进突变评价值 $r \in (0.7,1]$，功能等级为高度持续。对 2005 年和 2011 年 2 个时点，广州市 7 个评价单元的土地利用总功能、单项功能及子功能的改进突变评价值的评价结果见表 2.63。

表 2.63　2005 年和 2011 年广州市土地利用多功能评价结果

功能类型	年份	中心城区	番禺	花都	南沙	萝岗	增城	从化	变异系数
土地利用总功能	2005	0.467	0.395	0.439	0.313	0.379	0.472	0.405	0.126
	2011	0.452	0.488	0.543	0.433	0.518	0.516	0.437	0.084
经济功能	2005	0.737	0.379	0.365	0.309	0.387	0.284	0.207	0.411
	2011	0.697	0.615	0.442	0.470	0.578	0.361	0.239	0.300
农业生产功能	2005	0.305	0.490	0.536	0.500	0.400	0.620	0.548	0.198
	2011	0.225	0.396	0.411	0.428	0.295	0.493	0.484	0.232
经济发展功能	2005	0.976	0.357	0.203	0.155	0.347	0.167	0.146	0.816
	2011	1.000	0.609	0.323	0.293	0.628	0.271	0.197	0.559
交通功能	2005	1.000	0.335	0.587	0.511	0.454	0.291	0.132	0.543
	2011	1.000	0.927	0.753	1.000	0.919	0.421	0.163	0.407
环境功能	2005	0.223	0.319	0.524	0.344	0.350	0.825	0.885	0.489
	2011	0.211	0.326	0.628	0.437	0.435	0.784	0.884	0.429
资源供给功能	2005	0.096	0.247	0.556	0.720	0.649	0.947	0.936	0.506
	2011	0.052	0.181	0.372	0.474	0.313	0.609	0.757	0.571
环境净化功能	2005	0.135	0.328	0.307	0.283	0.075	0.671	0.725	0.638
	2011	0.163	0.365	0.598	0.444	0.238	0.741	0.808	0.475
生态维持功能	2005	0.541	0.365	0.823	0.279	0.879	0.921	1.000	0.389
	2011	0.550	0.407	0.852	0.416	0.878	0.926	1.000	0.325

续表

功能类型	年份	中心城区	番禺	花都	南沙	萝岗	增城	从化	变异系数
社会功能	2005	0.910	0.557	0.334	0.223	0.366	0.247	0.164	0.598
	2011	0.945	0.675	0.447	0.314	0.530	0.292	0.191	0.496
就业支持功能	2005	1.000	0.818	0.254	0.148	0.322	0.239	0.094	0.794
	2011	1.000	0.964	0.387	0.168	0.561	0.232	0.099	0.704
社会保障功能	2005	0.652	0.460	0.394	0.409	0.526	0.309	0.404	0.227
	2011	0.742	0.598	0.544	0.573	0.574	0.493	0.516	0.131
居住家园功能	2005	1.000	0.570	0.292	0.163	0.243	0.186	0.101	0.227
	2011	1.000	0.703	0.374	0.282	0.397	0.232	0.119	0.131
文化休闲功能	2005	0.676	0.254	0.706	0.531	0.864	0.425	0.497	0.33
	2011	0.760	0.268	0.765	0.734	0.875	0.461	0.600	0.306

2005 年广州市土地利用经济功能最强的是中心城区（表 2.63 和图 2.31），功能改进突变评价值达 0.737，功能等级为高度持续，其他区域功能改进突变评价值为 0.2～0.4，均为低度持续等级，经济功能整体水平一般且由中心城区向外逐渐减弱，经济功能改进突变评价值按中心城区、近郊区、远郊区和县级市依次降低。2011 年该功能整体提高，但经济功能沿中心城区梯度递减格局仍较为明显，受农业生产功能大幅减弱的影响，中心城区经济功能由高度持续降为中度持续；近郊区和远郊区功能等级由低度持续升为中度持续，但增城和从化功能提升较为困难，功能等级依旧为低度持续。2005～2011 年，广州市各区域间土地利用经济功能的变异系数由 0.411 下降至 0.300（表 2.63），表明广州市各区域间经济功能的空间差异有明显下降。

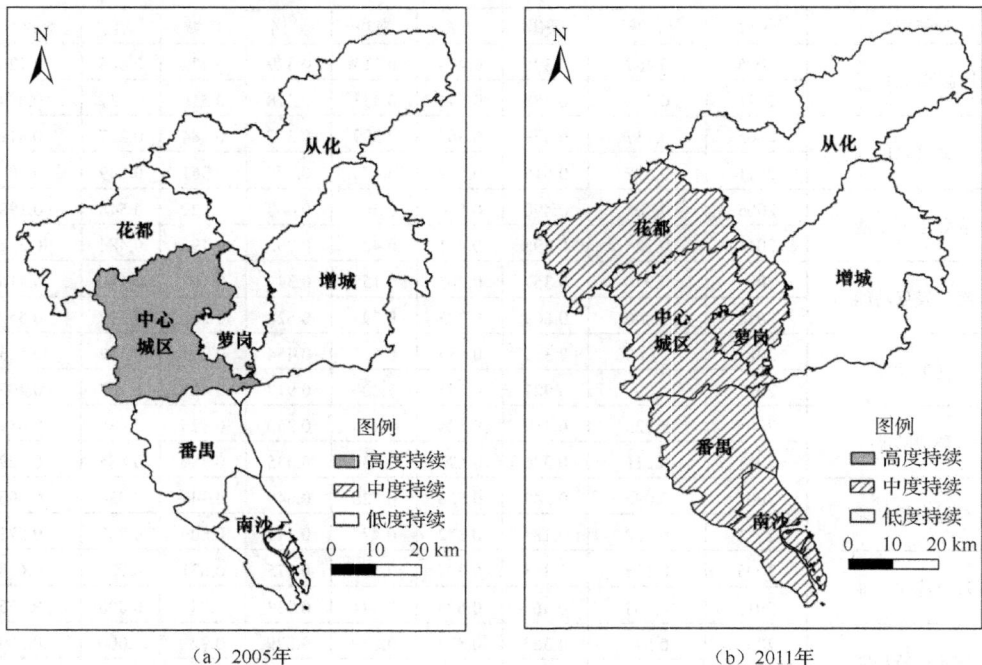

(a) 2005年　　　　　　　　(b) 2011年

图 2.31　广州市土地利用经济功能的区域差异

2005 年广州市土地利用环境功能整体处于一般水平状态,但空间差异明显(表2.63和图 2.32),从化和增城两个县级市环境功能最强,为高度持续,其功能改进突变评价值分别为 0.885 和 0.825,花都区环境功能改进突变评价值为 0.524,属中度持续,其他地区均为低度持续等级,环境功能改进突变评价值按中心城区、近郊区和远郊区依次递增,环境功能由中心城区向外逐渐增强。2011 年环境功能整体增强,南沙区和萝岗区环境功能由低度持续升为中度持续,其他区域均没有发生功能等级变化,环境功能由中心城区向外逐渐增强的地域分异更为显著。2005~2011 年,广州市区域间的土地利用环境功能的变异系数由 0.489 下降至 0.429,表明广州市区域间环境功能的空间差异有所变小。

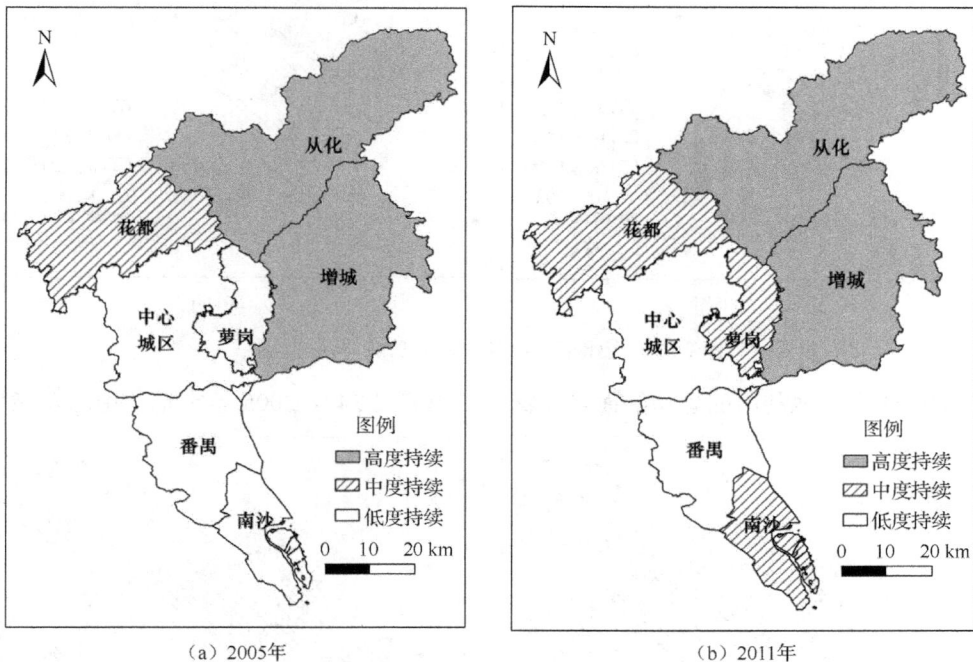

图 2.32 广州市土地利用环境功能的区域差异

2005 年广州市土地利用社会功能最强的中心城区为高度持续(表2.63和图 2.33),功能改进突变评价值为 0.910,番禺区为中度持续,其功能改进突变评价值为 0.557,其他地区的功能改进突变评价值为 0.1~0.4,均为低度持续。广州市土地利用的社会功能整体水平一般,且社会功能由中心城区向外逐渐减弱,与经济发展水平的高低在地域空间上具有高度的一致性。2011 年广州市土地利用的社会功能水平整体提升,花都区、萝岗区社会功能由低度持续升为中度持续,其他区域均未发生功能等级变化,但社会功能由中心城区向外逐渐减弱的梯度格局更为显著。2005~2011 年,广州市各区域间土地利用社会功能的变异系数由 0.598 下降至 0.496,表明广州市各区域间土地利用社会功能的空间差异有所降低。

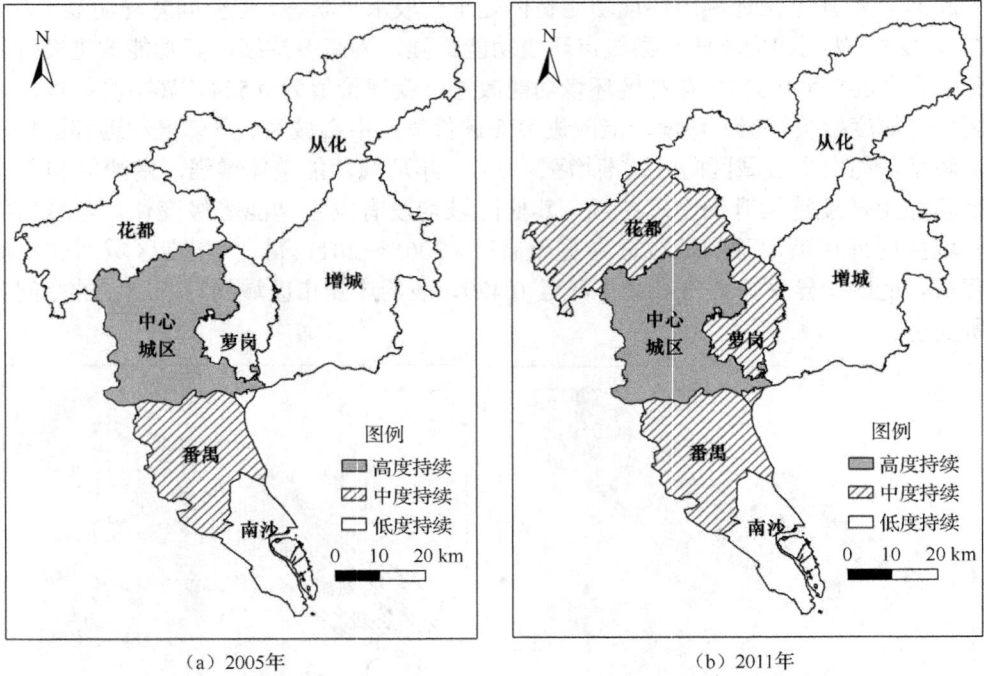

（a）2005年　　　　　　　　（b）2011年

图 2.33　广州市土地利用社会功能的区域差异

就广州市土地利用的总功能而言（表 2.63 和图 2.34），2005 年土地利用总功能较强

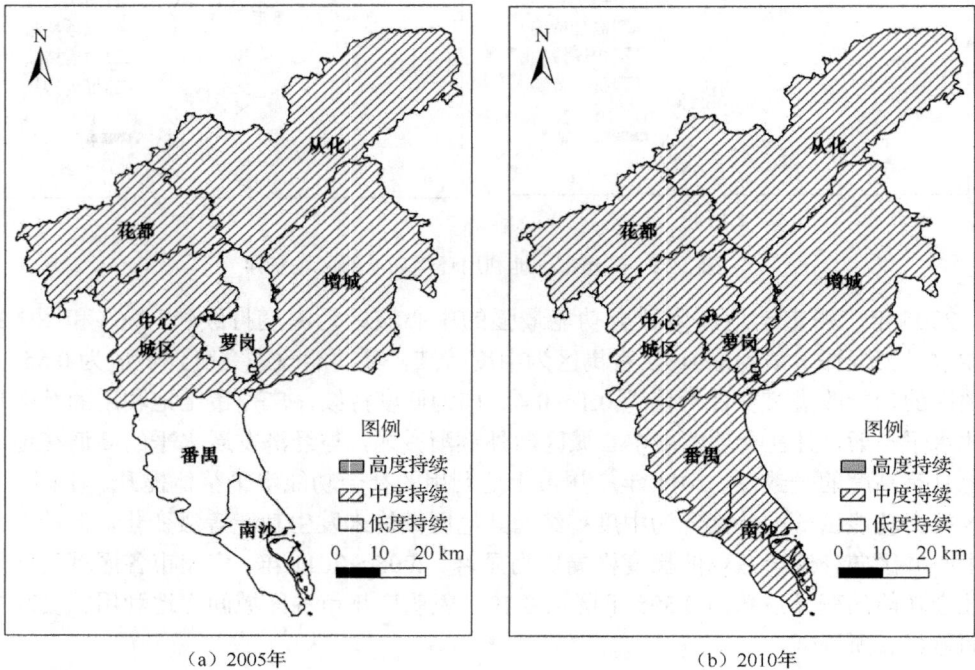

（a）2005年　　　　　　　　（b）2010年

图 2.34　广州市土地利用总功能的区域差异

的依次是增城市、中心城区、花都区和从化市,其功能等级均为中度持续,其他区域均属于低度持续等级。到 2011 年,南沙区、萝岗区和番禺区功能等级由低度持续升为中度持续,其他区域的功能等级保持不变。因此,2005～2011 年广州市土地利用的总功能整体增强,土地利用功能潜力得到了发挥。同时,2005～2011 年广州市各区域间土地利用总功能的变异系数由 0.126 下降至 0.084,表明广州市土地利用总功能的空间差异在缩小,区域间总功能朝更加均质化的方向发展。

但是,广州市不同区域间土地利用功能的区域差异依然较大,其中主要是增城与从化市和远郊区农业生产功能和环境功能比例较大,中心城区和近郊区社会功能、经济发展与交通功能比例较大(图 2.35)。值得注意的是,2005～2011 年中心城区总功能改进突变评价值小幅下降至 0.452,在 7 个区域中排位第五,被远郊区的花都区(0.543)、近郊区的萝岗区(0.518)和番禺区(0.488)赶超,说明总功能呈现沿中心城区向外增强的态势,究其原因主要在于中心城区的资源环境压力日益增大,已经开始影响其土地利用总功能的进一步发挥。例如,中心城区农业生产、资源供给功能改进突变评价值始终排在 7 个区域中最末位且一直在下降,到 2011 年农业生产、资源供给功能仍处于低度持续等级,其间,环境净化功能虽得到一定程度改善,但 2011 年其功能改进突变评价值仍然较低,仅有 0.163,在 7 个区域排在最末位。这三项子功能的共同作用限制了中心城区总功能的进一步提升,甚至导致其总功能下降。

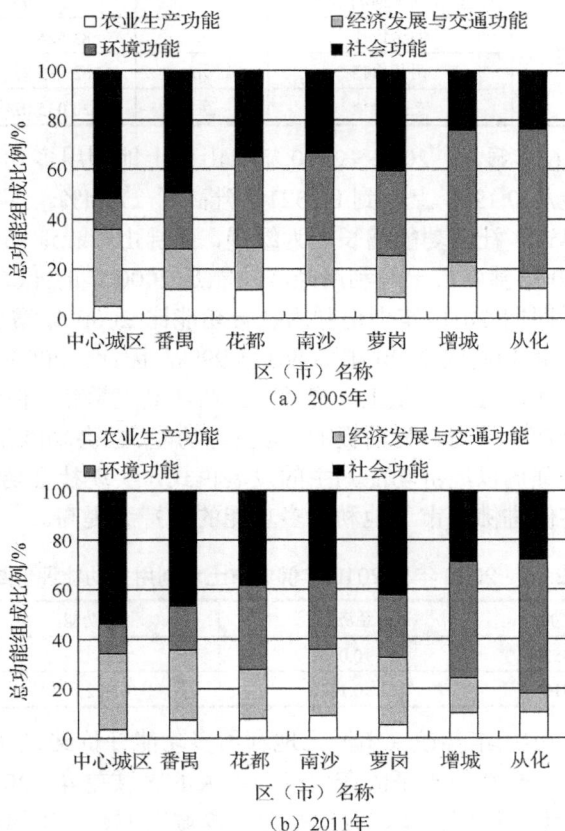

(a) 2005年

(b) 2011年

图 2.35　广州市不同区域土地利用总功能的结构组成

2）佛山市土地利用多功能的变化

根据佛山市土地利用现状，综合考虑自然、社会、经济和可持续发展等因素，选取 12 个指标构建了佛山市土地利用多功能评价指标体系（表 2.64），采用线性比例变化法进行指标数据的标准化，选取佛山市镇域指标的最大值作为评价指标基准值，采用层次分析法确定指标的权重，进行 2000 年和 2010 年土地利用多功能综合评价指数的计算，以此分析 2000～2010 年佛山市土地利用多功能的变化。

表 2.64　佛山市土地利用多功能评价指标体系

目标层	准则层	指标名称	单位	基准值	指标类型	权重
土地多功能利用	社会功能（0.3333）	人口密度	人/km²	25 015.02	+	0.2153
		人均 GDP	元	211 739.13	+	0.1875
		人均耕地面积	hm²	0.16	+	0.3264
		土地垦殖率	%	0.45	+	0.1077
		水域比例	%	0.78	+	0.1632
	经济功能（0.3333）	地均 GDP	万元/km²	209 691.39	+	0.3905
		地均工业产值	万元/km²	278 452.68	+	0.2761
		地均固定资产投资	万元/km²	41 088.25	+	0.1953
		非农业土地利用率	%	0.93	+	0.1381
	生态功能（0.3333）	供给价值	元	83 526.13	+	0.3108
		调节价值	元	762 983.95	+	0.4934
		支持价值	元	220 035.02	+	0.1958

评价结果（表 2.65）显示，2000～2010 年佛山市土地利用多功能整体呈现出上升趋势，土地利用多功能从 0.1908 上升到 0.2321，升高了 21.64%。其中，佛山市土地利用经济功能上升最为迅速，社会功能增长较为缓慢，而佛山市土地利用生态功能则有所下降，具体表现为 2010 年佛山市土地利用经济功能是 2000 年的 4.06 倍，经济发展迅速，经济总量扩张显著，同期 2010 年土地利用社会功能比 2000 年增长了 18%左右，但是 2010 年的土地利用生态功能较 2000 年降低了 5.99%。因此，2000～2010 年佛山市土地利用经济功能增长迅速，GDP 总量上升显著，工商业高度繁荣，但经济功能的快速增长是以生态功能和社会功能的消耗为前提的，与生态功能、社会功能呈现出不协调的趋势，未来须逐步改变过分强调以经济功能为主的发展模式，实现社会功能、生态功能、经济功能协调发展，最终促进佛山市土地利用多功能的可持续提高。

表 2.65　2000 年与 2010 年佛山市土地利用多功能评价结果

年份	社会功能	经济功能	生态功能	多功能
2000	0.2052	0.0351	0.3322	0.1908
2010	0.2412	0.1428	0.3123	0.2321

对比 2000 年和 2010 年各镇（街）土地利用多功能评价结果（图 2.36），佛山市土地利用各单项功能与综合功能水平的变化存在较大的区域差异。2000 年，南山镇、白妮镇、大沥镇、罗村街道、祖庙街道、张槎街道、桂城街道、石湾镇、陈村镇和伦教街道 10 个镇（街）的多功能指数为 0.10～0.15，其中，罗村街道、张槎街道、陈村镇、桂城

街道和南山镇土地利用多功能值为最低,分别为 0.1070、0.1180、0.1193、0.1290 和 0.1329;土地利用多功能值为 0.15～0.25 的镇(街)有 17 个,分别是大塘镇、芦苞镇、云东海街道、西南街道、里水镇、丹灶镇、荷城街道、明城镇、南庄镇、乐从镇、北滘镇、龙江镇、九江镇、勒流街道、大良街道、容桂街道和均安镇;土地利用多功能值为 0.25～0.35 的镇(街)有 6 个,其中,土地利用多功能值最高的是更合镇,为 0.3415,其次是狮山镇,其土地利用多功能值为 0.3055。到 2010 年,与 2000 年相比较各镇(街)土地利用多功能变化较大,其中,多功能值为 0.10～0.15 的只有南山镇,土地利用多功能值为 0.15～0.25 的镇(街)有 16 个,土地利用多功能值为 0.25～0.35 的镇(街)2010 年比 2000 年增加了 5 个,土地利用多功能值大于 0.35 的 2010 年有 5 个镇(街),表明各镇(街)的土地利用多功能多有提升,区内经济功能、社会功能的较快增长及生态功能部分的增加,带动了整个土地利用功能的提升。

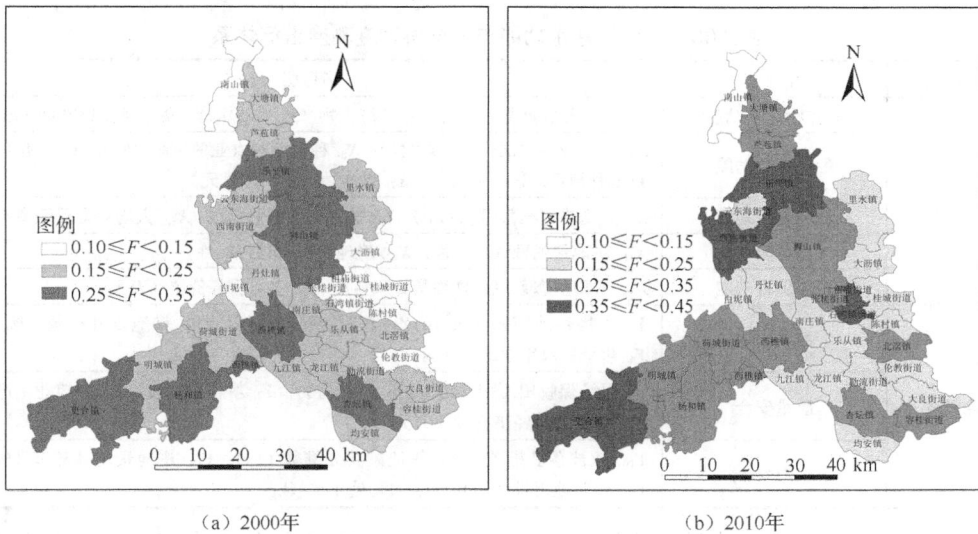

(a) 2000年　　(b) 2010年

图 2.36　佛山市土地利用多功能区域差异

3)珠海耕地功能与安全协调程度变化

在土地利用变化中,功能水平的变化必然引起土地资源安全水平的变化,资源功能与安全之间的协调程度也是区域土地利用程度的重要体现方面。尤其是随着经济的发展和人口的增加,耕地面积大幅度减少,耕地需求多样性与资源稀缺性之间的矛盾日渐突出,更是我国人多地少国情下需要重视的土地利用问题。为此,以珠海市为代表性研究区域,选择 500 m×500 m 格网为研究单元,选用 1990 年、1995 年、2000 年、2005 年、2010 年和 2015 年 6 个年份的 Landsat TM 遥感影像(分辨率 30 m×30 m)解译出的土地利用数据,从耕地产出功用与安全约束的冲突与协调关系出发,通过构建耕地功能与安全协调度测度指标体系,采用变异系数法确定指标权重(艾凤巍,2018),利用加权求和得到耕地功能指数和耕地安全指数,采用基于物理学容量原理的耦合协调模型揭示耕地功能与安全的协调程度(马丽等,2012),分析 1990～2015 年珠海市耕地功能与安全协调程度的变化。

遵循全面性、有效性等原则，结合珠海市耕地特殊性和已有研究成果（王芳等，2013；叶晓琪等，2017），根据层次分析思想和相关性检验，构建珠海市耕地功能与安全协调度测度指标体系（表 2.66）。随着人类需求日趋多元化，耕地功能也在不断演变，现阶段，珠海市对耕地的需求不仅是保证农作物生产、推动种植业增长和保障农民生活，还要求满足人类精神需求和维护城市生态环境，由此从农作物生产功能、经济贡献功能、社会保障功能、景观休闲功能、生态保育功能 5 个方面选取 14 个指标表征珠海市耕地功能；对于耕地安全，本质上是耕地保持相对稳定的数量、相对良好的质量及相对健康的生态系统的状态和能力，其中耕地数量是基础、质量是根本、生态是保障（匡丽花等，2018），由此从数量安全、质量安全和生态安全 3 个方面选取 14 个指标表征珠海市耕地安全。

表 2.66　珠海市耕地功能与安全协调度测度指标体系

系统层	准则层	指标层
耕地功能	农作物生产功能	X_1. 粮食作物产量（kg）；X_2. 经济作物产量（kg）；X_3. 蔬果类作物产量（kg）
	经济贡献功能	X_4. 种植业对 GDP 的贡献（%）；X_5. 种植业对农业的贡献（%）；X_6. 单位面积耕地种植业产值（元/m^2）；X_7. 人均种植业产值（元）
	社会保障功能	X_8. 人均耕地经营面积（m^2）；X_9. 农户收入水平（元）；X_{10}. 人均粮食保证率（%）
	景观休闲功能	X_{11}. 耕地景观城镇可达性；X_{12}. 耕地景观农村可达性
	生态保育功能	X_{13}. 农田生态系统多样性指数（%）；X_{14}. 生态服务价值（万元）
耕地安全	数量安全	Y_1. 人均耕地面积（m^2）；Y_2. 耕地垦殖率（%）；Y_3. 耕地复种指数（%）；Y_4. 耕地占农用地比例（%）
	质量安全	Y_5. 旱涝保收田面积（亩）；Y_6. 灌溉潜力；Y_7. 耕作便利度；Y_8. 种植业生产结构（%）；Y_9. 经济密度（万元/km^2）
	生态安全	Y_{10}. 植被覆盖指数；Y_{11}. 耕地景观分维数（%）；Y_{12}. 耕地景观破碎度（%）；Y_{13}. 化肥施用量（kg）；Y_{14}. 农药施用量（kg）

基于上述评价指标体系与计算方法，计算 1990～2015 年基于格网的珠海市耕地功能、耕地安全及耕地功能与安全协调度指数（表 2.67 和表 2.68），并采用 ArcGIS 软件的自然断点法将耕地功能与安全协调度从小到大依次划分为失调衰退、初级协调、中级协调、良好协调和优质协调 5 个等级。

表 2.67　1990～2015 年珠海市耕地功能与安全水平及其协调度均值

类型	1990 年	1995 年	2000 年	2005 年	2010 年	2015 年
耕地功能指数	0.45	0.43	0.35	0.36	0.35	0.38
耕地安全指数	0.44	0.45	0.43	0.46	0.43	0.47
耕地功能与安全协调度	0.66	0.65	0.61	0.63	0.61	0.64

表 2.68　1990~2015 年珠海市耕地功能与安全协调程度分级

项目		失调衰退	初级协调	中级协调	良好协调	优质协调
1990 年	格网数/个	336	519	842	1777	551
	比例/%	8.35	12.89	20.92	44.15	13.69
1995 年	格网数/个	282	560	822	1316	551
	比例/%	7.99	15.86	23.28	37.27	15.60
2000 年	格网数/个	646	1115	1318	261	260
	比例/%	17.94	30.97	36.61	7.25	7.22
2005 年	格网数/个	379	828	1003	900	57
	比例/%	11.97	26.14	31.67	28.42	1.80
2010 年	格网数/个	403	964	743	326	183
	比例/%	15.39	36.81	28.37	12.45	6.99
2015 年	格网数/个	241	711	728	697	501
	比例/%	8.37	24.70	25.30	24.22	17.41
1990~2000 年比例变化/%		9.60	18.08	15.69	-36.90	-6.47
2000~2010 年比例变化/%		-2.56	5.84	-8.24	5.20	-0.23
2010~2015 年比例变化/%		-7.01	-12.10	-3.07	11.77	10.42

1990~2015 年，珠海市耕地功能指数均值经历了"减少—增加—减少—增加"的发展阶段（表 2.67）。整体而言，珠海市耕地功能有所退化，耕地功能指数均值由 1990 年的 0.45 波动减少至 2015 年的 0.38。空间上，珠海市耕地功能发展呈现非均衡性，除莲洲镇、斗门镇和白蕉镇外，其余镇（街）耕地功能指数均有所减少，其中，南屏镇、平沙镇和白藤街道减幅较为明显，2015 年珠海市耕地功能呈现"西高东低"的分布格局。

1990~2015 年，珠海市耕地安全指数均值经历了"增加—减少—增加—减少—增加"的发展阶段（表 2.67），由 1990 年的 0.44 波动增加至 2015 年的 0.47，珠海市耕地安全状况有所改善，同时耕地安全水平高于耕地功能水平。空间上，莲洲镇、斗门镇、白蕉镇、井岸镇和主城区耕地安全指数略有减少，其余镇（街）耕地安全指数波动增加。整体上，耕地安全空间格局由 1990 年的"北高南低"提升为 2015 年的"全市较高水平"。

1990~2015 年，珠海市耕地功能与安全协调度均值经历了"减少—增加—减少—增加"的波动变化历程，总体上由 1990 年的 0.66 减少至 2015 年的 0.64，耕地功能与安全的协调程度略有降低。珠海市耕地功能与安全协调程度的时序变化大致可分为前期（1990~2000 年）、中期（2000~2010 年）和后期（2010~2015 年）3 个阶段（表 2.67）。其中，前期，耕地功能与安全协调度不断减少，优质协调和良好协调比重减少，而中级协调、初级协调和失调衰退比重增加；中期，耕地功能与安全协调度无显著变化，失调衰退、中级协调和优质协调比重减少，而初级协调和良好协调比重增加；后期，耕地功能与安全协调度有所回升，并表现为由中级协调、初级协调和失调衰退向优质协调和良好协调转换的改善态势，表明珠海市耕地功能与安全协调发展形势趋于好转。

1990~2015 年，珠海市耕地功能与安全协调程度的空间差异趋于明显（表 2.68），1990 年珠海市以良好协调大范围成片分布，2015 年则表现为各协调等级分散分布的格局，且西部地区与东部地区之间的差距增大。结合不同区域格网单元协调等级变化的非同步性，同样可将基于格网的珠海市耕地功能与安全协调程度的空间演变历程分为前期（1990～2000 年）、中期（2000～2010 年）和后期（2010～2015 年）3 个阶段。其中，前期，珠海市西部地区耕地功能与安全协调程度由良好协调逐渐下降为中等协调和初级协调，而东部地区保持优质协调，形成"东高西低"的分布格局；中期，西部地区耕地功能与安全协调程度有所上升，以良好协调和中等协调为主，相反，东部地区协调程度由优质协调下降为初级协调和失调衰退，形成"西高东低"的分布格局；后期仍基本保持"西高东低"的分布格局，但大部分格网单元的耕地功能与安全协调程度呈现一定程度的上升，最终优质协调和良好协调主要分布于莲洲镇、白蕉镇、斗门镇西北部、乾务镇中部、平沙镇中部、三灶镇东北部等地区，而初级协调和失调衰退主要分布于唐家湾镇西北部、南屏镇南部、主城区西北部及其南部等地区。

总体而言，随着土地利用尤其是耕地的变化，耕地的功能与安全协调水平也发生了一定的变化，1990～2015 年珠海市耕地功能与安全协调程度略有降低，协调度指数由 0.66 波动减少至 0.64，其协调程度空间分布表现为各协调等级分散分布的态势，且西部地区与东部地区之间的差距逐渐增大，分布格局由前期的"东高西低"转变为后期的"西高东低"。

3. 土地集约利用水平变化分析

为全面反映珠江三角洲地区土地利用效益的变化，基于前述珠江三角洲地区土地集约利用评价的指标体系与评价方法，分别对 2000 年、2005 年、2009 年和 2014 年 4 个年份珠江三角洲地区土地集约利用水平进行评价，对比分析 2000～2014 年珠江三角洲地区土地集约利用水平的变化。

珠江三角洲地区土地集约利用水平评价结果（表 2.69）显示，进入 21 世纪以来，珠江三角洲地区的土地集约利用水平整体呈上升态势，2000～2014 年，珠江三角洲地区土地利用的集约化指数由 0.37 增加至 0.54，提升幅度达 45.94%，土地利用水平与效益得到了明显提高。

表 2.69 珠江三角洲地区 4 个年份土地集约利用水平

城市	2000 年		2005 年		2009 年		2014 年	
	指数	排序	指数	排序	指数	排序	指数	排序
广州	0.44	3	0.48	3	0.56	3	0.64	3
深圳	0.61	1	0.71	1	0.80	1	0.91	1
珠海	0.33	6	0.35	6	0.37	6	0.43	6
佛山	0.43	4	0.48	4	0.55	5	0.63	4
惠州	0.20	8	0.25	8	0.32	7	0.35	7
东莞	0.49	2	0.58	2	0.66	2	0.71	2
中山	0.39	5	0.43	5	0.56	4	0.62	5
江门	0.24	7	0.25	7	0.30	8	0.32	8
肇庆	0.19	9	0.20	9	0.26	9	0.29	9
珠三角	0.37		0.41		0.49		0.54	

　　2000～2014 年，珠江三角洲地区内各市土地利用的集约化指数均呈增长的趋势，但各市土地集约利用水平增长幅度存在差异（表 2.69 和图 2.37），其中，尤以深圳、佛山、东莞等市提升幅度较为显著，深圳市从 0.61 提高至 0.91，中山市从 0.39 提高至 0.62，升幅分别为 49.18% 和 58.97%，但同期珠海、肇庆和江门市土地利用集约化指数仅提高 0.10、0.10 和 0.08。同时，2000～2014 年珠江三角洲地区土地集约利用水平的变化存在较大的波动，其中，2000～2005 年、2005～2009 年和 2009～2014 年三个时段，珠江三角洲地区土地集约利用指数的增加值分别是 0.04、0.08 和 0.05，增长率分别为 10.81%、19.51% 和 10.20%，2005～2009 年珠江三角洲地区土地集约利用水平提升相对较快。2000～2014 年珠江三角洲地区土地集约利用水平指数排前三位的城市均为深圳、东莞、广州市（表 2.69 和图 2.37），其中以深圳市的土地集约利用水平为最高。比较而言，2000 年珠江三角洲地区的土地集约利用水平呈现出较为明显的单增长极，即深圳市，并呈现出以增长极为核心向外辐射递减的特征。之后到 2010 年，珠江三角洲地区土地集约利用水平由深圳市的单增长极发展至深圳、东莞和广州的面状增长，此应与"深圳—东莞""广州—佛山"的城市带发展密切相关。

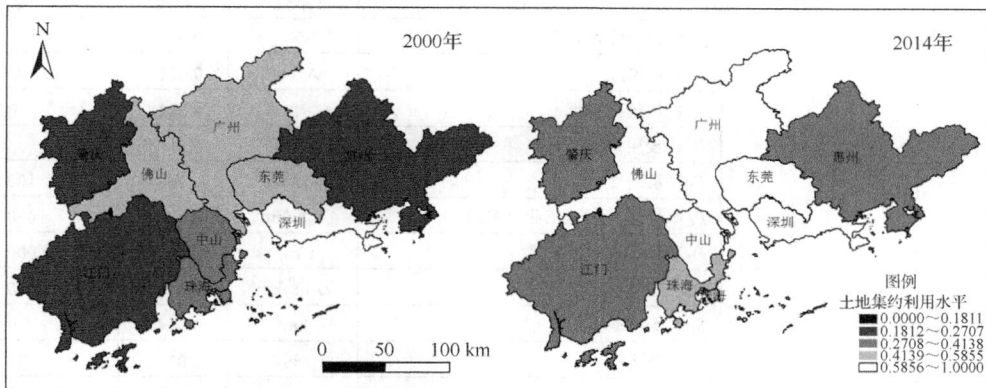

图 2.37　2000 年和 2014 年珠江三角洲地区土地集约利用水平分布图

二、土地可持续利用水平变化

　　土地资源的开发利用不仅要满足当前人口与社会经济发展的需求，更要着眼于未来为区域的可持续发展奠定良好的资源基础。土地可持续利用水平代表区域未来土地利用的基本趋向，其变化也是珠江三角洲地区土地利用程度变化分析的基本内容之一，故选择区内的代表性地区佛山市进行土地资源可持续利用水平变化的典型评价与分析。

1. 土地可持续利用评价方法

　　土地资源的可持续利用是指本着社会、经济要求和环境问题相统一的宗旨，综合运用技术、政策或其他活动手段，实现在土地资源开发利用过程中同时保持或提高土地的生产或服务功能（生产性）、降低生产的风险水平（稳定性）、保护自然资源潜力防止土壤和水质退化（保护性）和经济可行（可行性）与社会可接受（接受性），其基本内涵就是土地资源开发利用既要满足当代人的经济、社会发展的需求，又不妨碍后代人的生存发展需要（傅伯杰等，1997；尹君，2001；陈百明和张凤荣，2001；彭建等，2003；傅伯杰等，2004）。土地利用过程，是一个承受人口增长、经济发展和社会进步所带来的多种压力（P），由此引起的土地资源物理、化学与生物过程的变化（S），并由此影响社会经济从而人类对其反馈产生必然响应（R）的过程，由此相互关联，形成了土地资源可持续利用的压力-状态-响应框架（周炳中等，2002）。依此，遵循科学性、可操作性、系统性和动态性原则，构建基于压力-状态-响应（P-S-R）评价框架的佛山市土地资源可持续利用评价指标体系（表 2.70），具体采用熵权系数法对各项评价指标进行客观赋权（杨星等，2005a，2005b），同时参考联合国社会发展研究所提出的 21 项社会指标体系的国际标准、依据国家相关标准及佛山市相关规划指标等确定佛山市土地资源可持续利用评价的各单项指标的目标值（白易等，2009），基于各指标权重采用线性加权方法对佛山市土地资源的可持续利用水平进行综合评价。根据综合评价分值，可分别划分出不可持续（综合评价值≤0.5）、弱可持续（综合评价值 0.5～0.7）、基本可持续（综合评价值 0.7～0.85）和强可持续（综合评价值≥0.85）4 个土地资源可持续利用水平程度。

表 2.70　佛山市土地资源可持续利用评价指标体系

目标层	分类指标	单项指标	单位	权重	目标值
土地可持续利用水平	压力指标（P）	P_1 人口自然增长率	‰	0.016 6	<5
		P_2 人口密度	人/km²	0.021 6	3 500
		P_3 耕地年减少率	%	0.022 6	0.3
		P_4 建设用地年增长率	%	0.016 9	3
		P_5 经济密度	万元/hm²	0.065 7	100
		P_6 单位建设用地工业总产值	万元/hm²	0.072 8	400
		P_7 工业废水排放密度	t/km²	0.039 7	30 000
		P_8 工业废气排放密度	万 m³/km²	0.044 7	1 500
	状态指标（S）	S_1 人均耕地面积	hm²	0.044 4	0.053
		S_2 林地比例	%	0.070 9	30
		S_3 耕地后备资源占土地面积比	%	0.045 5	6
		S_4 人均 GDP	元	0.070 6	100 000
		S_5 职工年收入	元	0.052 8	40 000
		S_6 农业产值占 GDP 比例	%	0.034 7	10
		S_7 第三产业占 GDP 比例	%	0.051 5	45
		S_8 固定资产投资占 GDP 比例	%	0.040 3	30
		S_9 人均建设用地面积	m²	0.040 3	100
	响应指标（R）	R_1 有效灌溉面积比	%	0.044 7	100
		R_2 单位耕地农业机械总动力	kW/hm²	0.044 4	25
		R_3 工业废水排放达标率	%	0.078 2	100
		R_4 工业废气排放达标率	%	0.021 9	100
		R_5 农林水事务支出占财政总支出比例	%	0.024 3	5
		R_6 科教支出占 GDP 比例	%	0.034 8	4

2. 土地可持续利用水平变化

佛山市土地可持续利用水平评价结果（表 2.71）显示，自 1999 年以来，佛山市土

地可持续利用水平综合评价分值由 1999 年的 0.5987 缓慢增至 2006 年的 0.6842,到 2009
年达到 0.7457,1999~2006 年土地可持续利用水平综合评价分值增加了 14.28%,其土
地可持续利用水平也由弱可持续升级为基本可持续利用水平。1999~2006 年,佛山市
土地可持续利用水平不断提高的变化过程,大致以 2006 年为界经历了两个发展阶段,
其中,1999~2006 年基本处于弱可持续利用水平,2007 年后处于基本可持续利用水平。
同期,佛山市土地利用的压力系统评价分值一直呈增加态势,由 1999 年的 0.1528 增加
到 2009 年的 0.2123,增幅达 38.90%,为三个子系统评价分值中增幅之最大;状态系统
和响应系统的评价分值虽然有波动变化,但总体上也都呈现出增加的发展态势,同期其
评价分值也分别由 1999 年的 0.2639 和 0.1820 增加到 2009 年的 0.3098 和 0.2236,提高
幅度分别为 17.39%和 22.85%。

表 2.71 佛山市土地可持续利用水平评价结果

年份	压力系统	状态系统	响应系统	综合评价结果	土地可持续利用程度
1999	0.1528	0.2639	0.1820	0.5987	弱可持续
2000	0.1840	0.2676	0.1864	0.6380	弱可持续
2001	0.1739	0.2719	0.1828	0.6286	弱可持续
2002	0.1566	0.2605	0.1849	0.6021	弱可持续
2003	0.1880	0.2673	0.1892	0.6445	弱可持续
2004	0.1905	0.2741	0.2096	0.6742	弱可持续
2005	0.1957	0.2784	0.1843	0.6584	弱可持续
2006	0.2038	0.2824	0.1980	0.6842	弱可持续
2007	0.2192	0.2935	0.2203	0.7330	基本可持续
2008	0.2323	0.3027	0.2203	0.7552	基本可持续
2009	0.2123	0.3098	0.2236	0.7457	基本可持续

　　简要概括珠江三角洲地区历史时期与近期土地利用的变化,可以发现珠江三角洲地
区的土地利用具有由简及繁(土地利用类型逐渐增多)、由点及面(利用规模不断扩大)、
由低到高(利用程度大幅提高)的特点,尤其是改革开放以来,珠江三角洲地区的土地
利用类型及结构日趋复杂,建设用地规模迅速扩大,土地利用综合效益不断提高,土地
可持续利用水平不断升级。同时,珠江三角洲地区土地利用变化还具有时间上的阶段性
和波动性、水平与垂直空间上的不平衡性及类型上不同土地利用类型变化特征的差异性
等特征,如近期土地利用数量与程度变化中不同时段的差异,不同区域与高程区间土地
利用变化方向和幅度的差别,尤其是存在类似建设用地扩张及耕地与生态用地规模减小
的不同土地利用类型变化的巨大差异等。

参 考 文 献

艾凤巍,2018. 呼伦贝尔地区耕地集约利用与生态安全协调发展研究[J]. 中国农业资源与区划,39(4):
　193-199.
白易,张奇,石哲,等,2009. 基于改进 PSR 模型的恩平市土地可持续利用评价[J]. 水土保持通报,
　29(4):209-214.

曹雪，柯长青，冉江，2008．基于 GIS 技术的城镇用地扩展研究：以南京市江宁区为例[J]．资源科学，
    30（3）：385-391．

陈百明，2002．区域土地可持续利用指标体系框架的构建与评价[J]．地理科学进展，21（3）：204-215．

陈百明，张凤荣，2001．中国土地可持续利用指标体系的理论与方法[J]．自然资源学报，16（3）：197-203．

陈百明，周小萍，胡业翠，等，2008．土地资源学[M]．北京：北京师范大学出版社．

陈代光，1996．广州城市发展史[M]．广州：暨南大学出版社．

程浩，1985．广州港史（近代部分）[M]．北京：海洋出版社．

陈婧，史培军，2005．土地利用功能分类探讨[J]．北京师范大学学报，41（5）：536-540．

陈睿山，蔡运龙，严祥，等，2011．土地系统功能及其可持续性评价[J]．中国土地科学，25（1）：8-15．

崔晓伟，张磊，朱亮，等，2012．三峡库区开县蓄水前后景观格局变化特征[J]．农业工程学报，28（4）：
    227-234．

崔勇，2007．广东高明古椰贝丘遗址发掘取得重要成果[N]．中国文物报，2007-01-12（2）．

段学军，陈雯，2005．省域空间开发功能区划方法探讨[J]．长江流域资源与环境，14（5）：540-545．

冯异星，罗格平，周德成，等，2010．近 50a 土地利用变化对干旱区典型流域景观格局的影响：以新
    疆玛纳斯河流域为例[J]．生态学报，30（16）：4295-4305．

冯朝阳，于勇，高吉喜，等，2007．地形因子对京西门头沟区土地利用/覆盖变化的影响[J]．山地学报，
    25（3）：274-279．

傅伯杰，陈利顶，马诚，1997．土地可持续利用评价的指标体系与方法[J]．自然资源学报，12（2）：
    113-118．

傅伯杰，陈利顶，蔡运龙，等，2004．环渤海地区土地利用变化及可持续利用研究[M]．北京：科学出
    版社．

高长波，陈新庚，韦朝海，等，2006．广东省生态安全状态及趋势定量评价[J]．生态学报，26（7）：
    2191-2197．

高义，苏奋振，孙晓宇，等，2010．珠江口滨海湿地景观格局变化分析[J]．热带地理，30（3）：215-220，
    226．

龚建周，夏北成，2007．1990 年以来广州市土地覆被景观的时空梯度分异[J]．地理学报，62（2）：181-190．

韩海辉，杨太保，王艺霖，2009．近 30 年青海贵南县土地利用与景观格局变化[J]．地理科学进展，28
    （2）：207-215．

何炳棣，1988．中国古今土地数字的考释和评价[M]．北京：中国社会科学出版社．

何露，闵庆文，张丹，2010．农业多功能性多维评价模型及其应用研究：以浙江省青田县为例[J]．资
    源科学，32（6）：1057-1064．

纪芸，孙武，李国，等，2009．1907～1968 年广州建成区土地利用/覆被变化时空特征分析[J]．华南师
    范大学学报（自然科学版），41（1）：121-126．

康红刚，孙希华，2009．基于 RS 和 GIS 的城市扩展及驱动机制研究：以济南市为例[J]．地域研究与
    开发，28（3）：135-139．

匡丽花，叶英聪，赵小敏，等，2018．基于改进 TOPSIS 方法的耕地系统安全评价及障碍因子诊断[J]．自
    然资源学报，33（9）：1627-1641．

李灿，张凤荣，朱泰峰，等，2013．基于熵权 TOPSIS 模型的土地利用绩效评价及关联分析[J]．农业
    工程学报，29（5）：217-227．

李德一，张树文，吕学军，等，2011．基于栅格的土地利用功能变化监测方法[J]．自然资源学报，26
    （8）：1297-1305．

李平日，乔彭年，郑洪汉，等，1991．珠江三角洲一万年来环境演变[M]．北京：海洋出版社．

刘闯, 1989. 区域土地数量结构分析模型及其应用[J]. 中国土地科学, 3 (4): 31-38.

刘红玉, 吕宪国, 1999. 三江平原湿地景观生态制图分类系统研究[J]. 地理科学, 19 (5): 432-436.

刘江, 崔胜辉, 邱全毅, 等, 2010. 滨海半城市化地区景观格局演变: 以厦门市集美区为例[J]. 应用生态学报, 21 (4): 856-862.

刘瑞民, 杨志峰, 沈珍瑶, 等, 2006. 基于 DEM 的长江上游土地利用分析[J]. 地理科学进展, 25 (1): 102-108.

龙花楼, 李秀彬, 2001. 长江沿线样带土地利用格局及其影响因子分析[J]. 地理学报, 56 (4): 417-425.

吕宪国, 黄锡畴, 1998. 我国湿地研究进展: 献给中国科学院长春地理研究所成立 40 周年[J]. 地理科学, 18 (4): 293-299.

马丽, 金凤君, 刘毅, 2012. 中国经济与环境污染耦合度格局及工业结构解析[J]. 地理学报, 67 (10): 1299-1307.

彭建, 王仰麟, 宋治清, 等, 2003. 国内外土地持续利用评价研究进展[J]. 资源科学, 25 (2): 85-93.

邱扬, 傅伯杰, 王军, 等, 2003. 黄土丘陵小流域土地利用的时空分布及其与地形因子的关系[J]. 自然资源学报, 18 (1): 20-29.

司徒尚纪, 1998. 广东政区体系: 历史·现实·改革[M]. 广州: 中山大学出版社.

孙丽, 陈焕伟, 潘家文, 2004. 运用 DEM 剖析土地利用类型的分布及时空变化: 以北京延庆县为例[J]. 山地学报, 22 (6): 762-766.

谭棣华, 1993. 清代珠江三角洲的沙田[M]. 广州: 广东人民出版社.

谭永忠, 吴次芳, 叶智宣, 等, 2003. 城市土地可持续利用评价的指标体系与方法[J]. 中国软科学 (3): 139-143.

涂小松, 濮励杰, 朱明, 2008. 基于可拓学和协调性分析的区域土地综合质量评价[J]. 农业工程学报, 24 (11): 57-62.

王芳, 冯艳芬, 卓莉, 等, 2013. 基于改进遗传算法投影寻踪的大城市郊区耕地安全综合评价[J]. 热带地理, 33 (4): 373-380.

王厚军, 李小玉, 张祖陆, 等, 2008. 1979~2006 年沈阳市城市空间扩展过程分[J]. 应用生态学报, 19 (12): 2673-2679.

吴传钧, 郭焕成, 1994. 中国土地利用[M]. 北京: 科学出版社.

吴宏岐, 2006. 汉番禺城故址新考[J]. 中国历史地理论丛, 21 (3): 116-127.

邬建国, 2000. 景观生态学: 格局、过程、尺度与等级[M]. 北京: 高等教育出版社.

吴晓莆, 唐志尧, 崔海亭, 等, 2006. 北京地区不同地形条件下的土地覆盖动态[J]. 植物生态学报, 30 (2): 239-251.

肖笃宁, 李秀珍, 高峻, 等, 2003. 景观生态学[M]. 北京: 科学出版社.

徐俊鸣, 1973. 珠江三角洲[M]. 广州: 广东人民出版社.

徐晓梅, 1988. 古代广州的城建规划考略[J]. 羊城古今 (2): 42-44.

杨万秀, 钟卓安, 1996. 广州简史[M]. 广州: 广东人民出版社.

杨星, 蔡彦, 郭璐, 2005a. 广东省土地资源可持续利用评价研究[J]. 中国人口·资源与环境, 15 (3): 65-69.

杨星, 石伟, 成金华, 等, 2005b. 东莞市土地资源可持续利用实证分析与预测[J]. 中国土地科学, 19 (4): 18-23.

杨勇, 任志远, 2009. 基于 GIS 的西安市城镇建设用地扩展研究[J]. 遥感技术与应用, 24 (1): 46-51.

叶晓琪, 宋小青, 谭子安, 等, 2017. 大都市镇域耕地功能格局及其成因: 以广州市为例[J]. 热带地理, 37 (6): 862-873.

尹君，2001．土地资源可持续利用评价指标体系研究[J]．中国土地科学，15（2）：6-9．

张凤荣，王静，陈百明，等，2003．土地持续利用评价指标体系与方法[M]．北京：中国农业出版社．

张华，苗苗，孙才志，等，2007．辽宁省滨海湿地资源类型及景观格局分析[J]．资源科学，29（3）：139-146．

张洁瑕，陈佑启，姚艳敏，等，2008．基于土地利用功能的土地利用分区研究：以吉林省为例[J]．中国农业大学学报，13（3）：29-35．

章金鸿，黄晓珊，李玫，2003．珠海红树林的保护与发展[J]．广州环境科学，18（2）：37-40．

张晓平，朱道林，许祖学，2014．西藏土地利用多功能性评价[J]．农业工程学报，30（6）：185-194．

张杨，严金明，江平，等，2013．基于正态云模型的湖北省土地资源生态安全评价[J]．农业工程学报，29（22）：252-258．

甄霖，曹淑艳，魏云洁，等，2009．土地空间多功能利用：理论框架及实证研究[J]．资源科学，31（4）：544-551．

甄霖，魏云洁，谢高地，等，2010．中国土地利用多功能性动态的区域分析[J]．生态学报，30（24）：6749-6761．

周炳中，杨浩，包浩生，等，2002．PSR 模型及在土地可持续利用评价中的应用[J]．自然资源学报，17（5）：541-548．

周锐，李月辉，胡远满，等，2009．基于 GIS 的沈阳市城镇用地空间扩展特征分析[J]．资源科学，31（11）：1947-1956．

庄大方，刘纪远，1997．中国土地利用程度的区域分异模型研究[J]．自然资源学报，12（2）：105-111．

FAO. 1993. An international framework for evaluating sustainable land management[R]. World Soil Resources Reports 73.

HOERSCHA B, BRAUN G, SCHMIDT U, 2006. Relation between landform and vegetation in alpine regions of Wallis, Switzerland. A multiscale remote sensing and GIS approach[J]. Computer, Environment and Urban Systems, 26: 113-139.

ROBERT O V, KURT R H, JAMES W D, et al., 1999. Landscape pattern metrics and regional assessment[J]. Ecosystem Health, 5(4): 225-233.

XIE G D, ZHEN L, ZHANG C X, et al., 2010. Assessing the multifunctionalities of land use in China[J]. Journal of Resources and Ecology, 1(4): 311-318.

第三章　土地利用变化的环境效应

珠江三角洲地区近期土地利用的快速变化，不可避免地导致区域生态环境发生相应变化。珠江三角洲地区不同土地利用类型的变化，引起不同类型生态系统中物质循环与能量流动、景观结构及其生态功能的改变，直接影响区域水热平衡、碳调节过程、能量平衡及其服务功能（王晓东和蒙吉军，2014），影响区域大气、土壤、水文、生物等环境要素的变化，从而对整个珠江三角洲地区产生一定的环境效应。为此，本章在对土地利用变化过程中环境要素效应分析的基础上，分别就整个珠江三角洲地区并选择典型区域分析珠江三角洲地区土地利用变化的环境效应尤其是土地利用变化对土地生态系统服务功能的影响与作用。

第一节　土地利用变化的环境要素效应

土地是深受人类活动影响的地表一定范围内地貌、气候、水文、土壤、植物和动物相互作用形成的产物，作为自然、经济与社会综合体，人类活动引起的土地利用方式、利用程度等变化，自然会引起土地综合体中气候、土壤、水文及动植物的变化，产生一定的环境要素效应。本节主要从大气和土壤等主要环境要素，探讨珠江三角洲地区土地利用变化中环境要素的效应特征。

一、珠江三角洲地区土地利用变化的碳效应

作为全球变化的重要因素，土地利用主要是通过碳汇与碳排放从而成为影响未来气候变化的重要方面，是土地利用变化效应的一个重要方面。对于珠江三角洲地区，主要基于珠江三角洲地区碳汇及碳排放的测评，从数量、空间及时间变化等方面综合测评1990～2014年其土地利用变化的碳效应。

1. 碳汇的变化

碳汇是植物通过光合作用吸收大气中的二氧化碳和水，把二氧化碳固定在植物体中，并转化为土壤中碳的过程和机制（董恒宇等，2012）。基于 CASA 模型（光能利用率模型）及光合反应作用方程，对 1990～2014 年 4 个不同时间的珠江三角洲地区不同土地利用类型的碳汇效应进行测评（Xu et al.，2017）。整体而言，2000～2014 年，珠江三角洲地区单位面积碳汇量由 1990 年的 467.35 g/m^2 降至 2014 年的 384.00 g/m^2，碳汇总量由 1922.72 万 t 减少到 1579.93 万 t，区域固碳能力呈减少趋势（表 3.1）。

表 3.1 珠江三角洲地区的土地利用碳汇情况

地类	单位面积碳汇/（g/m²）				碳汇总量/万 t			
	1990 年	2000 年	2005 年	2014 年	1990 年	2000 年	2005 年	2014 年
耕地	400.89	418.69	430.08	368.02	564.52	528.85	486.38	392.00
林地	573.62	520.14	496.15	465.49	1128.81	1009.41	944.84	870.58
草地	476.83	465.28	455.95	430.32	42.52	39.25	35.24	31.48
水域	267.91	278.98	277.60	251.52	99.49	117.03	113.13	97.07
建设用地	304.29	299.64	296.61	258.77	86.65	123.98	178.51	188.31
未利用土地	298.61	284.35	281.37	315.98	0.73	0.68	0.53	0.49
珠江三角洲地区	467.35	454.81	448.50	384.00	1922.72	1819.20	1758.63	1579.93

林地的碳汇总量明显高于其他地类，但 1990～2014 年珠江三角洲地区林地的单位面积碳汇量持续下降（表 3.1），1990 年为 573.62 g/m²，2000 年、2005 年、2014 年分别下降至 520.14 g/m²、496.15 g/m²、465.49 g/m²，在单位面积碳汇量下降及林地面积减少的共同影响下，1990～2014 年珠江三角洲地区林地碳汇总量由 1128.81 万 t 下降至 870.58 万 t。

草地的单位面积碳汇量处于不断下降之中，由 1990 年的 476.83 g/m² 减少至 2014 年的 430.32 g/m²。由于珠江三角洲地区内的草地面积较少，因此草地碳汇总量较低，1990 年为 42.52 万 t，2014 年下降到 31.48 万 t。

1990～2014 年，珠江三角洲地区耕地的单位面积碳汇量先增后减，1990 年为 400.89 g/m²，2000 年和 2005 年分别增加到 418.69 g/m² 和 430.08 g/m²，但到 2014 年降至 368.02 g/m²。由于区内耕地面积快速减少，碳汇总量随之迅速减少，由 1990 年的 564.52 万 t 下降到 2014 年的 392.00 万 t，减少了 30.56%。

1990～2005 年珠江三角洲地区水域的单位面积碳汇量无明显变化，单位面积碳汇值为区内 6 种土地利用类型中最低，与 1990 年相比，2014 年稍有下降，为 251.52 g/m²，碳汇总量 2014 年仅 97.07 万 t。

另外，1990～2014 年珠江三角洲地区的城乡、工矿及居民点用地等建设用地的单位面积碳汇值呈持续下降趋势，由 1990 年的 304.29 g/m² 下降至 2014 年的 258.77 g/m²，由于城乡、工矿及居民点用地等建设用地面积的快速增加，其碳汇总量呈明显的增加趋势，由 1990 年的 86.65 万 t 快速增至 2014 年的 188.31 万 t。

1990～2014 年，珠江三角洲地区 9 市的单位面积碳汇量及碳汇总量均呈下降趋势（表 3.2）。其中，1990～2000 年变化较小，2000～2005 年次之，但 2005～2014 年各市单位面积碳汇量显著降低。1990～2014 年深圳、东莞、珠海、惠州、中山市的碳汇水平呈持续下降趋势，如深圳市单位面积碳汇量由 433.47 g/m² 下降至 355.38 g/m²；广州、佛山市的碳汇水平呈先略有增加后持续下降趋势，其中广州市 1990～2000 年单位面积碳汇量略有增加，但 2000 年后单位面积碳汇量显著下降，2014 年下降到 380.51 g/m²；江门、肇庆市的碳汇水平呈波动下降趋势，1990～2000 年碳汇下降，2000～2005 年碳汇水平有所增加，2005～2014 年碳汇显著下降，如肇庆市单位面积碳汇量由 2005 年的 493.89 g/m² 显著降至 2014 年的 399.26 g/m²。

表 3.2　珠江三角洲地区各市的碳汇变化

城市名称	单位面积碳汇/（g/m²）				碳汇总量/万 t			
	1990 年	2000 年	2005 年	2014 年	1990 年	2000 年	2005 年	2014 年
广州	463.41	463.95	459.24	380.51	332.30	332.69	329.31	272.86
佛山	353.52	354.27	342.46	294.18	134.11	134.40	129.91	111.60
深圳	433.47	415.32	389.78	355.38	82.75	79.29	74.41	67.84
东莞	360.79	357.46	327.61	293.15	88.28	87.47	80.16	71.73
珠海	374.37	362.56	361.28	321.75	58.00	56.17	55.97	49.84
惠州	566.52	542.97	522.90	438.23	511.39	490.13	472.02	395.58
江门	470.10	455.04	463.03	416.00	439.41	425.34	432.81	388.84
肇庆	494.96	470.15	493.89	399.26	205.12	194.84	204.68	165.46
中山	381.91	368.02	346.69	304.76	65.92	63.52	59.84	52.60

整体而言，珠江三角洲地区的碳汇量表现出明显的"中心低四周高"的空间分异特征，低、中、高值区表现出明显的以珠江口为圆心的三圈层同心圆式分布，珠江口附近的广州、深圳、佛山、东莞的主城区表现为连片的低值区域，尤其是低值区范围明显扩张，单位面积的碳汇量也有所下降。

2. 碳排放变化

基于 1990~2014 年各类统计年鉴及政府公报的社会经济数据，主要采用联合国政府间气候变化专门委员会的碳排放测评方法，对珠江三角洲地区的碳排放变化进行测评。具体主要从能源消费碳排放、工业生产过程碳排放、固体废弃物碳排放和废水碳排放 4 个方面，对珠江三角洲地区区域整体及各市的碳排放量进行具体分析。需要说明的是，废水碳排放主要包括生活废水及工业废水碳排放，属城市系统居民生活及工业生产排放废水所产生的碳排放，而非水域本身碳挥发所造成的碳排放，故将废水碳排放部分计入建设用地碳排放部分。珠江三角洲地区 2014 年碳排放测评结果（表 3.3）显示，区内各市的碳排放总量是广州＞深圳＞东莞＞佛山＞惠州＞中山＞珠海＞江门＞肇庆，总体而言，1990~2014 年珠江三角洲地区的碳排放总量均呈整体增加趋势，但不同时段的变化特征略有差异。

表 3.3　珠江三角洲地区各市的碳排放总量变化　　　　（单位：万 t）

城市名称	1990 年	2000 年	2001 年	2005 年	2010 年	2014 年
广州	614.71	1410.16	1465.57	2583.71	3791.25	4330.37
佛山	385.62	674.90	728.18	1024.32	1410.67	1495.22
深圳	352.19	1198.41	1380.16	3067.27	3726.12	4003.40
珠海	68.96	159.30	172.13	305.40	577.65	634.64
东莞	103.63	435.52	477.00	1198.29	1762.47	2026.83
肇庆	15.29	28.39	30.28	29.21	73.35	129.34
惠州	74.36	258.38	299.79	417.31	745.53	1039.10
中山	120.41	254.00	278.74	460.22	726.17	915.73
江门	124.84	268.60	277.87	336.73	515.04	556.50

广州和深圳作为珠江三角洲地区的两个中心城市，1990～2014年交替成为区内碳排放总量最大的城市，其碳排放约为区内其他城市的2倍以上。1990年，深圳市碳排放总量为352.19万t，明显小于广州市的614.71万t，1990～2002年深圳市碳排放总量小于广州市，但该阶段的碳排放增加量深圳市要大于广州市；2003～2009年深圳市碳排放总量超越广州市，其中2003～2007年为深圳市碳排放总量增长最快的阶段，年均增加碳排放量为309.29万t；2007～2014年深圳市碳排放总量处于相对平缓、波动上升阶段，其中2009年出现第一次碳排放总量的下降，较2008年下降78.31万t，2013年碳排放总量出现第二次下降，较2012年降低119.64万t。

佛山、东莞的碳排放总量水平较为接近，其中1990～2004年佛山市碳排放总量大于东莞，这期间1990～1997年佛山碳排放总量基本与深圳市相当，但1998年明显下降且至2001年一直处于平稳水平，2002年后处于波动上升阶段，不过1998～2008年东莞市碳排放总量迅速增加，年均增幅为135.21万t，尤其是2005年后东莞市碳排放总量超越佛山成为珠江三角洲碳排放总量第三大市，且差距愈加明显。

1990～2014年惠州、中山、珠海、江门的碳排放时序变化特征较为相似，整体呈增加趋势，但增幅较小，其中1990～2002年为缓慢增加阶段，2002～2014年增幅有所增加。例如，惠州市在1990～2002年的碳排放总量年均增加18.88万t，而2002～2014年则年均增加59.02万t。

在珠江三角洲地区中，肇庆1990～2014年的碳排放总量最少，增幅也最低，但肇庆2010～2014年碳排放总量有明显的增加趋势。

1990～2014年珠江三角洲地区单位面积碳排放量呈整体逐年增加趋势，由452.40 g/m² 增加至 3680.30 g/m²，其中 1990～2001 年为缓慢增长期，年均增长量仅为65.87 g/m²；2001～2013年为快速增长期，年均增加185.15 g/m²；2013～2014年逐渐趋于稳定，年均变化仅为30.51 g/m²。2014年，珠江三角洲地区内9市单位面积碳排放量的排序为深圳（20 970.39 g/m²）＞东莞（8283.30 g/m²）＞广州（6038.96 g/m²）＞中山（5305.59 g/m²）＞珠海（4096.59 g/m²）＞佛山（3941.47 g/m²）＞惠州（1151.11 g/m²）＞江门（595.36 g/m²）＞肇庆（312.09 g/m²），除惠州、江门和肇庆外，其他各市的碳排放强度均大于珠江三角洲地区单位面积碳排放量的平均水平（3680.30 g/m²）。1990～2014年，珠江三角洲地区内各市的单位面积碳排放量年均增长量排序特征与2014年各市碳排放强度也基本一致，深圳碳排放强度数量大且增长快，年均增长765.02 g/m²，增长量远大于其他各市，次之的东莞年均增长314.39 g/m²，广州以年均增长207.27 g/m²排第三，肇庆年均增长量最少，仅有11.01 g/m²。

3. 碳效应变化

碳汇是生态系统碳输入，碳排放为生态系统碳输出（赵荣钦等，2012），可基于碳汇与碳排放的差值综合测评珠江三角洲地区1990～2014年的碳效应。测评结果（表3.4）显示，1990～2014年，珠江三角洲地区碳效应的数量变化呈持续下降特征，单位面积碳效应由14.95 g/m²下降至-3296.30 g/m²，碳效应总量变化与单位面积碳效应同步变化，其间，珠江三角洲地区的单位面积碳效应及碳效应总量均由正值转变为负值，区域生态系统整体由正向碳输入状态转为负向碳输出状态，碳效应损失明显。同期，珠江三角洲地区内各市单位面积碳效应及碳效应总量持续下降的幅度存在差异（表3.5），单位面积碳效应下降幅度最多的是深圳，由 1990 年的-1411.33 g/m² 下降至 2014 年的 -20 615.01 g/m²，年均下降-210.58 g/m²，其次为东莞及广州；碳效应总量下降最显著的为广州，年均下降-157.30 万 t，其次深圳及东莞。

表 3.4　1990～2014 年珠江三角洲地区的碳效应变化

年份	单位面积碳汇/（g/m²）	单位面积碳排放/（g/m²）	单位面积碳效应/（g/m²）	碳汇总量/万 t	碳排放总量/万 t	碳效应总量/万 t
1990	467.35	452.40	14.95	1 922.72	1 860.01	62.71
2000	454.81	1 140.17	-685.36	1 819.20	4 687.66	-2 868.46
2005	448.50	2 291.80	-1 843.30	1 758.63	9 422.46	-7 663.83
2014	384.00	3 680.30	-3 296.30	1 579.93	15 131.13	-13 547.60

表 3.5　1990～2014 年珠江三角洲地区各市的碳效应变化

城市名称	单位面积碳效应/（g/m²）				碳效应总量/万 t			
	1990 年	2000 年	2005 年	2014 年	1990 年	2000 年	2005 年	2014 年
广州	-393.84	-1 502.60	-3 143.91	-5 658.45	-282.41	-1 077.47	-2 254.41	-4 057.51
佛山	-662.98	-1 424.79	-2 357.69	-3 647.30	-251.51	-540.50	-894.40	-1 383.63
深圳	-1 411.33	-5862.15	-15 677.06	-20 615.01	-269.43	-1 119.12	-2 992.86	-3 935.55
珠海	-70.75	-665.75	-1 610.09	-3 774.84	-10.96	-103.14	-249.43	-584.79
东莞	-62.73	-1422.44	-4 569.57	-7 990.14	-15.35	-348.05	-1 118.12	-1 955.10
中山	-315.71	-1103.62	-2 319.75	-5 000.83	-54.49	-190.48	-400.38	-863.13
江门	336.54	167.68	102.79	-179.37	314.57	156.74	96.08	-167.66
肇庆	458.06	401.65	423.40	87.17	189.83	166.45	175.47	36.13
惠州	484.14	256.73	60.61	-712.89	437.03	231.75	54.71	-643.52

1990～2014 年，珠江三角洲地区碳效应的总体表现出"中心低四周高"的空间分异特征（表3.5），珠江三角洲地区外围的肇庆、江门及惠州的碳效应值较高，其中肇庆是珠江三角洲地区 9 市中唯一一个碳效应一直处于正值的城市，也是单位面积碳效应及碳效应总量年均减少量最少的城市。1990～2014 年，珠江三角洲地区的碳效应低值区以珠江口为中心逐渐扩大。1990～2014 年，单位面积碳效应小于-2000.00 g/m² 的城市从没有发展至 1 个、5 个、6 个。2014 年形成"广州—佛山""深圳—东莞""珠海—中山"城市带的碳效应低值聚集区，广州、佛山、深圳、东莞、珠海、中山各年的单位面积碳效应及碳效应总量均为负值。

1990～2014 年，珠江三角洲地区碳效应不仅数量持续下降，而且碳效应年均减少量呈逐年加剧的特征（表 3.6），由 1990～2000 年的-1.25 g/m² 增加至 2005～2014 年的 -7.17 g/m²，其中，2005～2014 年为整体碳效应量下降最明显的时期，如江门及惠州市在 1990～2005 年单位面积碳效应及碳效应总量均为正值，但 2005～2014 年均减少至负值，尤其是惠州市碳排放量由 462.30 g/m² 迅速增加至 1151.11 g/m²，单位面积碳效应迅速由 60.61 g/m² 降至-712.89 g/m²，碳效应总量由 54.71 g/m² 减至-643.52 g/m²。当然，不同时段内各市的碳效应年均减少量有一定差异（表 3.6），1990～2000 年以深圳市的碳效应下降最为明显，年均下降 445.08 g/m^2，其次为东莞市；2000～2005 年，广州、佛山、深圳及东莞市碳效应年均减少最快，其中深圳市的碳效应年均下降最多，为 -1962.98 g/（m^2·a）；2005～2014 年，珠海、中山、江门、肇庆和惠州市的碳效应下降较快。

表 3.6　1990～2014 年珠江三角洲地区各市碳效应的年均变化量　　（单位：g/m^2）

区域	1990～2000 年	2000～2005 年	2005～2014 年	1990～2014 年
广州市	-110.88	-328.26	-279.39	-219.36
佛山市	-76.18	-186.58	-143.29	-124.35
深圳市	-445.08	-1962.98	-548.66	-800.15
珠海市	-59.50	-188.87	-240.53	-154.34
东莞市	-135.97	-629.43	-380.06	-330.31
中山市	-78.79	-243.23	-297.90	-195.21
江门市	-16.89	-12.98	-31.35	-21.50
肇庆市	-5.64	4.35	-37.36	-15.45
惠州市	-22.74	-39.23	-85.94	-49.88
珠江三角洲地区	-1.25	-1.26	-7.17	-3.47

二、典型区域地表覆被变化及土壤侵蚀效应

一般而言，区域土地利用变化中最突出的环境效应是地表覆被变化所引起的其他环境要素的变化。在珠江三角洲地区建设用地面积尤其是城镇规模快速扩大的过程中，其地表覆被减少，引起土壤侵蚀加剧等变化。

1. 广州市土地利用中的地表覆被变化

归一化植被指数（normalized difference vegetation index，NDVI）作为一种描述植被状态的重要信息（高中灵等，2005），被广泛用于基于遥感方法监测土地利用中的植被动态变化（孙红雨等，1998；陈云浩等，2002；李月臣等，2005）。以广州市为例，尝试通过其土地利用变化与植被指数变化的耦合分析，探讨广州市土地利用变化中的地表覆被变化。

1）数据源及其处理

数据源包括涵盖广州市域的 TM 遥感数据，轨道号为 122/44 及 122/43，时相分别为 1990 年 10 月 13 日、1995 年 12 月 30 日、2000 年 10 月 14 日和 2005 年 7 月 18 日，所有影像基本无云，成像质量较好；广州市行政界线图、1∶5 万地形图、土地利用现状图由相应时期的遥感影像经目视解译得到。

数据处理步骤：以 1∶5 万的地形图为准，选择特征点作为控制点（GCP），利用二次多项式对各期 TM 影像进行几何精校正，误差要求（RMS）控制在 0.5 像元以内；采用最佳拼接点（pixel based）对不同轨道影像进行无缝拼接；以行政界线图为兴趣区（ROI）

切割获取研究区；线性拉伸 2%进行图像增强处理；所有数据统一转换到 6° 分带的高斯-克吕格（Gauss-Krüger）投影、西安 80 坐标系。

由于 NDVI 受环境条件、大气状况等因素影响较大（罗亚等，2005），有必要进行大气校正以消除大气对 NDVI 的影响。在缺少大气测量数据的情况下，采用辐射传输模型"6S"（second simulation of the satellite signal in the solar spectrum）模型来计算。该模型考虑了地表非朗伯体情况，解决了地表双向反射分布函数（BRDF）与大气相互耦合的问题，是目前发展比较完善的大气辐射校正模型之一（阿布都瓦斯提·吾拉木等，2004）。通过使用较为精确的近似方程及被称为"success inverter of scattering"（SOS）的算法，提高了瑞利散射和气溶胶散射的计算精度，而且运算时间快（安培浚等，2005）。

2）地表覆被研究方法

采用 NDVI 描述地表覆被状况，计算公式为

$$NDVI = \frac{NIR - R}{NIR + R}$$

式中，NIR、R 分别为 TM 影像的 TM4（近红外）和 TM3（红）波段的反射值。$-1 \leqslant NDVI \leqslant 1$，一般情况下，NDVI 为负值表示地面覆盖云、沙、水等，对可见光高反射；NDVI 为 0 表示有岩石或裸土等；NDVI 为正值表示有植被覆盖，且随覆盖度增大而增大。根据广州植被覆盖密度实际情况，可将植被覆盖类型分为低覆盖度植被（$0 < NDVI \leqslant 0.15$）、中覆盖度植被（$0.15 < NDVI \leqslant 0.30$）、高覆盖度植被（$0.30 < NDVI$）三大类。

为反映植被指数变化趋势，可对多年连续数据在时间序列条件下作线性回归 $y = slope(x) + k$，k 为常数，系数 slope 计算公式为

$$slope = \frac{n \times \sum_{i=1}^{n} i \times NDVI_i - \left(\sum_{i=0}^{n} i\right)\left(\sum_{i=0}^{n} NDVI_i\right)}{n \times \sum_{i=0}^{n} i^2 - \left(\sum_{i=0}^{n} i\right)^2}$$

式中，变量 i 为年序号；变量 $NDVI_i$ 为多年图像中每个像素的 NDVI 值；slope 为由 i 和 $NDVI_i$ 计算出的一元线性回归系数。

为分析土地利用变化与地表覆被的关系，用区域土地利用程度综合指数的大小来反映该区域土地利用程度的高低，其表达式（西藏自治区土地管理局，1992）为

$$La = 100 \times \sum_{i=1}^{n} A_i \times C_i$$

式中，La 为研究区域内的土地利用程度综合指数，$La \in [100,400]$；A_i 为区域内第 i 级土地利用程度分级指数；C_i 为区域内第 i 级土地利用程度的面积比例；n 为土地利用分级指数。其中 n 的分级按照土地自然综合体在社会因素影响下的自然平衡状态分为 4 级，并赋予指数，把未利用地级定为 1，林地、草地、水域用地级定为 2，农业用地级定为 3，城镇聚落用地级定为 4。

3）广州地表覆被变化

广州地表覆被数据处理及其结果（彩图5和表3.7）显示，广州NDVI平均值1990年、1995年、2000年、2005年分别为0.3989、0.3161、0.2477和0.2502，总体呈下降趋势，其中1990～1995年下降幅度最大，1995年后下降速率趋缓，2000年后NDVI值下降趋势小幅度逆转。其间，不同覆盖度级别之间的差异较大，低覆盖植被面积总体增加，1990～1995年增加幅度最大，1995年后略有减少；中覆盖度植被亦呈增加趋势，其中1990～2000年增幅较大，2000年后逐渐减少；高覆盖度植被面积总体趋势下降，1990～1995年下降剧烈，但1995年后逐渐增加，2000年后增加幅度较大。

表3.7　1990～2005年广州NDVI变化

NDVI	1990年	1995年	2000年	2005年	1995～2005年变化率/%
低覆盖度（0<NDVI≤0.15）	498 480	1 888 883	1 427 972	1 559 281	212.81
中覆盖度（0.15<NDVI≤0.30）	1 052 256	1 744 001	2 476 770	1 857 175	76.49
高覆盖度（0.30<NDVI）	6 613 679	2 146 509	2 308 744	4 417 478	−33.21
NDVI平均值	0.398 9	0.316 1	0.247 7	0.250 2	−37.28

同时，广州市内各行政区不同时期NDVI平均值存在较大差异（表3.8），NDVI平均值大致情况是从化市>增城市>花都区>白云区>番禺区>中心城区。不同行政区植被指数变化趋势slope值均呈负数且差别明显（彩图6），其中从化市变化最小，番禺区最大，靠近中心城区的花都、白云区及南部农业区多为负值、NDVI下降趋势明显，北部植被覆盖较好的山区和建成区的slope值较高，区域NDVI呈现比较稳定的状态。

表3.8　1995～2005年广州市各行政区域NDVI和slope变化

区域	1990年		1995年		2000年		2005年		slope 平均值
	平均值	像元数	平均值	像元数	平均值	像元数	平均值	像元数	
中心城区	0.214 4	106 803	0.075 4	37 547	0.050 4	25 088.9	0.105 8	52 680.5	−0.109 0
白云区	0.350 3	349 565	0.140 1	139 839	0.135 6	135 343	0.223 1	222 628	−0.127 2
花都区	0.352 1	378 974	0.132 9	143 074	0.145 5	156 574	0.228 5	245 903	−0.123 1
番禺区	0.271 9	393 486	0.049 1	71 114	0.081 0	117 163	0.118 0	170 790	−0.153 9
增城市	0.421 6	815 272	0.195 3	377 640	0.222 6	430 416	0.344 0	665 173	−0.077 6
从化市	0.410 1	904 300	0.239 9	529 001	0.248 5	547 833	0.402 6	887 571	−0.007 6

分别计算广州1990年、1995年、2000年和2005年4期的6个研究单元的土地利用程度La，得到24个样点，将La与NDVI值标准化后分别进行线性拟合和多项式拟合（图3.1），表明NDVI和La之间有高度的负相关关系，两种拟合方式的优势度都较高，可确定置信区间在95%时修正判定系数在0.85以上，意味着La对广州市NDVI的影响大于气候因子对NDVI（0.54～0.85）（谢国辉等，2007）、城市热岛因子对NDVI（0.82）（田平等，2006）的影响，La与NDVI之间存在空间互斥的总体趋势，说明由于人类活动引起的土地利用变化是导致广州NDVI变化的重要原因。同时，从两种拟合效果看，多项式拟合比线性拟合更适合作为广州土地利用强度和NDVI变化的关系模型。

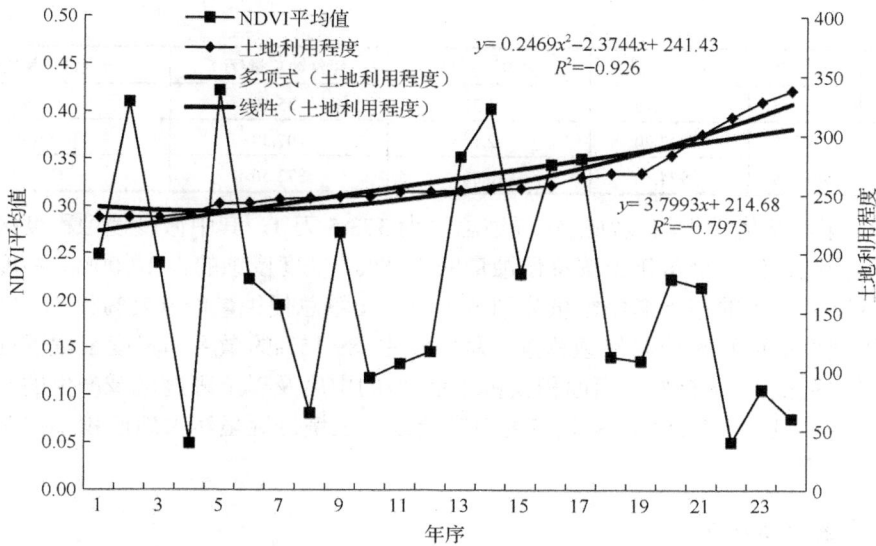

图 3.1　广州市 NDVI 与土地利用的相关性分析

2. 典型区域土地变化的土壤侵蚀效应

土壤侵蚀是当今全球性生态环境问题，珠江三角洲地区近期土地利用变化中建设用地的快速扩张与林地等绿色覆被用地面积的大幅度减少，造成地表覆被的降低，一定程度上引起土壤侵蚀的加剧。限于数据资料，选择珠江三角洲地区内的广州市北部的从化市作为典型区，应用美国农业部的修正通用土壤侵蚀模型 USLE，对土地利用变化的土壤侵蚀效应进行分析（覃杰香和王兆礼，2011）。

1）土壤侵蚀状况

总体而言，作为广州后花园的从化因林草覆被较好，土壤侵蚀水平总体属于轻度侵蚀，全市的土壤侵蚀模数平均为 1891.74 t/（km^2·a），市内微度、轻度、中度及中度以上侵蚀面积分别占总面积的 63.13%、26.02%、5.23%和 5.62%（表 3.9），土壤侵蚀轻度、微度占主要部分，中度以上侵蚀空间分布范围较小。其中，土壤侵蚀中度以上侵蚀区域分布较为集中，主要位于从化的中部、西部，以江浦镇东部、温泉镇、民乐镇、鳌头镇和棋杆镇北部为主，但在从化北部的吕田镇、东明镇和良口镇东部也分散有中度以上侵蚀级别的土壤侵蚀区，而中度侵蚀区主要分布在从化良口镇东部，位于海拔 230～700 m 的带状区域。

表 3.9　2006 年广州市从化市土壤侵蚀强度分级统计表

级别	栅格数	面积/km^2	面积比例/%	年侵蚀总量/万 t	年侵蚀总量比例/%
微度	153 882	1 246.50	63.13	5.90	1.58
轻度	63 416	513.70	26.02	63.50	17.00
中度	12 758	103.30	5.23	36.40	9.75
强烈	4 654	37.70	1.91	25.10	6.72

续表

级别	栅格数	面积/km²	面积比例/%	年侵蚀总量/万 t	年侵蚀总量比例/%
极强烈	3 845	31.10	1.58	35.10	9.40
剧烈	5 210	42.20	2.14	207.50	55.56
合计	243 765	1 974.50	100.00	373.50	100.00

2006 年，从化市土壤侵蚀的年侵蚀总量为 373.5 万 t，其中微度侵蚀程度区域产生的年土壤侵蚀量仅占全市年土壤总侵蚀量的 1.58%，轻度侵蚀的占 17.00%，中度及中度以上侵蚀区域产生的年土壤侵蚀量分别占全市年土壤总侵蚀量的 9.75% 和 71.67%。对比不同侵蚀强度的面积规模与侵蚀总量，总面积占 89.15% 的微度和轻度土壤侵蚀区域产生的年侵蚀量仅占 18.59%，而面积仅占 10.85% 的中度及以上程度区域产生的土壤侵蚀量却占总侵蚀量的 81.41%，从化市内中度及以上土壤侵蚀虽然占地面积小但其所产生的土壤侵蚀量大。

2）土壤侵蚀效应

从化市的土壤侵蚀主要取决于地表坡度等自然条件，对比地表坡度与土壤侵蚀强度，土壤微度侵蚀主要分布在小于 5°、5°～10° 的坡度带上，轻度、中度侵蚀主要分布在 5°～10°、10°～15° 的坡度带上，中度以上等级侵蚀主要分布在 20°～25° 及大于 25° 以上的坡度带上，表现为坡度越大、土壤侵蚀等级越高，土壤侵蚀与坡度陡缓有较大的相关性。但是，在森林覆盖率达 70% 的从化北部山区，存在自然侵蚀，土壤侵蚀等级主要为微度，土壤侵蚀与土地利用之间有较强的对应关系，有着明显的土地利用变化的土壤侵蚀效应。对比土地利用类型图与土壤侵蚀像元图分析土地利用与土壤侵蚀的关系，就各土地利用类型的侵蚀模数而言，从化市内不同土地利用类型的侵蚀模数大小顺序为未利用地＞建设用地＞旱地＞园地＞草地＞林地＞水田＞水域，其中，裸露的未利用地的侵蚀模数最大，土壤侵蚀量为 13 053.3 t/（km²·a），其次是地表覆被遭到完全破坏后的建设用地，侵蚀模数为 11 721.2 t/（km²·a），用于农作的旱地和园地的侵蚀模数也较大，分别为 6418.3 t/（km²·a）和 4631.2 t/（km²·a），建设用地、旱地和园地的侵蚀模数分别是从化北部林业用地轻度侵蚀[全市平均侵蚀模数 1236.1 t/（km²·a）]的 9.48 倍、5.19 倍和 3.75 倍，更是微度侵蚀[全市平均侵蚀模数 47.34 t/（km²·a）]的 10 倍以上，充分显现出土地利用变化的土壤侵蚀效应。

三、典型区域土地利用变化中的热环境效应

1. 珠江口沿岸热环境效应

在珠江三角洲地区改革开放以来的快速工业化、城镇化进程中，建设用地快速扩张，基础设施建设增加迅猛，人口高度集聚，引发城市热岛效应，尤其是在珠江三角洲地区城镇集中的核心区的珠江口沿岸表现十分突出。为有效分析珠江口沿岸土地利用变化中的地表热环境效应，以 2001 年 12 月 30 日和 2013 年 12 月 31 日为瞬时时间节点，研究该时间节点的地表热环境状况及 2001～2013 年地表热环境的变化情况（张萌萌，2016）。

1）地表温度变化

采用单窗算法对 2001 年和 2013 年珠江口沿岸地区的地表温度进行反演，并运用自然断点法对地表温度进行高温区、次高温区、中温区、次低温区和低温区 5 类分区。反演结果（图 3.2）显示，2001 年珠江口沿岸地区的地表温度高值区主要集中在珠江口沿岸地区的中部和沿海岸带附近，形成小的区域高温中心，在北部即广州北部仅有零星的高温斑点分布；2013 年，广州北部的零星高温斑点消失，但珠江口沿岸地区中部温度的高值区范围扩大，且与东莞西部和深圳北部共同形成一个大范围的城市群高温中心。

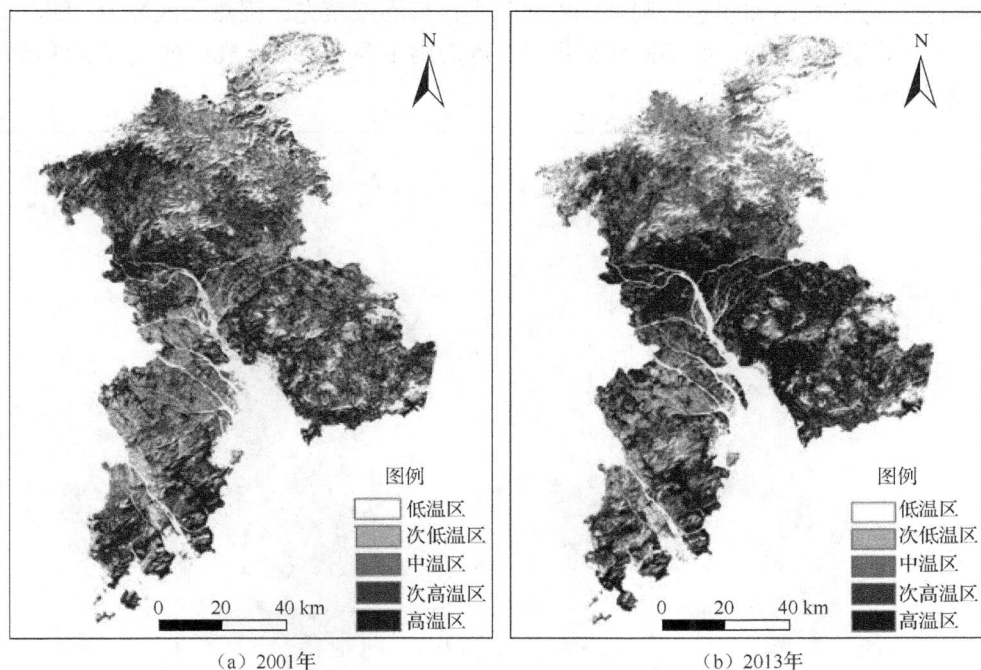

（a）2001年　　　　（b）2013年

图 3.2　2001 年和 2013 年珠江口沿岸地区地表温度分级图

对比 2001 年和 2013 年的地表温度分级（图 3.2），2001～2013 年珠江口沿岸地区的地表温度在空间上发生了变化，高温区整体向中部和东部移动并集中，特别是东莞出现大面积集中分布的高温区，2013 年东莞和深圳的大面积集中高温区夹杂斑块状的低温区和次低温区，北部依旧以低温区为主，珠江口沿岸地区西南部即珠海和中山市的高温区面积有所增加，但分布并不集中。总体来看，珠江口沿岸地区高温区的集中程度越来越高，且明显向临近水域处集中，尤其珠江口东岸表现最为明显，低温区则向山体、水域聚集。

2）热岛强度变化

基于珠江口沿岸地区的地表温度变化，依据相关研究成果确定的热岛强度分级标准（王宏博等，2015），对珠江口沿岸地区进行热岛强度分级。结果表明（图 3.3 和表 3.10），珠江口沿岸地区整体的热岛强度呈北低南高、中部高西南部低的空间分布特征。2001

年，珠江口沿岸地区以冷岛和弱热岛为主，冷岛和弱热岛共占区域总面积的 64.62%，其余为强热岛和较强热岛，其中强热岛仅占区域总面积的 5.50%。2013 年，珠江口沿岸地区中冷岛和弱热岛占地比例下降至 58.10%，强热岛和较强热岛的面积比例提高至 41.90%，其中强热岛区域面积占区域总面积的比例提高至 11.09%，面积扩大了近 1 倍。具体而言，珠江口沿岸地区的强热岛主要分布在东南部地区和海岸带，尤其集中在广州、东莞和深圳等地，随着时间的推移，强热岛的面积不断扩大，呈带状或环状展布，并最终形成较强的大规模的城市群热岛，珠江口东海岸强热岛区域还呈现出明显的向海岸移动的特点；较强热岛和弱热岛则围绕着强热岛区展布或填充在强热岛区域中，随时间推移逐渐升级为强热岛区，并不断往外展布；冷岛则主要分布在研究区的北部和西部及沿海水域和河流。

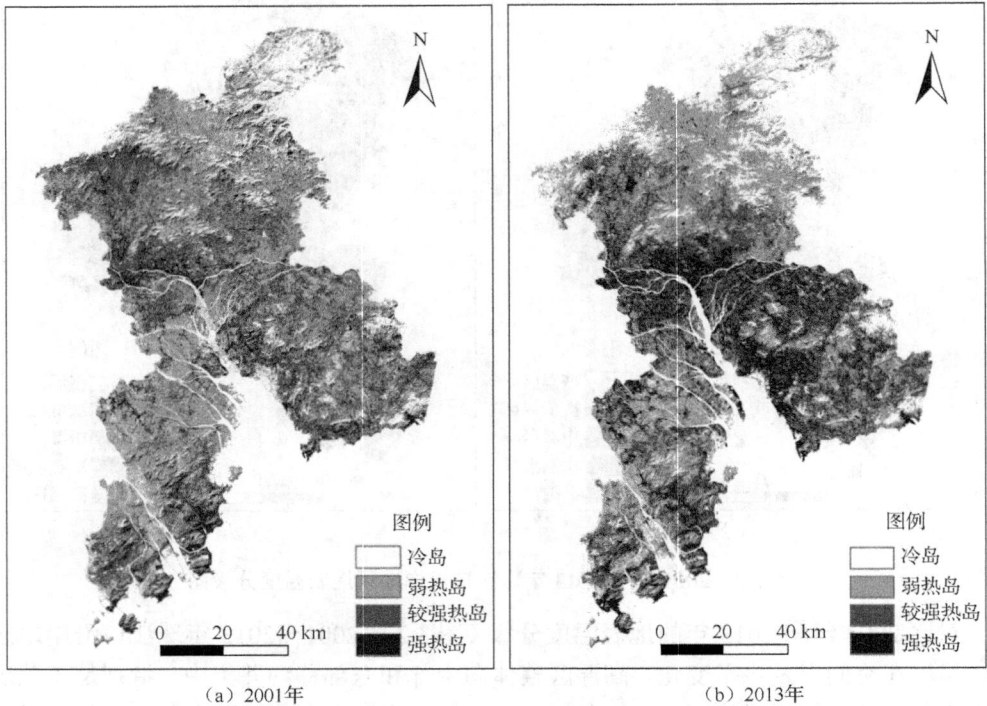

(a) 2001 年   (b) 2013 年

图 3.3　2001 年和 2013 年珠江口沿岸地区地表热岛强度等级图

表 3.10　珠江口沿岸热岛强度分级标准及面积比例

热岛强度/℃	热岛等级	等级名称	面积比例/%	
			2001 年	2013 年
<0.00	1	冷岛	18.17	19.59
0.00~2.46	2	弱热岛	46.45	38.51
2.46~4.82	3	较强热岛	29.88	30.81
>4.82	4	强热岛	5.50	11.09

比较 2001 年和 2013 年的热岛强度等级变化（表 3.11），2001～2013 年珠江口沿岸地区热岛强度等级不变的面积最大，占 52.77%；热岛强度等级升高的面积占研究区的 27.44%，其中，等级升高 1 级的占 22.25%、等级升高 3 级的仅占 1.08%；热岛强度等级降低的面积占 19.79%，其中，等级降低 1 级的占 16.87%、等级降低 3 级的仅占 0.67%。就变化的空间差异而言，热岛强度降低区主要出现在广州市东西两侧突出的两翼处、东莞东南部的山区、中山市中心城区南部的山体和珠海中部。珠江口沿岸地区的热岛强度升高区主要有 4 个区域：一是广州市热岛强度升高的区域，主要分布在广州市天河、黄埔和萝岗区的珠江岸两侧；二是东莞和深圳市热岛强度升高区面积较大，空间形状无规则但有集中之势，部分分布在珠江口东岸的海岸带处，大致与海岸带平行呈条带状分布；三是珠海市热岛强度升高区，主要呈斑块状分布在金湾区南水镇的海岸处；四是中山市热岛强度升高区，位于中山北部的东凤镇和南头镇。

表 3.11　2001～2013 年珠江口沿岸地区热岛强度变化表

热岛强度	变化级别	面积/km²	占比/%	各强度合计占比/%
升高	3	154.28	1.08	27.44
	2	585.62	4.11	
	1	3173.56	22.25	
不变	0	7525.03	52.77	52.77
降低	−1	2406.26	16.87	19.79
	−2	320.90	2.25	
	−3	95.28	0.67	

2. 广州市的城市热岛效应

位于珠江口沿岸地区核心的广州市，伴随土地利用变化其热岛效应更受关注（周红妹等，2002；Weng，2001；Weng and Yang，2004；赵丽丽等，2006）。具体采用 1990 年、1995 年、2000 年和 2005 年的 Landsat TM6 热红外波段反演广州市的地表温度，分析 1990～2005 年广州市土地利用变化过程中的城市热岛效应。

1）数据源及地表温度反演

分析数据为 1990 年、1995 年、2000 年和 2005 年的 4 期 TM6 图像，轨道号为 119/43 与 119/44。在广州市 1∶5 万的地形图上选取控制点，将 TM6 数据进行配准。其中 2005 年的 TM6 图像热红外波段存在较严重的条带噪声，为消除条带，为保证影像的连续性，对影像进行了 5×5 像元的中值滤波。Landsat TM6 的热红外图像接收的是与地表温度高低对应强度不等的热红外辐射，像元灰度值（DN 值）大小与其所表示的温度高低成正比。由于缺乏时相同步的实际大气温湿廓线和气溶胶分布资料，考虑所获得的资料基本无云，认为其所受的大气影响程度在空间上是一致的，因而可设定其具有相同的大气反射率。目前，国内外关于城市热岛效应和温度反演的研究已经相当广泛和成熟（Hurtato et al.，1996；Lo et al.，1997；覃志豪和张明华，2001；覃志豪等，2003，2004；宫阿都等，2005），考虑工作的简易程度，实际采用最暗像元法进行影像的相对大气校正，对影像热波段进行温度反演。具体步骤如下。

首先，将热红外波段 DN 值转化成光谱辐射值，其转化公式为

$$L_\lambda = \frac{(L_{max} - L_{min})}{Q_{max}} + L_{max}$$

式中，L_λ 为传感器接收的辐射强度[mW/(cm²·sr·μm)]；L_{max}=1.56 mW/(cm²·sr·μm)，表示传感器可探测到的最大辐亮度；L_{min}=1.1238 mW/(cm²·sr·μm)，表示传感器可探测到的最小辐亮度；Q_{max} 为最大的 DN 值，即 Q_{max}=255。

然后，将光谱辐射值转化成卫星亮温值，其公式为

$$T_B = \frac{K_2}{\ln\left(\dfrac{K_1}{L_\lambda} + 1\right)}$$

式中，T_B 为卫星亮温值（单位为 K）；K_1=60.776 mW/(cm²·sr·μm)，K_2=1260.56 K 为卫星发射前的常量。

以上公式都是在假定大地是黑体全辐射的条件下成立，因此根据真实地面对光谱发射率 ε 的校正就显得特别重要。利用 Valor 和 Caselles（1996）模型对研究区不同土地覆盖的发射率进行求取，得到经过校正后的地表亮温计算公式，即

$$S_t = \frac{T_B}{1 + (\lambda \times T_B / \rho)\ln\varepsilon}$$

式中，λ=11.5 μm，为发射光谱的波长；$\rho = h \times c / \sigma = 1.438 \times 10^{-2}$ m·K，（σ=1.38×10⁻²³J/K，为麦克斯韦常量；h=6.626×10⁻³⁴J·S，为普朗克常量；c=2.998×10⁸m/s，为光速）。

经过上述公式的一系列转化，可将 1990 年、1995 年、2000 年和 2005 年研究区热红外图像像元灰度值反演成地表亮温。

另外，为克服时相及成像时间不一致所造成的影像温度反演上的时相差异，造成变化比较困难，需要先分别对各时相的地面温度进行正规化处理（徐涵秋和陈本清，2003），将各自的地面温度分布范围统一到 0~1，其正规公式为

$$N_i = (T_i - T_{min}) / (T_{max} - T_{min})$$

式中，N_i 为第 i 个像元正规化后的值；T_i 为第 i 个像元的地面温度；T_{min} 为地面温度的最小值；T_{max} 为地面温度的最大值。

利用上述公式对温度进行正规化处理后，利用密度分割技术，对正规化后的 4 个时相的地面温度进行等级划分，共划分为 6 个温度等级。具体为低温区（0.0~0.35）、较低温区（0.35~0.55）、中温区（0.55~0.65）、次高温区（0.65~0.75）、高温区（0.75~0.85）和热中心区（0.86~1.0）。

2）广州市的城市热岛效应

比较广州市 1990 年、1995 年、2000 年和 2005 年 4 期地表温度反演结果（图 3.4 和图 3.5），广州市城市热岛效应呈增强趋势，夏季热场的高温区主要分布在城市的工业

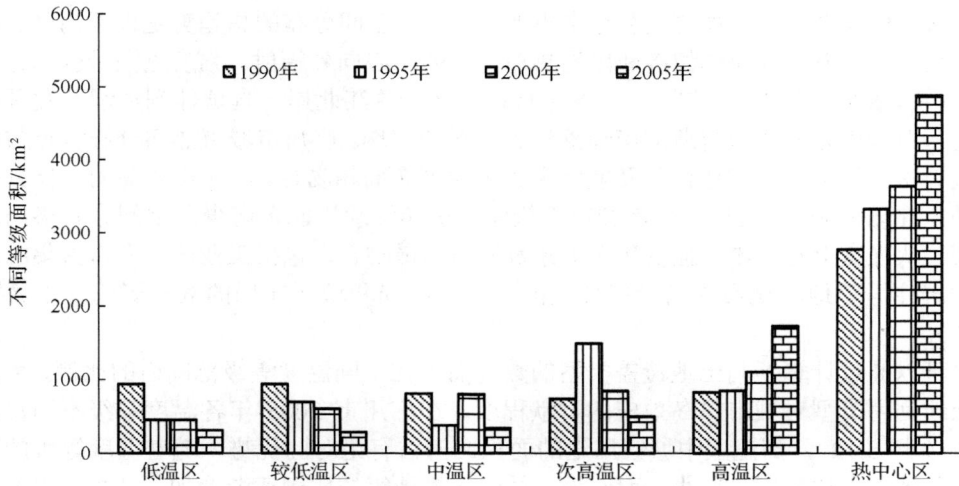

图 3.4　1990～2005 年相对温度指数差值等级变化图

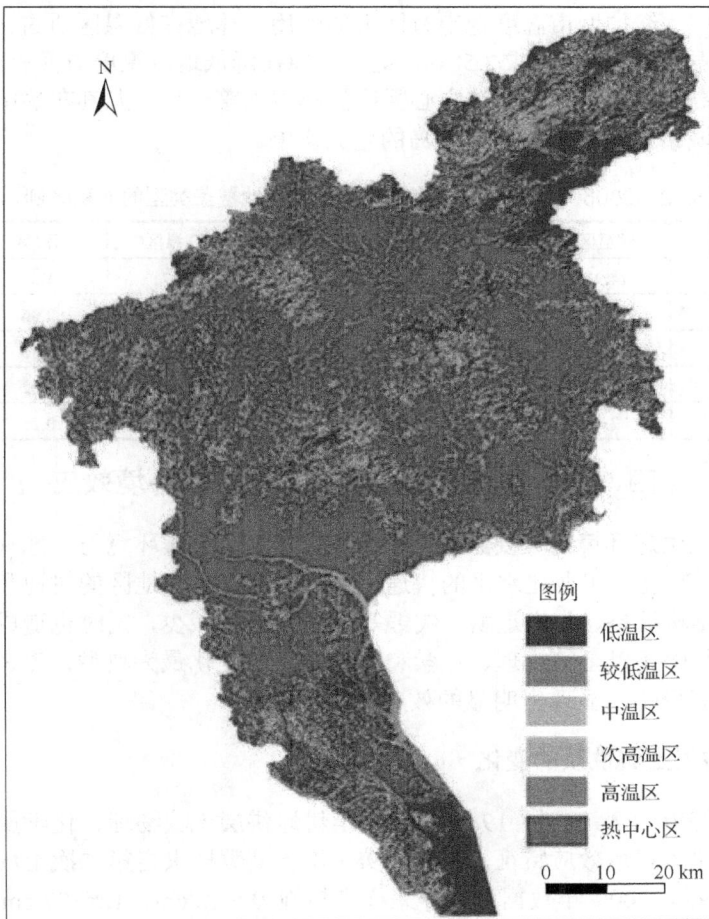

图 3.5　2005 年 7 月 18 日 14:39:42 广州市的城市热岛空间分布特征

集中区、建筑密集区及高等级公路密集地段。热场空间分布的总趋势是以荔湾区、越秀区、东山区和海珠区西部相接地段为热岛强度的中心向外辐射，强度逐渐减弱，并且贯穿其中有横竖两条"较强带"：一条是从东山区沿珠江北岸一直延伸到黄埔开发区；一条是从白云山东西两麓自北向南经荔湾到芳村和海珠。广州市城市热岛分布特点与广州市人口密集的商业区和居住区及能耗大的工业区布局相吻合。广州市热岛的总体分布趋势是"北弱南强"，这与广州市城市下垫面性质和绿地"北多南少"空间分布格局密切相关。从强度上看，热岛强度和人工建筑物布局最吻合，包括工业区、人口密集的商业区和居住区等地，城市热岛受能耗大的工业区布局和城区布局的双重影响（王芳等，2007）。

可以通过计算不同土地覆盖类型的数量面积在不同温度等级范围内的比例，衡量不同土地利用类型对城市热岛效应的贡献程度。在广州市 2005 年各温度等级不同覆盖类型中（表 3.12），高温区中城镇用地的面积比例占有绝对的优势，随着温度等级的降低城镇用地所占比例明显减少，而水域、林地和耕地等的比例逐渐增加。其中，水体在城市低温区占据大部分的份额，达到 72.57%，说明水体可以显著降低地表温度，对于缓解城市热岛效应、维护城市温度稳定有巨大的作用；林地在低温区所占比例不大，但在较低温区和中温区所占比例达 52.58%，说明林地在降低地表温度方面有着重要的作用；城镇用地在次高温区、高温区和热中心区比例都占据第一位，尤其在热中心区占绝对比重，充分说明城镇建设用地对城市热岛的巨大影响。

表 3.12　2005 年广州市各温度等级中不同土地覆盖类型的面积比例　　（单位：%）

土地利用类型	低温区	较低温区	中温区	次高温区	高温区	热中心区
耕地	14.93	46.62	31.11	5.47	1.31	0.00
林地	7.14	31.02	21.56	10.41	2.06	0.21
城镇用地	3.18	11.83	38.90	81.12	96.35	99.04
水体	72.57	3.05	0.50	0.09	0.02	0.00
其他	2.18	7.48	7.93	2.91	0.26	0.75

四、典型区域土地利用变化的土壤环境效应

土壤是区域生态环境的重要组成部分，尤其是耕地土壤环境与土地利用及其变化密不可分。随着城市化、工业化水平的快速提升，珠江三角洲地区的耕地数量由于非农建设占用、农业结构调整、生态退耕、灾毁等原因而急剧减少，同时也造成耕地耕层土壤性质的变化，其中尤以土壤物理、化学和养分循环的变化最为典型，随之土壤耕层有机碳等也发生显著变化，显现出明显的效应特征。

1. 耕地耕层土壤性质的变化

具体以珠海市为例，分析 1982～2009 年耕地耕层土壤物理、化学属性等变化，探索耕地利用变化的环境效应特征。其中，1982 年土壤数据来自第二次土壤普查耕地表层 0～12 cm 的数据，2009 年数据为同样采样点耕地 0～12 cm、12～27 cm 和 27～40 cm 三层的实验分析数据。

1）土壤物理属性变化

（1）容重和孔隙度。珠江三角洲地区河网密布，水系发达，地下水位高且易积水，养分转化有赖于土壤通气条件的改善，要求土壤疏松，通气孔隙多。对比 1982 年与 2009 年土壤容重和孔隙度（表 3.13），珠海市土壤容重的均值和众数分别增加 0.18 g/cm³ 和 0.32 g/cm³，分别增长了 14.89%和 27.83%，同期孔隙度的均值和众数分别减少 2.27%和 11.55%，减幅分别为 4.54%和 22.83%，土壤容重和孔隙度的标准差和极差均下降，极小值分别增加了 4 倍以上。其中，0～12 cm 土壤容重在 1.35 g/cm³ 以上剖面数 1982 年有 8 个，2009 年 21 个，比例由 27.58%提高到 35.00%，0～12 cm 土壤孔隙度在 49.10%以上剖面个数的占比由 71.89%降至 65.00%，耕地土壤孔隙有变紧实的趋势。

表 3.13　珠海市耕地土壤容重和土壤孔隙度的变化

指标	均值	众数	标准差	极小值	极大值	极差
1982 年容重/（g/cm³）	1.21	1.15	0.29	0.17	1.70	1.53
2009 年容重/（g/cm³）	1.39	1.47	0.20	0.85	1.89	1.04
容重变化数量/（g/cm³）	0.18	0.32	-0.09	0.68	0.19	-0.49
容重变化比例/%	14.89	27.83	-29.32	400.00	11.18	-32.03
1982 年孔隙度/（g/cm³）	49.96	50.60	13.69	5.02	67.50	62.48
2009 年孔隙度/（g/cm³）	47.69	39.05	7.69	28.79	67.88	39.09
孔隙度变化数量/（g/cm³）	-2.27	-11.55	-6.00	23.77	0.38	-23.39
孔隙度变化比例/%	-4.54	-22.83	-43.85	473.51	0.56	-37.44

（2）机械组成。1982～2009 年，珠海市耕地土壤机械组成中 0.05～0.01 mm、0.01～0.005 mm 和 0.005～0.001 mm 粒径含量比例均值、标准差均呈下降趋势（表 3.14），极差也在减少，但<0.001 mm 和 1.00～0.05 mm 粒径含量比例的均值、标准差和极差均在增加，其中属中壤的<0.01 mm 粒径含量比例的均值之和由 35.90%上升到 36.57%，上升幅度为 0.67%，说明土壤质地稍有转好但变化幅度较小。另外，比较同一点位 1982 年和 2009 年耕地土壤机械组成，总体而言，珠海市土壤质地相对稳定，机械组成变化不大，质地转好比例略大于转差比例，其中质地相对稳定的占 56.80%，主要是砂土、壤土，分别占 30.69%、20.71%；质地转好比例是 26.63%，其中由砂土转壤土占 10.06%，由黏土转壤土占 16.57%；质地转差比例为 16.57%，其中由壤土转黏土的占 8.88%，由壤土转砂土的占 7.69%。

表 3.14　珠海市耕地土壤机械组成统计情况

项目	机械组成/mm	均值/%	标准差/%	极小值/%	极大值/%	极差/%
1982 年	0.05～0.01	18.99	10.01	0.00	50.50	50.50
	0.01～0.005	11.11	6.51	0.00	28.70	28.70
	0.005～0.001	15.60	11.39	0.00	39.60	39.60
	<0.001	9.19	9.04	0.00	35.60	35.60
	1.0～0.05	45.11	25.87	1.90	95.90	94.00
2009 年	0.05～0.01	15.21	8.77	0.20	36.21	36.01
	0.01～0.005	7.78	5.69	0.20	35.55	35.35
	0.005～0.001	13.32	7.71	0.20	31.63	31.43
	<0.001	15.47	10.79	0.20	41.27	41.07
	1.0～0.05	48.22	27.07	1.21	98.40	97.19

续表

项目	机械组成/mm	均值/%	标准差/%	极小值/%	极大值/%	极差/%
变化数量	0.05～0.01	-3.78	-1.24	0.20	-14.29	-14.49
	0.01～0.005	-3.33	-0.82	0.20	6.85	6.65
	0.005～0.001	-2.28	-3.68	0.20	-7.97	-8.17
	<0.001	6.28	1.75	0.20	5.67	5.47
	1.0～0.05	3.11	1.20	-0.69	2.50	3.19
变化比例	0.05～0.01	-19.91	-12.39		-28.30	-28.69
	0.01～0.005	-29.97	-12.60		23.87	23.17
	0.005～0.001	-14.62	-32.31		-20.13	-20.63
	<0.001	68.34	19.36		15.93	15.37
	1.0～0.05	6.89	4.64	-36.32	2.61	3.39

（3）浸水容重。1982～2009 年珠海市耕地土壤浸水容重的均值和众数呈下降趋势（表 3.15），分别减少了 0.16 g/cm^3 和 0.26 g/cm^3，减幅分别是 17.98%和 37.14%。比较同一点位 1982 年和 2009 年的土壤浸水容重值，有 70 个样点的土壤浸水容重值下降，占 69.31%，说明土壤由容易淀浆板结转向容易起浆，由梗性向糯性发生转变，说明经长期耕作，耕层质量有所转。

表 3.15　珠海市耕地土壤浸水容重的变化

指标	均值	众数	标准差	极小值	极大值	极差
1982 年浸水容重/（g/cm^3）	0.89	0.70	0.32	0.07	1.98	1.91
2009 年浸水容重/（g/cm^3）	0.73	0.44	0.32	0.25	2.02	1.77
变化数量/（g/cm^3）	-0.16	-0.26	0	0.18	0.04	-0.14
变化比例/%	-17.98	-37.14	0.00	257.14	2.02	-7.33

2）土壤化学性质变化

（1）有机质。土壤有机质是表征土壤质量与肥力的重要因子与指标，其含量高低与土壤肥力水平紧密相关。1982～2009 年，珠海市耕地土壤的有机质含量呈下降趋势（表 3.16），有机质含量均值下降了 0.34%，降低幅度达 13.88%，且其标准差和极差有所增加。

表 3.16　珠海市耕地土壤养分变化情况

	指标	均值	众数	标准差	极小值	极大值	极差
1982 年	有机质/（mg/kg）	2.45	2.22	1.35	0.21	8.07	7.86
	pH	6.11	5.80	1.28	2.10	8.50	6.40
	全氮/（mg/kg）	0.13	0.15	0.06	0.01	0.39	0.38
	全磷/（mg/kg）	0.09	0.04	0.06	0.01	0.46	0.45
	全钾/（mg/kg）	2.78	3.02	1.19	0.31	6.59	6.28
	速效氮/（mg/kg）	108.10	98.00	43.88	25.00	280	255
	速效磷/（mg/kg）	25.74	11.00	64.58	2.00	541	539
	速效钾/（mg/kg）	88.14	13.00	90.97	8.00	458	450

续表

指标		均值	众数	标准差	极小值	极大值	极差
2009 年	有机质/（mg/kg）	2.11	0.48	1.37	0.13	8.21	8.08
	pH	6.18	5.26	1.17	2.98	8.63	5.65
	全氮/（mg/kg）	0.12	0.07	0.07	0.01	0.31	0.30
	全磷/（mg/kg）	0.06	0.01	0.05	0.01	0.44	0.43
	全钾/（mg/kg）	1.93	1.80	0.79	0.13	4.68	4.55
	速效氮/（mg/kg）	75.19	30.49	47.49	3.26	258.61	255.35
	速效磷/（mg/kg）	19.69	0.13	33.27	0.09	226.85	226.76
	速效钾/（mg/kg）	86.41	13.22	88.00	3.38	519.49	516.11
变化数量	有机质/（mg/kg）	−0.34	−1.74	0.02	−0.08	0.14	0.22
	pH	0.07	−0.54	−0.11	0.88	0.13	−0.75
	全氮/（mg/kg）	−0.01	−0.08	0.01	0.00	−0.08	−0.08
	全磷/（mg/kg）	−0.03	−0.03	−0.01	0.00	−0.02	−0.02
	全钾/（mg/kg）	−0.85	−1.22	−0.40	−0.18	−1.91	−1.73
	速效氮/（mg/kg）	−32.91	−67.51	3.61	−21.74	−21.39	0.35
	速效磷/（mg/kg）	−6.05	−10.87	−31.31	−1.91	−314.15	−312.24
	速效钾/（mg/kg）	−1.73	0.22	−2.97	−4.62	61.49	66.11
变化比例	有机质/%	−13.88	−78.38	1.48	−38.10	1.73	2.80
	pH/%	1.15	−9.31	−8.59	41.90	1.53	−11.72
	全氮/%	−7.69	−53.33	16.67	0.00	−20.51	−21.05
	全磷/%	−33.33	−75.00	−16.67	0.00	−4.35	−4.44
	全钾/%	−30.58	−40.40	−33.61	−58.06	−28.98	−27.55
	速效氮/%	−30.44	−68.89	8.23	−86.96	−7.64	0.14
	速效磷/%	−23.50	−98.82	−48.48	−95.50	−58.07	−57.93
	速效钾/%	−1.96	1.69	−3.26	−57.75	13.43	14.69

（2）酸碱度。土壤酸碱度（pH）是土壤的重要化学性状，不仅影响土壤养分的有效性，而且与土壤重金属的溶解度和活性密切相关。1982～2009 年，珠海市耕地土壤的酸碱度基本稳定但略有上升（表 3.16），增幅为 1.15%，酸碱度的变异系数和极差在减少。

（3）全氮。土壤中氮元素的含量受自然因素和经营措施影响的变异性较大，土壤供氮不足往往是引起植物生长不良的主要限制因素。珠海市耕地土壤全氮在 1982～2009 年呈下降趋势（表 3.16），土壤全氮含量减少了 7.69%，极大值和极差均有较大幅度的减少。

（4）全磷。土壤磷素的丰缺状况是衡量土壤肥力水平高低的标志之一，全磷是指土壤中所有形态磷素的总量。对比 1982 年和 2009 年珠海市耕地土壤全磷含量（表 3.16），土壤全磷均值呈下降趋势，其平均值减少了 0.03 mg/kg，减幅达 33.33%，同时标准差、极大值和极差均减少。

（5）全钾。比较 1982 年和 2009 年珠海市耕地土壤全钾含量（表 3.16），土壤全钾平均含量下降了 0.85 mg/kg，减幅达 30.58%，标准差、极值和极差也大幅度下降。

（6）速效氮。土壤速效氮能够较灵敏地反映土壤氮素动态变化和供氮水平，是土壤有效养分的重要指标。1982～2009 年珠海市耕地土壤速效氮含量均值减少 32.91 mg/kg（表 3.16），平均含量降低了 30.44%，离散程度变化呈增加趋势，虽然含量极值在减少，但是标准差和极差有所增加，说明土壤速效氮含量变化复杂。

（7）速效磷。土壤速效磷是农作物可从土壤获取的主要磷养分资源，其含量与区域土壤母质、地形等因素有关，并受农业管理措施及土地利用方式的影响。珠海市耕地土壤速效磷在 1982～2009 年呈下降趋势（表 3.16），土壤速效磷均值由 25.74 mg/kg 减少到 19.69 mg/kg，减少了 23.50%，同时其标准差、极值和极差也有较大幅度减少。

（8）速效钾。土壤速效钾含量是衡量土壤钾素养分供应能力的现实指标，1982 年和 2009 年珠海市耕地土壤速效钾含量的均值分别是 88.14 mg/kg 和 86.41 mg/kg（表 3.16），基本处于稳定状态，仅减少了 1.96%，但其极大值和极差有所增加。

（9）土壤阳离子交换量。土壤阳离子交换量（CEC）是土壤保存速效养分能力的重要参考指标，也是改良土壤和合理施肥必须考虑的土壤因子，其中，土壤盐基饱和度是指土壤胶体上的交换性盐基离子占全部交换性阳离子的比例。对比 1982 年和 2009 年珠海市耕地土壤阳离子交换性能（表 3.17），耕地土壤阳离子交换性能中 K^+、Na^+、Ca^{2+}、Mg^{2+}、CEC、盐基总量的均值呈下降趋势，盐基饱和度则呈上升趋势。除盐基饱和度外，其他交换性能的标准差、极值和极差均呈减少趋势。

表 3.17　珠海市耕地土壤阳离子交换性能变化

	指标	均值	众数	标准差	极小值	极大值	极差
1982 年	K^+/（cmol/kg）	1.89	0.86	1.44	0.36	5.12	4.76
	Na^+/（cmol/kg）	8.47	23.70	10.83	0.72	41.30	40.58
	Ca^{2+}/（cmol/kg）	50.22	72.40	39.29	5.93	189.00	183.07
	Mg^{2+}/（cmol/kg）	17.23	6.63	22.05	0.91	71.60	70.69
	盐基总量/（cmol/kg）	77.81	105.67	58.37	7.92	225.41	217.49
	CEC/（cmol/kg）	107.87	143.20	58.96	25.20	208.10	182.90
	盐基饱和度/（cmol/kg）	70.04	73.79	42.89	11.01	274.22	263.21
2009 年	K^+/（cmol/kg）	0.29	0.16	0.48	0.00	3.26	3.26
	Na^+/（cmol/kg）	0.69	0.11	0.97	0.00	6.13	6.12
	Ca^{2+}/（cmol/kg）	8.00	27.22	6.66	0.44	28.17	27.73
	Mg^{2+}/（cmol/kg）	1.94	0.23	1.97	0.03	7.69	7.66
	盐基总量/（cmol/kg）	10.92	31.71	8.38	0.49	37.11	36.62
	CEC/（cmol/kg）	10.87	5.55	5.44	1.31	21.30	19.99
	盐基饱和度/（cmol/kg）	96.94	42.05	59.41	11.84	500.94	489.10
变化数量	K^+/（cmol/kg）	−1.60	−0.70	−0.96	−0.36	−1.86	−1.50
	Na^+/（cmol/kg）	−7.78	−23.59	−9.86	−0.72	−35.17	−34.46
	Ca^{2+}/（cmol/kg）	−42.22	−45.18	−32.63	−5.49	−160.83	−155.34
	Mg^{2+}/（cmol/kg）	−15.29	−6.40	−20.08	−0.88	−63.91	−63.03
	盐基总量/（cmol/kg）	−66.89	−73.96	−49.99	−7.43	−188.30	−180.87
	CEC/（cmol/kg）	−97.00	−137.65	−53.52	−23.89	−186.80	−162.91
	盐基饱和度/（cmol/kg）	26.90	−31.74	16.52	0.83	226.72	225.89

指标		均值	众数	标准差	极小值	极大值	极差
变化比例	K⁺/%	-84.66	-81.40	-66.67	-100.00	-36.33	-31.51
	Na⁺/%	-91.85	-99.54	-91.04	-100.00	-85.16	-84.92
	Ca²⁺/%	-84.07	-62.40	-83.05	-92.58	-85.10	-84.85
	Mg²⁺/%	-88.74	-96.53	-91.07	-96.70	-89.26	-89.16
	盐基总量/%	-85.97	-69.99	-85.64	-93.81	-83.54	-83.16
	CEC/%	-89.92	-96.12	-90.77	-94.80	-89.76	-89.07
	盐基饱和度/%	38.41	-43.01	38.52	7.54	82.68	85.82

3）土壤微量元素变化

土壤中微量元素是土壤的重要组成成分，一般是指硼、锰、钼、锌、铜等，含量通常只有百万分之几到十万分之几，却是表征土壤质量的重要因子。对比 1982 年第二次土壤普查测试的 30 个土样和 2009 年测试的 180 个土样的有效态微量元素的平均值（表 3.18），其中有效 Fe 和有效 Mn 均值减少，有效 Cu、有效 Zn、有效 B、有效 Mo 均值则呈增加趋势。为便于分析，将 2009 年 0~12 cm、12~27 cm 两层土样微量元素的平均值作为样点的微量元素值，与 1982 年同样土壤类型的土壤有效态微量元素含量进行对比（表 3.19），分析珠海市耕地利用变化中土壤微量元素的变化。

表 3.18　珠海市耕地土壤有效态微量元素变化

指标		均值	众数	标准差	极小值	极大值	极差
1982 年	有效 Cu/（mg/kg）	0.89	0.22	0.72	0.14	2.99	2.85
	有效 Zn/（mg/kg）	0.33	0.21	0.12	0.09	0.58	0.49
	有效 Fe/（mg/kg）	165.44	187.10	73.82	28.62	290.88	262.26
	有效 Mn/（mg/kg）	133.08	14.60	159.12	4.45	635.20	630.75
	有效 B/（mg/kg）	0.29	0.10	0.25	0.03	0.92	0.89
	有效 Mo/（mg/kg）	0.12	0.02	0.10	0.00	0.32	0.32
2009 年	有效 Cu/（mg/kg）	2.96	0.07	8.08	0.02	99.96	99.94
	有效 Zn/（mg/kg）	2.40	0.13	4.10	0.07	31.09	31.02
	有效 Fe/（mg/kg）	83.47	22.73	84.45	0.32	455.34	455.02
	有效 Mn/（mg/kg）	18.63	0.94	20.98	0.17	121.60	121.43
	有效 B/（mg/kg）	0.36	0.15	0.26	0.02	1.67	1.65
	有效 Mo/（mg/kg）	0.40	0.12	0.44	0.00	2.90	2.90
变化数量	有效 Cu/（mg/kg）	2.07	-0.15	7.36	-0.12	96.97	97.09
	有效 Zn/（mg/kg）	2.07	-0.08	3.98	-0.02	30.51	30.53
	有效 Fe/（mg/kg）	-81.97	-164.37	10.63	-28.30	164.46	192.76
	有效 Mn/（mg/kg）	-114.45	-13.66	-138.14	-4.28	-513.60	-509.32
	有效 B/（mg/kg）	0.07	0.05	0.01	-0.01	0.75	0.76
	有效 Mo/（mg/kg）	0.28	0.10	0.34	0.00	2.58	2.58

续表

指标		均值	众数	标准差	极小值	极大值	极差
变化比例	有效 Cu/%	232.58	−68.18	1022.22	−85.71	3243.14	3406.67
	有效 Zn/%	627.27	−38.10	3316.67	−22.22	5260.34	6230.61
	有效 Fe/%	−49.55	−87.85	14.40	−98.88	56.54	73.50
	有效 Mn/%	−86.00	−93.56	−86.81	−96.18	−80.86	−80.75
	有效 B/%	24.14	50.00	4.00	−33.33	81.52	85.39
	有效 Mo/%	233.33	500.00	340.00	0.00	806.25	806.25

表 3.19   珠海市主要土壤类型土壤有效态微量元素变化

亚类	1982 年微量元素有效态含量/（mg/kg）						2009 年微量元素有效态含量/（mg/kg）					
	Cu	Zn	Mn	Mo	B	Fe	Cu	Zn	Mn	Mo	B	Fe
淹育型水稻土	0.26	0.21	14.60	0.32	0.11	187.10	2.15	1.08	5.03	0.45	0.54	34.76
潴育型水稻土	0.68	0.32	128.12	0.11	0.19	177.96	3.40	1.92	19.66	0.35	0.38	88.25
渗育型水稻土	0.53	0.21	12.46	0.11	0.07	71.41	2.43	5.75	7.09	0.44	0.26	126.18
潜育型水稻土	0.53	0.28	49.83	0.13	0.20	153.31	4.02	1.16	26.11	0.34	0.37	65.92
沼泽型水稻土	1.00	0.49	242.03	0.14	0.21	184.39	2.68	1.59	20.83	0.12	0.26	77.79
盐渍型水稻土	1.65	0.38	201.67	0.09	0.65	175.16	2.12	2.33	22.82	0.42	0.41	71.64
滨海泥滩	1.73	0.43	304.93	0.22	0.73	290.87	3.28	2.64	11.91	0.31	0.47	44.62

（1）土壤有效 Cu。1982 年珠海市耕地土壤有效 Cu 含量范围为 0.14～2.99 mg/kg，平均值为 0.89 mg/kg，2009 年对应采样点土壤有效 Cu 含量范围为 0.02～99.96 mg/kg，平均值为 2.96 mg/kg，比 1982 年增加了 2.33 倍。就不同土壤类型而言，淹育型水稻土有效 Cu 增长最快，达到 8.27 倍，有效 Cu 增长从大到小排列依次为淹育型水稻土＞潜育型水稻土＞潴育型水稻土＞渗育型水稻土＞沼泽型水稻土＞滨海泥滩＞盐渍型水稻土。

（2）土壤有效 Zn。1982 年珠海市耕地土壤有效 Zn 含量范围为 0.09～0.58 mg/kg，平均值为 0.33 mg/kg，2009 年对应采样点土壤有效 Zn 含量范围为 0.07～31.09 mg/kg，平均值为 2.40 mg/kg，比 1982 年增加了 6.27 倍。2009 年土壤有效 Zn 所有采样点的含量均有增加。其中，渗育型水稻土有效 Zn 增加最快，增加了 26 倍，有效 Zn 增加从大到小排列依次为渗育型水稻土＞滨海泥滩＞盐渍型水稻土＞潴育型水稻土＞淹育型水稻土＞潜育型水稻土＞沼泽型水稻土。

（3）土壤有效 Fe。1982 年珠海市耕地土壤有效 Fe 含量范围为 28.62～290.88 mg/kg，平均值为 165.44 mg/kg，到 2009 年对应采样点土壤有效 Fe 含量范围为 0.32～455.34 mg/kg，平均值为 83.47 mg/kg，比 1982 年减少了 49.55%。其中，除渗育型水稻土有效 Fe 增加了 76.70%外，其他类型水稻土有效 Fe 均减少，其中滨海泥滩减少最大，下降了 84.66%，土壤有效 Fe 减少幅度从大到小排列依次为滨海泥滩＞淹育型水稻土＞盐渍型水稻土＞沼泽型水稻土＞潜育型水稻土＞潴育型水稻土。

（4）土壤有效 Mn。1982 年珠海市耕地土壤有效 Mn 含量范围为 4.45～635.20 mg/kg，平均值为 133.08 mg/kg，2009 年对应采样点土壤有效 Mn 含量范围为 0.17～121.60 mg/kg，平均值仅有 18.63 mg/kg，土壤有效 Mn 含量 2009 年较 1982 年减少了 86.00%。其中，滨海泥滩有效 Mn 减少最快，降低幅度达到 96.09%，耕地土壤有效 Mn 减少从大到小排列依次为滨海泥滩＞沼泽型水稻土＞盐渍型水稻土＞潴育型水稻土＞淹育型水稻土＞潜育型水稻土＞渗育型水稻土。

（5）土壤有效 B。1982 年珠海市耕地土壤有效 B 含量范围为 0.03～0.92 mg/kg，平均值为 0.29 mg/kg，2009 年对应采样点土壤有效 B 含量范围为 0.02～1.67 mg/kg，平均值为 0.36 mg/kg，含量平均值比 1982 年增加了 24.14%。在不同类型耕地土壤中，淹育型水稻土有效 B 增加最大，增加了 3.91 倍，其他耕地土壤有效 B 增加幅度从大到小排列依次为淹育型水稻土＞渗育型水稻土＞潴育型水稻土＞潜育型水稻土＞沼泽型水稻土，同期盐渍型水稻土和滨海泥滩有效 B 含量减少，分别下降了 36.92%和 35.62%。

（6）土壤有效 Mo。1982 年土壤有效 Mo 含量范围为 0～0.32 mg/kg，平均值为 0.12 mg/kg，2009 年对应采样点土壤有效 Mo 含量范围为 0.00～2.90 mg/kg，平均值为 0.40 mg/kg，比 1982 年增加了 2.33 倍。就不同土壤类型而言，盐渍型水稻土有效 Mo 增加最大，增加了 3.66 倍，沼泽型水稻土有效 Mo 则减少下降了 14.29%。土壤有效 Mo 增加幅度从大到小排列依次为盐渍型水稻土＞渗育型水稻土＞潴育型水稻土＞潜育型水稻土＞滨海泥滩＞淹育型水稻土。

2. 耕层土壤有机碳储量变化

作为陆地生态系统中重要组成部分的农田土壤是陆地生态系统中最重要的有机碳库之一，在全球变化中具有重要作用，同时耕层土壤有机碳是陆地土壤碳库中对社会经济响应最灵敏、时空变化最活跃的部分，土地利用变化中耕层土壤性质的变化导致土壤耕层有机碳随之变化。具体选择珠江三角洲核心区为研究区，测算 1980 年与 2015 年的耕层有机碳密度（soil qrganic carbon density，SOCD）和碳库储量（soil organic carbon pool，SOCP），分析耕层有机碳的变化特征。

1）耕层土壤有机碳储量测算

基于研究数据选取珠江三角洲地区的核心区作为研究区域，具体包括广州、深圳、珠海、佛山、东莞和中山市及江门市的鹤山、蓬江、江海、新会与肇庆的四会市（图 3.6）。区域耕层土壤有机碳含量（soil organic carbon content，SOCC）数据来源于广东省城市化与地理环境空间模拟重点实验室，其中，1980 年的研究区农田耕层土壤样本 708 个，SOCC 的平均值为 13.66 g/kg；2015 年样本 942 个，SOCC 的平均值为 11.01 g/kg（表 3.20）。

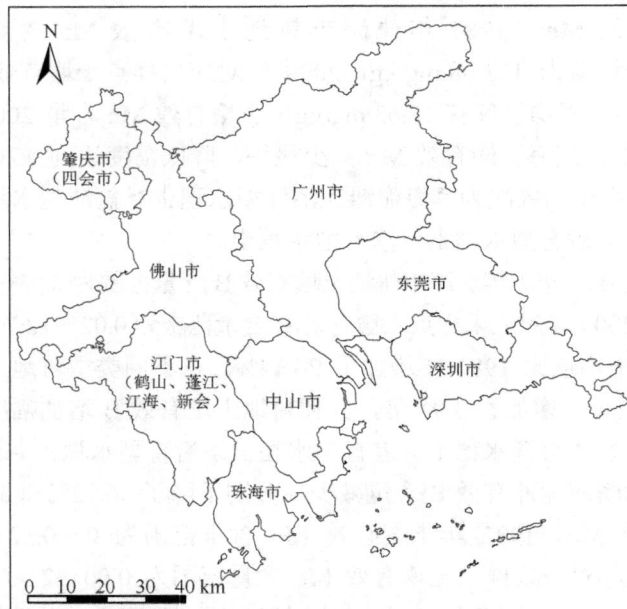

图 3.6　珠江三角洲核心区范围

表 3.20　1980 年与 2015 年珠江三角洲核心区耕层土壤有机碳含量样本情况

项目		1980 年			2015 年		
		区间/（g/kg）	平均值/（g/kg）	数量/个	区间/（g/kg）	平均值/（g/kg）	数量/个
利用方式	水田	[4.17,24.63]	13.23	133	[5.09,19.87]	11.05	368
	水浇地	[3.65,24.99]	14.03	378	[5.13,19.25]	10.89	292
	坑塘水面	[3.29,24.63]	13.74	56	[4.97,19.84]	11.24	49
	园地	[3.65,24.14]	13.17	141	[5.15,19.89]	10.94	95
	旱地				[5.02,19.60]	11.11	114
	林地				[5.19,19.24]	10.10	18
	草地				[6.77,15.07]	10.66	6
行政区域	广州市	[4.17,24.99]	14.22	308	[4.97,17.33]	10.65	393
	深圳市	[3.29,19.94]	12.08	36	[9.01,13.98]	11.2	47
	珠海市	[11.63,17.96]	14.52	26	[8.39,19.24]	15.67	34
	佛山市	[3.65,24.63]	15.08	143	[5.93,15.63]	9.93	210
	肇庆市	[4.17,21.59]	13.34	39	[8.48,16.79]	13.13	30
	江门市	[8.13,18.82]	13.11	26	[6.13,19.89]	11.11	128
	东莞市	[7.26,24.63]	11.45	101	[6.77,15.24]	10.86	67
	中山市	[8.39,17.92]	13.87	29	[6.43,18.74]	12.54	33
	研究区合计	[3.29,24.99]	13.66	708	[4.97,19.89]	11.01	942

注：园地、林地、坑塘水面皆为可调整地类，即由耕地转换成的其他利用方式，但仍具耕地生产功能。

区域农田耕层土壤有机碳主要包括耕层土壤有机碳含量、耕层土壤有机碳密度和耕层土壤有机碳库储量 3 部分，三者之间既紧密联系，又分属不同的层次和空间尺度，其中，SOCC 和 SOCD 主要体现田块尺度上有机碳的含量或浓度，SOCP 则主要体现一定区域内（行政单元或自然单元内）有机碳的总储量。通过 ArcGIS 软件对研究区 1980 年和 2015 年样本 SOCC 进行 QQ 正态图、半变异函数/协方差（云）和全局 Moran's I 等空间自相关分析，通过检验后采用普通克里格插值完成研究区 SOCC 空间化。研究区 SOCD 则采用邵月红等（2006）的公式进行测算。

$$T_{20} = \text{SOCC} \times \text{BD} \times H \times \frac{1-g}{100}$$

式中，T_{20} 为耕层（20 cm）土壤有机碳密度（kg/m^3）；SOCC 为耕层土壤有机碳含量（g/kg）；BD 为土壤容重（g/cm）；H 为耕层土壤厚度（cm）；g 为大于 2 mm 石砾含量（%）。其中，土壤容重采用土壤容重传递函数（韩光中等，2016）测算，耕层土壤>2 mm 石砾含量和黏粒采用平均值法测算（邵月红等，2006）。

SOCP 采用（王绍强和周成虎，1999；邵月红等，2006）测算公式为

$$M_{20} = T_{20} \times S \times H$$

式中，M_{20} 为耕层土壤有机碳库储量[Tg（10^{6}t）]；T_{20} 为耕层土壤有机碳密度（kg/m^3）；S 为区域农田面积（m^2）；H 为耕层土壤厚度（20 cm）。

2）耕层土壤有机碳储量变化

1980～2015 年，35 年中珠江三角洲核心区农田 SOCD 整体呈下降趋势，SOCD 平均值从 1980 年的 4.08 kg/m^3 下降至 2015 年的 3.30 kg/m^3[表 3.21 和图 3.7（a）]，下降 19.12%。其中，佛山农田 SOCD 下降幅度最大，平均下降 1.34 kg/m^3，珠海下降幅度最小，平均下降 0.01 kg/m^3，各地 SOCD 平均变化状况为：佛山>广州>江门（部分）>中山>深圳>东莞>肇庆（四会）>珠海。同期，农田面积从 105.83 万 hm^2 缩减至 41.78 万 hm^2[图 3.7（b）]，减少 60.52%。随之珠江三角洲核心区的 SOCP 从 1980 年的 8.80 Tg[图 3.7（c）]减少至 2015 年的 2.89 Tg[图 3.7（d）]，损失 5.91 Tg，损失高达 67.16%（表 3.21）。在距珠江三角洲核心区几何中心 20～80 km 处，形成宽度为 20～60 km 的不规则环形圈，圈内 SOCP 下降显著[图 3.7（e）]。珠江三角洲核心区的 SOCP 从总体上来看，中西部平原地区减少显著，东南部地形复杂地区减少幅度相对较小。同时，中心城区减少多，但广州、深圳、珠海、佛山和中山等区域核心城市的中心城区周边变化基本趋于稳定。因此，主要受土地利用/覆被急剧变化及社会经济快速发展的耦合作用，1980～2015 年珠江三角洲核心区的 SOCP 急剧减少，大幅损失 67.16%，并具有显著的城镇集群指向特征，距离城镇集群越近，损失量越大。

表 3.21　1980～2015 年珠江三角洲核心区耕层有机碳库储量的变化

区域	1980 年			2015 年			1980～2015 年变化		
	SOCD 平均值/（kg/m^3）	农田面积/万 hm^2	SOCP/Tg	SOCD 平均值/（kg/m^3）	农田面积/万 hm^2	SOCP/Tg	SOCD 平均值/（kg/m^3）	农田面积/万 hm^2	SOCP/Tg
核心区	4.08	105.83	8.80	3.30	41.78	2.89	-0.78	-64.06	-5.91
广州市	4.19	30.60	2.59	3.22	13.65	0.90	-0.97	-16.95	-1.69
深圳市	3.74	5.86	0.44	3.38	0.42	0.03	-0.36	-5.44	-0.41
珠海市	4.31	6.65	0.59	4.30	3.36	0.28	-0.01	-3.30	-0.31

区域	1980 年			2015 年			1980～2015 年变化		
	SOCD 平均值/（kg/m³）	农田面积/万 hm²	SOCP/Tg	SOCD 平均值/（kg/m³）	农田面积/万 hm²	SOCP/Tg	SOCD 平均值/（kg/m³）	农田面积/万 hm²	SOCP/Tg
佛山市	4.39	23.35	2.10	3.05	6.83	0.42	-1.34	-16.52	-1.68
肇庆市	4.03	5.16	0.42	3.81	2.47	0.19	-0.22	-2.69	-0.23
江门市	3.98	12.04	0.96	3.29	6.09	0.45	-0.69	-5.95	-0.51
东莞市	3.57	11.06	0.77	3.28	3.79	0.25	-0.29	-7.26	-0.52
中山市	4.16	11.11	0.94	3.68	5.18	0.38	-0.48	-5.93	-0.56

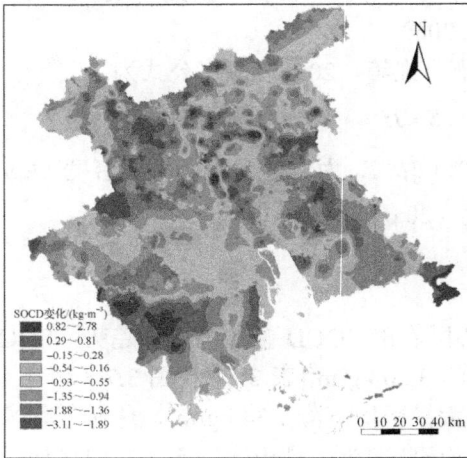

（a）1980～2015年SOCD变化

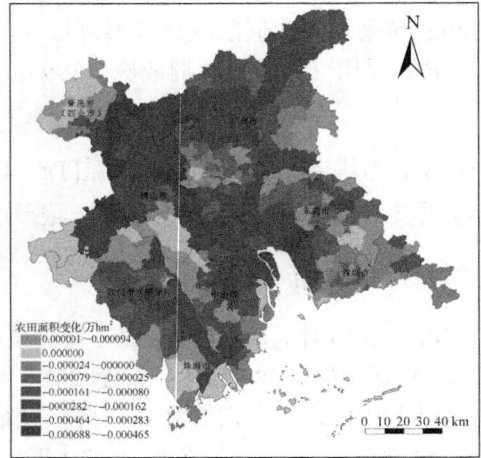

（b）1980～2015年农田面积变化

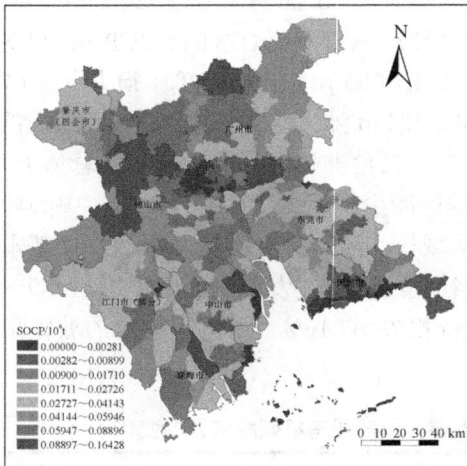

（c）1980年SOCP

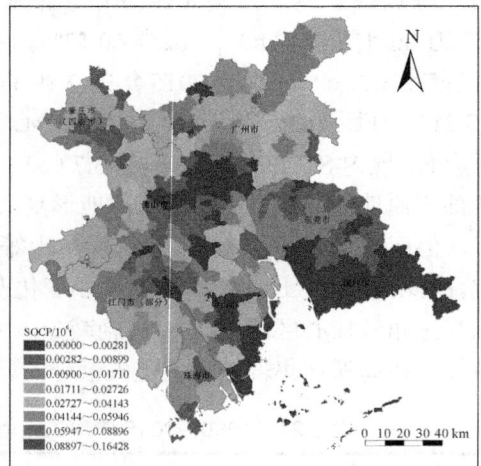

（d）2015年SOCP

图 3.7　1980～2015 年珠江三角洲核心区的 SOCP 变化

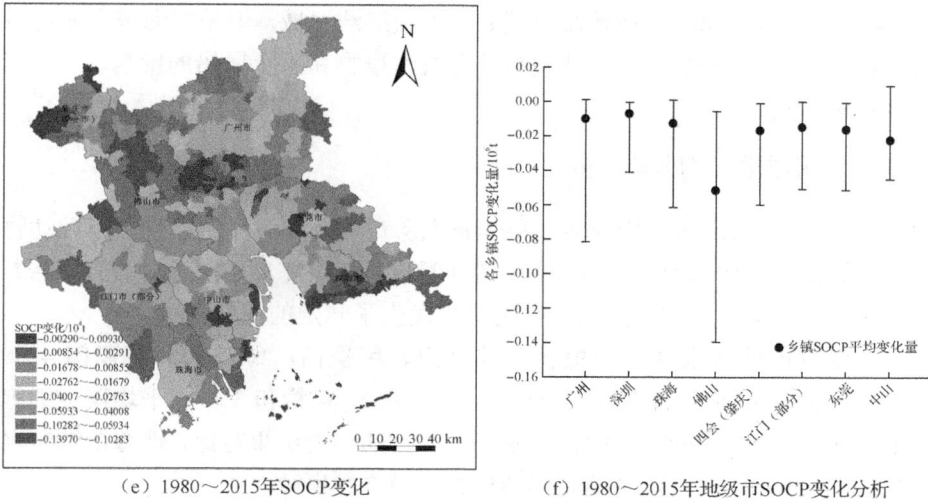

（e）1980～2015年SOCP变化　　　　　（f）1980～2015年地级市SOCP变化分析

图 3.7（续）

五、珠江三角洲滨海湿地变化的水环境效应

滨海是珠江三角洲地区的一个重要特征，伴随滨海湿地的开发利用，滨海水环境也发生了一定的变化。具体以珠海市滨海地区为例，依据 2005～2007 年珠海市环境监测站海域常规监测资料和 2006 年生态环境部华南环境科学研究所对珠海海域浮游植物、浮游动物和底栖生物的调查结果，采用水质化学因子及浮游植物、浮游动物和底栖生物的多样性指数等，综合表征珠海市滨海水域环境，分析滨海湿地变化的水环境效应。

1. 珠海滨海湿地的水质变化效应

珠海市滨海水域水质监测结果显示，pH 和溶解氧均符合国家二级海水水质标准，化学耗氧量除珠海滨海旅游景观区在 2.0～2.3 mg/L 外，其他区域均达到一类海水水质的标准。重金属除铅以外，其余水质参数均未超出一类海水水质的标准，其中，鹤州海涂种养区因位于磨刀门的口门处，受陆源入海排污影响较大，铅含量较高。石油类含量值为 0.03～0.05 mg/L，达到一类海水水质标准。有机物污染中的主要污染物是无机氮和活性磷酸盐，主要是沿岸养殖废水排放、陆域耕地施用的化肥和农药排入港区水中的营养盐无法得到充分稀释所致，近岸海域无机氮和磷酸盐含量较高（韩照祥等，2010）。无机氮含量值除雷蛛平沙港区符合一类海水水质标准外，其他区域明显偏高，其中珠海滨海旅游景观区含量值均超过 0.30 mg/L，处于三级海水水质标准，存在轻度污染，珠海港口区、高栏飞沙滩旅游功能区和鹤州海涂种养区含量值在 0.222～0.292 mg/L。活性磷酸盐含量值除高栏飞沙滩旅游功能区未超出一级海水水质标准外，其余站点值 0.015～0.026 mg/L，符合二级海水水质标准。

综合污染指数计算结果，珠海市滨海水域的水质综合污染指数均处于 0.2～0.5，水质状况随时间变化而变化的幅度不大，区域间水质状况差异也较小。其中，雷蛛平沙港区水质污染指数较低，海域水环境质量较好，为较清洁海域，但是珠海滨海旅游景观区和鹤州海涂种养区受无机氮、活性磷酸盐等有机污染物和重金属铅的影响，水环境质量较差，已受到轻度污染。

2. 珠海滨海湿地生物多样性变化

比较 2006 年生态环境部华南环境科学研究所对珠海海域浮游植物、浮游动物和底栖生物的调查结果及 1990 年 9 月和 1991 年 3 月《珠江口海岛资源综合调查报告》的调查结果，1990 年以来珠海市滨海水域生物构成发生了一定的变化。

2006 年珠海市滨海水域浮游植物有硅藻门、甲藻门、绿藻门和蓝藻门 4 个门类（表 3.22），分别有 62 种（含变种）、15 种（含变种）、4 种和 3 种，平均藻类细胞密度为 $3.83\times10^7\text{cells/m}^3$。与 1990 年 9 月和 1991 年 3 月的调查结果对比，珠海市滨海水域浮游植物种数存在一定变化，但主要是浮游植物季节交替所致。

表 3.22　近岸海域与珠江口浮游植物种类数量比较

种类	珠海近岸海域		珠江口			
	2006 年 7 月		1990 年 9 月		1991 年 3 月	
	种类	所占比例/%	种类	所占比例/%	种类	所占比例/%
硅藻	62	73.81	59	83.10	31	53.45
甲藻	15	17.86	11	15.49	26	44.83
其他	7	8.33	1	1.41	1	1.72
总数	84	100	71	100	58	100

珠海市滨海水域浮游动物经鉴定共发现 26 种，其中，桡足类 8 种、十足类 4 种、水母类 3 种、枝角类 3 种、毛颚类 2 种及浮游幼虫共 6 个类群，浮游动物平均数量为 1099.25 ind/m³（表 3.23），但变化范围较大，为 5.4～6395.8 ind/m³，其中，位于珠江口磨刀门附近的密度值最小。2006 年的调查结果基本与 1991 年的调查结果一致，但桡足类在浮游动物中所占的比例明显升高，由 43.00%上升到 80.48%。

表 3.23　2006 年珠海市近岸海域浮游动物各类群的平均密度

类群	桡足类	水母类	十足类	枝角类	毛颚类	幼虫	合计
平均密度/（ind/m³）	884.64	124.32	39.26	2.15	1.87	47.01	1099.25
占总数量比例/%	80.48	11.31	3.57	0.20	0.17	4.28	100

珠海市滨海水域的底栖生物有多毛类、软体动物、棘皮动物和脊索动物，分别为 6 种、4 种、2 种和 1 种，个体数量为 40～720 ind/m³，底栖生物量范围为 2.0～112.6 g/m³。2006 年的调查结果与 1990 年 9 月和 1991 年 3 月的调查结果对比，多毛类和软体动物生物栖息密度有较大幅度增加（表 3.24）。同时，底栖生物平均生物量由原来的 2.51 g/m³ 增加到 31.53 g/m³，平均栖息密度由 51.25 ind/m³ 上升到 180 ind/m³。

表 3.24　珠海市近岸海域与珠江口底栖生物栖息密度比较 （单位：ind/m³）

种类	珠海近岸海域	珠江口	
	2006 年 7 月	1990 年 9 月	1991 年 3 月
多毛类	72.5	12.8	16.8
软体动物	118.0	36.0	45.6
棘皮动物	5.0	6.8	13.6

比较生物多样性指数（表 3.25），珠海市滨海水域存在一定污染问题。其中，珠海市滨海水域浮游植物种类多样性指数为 0.09～4.05（表 3.25），平均值为 1.71，污染程度属于重中污染；浮游动物种类多样性指数相对浮游植物和底栖生物的较高，平均值为 2.12，属于轻中污染；底栖生物种类多样性指数范围为 0.41～1.31，平均值为 0.85，处于重污染水平。与珠江口各生物种类多样性指数比较（张景平等，2010），珠海市滨海水域的生物多样性指数仅浮游植物高于珠江口，浮游动物和底栖生物的生物多样性指数明显低于珠江口，充分反映出土地利用变化中珠海市滨海水域环境污染的综合效应。

表 3.25　珠海市近岸海域与珠江口生物多样性指数比较

生物种类	珠海近岸海域			珠江口		
	范围值	平均值	评价结果	范围值	平均值	评价结果
浮游植物	0.09～4.05	1.71	重中污染	0.03～3.43	0.99±1.02	重污染
浮游动物	1.00～3.15	2.12	轻中污染	0.29～4.21	2.3±0.83	轻中污染
底栖生物	0.41～1.31	0.85	重污染	0.59～2.45	1.48±0.55	重中污染

第二节　土地利用变化的环境整体效应

珠江三角洲地区近期土地利用过程中的气候、土壤、水文及动植物等一系列变化，引起区域生态安全水平尤其是区域生态系统服务功能的变化，产生了整体性的区域环境效应。对应珠江三角洲地区土地利用变化分析的典型代表区域广州市、佛山市和基塘区等，分析珠江三角洲地区土地利用变化中土地生态安全水平、生态系统健康程度及生态系统服务功能价值的变化等环境整体效应。

一、广州市土地生态安全水平的变化

在全球变化背景下，土地利用过程中的区域生态安全水平变化备受关注。选择珠江三角洲地区土地利用变化的典型区域——广州市，以"压力-状态-响应"模型为蓝本，构建土地利用生态安全评价指标体系，进行 1995～2004 年土地利用生态安全动态变化的典型评价与分析，了解珠江三角洲地区土地利用变化过程中其生态安全水平的变化过程。

1. 评价指标体系与评价方法

为客观、全面、科学地衡量土地利用生态安全状况，遵循科学性、综合性、主导性、资料收集的可行性和可操作性、可比性与区域性、可持续性等原则（曹新向等；2004；刘勇等，2004；郭凤芝，2004），基于"压力-状态-响应"模型，从自然、经济与社会综合角度出发，结合广州市本身的土地资源及其利用特点，构建出其生态安全评价量度的指标体系（表3.26）。具体评价指标的数据和资料，主要来源于1996~2005年的广州市统计年鉴和统计公报、1995~2004年土地利用变更调查和更新调查资料及相关年份环境质量调查报告等。

表 3.26　广州市土地利用生态安全评价指标体系

目标层	准则层	因素层	指标层		单位	标准值
城市土地资源生态安全综合指数（A）	压力（B_1）	土地资源压力（C_1）	城市建设用地增长弹性系数（D_1）		—	1.12
			土地后备资源率（D_2）		%	7.00
		土地生态环境压力（C_2）	单位面积农药化肥负荷（D_3）	农药	kg/hm^2	10.00
				化肥	t/hm^2	0.20
			工业废水负荷（D_4）		t/km^2	8132.20
			工业废渣负荷（D_5）		t/km^2	113.80
			工业 SO$_2$ 排放量（D_6）		mg/m^3	0.02
		人文社会压力（C_3）	城市化综合水平（D_7）		%	85.00
			人口自然增长率（D_8）		‰	1.79
			人口密度（D_9）		人/km^2	3500.00
	状态（B_2）	土地资源状态（C_4）	人均耕地面积（D_{10}）		hm^2	0.0572
			人均住房面积（D_{11}）		m^2	23.00
			人均道路面积（D_{12}）		m^2	13.00
		土地生态环境状态（C_5）	森林覆盖率（D_{13}）		%	46.80
			水域面积率（D_{14}）		万 hm^2	11.00
			城区人均公共绿地面积（D_{15}）		m^2	15.00
		社会经济状态（C_6）	单位建设用地 GDP（D_{16}）		亿元/km^2	4.00
			单位土地面积 GDP（D_{17}）		亿元/km^2	1.48
	响应（B_3）	土地资源响应（C_7）	基本农田保护区占农用地比例（D_{18}）		%	88.00
			自然保护区占土地总面积比例（D_{19}）		%	11.80
		土地生态环境响应（C_8）	工业废水处理率（D_{20}）		%	100.00
			工业固体废渣综合利用率（D_{21}）		%	100.00
		人文社会响应（C_9）	环保投资占 GDP 比例（D_{22}）		%	4.00
			R&D 经费占 GDP 比例（D_{23}）		%	3.47

在广州市土地利用生态安全评价中，首先是确定每个生态安全评价指标的标志值。从广州市土地生态系统状况的实际特点出发，各安全评价指标标准值的设置主要从以下几个方面选取（表3.26）（左伟等，2002；谢花林和李波，2004；谢花林和张新时，2004）：①国家、行业和地方规定的标准，包括国家土壤环境质量标准（GB 15618—1995）等，行业标准是指行业发布的环境评价规范、规定、设计要求等，地方政府颁布的化肥农药使用标准等，如工业 SO$_2$ 排放量、工业废水处理率、工业固体废渣综合处理率标准值就参考国家或国际标准确定；②区域背景和底值标准，以区域土地生态环境的背景值和本底值作为评价标准，如单位面积农药化肥负荷、工业废水负荷、工业废渣负荷等就采用

广东省平均值等,基本农田保护区占农用地比重则根据广东省土地利用总体规划要求而确定;③类比标准,选取类似区域的指标值为标准值,如城市化综合水平、人口自然增长率、人口密度、人均住房面积、人均道路面积、森林覆盖率、城区人均公共绿地面积、单位建设用地 GDP、单位土地面积 GDP、自然保护区占土地总面积比重及 R&D 经费占GDP 比重,主要是依据国内城市最大值、深圳与上海等代表城市的均值确定;④趋势外推标准,鉴于区域的特殊性,可依据区域现状情况并根据研究区域实际做趋势外推,如土地后备资源率就是以 1996～2010 年广州市 14 年未利用地递减计算外推确定的标准值;⑤科学研究已判定的指标值,即通过当地或相似条件下科学研究已判定的保障生态安全的指标标准等作为评价的标准或参考标准应用,如城市建设用地增长弹性系数、人均耕地面积、环保投资占 GDP 比例等则依据相关研究结果给出标准值(张凤荣等,2003;陈百明,2002;杨志峰等,2004)。

　　基于广州市土地利用生态安全评价指标体系,采用层次分析方法获得均通过一致性检验的综合层次总排序结果确定各个评价指标的权重,并采用直线型方法利用所选择的标志值为安全指数标准进行无量纲化处理,最后通过加权综合量度值计算土地生态安全的综合指数,依据土地生态安全综合指数判定土地利用的生态安全水平级别,其中土地资源生态安全综合评价等级Ⅰ、Ⅱ、Ⅲ、Ⅳ、Ⅴ对应的综合安全指数分别为≥0.9、0.7～0.9、0.6～0.7、0.4～0.6、<0.4,分别代表安全、较安全、一般安全、较不安全、不安全。

2. 土地生态安全水平的变化

　　1995～2004 年广州市连续 10 年土地利用系统压力指数均小于 0.51(表 3.27),处于较不安全状态,且呈不稳定的动荡态势,尤其是 1997 年、1998 年和 2003 年系统压力安全指数小于 0.4。分析因素层对系统压力的贡献,以土地生态环境的负向贡献最大,10 年中安全指数均小于 0.3,处于不安全状态;土地资源压力次之,10 年中也均处于较不安全状态,而且波动很大;人文社会压力相对较小。

表 3.27　1995～2004 年广州市土地利用系统压力安全指数和因素层安全指数

年份	系统压力安全指数		因素层安全指数		
	安全值	安全级别	土地资源压力	土地生态环境压力	人文社会压力
1995	0.4553	Ⅳ	0.5483	0.2249	0.6315
1996	0.4727	Ⅳ	0.5660	0.2511	0.6361
1997	0.3806	Ⅴ	0.3286	0.2517	0.6447
1998	0.3437	Ⅴ	0.2004	0.2682	0.6782
1999	0.4603	Ⅳ	0.4945	0.2854	0.6522
2000	0.5062	Ⅳ	0.5861	0.2916	0.6814
2001	0.5073	Ⅳ	0.5803	0.2902	0.6968
2002	0.4837	Ⅳ	0.5028	0.2774	0.7441
2003	0.3638	Ⅴ	0.1581	0.2927	0.7915
2004	0.4349	Ⅳ	0.3493	0.2790	0.7908

1995～2004 年广州市土地利用系统状态水平呈逐年上升趋势且改善明显（表 3.28），其安全指数由 1995 年的 0.4539 上升到 2004 年的 0.7071，上升 55.78%，安全级别也由较不安全升级为较安全状态。其中，1995 年以来广州市的土地资源状态、土地生态环境状态和经济社会状态安全水平均持续上升，其指数分别升高了 46.21%、35.10% 和 58.93%，共同导致系统状态安全水平的持续改善。该评价结果与广州市生态城市建设理念"构筑青山、碧水、蓝天、绿地、花城，突出'山、城、田、海'的自然特征和创建适宜创业发展、居住生活的'生态城市'"基本一致。

表 3.28 1995～2004 年广州市土地利用系统状态安全指数和因素层安全指数

年份	系统状态安全指数		因素层安全指数		
	安全值	安全级别	土地资源状态	土地生态环境状态	经济社会状态
1995	0.4539	IV	0.4187	0.6060	0.2240
1996	0.4839	IV	0.4277	0.6425	0.2560
1997	0.4862	IV	0.4244	0.6325	0.2820
1998	0.5052	IV	0.4312	0.6500	0.3020
1999	0.5264	IV	0.4478	0.6682	0.3340
2000	0.5588	IV	0.4399	0.7131	0.3760
2001	0.5770	IV	0.5479	0.6827	0.4200
2002	0.6093	III	0.5630	0.7155	0.4620
2003	0.6549	III	0.5872	0.7699	0.5060
2004	0.7071	II	0.6122	0.8189	0.5800

广州市土地利用的系统响应水平 1995～2004 年呈上升趋势且改善明显（表 3.29），响应安全指数从 0.5314 上升到 0.8077，提高了 51.99%，因此其响应状态程度由 1995～1998 年的较不安全状态，转为 1999 年的一般安全状态，之后 2000～2004 年升级为较安全状态，整体安全水平在准则层中最高，对综合安全水平正向贡献最大。在广州市土地利用系统响应中，土地资源响应指数、土地生态环境响应指数和人文社会响应指数也均有不同程度的提高，分别由 1995 年的 0.4960、0.6692 和 0.4128 升至 2004 年的 0.9116、0.9096 和 0.5252，提高幅度分别为 83.79%、35.92% 和 27.23%，其中主要是基本农田保护区占农用地比重和自然保护区占土地总面积比重的土地资源响应指标水平的大力改善，加之工业废水处理率和工业固体废渣综合利用率的土地生态环境响应指标的提高，促成了广州市 1995～2004 年土地利用系统响应水平的大力改善，使得广州市土地生态系统响应安全水平从较不安全状态上升到较安全状态，但在环保和科技方面的投入，尤其是环保方面的投入明显不足，致使期内人文社会响应水平的提升相对缓慢。

表 3.29 1995～2004 年广州市土地利用系统响应安全指数和因素层安全指数

年份	系统响应安全指数		因素层安全指数		
	安全值	安全级别	土地资源响应	土地生态环境响应	人文社会响应
1995	0.5314	IV	0.4960	0.6692	0.4128
1996	0.5370	IV	0.5924	0.5684	0.4148
1997	0.5697	IV	0.5924	0.6502	0.4352

续表

年份	系统响应安全指数		因素层安全指数		
	安全值	安全级别	土地资源响应	土地生态环境响应	人文社会响应
1998	0.5922	IV	0.5924	0.7184	0.4346
1999	0.6484	III	0.6749	0.7608	0.4648
2000	0.7518	II	0.8266	0.8745	0.4866
2001	0.7868	II	0.9116	0.8795	0.4841
2002	0.7835	II	0.9116	0.8648	0.4902
2003	0.8000	II	0.9116	0.8908	0.5198
2004	0.8077	II	0.9116	0.9096	0.5252

1995～2004 年，广州市土地利用生态安全综合安全指数总体而言处于上升中（表 3.30），安全指数从 0.4796 上升到 0.6292，提高了 31.19%，其间，生态安全综合等级由 1995 年的较不安全状态升级到一般安全状态，整体安全水平较低。但是，这期间存在较大波动性，其中，1995～1999 年及 2003 年广州市土地资源生态安全综合等级为较不安全状态，2000～2002 年及 2004 年为一般安全状态，安全水平最低值出现在 1998 年，最高值出现在 2004 年，为一般安全状态。因此，从总体上说，广州市土地利用生态安全水平在 1995 年以来处于较不安全水平，但 2000 年以来生态安全度逐步好转，升级为一般安全水平，其中，对广州市土地利用生态安全影响最大的是系统压力，这期间虽然系统状态和响应在不断改善，安全指数分别提高了 55.78% 和 51.99%，但系统压力并未减小，相反，不稳定中还有恶化趋势，其指数由 1995 年的 0.4553 降至 2004 年的 0.4349，安全指数降低了 4.48%，成为 1995～2004 年影响广州市土地安全水平提高的重要限制因素。

表 3.30 1995～2004 年广州市土地利用生态安全指数

年份	准则层安全指数			综合安全指数	
	系统压力	系统状态	响应	安全值	安全级别
1995	0.4553	0.4539	0.5314	0.4796	IV
1996	0.4727	0.4839	0.5370	0.4965	IV
1997	0.3806	0.4862	0.5697	0.4704	IV
1998	0.3437	0.5052	0.5922	0.4671	IV
1999	0.4603	0.5264	0.6484	0.5386	IV
2000	0.5062	0.5588	0.7518	0.6000	III
2001	0.5073	0.5770	0.7868	0.6167	III
2002	0.4837	0.6093	0.7835	0.6148	III
2003	0.3638	0.6549	0.8000	0.5837	IV
2004	0.4349	0.7071	0.8077	0.6292	III

二、佛山市土地生态系统健康程度变化

土地作为一个有机综合体，土地利用变化过程中的环境效应会集中体现在土地生态系统的破坏或退化上，土地生态系统健康评价就是一种诊断土地生态系统破坏或退化程度的重要方法（蔡为民等，2004），选用该方法进行佛山市土地生态系统的健康评价，对比分析佛山市土地利用变化的区域环境整体效应。

1. 评价指标与方法

健康的土地生态系统应具有良好的自我恢复能力和维持能力，土地生态系统要素之间处于协调状态，同时土地资源利用能产生良好的经济效益、生态效益和社会效益。根据佛山市实际，借鉴国内外相关的评价指标体系（袁兴中等，2001；蔡为民和唐华俊，2007），在综合性、可操作性、空间尺度适合性、可比性和指标范畴或类型恰当性等原则指导下，以土地利用系统健康综合评价为目标，从土地生态系统的结构、功能和效益三个方面，选择了 32 个相关指标建立佛山市土地生态系统健康评价指标体系，并采用层次分析法（AHP 法）赋予各评价指标相应的权重（表 3.31）。

表 3.31 佛山市土地利用系统健康评价指标及其权重

目标层	准则层	权重	指标层 1	权重	指标层 2	权重
土地利用系统健康综合指数（Y）	系统结构指数（Y_1）	0.4934	土地利用结构指数（X_1）	0.5584	X_{11} 土地利用多样性指数	0.3393
					X_{12} 耕地比例/%	0.2571
					X_{13} 林地比例/%	0.1797
					X_{14} 交通用地比例/%	0.1362
					X_{15} 城镇村及工矿用地比例/%	0.0877
			社会结构指数（X_2）	0.1220	X_{21} 从事第二、第三产业劳动力比例/%	0.1958
					X_{22} 在校学生比例/%	0.4934
					X_{23} 万人拥有卫生技术人员数/人	0.3108
			经济结构指数（X_3）	0.3196	X_{31} 农业产值占 GDP 比例/%	0.1634
					X_{32} 工业增加值占 GDP 比例/%	0.2970
					X_{33} 第三产业占 GDP 比例/%	0.5396
	系统功能指数（Y_2）	0.3108	活力指数（X_4）	0.6000	X_{41} GDP 年增长率/%	0.1953
					X_{42} 单位土地面积 GDP/（万元/hm²）	0.3905
					X_{43} 单位土地第二、第三产业产值/（万元/hm²）	0.1381
					X_{44} 人均 GDP 增长率/%	0.2761
			稳定性指数（X_5）	0.4000	X_{51} 人均土地面积/hm²	0.1619
					X_{52} 人均耕地/hm²	0.2455
					X_{53} 耕地年均减少率/%	0.1619
					X_{54} 土地经济密度指数	0.3239
					X_{55} 建设用地增长率/%	0.1068
	系统效益指数（Y_3）	0.1958	经济效益指数（X_6）	0.5278	X_{61} 粮食单产/（kg/hm²）	0.1069
					X_{62} 土地利用率/%	0.1411
					X_{63} 人均 GDP/元	0.3242
					X_{64} 城镇居民人均可支配收入/元	0.2139
					X_{65} 农民人均纯收入/元	0.2139
			社会效益指数（X_7）	0.1396	X_{71} 恩格尔系数/%	0.5396
					X_{72} 人口自然增长率/‰	0.2970
					X_{73} 就业指数/%	0.1634
			生态效益指数（X_8）	0.3326	X_{81} 工业废水处理率/%	0.4133
					X_{82} 工业废气处理率/%	0.1867
					X_{83} 工业固体废物综合利用率/%	0.1078
					X_{84} 城市绿化覆盖率/%	0.2922

　　为全面反映区域土地生态系统的健康水平，采用多因子加权综合评价方法进行佛山市土地生态系统的健康评价。在评价过程中，为消除不同评价指标量纲的影响，采用极差标准化方法进行标准化处理，使各指标数据具有可比性。不过，对于正、负作用不同的指标，需要采用不同的极差标准化处理方法。按照该评价方法，评价综合指数越大，土地利用系统越健康。鉴于目前土地生态系统健康评价指标尚无统一标准，借鉴城市生态系统健康评价相关成果，依据佛山市土地生态系统健康评价指数值，将土地生态系统健康水平划分为 4 个等级，即很不健康（≤0.3）、不健康（0.3~0.5）、亚健康（0.5~0.8）和健康（≥0.8）。

2. 评价结果及分析

　　1999~2009 年，佛山市土地生态系统健康水平基本上在朝好的方向发展，健康指数逐渐升高，土地生态系统健康综合指数由 1999 年的 0.3940 增加到 2009 年的 0.5137（图 3.8），提高了 30.38%，健康程度分级也由不健康提升到亚健康状态。在综合指数不断提高的过程中，系统结构指数略有下降，由 1999 年的 0.5896 下降到 2009 年的 0.5849，减少了 0.79%，但系统功能指数和系统效益指数快速增长，分别由 1999 年的 0.1339 和 0.3141 增加到 2009 年的 0.3133 和 0.6526，分别增长了 133.98%和 107.77%。

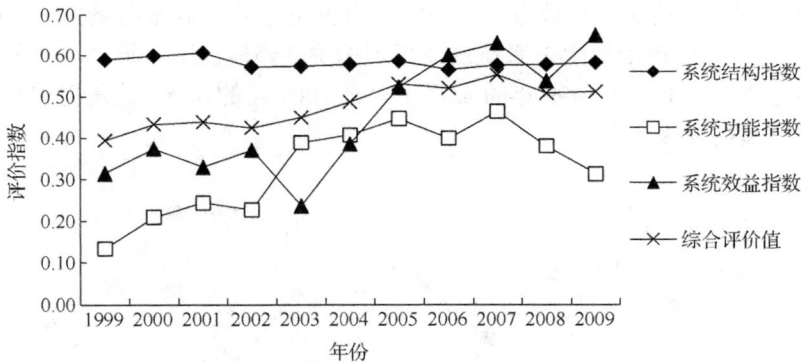

图 3.8　佛山市土地利用系统健康评价及各因素指数

　　在土地生态系统的结构方面，佛山市土地利用结构指数基本处于持续下降的态势（图 3.9），由 1999 年的 0.7582 减少到 2009 年的 0.6139，主要是由于佛山市耕地持续减少，交通运输用地、城镇村及工矿用地等建设用地持续增加，导致土地利用结构相对简单，从而影响了整个土地生态系统的健康发展。社会结构的改善则得益于从事第二、第三产业劳动力比例的上升及万人拥有卫生技术人员数的快速增加，如从事第二、第三产业劳动力比例从 1999 年的 77.73%上升到 2009 年的 92.86%，万人拥有卫生技术人员数由 1999 年的 33 人提高到 2009 年的 52 人，一定程度上促进了土地生态系统向健康的方向发展。佛山市农业产值占 GDP 比例由 1999 年的 6.51%降至 2009 年的 1.99%，工业增加值占 GDP 比例由 1999 年的 49.02%增加到 2009 年的 60.84%，经济结构指数总体上得到改善，评价值由 1999 年的 0.4459 增加到 2009 年的 0.5691。

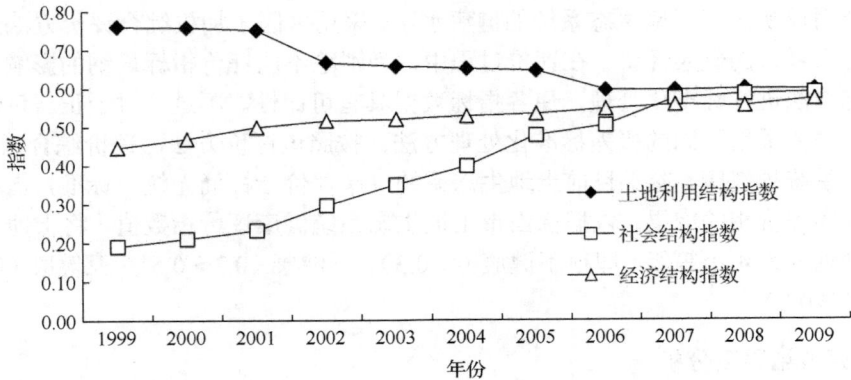

图 3.9　佛山市土地利用系统结构指数构成

　　在土地生态系统的功能方面，佛山市的土地生态系统功能指数总体上呈现不稳定状态（图 3.10）。其中，活力指数在 1999～2007 年呈现快速增加的态势，随后 2008 年随着佛山市经济增长速度放缓，活力指数有所下降，但这期间单位土地面积 GDP，单位土地面积第二、第三产业产值还在不断提高，2009 年分别为 126.94 万元/hm^2 和 124.42 万元/hm^2，分别是 1999 年的 5.33 倍和 5.59 倍，也从一个侧面表明土地生态系统功能在朝健康的方向发展。在稳定性指数方面，非农建设占用导致耕地面积减少、人均耕地数量持续降低，成为佛山市土地生态系统健康发展的主要障碍因子。不过，同期土地经济密度指数一直呈上升态势，从 1999 年的 4.63 上升至 2009 年的 5.78，这是促进佛山市土地生态系统健康发展的积极因素。

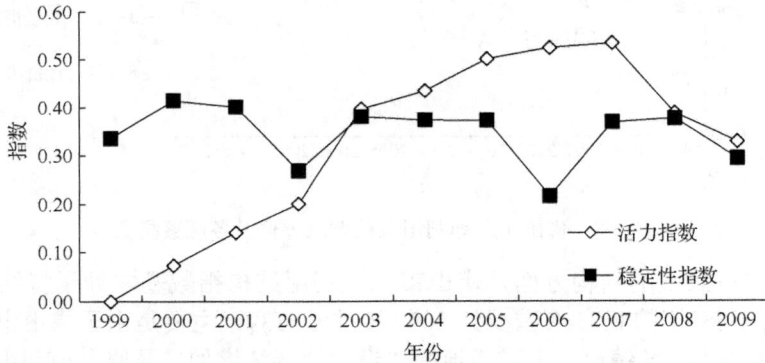

图 3.10　佛山市土地利用系统功能指数构成

　　在土地生态系统的效益方面，佛山市土地生态系统的经济效益指数由于经济快速发展持续升高（图 3.11），如 1999 年佛山市人均 GDP、城镇居民人均可支配收入和农民人均纯收入分别为 18 446 元、11 060 元和 5406 元，到 2009 年分别增加到 80 668 元、24 578 元和 10 699 元，分别增长了 337.32%、122.22% 和 97.91%。伴随经济的发展，社会效益指数基本上处于不断提升的过程中，恩格尔系数和人口自然增长率逐渐下降，就业指数不断提高，这些均有利于土地生态系统的健康发展。生态效益指数波动较大，这与佛山市"三废"排放量和城市绿化覆盖率年际变化较大有关，但总体呈现波动增长的趋势。

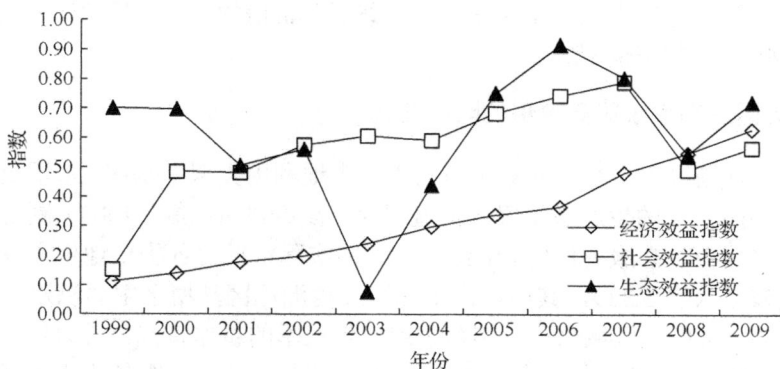

图 3.11　佛山市土地利用系统效益指数构成

同时，佛山市内五区土地生态系统健康的评价结果（表 3.32）表明，禅城区、南海区、三水区和高明区总体处于亚健康状态，顺德区处于不健康状态。其中，在系统结构方面，结构指数是南海区＞三水区＞高明区＞禅城区＞顺德区，最大的南海区系统结构指数为 0.5962，最小的顺德区为 0.3472，其中，耕地和林地比例小、土地利用多样性指数小是导致禅城区、顺德区土地利用结构指数较低的主要因素，如顺德区和禅城区的耕地比例仅分别为 1.61% 和 1.85%，林地比例也分别只有 2.01% 和 1.33%。在系统功能方面，功能指数是禅城区＞高明区＞三水区＞南海区＞顺德区，导致顺德区系统功能指数较低的原因主要是其土地生态系统的稳定性较差，人均土地面积、人均耕地面积仅比禅城区多，耕地年均减少率最高，建设用地增幅最大，而 GDP 年增长率和人均 GDP 增长率较低则是导致南海区系统功能指数较小的主要因素。在系统效益方面，佛山市土地生态系统健康中的系统效益指数则以顺德区为最高，其中经济效益南海区最好，社会效益以顺德区为最好，生态效益则是高明区最好，五个区系统效益指数大小的顺序是顺德区＞禅城区＞高明区＞南海区＞三水区，其中，经济效益较差是导致三水区系统效益指数较小的主要因素，而生态效益指数较低则是南海区系统效益指数较小的重要原因。

表 3.32　佛山市各区土地利用系统健康评价结果

区域	系统结构	系统功能	系统效益	综合评价值	土地利用系统健康程度
禅城	0.4236	0.6739	0.6981	0.5552	亚健康
南海	0.5962	0.3865	0.6233	0.5363	亚健康
顺德	0.3472	0.3402	0.7429	0.4225	不健康
三水	0.5477	0.4596	0.6106	0.5327	亚健康
高明	0.4724	0.5363	0.6494	0.5269	亚健康

三、基塘区土地利用变化的环境效应

生态系统服务是指通过生态系统的结构、过程和功能直接或间接得到的生命支持产品和服务（Costanza et al.，1997），土地利用变化必然影响生态系统的结构和功能（Tumer et al.，1995），并直接影响生态系统所提供服务的种类及其强度。在区域土地利用变化环境效应的众多指标中，土地生态系统服务价值的量化是定量评价土地利用变化环境效应的一个重要途径（吴后建等，2006），以珠江三角洲地区土地利用变化的典型区域——

典型基塘区为例，通过土地利用系统生态系统服务价值的变化分析珠江三角洲地区土地利用变化中典型区域的环境效应。

1. 基塘区生态系统服务价值的时序变化

构成典型基塘区生态系统服务价值的主要土地利用类型有基塘、水域及水利设施用地等，基于 Costanza 的生态系统服务价值理论，参照谢高地等（2003）制定的中国陆地生态系统单位面积生态服务价值表，结合本地的实际状况对各类土地生态系统的生态服务价值进行修订（表 3.33），其中，由于珠江三角洲地区基塘区主要以水田为主，生态服务价值较高，考虑该区域水田一年两季或一年三季的耕作特点，耕地生态服务价值系数为全国平均值的 2 倍（卢远等，2007），单位林草地的生态服务价值约是全国平均价值的 1.45 倍（谢高地等，2001）。

表 3.33 不同土地生态系统单位面积生态服务价值表   （单位：元/hm^2）

生态服务功能类型	园地、林地	草地	耕地	水域	基塘	其他土地
气体调节	4 490.7	1 026.5	884.8	0	0	0
气候调节	3 464.2	1 154.8	1 575.0	407.0	407.0	0
水源涵养	4 105.7	1 026.5	1 061.8	18 033.2	18 033.2	26.5
土壤形成与保护	5 003.8	2 502.0	2 583.8	8.8	8.8	17.7
废物处理	1 680.8	1 680.8	2 902.4	16 086.6	16 086.6	8.8
生物多样性保护	4 182.7	1 398.5	1 256.4	2 203.3	2 203.3	300.8
食物生产	128.3	385.0	1 769.8	88.5	88.5	8.8
原材料	3 335.9	64.1	177.0	8.8	8.8	0
娱乐文化	1 642.3	51.3	17.6	3 840.2	3 840.2	8.8
合计	28 034.4	9 289.5	12 228.6	40 676.4	40 676.4	371.4

由生态系统服务价值计算结果（表 3.34）可知，1987 年基塘区生态系统服务价值（ESV）为 104 259.23 万元，2002 年为 104 977.03 万元，2009 年为 93 392.45 万元，呈现前一时段增加后一时段减少的态势，1987～2009 年 22 年间基塘区的生态系统服务价值净减少 10 866.78 万元，减少了 10.42%。其中，1987～2009 年耕地生态系统服务价值的损失最多，为 13 539.38 万元，基塘生态系统服务价值损失了 4676.83 万元，林地生态系统服务价值损失了 1192.53 万元，但是由于水域及水利设施用地、园地、草地面积都有所增加，其生态系统服务价值分别增加了 6207.84 万元、1864.83 万元和 465.81 万元，一定程度上抵消了耕地、基塘、林地面积减少所造成的生态系统服务价值的损失。

表 3.34 典型基塘区生态系统服务价值变化

土地利用类型	1987 年		2002 年		2009 年		ESV 变化/万元		
	ESV/万元	比例/%	ESV/万元	比例/%	ESV/万元	比例/%	1987～2002 年	2002～2009 年	1987～2009 年
耕地	16 543.16	15.87	4 667.79	4.45	3 003.78	3.22	-11 875.37	-1 664.01	-13 539.38
园地	1 309.36	1.26	2 876.03	2.74	3 174.19	3.40	1 566.67	298.16	1 864.83
林地	10 007.29	9.60	10 351.56	9.86	8 814.76	9.44	344.27	-1 536.80	-1 192.53
草地	243.71	0.23	954.54	0.91	709.52	0.76	710.83	-245.02	465.81

续表

土地利用类型	1987 年		2002 年		2009 年		ESV 变化/万元		
	ESV/万元	比例/%	ESV/万元	比例/%	ESV/万元	比例/%	1987～2002 年	2002～2009 年	1987～2009 年
水域及水利设施用地	23 834.63	22.86	32 196.26	30.67	30 042.47	32.17	8 361.63	-2 153.79	6 207.84
基塘	52 321.02	50.18	53 925.12	51.37	47 644.19	51.02	1 604.10	-6 280.93	-4 676.83
其他土地	0.06	0.00	5.73	0.01	3.54	0.00	5.67	-2.19	3.48
合计	104 259.23	100.00	104 977.03	100.00	93 392.45	100.00	717.80	-11 584.58	-10 866.78

就不同生态系统服务功能价值而言（表 3.35），1987～2009 年典型基塘区除娱乐文化服务价值略有增加外，其余 8 项单项功能价值均出现不同程度的减少。生态系统服务功能价值损失最多的单项功能为土壤形成与保护，减少了 2614.80 万元；其次是废物处理和食物生产，分别损失了 2483.35 万元和 1933.71 万元；同期气候调节、生物多样性保护也分别损失了 1587.52 万元与 1134.90 万元。

表 3.35　典型基塘区各项生态系统服务功能的价值变化

单项功能	1987 年		2002 年		2009 年		ESV/万元		
	ESV/万元	比例/%	ESV/万元	比例/%	ESV/万元	比例/%	1987～2002 年	2002～2009 年	1987～2009 年
气体调节	3 036.68	2.91	2 562.09	2.44	2 216.20	2.37	-474.59	-345.89	-820.48
气候调节	4 321.39	4.14	3 216.10	3.06	2 733.87	2.93	-1 105.29	-482.23	-1 587.52
水源涵养	36 883.05	35.38	40 628.87	38.70	36 536.36	39.12	3 745.82	-4 092.51	-346.69
土壤形成与保护	5 597.44	5.37	3 623.23	3.45	2 982.64	3.19	-1 974.21	-640.59	-2 614.80
废物处理	34 766.87	33.35	36 132.85	34.42	32 283.52	34.57	1 365.98	-3 849.33	-2 483.35
生物多样性保护	7 549.96	7.24	7 266.37	6.92	6 415.06	6.87	-283.59	-851.31	-1 134.90
食物生产	2 621.82	2.51	963.16	0.92	688.11	0.74	-1 658.66	-275.05	-1 933.71
原材料	1 604.22	1.54	1 666.78	1.59	1 491.79	1.60	62.56	-174.99	-112.43
娱乐文化	7 877.85	7.56	8 917.62	8.49	8 044.94	8.61	1 039.77	-872.68	167.09
总和	104 259.28	100.00	104 977.07	100.00	93 392.49	100.00	717.79	-11 584.58	-10 866.79

2. 基塘区生态系统服务价值的空间差异

在典型基塘区，传统基塘区与新增基塘区的单位面积生态系统服务功能价值存在明显差异（表 3.36），1987 年传统基塘区单位面积的生态系统服务功能价值为 2.81 万元/hm²，新增基塘区仅为 2.01 万元/hm²，2009 年新增基塘区单位面积生态系统服务功能价值增加到 2.10 万元/hm²，传统基塘区则减少到 2.36 万元/hm²。比较典型基塘区内的 3 个镇，单位面积生态系统服务功能价值以九江镇最大，1987 年为 3.37 万元/hm²，2009 年为 2.60 万元/hm²；西樵镇其次，1987 年为 2.51 万元/hm²，2009 年为 2.23 万元/hm²；丹灶镇最小，1987 年为 2.01 万元/hm²，2009 年为 2.10 万元/hm²，但与九江、西樵的差异明显缩小。

表 3.36   基塘区生态服务价值的区域差异

区域	1987 年		2002 年		2009 年	
	ESV/亿元	单位面积 ESV/（万元/hm²）	ESV/亿元	单位面积 ESV/（万元/hm²）	ESV/亿元	单位面积 ESV/（万元/hm²）
基塘区	10.43	2.53	10.50	2.55	9.34	2.27
传统基塘区	7.56	2.81	7.03	2.62	6.34	2.36
九江镇	3.21	3.37	2.78	2.92	2.47	2.60
西樵镇	4.35	2.51	4.25	2.45	3.87	2.23
新增基塘区	2.87	2.01	3.47	2.43	3.00	2.10
丹灶镇	2.87	2.01	3.47	2.43	3.00	2.10

对比 1987 年、2002 年和 2009 年珠江三角洲地区典型基塘区生态系统服务价值的空间分布（图 3.12），1987 年单位面积生态系统服务价值高的区域主要分布在九江镇和西樵镇的东南部。随着社会经济的不断发展，建设用地快速扩张，基塘逐渐萎缩，2002 年和 2009 年单位面积生态系统服务价值在 3.00 万元/hm² 以上的高值区域大幅度萎缩，主要分布在西江等河流流经之地。

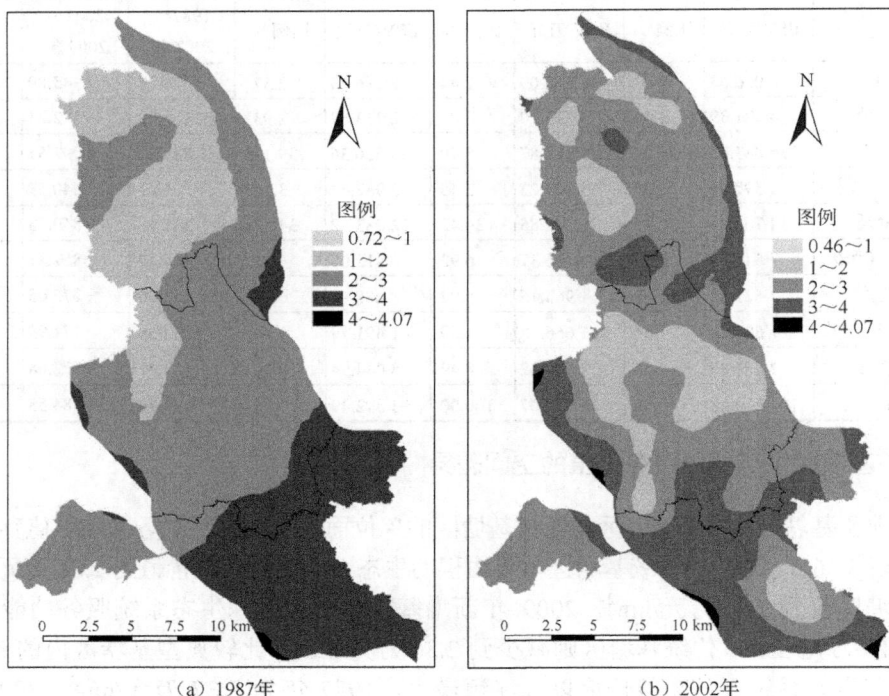

（a）1987年   （b）2002年

图 3.12   典型基塘区生态系统服务价值的空间格局

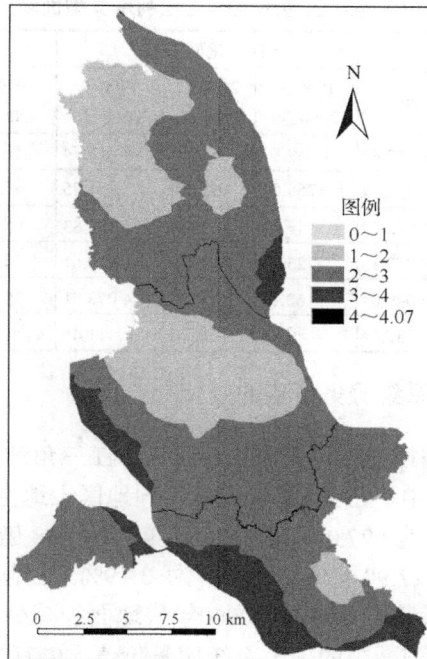

（c）2009年

图 3.12（续）

四、珠江三角洲生态服务功能的变化

为了更全面地反映珠江三角洲地区土地利用变化的整体环境效应，同样采用土地生态系统服务价值的量化方法，计算和分析土地利用变化中 1990～2006 年珠江三角洲地区土地生态系统服务价值的变化。

1. 珠江三角洲地区土地利用结构的变化

基于遥感影像数据，1990～2006 年珠江三角洲地区土地利用发生了巨大变化（表 3.37），主要表现在建设用地和水域快速增加、耕地和林地呈快速减少的态势。其中，耕地面积由 1990 年的 14 221.41 km² 减少到 2006 年的 9607.67 km²，减少了 32.44%，年均减少 2.03%；林地 16 年间减少了 931.95 km²，年均减少 0.30%；建设用地面积由 1990 年的 2975.23 km² 增加到 2006 年的 7049.04 km²，增加了 4073.81 km²，年均增长 8.56%；水域面积 16 年间增加了 1308.61 km²，年均增长 2.36%；草地面积先减后增，前 10 年减少了 47.23 km²，后 6 年增加了 199.06 km²，16 年间年均增长 1.07%。

表 3.37　珠江三角洲地区土地利用类型面积及其变化

土地类型	土地面积/km²			土地变化面积/km²			变化率/%			
	1990 年	2000 年	2006 年	1990~2000 年	2000~2006 年	1990~2006 年	1990~2000 年	2000~2006 年	1990~2006 年	年均变化
耕地	14 221.41	12 631.54	9 607.67	-1 589.87	-3 023.87	-4 613.74	-11.18	-23.94	-32.44	-2.03
林地	19 656.47	19 406.43	18 724.52	-250.04	-681.91	-931.95	-1.27	-3.51	-4.74	-0.30
草地	890.79	843.56	1 042.62	-47.23	199.06	151.83	-5.30	23.60	17.04	1.07
水域	3 469.52	4 194.85	4 778.13	725.33	583.28	1 308.61	20.91	13.90	37.72	2.36
建设用地	2 975.23	4 137.34	7 049.04	1 162.11	2 911.70	4 073.81	39.06	70.38	136.92	8.56
未利用地	24.29	24.01	35.74	-0.28	11.73	11.45	-1.15	48.85	47.14	2.95

2. 珠江三角洲生态系统服务价值的变化

采用与典型基塘区同样的指标与方法，计算珠江三角洲地区不同时段土地生态系统服务价值（表 3.38），其中，1990 年珠江三角洲地区土地生态系统服务价值（ESV）总值为 874.38 亿元，2000 年为 877.00 亿元，2006 年为 846.48 亿元，区域土地生态系统服务价值总值 16 年间净减少 27.90 亿元，变化率为-3.19%。土地利用变化对生态系统服务价值总值产生了较大影响，其中 1990~2006 年耕地面积减少造成的生态系统服务价值损失为 56.42 亿元，林地面积减少的生态系统服务价值损失有 26.13 亿元，同期水域面积扩大所增加的生态系统服务价值为 53.23 亿元，一定程度上抵消了耕地、林地面积减少导致的生态系统服务价值损失。

表 3.38　珠江三角洲生态系统服务价值变化

土地利用类型	1990 年		2000 年		2006 年		ESV 变化/亿元		
	ESV/亿元	比例/%	ESV/亿元	比例/%	ESV/亿元	比例/%	1990~2000 年	2000~2006 年	1990~2006 年
耕地	173.91	19.89	154.47	17.61	117.49	13.88	-19.44	-36.98	-56.42
林地	551.06	63.02	544.05	62.04	524.93	62.01	-7.01	-19.12	-26.13
草地	8.27	0.95	7.84	0.89	9.69	1.14	-0.43	1.85	1.42
水域	141.13	16.14	170.63	19.46	194.36	22.96	29.5	23.73	53.23
未利用地	0.01	0.001	0.01	0.001	0.01	0.001	0.00	0.00	0.00
合计	874.38	100.00	877.00	100.00	846.48	100.00	2.62	-30.52	-27.90

在珠江三角洲地区土地生态系统服务功能价值构成中（表 3.39），主要服务功能为水源涵养、废物处理、土壤形成与保护，三者价值之和占区域土地生态系统服务总价值的一半以上。1990~2006 年，水源涵养、废物处理、娱乐文化等单项功能价值呈增加趋势，分别净增加了 15.03 亿元、6.34 亿元和 3.42 亿元，对总生态系统服务价值贡献率分别增加了 2.38%、1.25%和 0.58%，其中主要是水域生态服务系数中水源涵养和废物处理功能较强所导致；其余 6 个单项功能价值都出现不同程度的减少，其中以土壤形成与保护功能价值减少最多，损失 16.19 亿元，其次是气候调节、气体调节和食物生产的生态系统服务价值损失。敏感度分析验证了上述结果（图 3.13）（王宗明等，2004），1990~2006 年珠江三角洲地区内的水域敏感性指数逐渐增大，由 1990 年的 0.1614 经 2000 年

的 0.1946 增至 2006 年的 0.2296，表明水域生态服务价值系数的变化会对区域土地生态系统服务的总价值产生放大作用；耕地和林地的敏感性指数则呈下降的趋势，分别由 1990 年的 0.1989 和 0.6302 减至 2006 年的 0.1388 和 0.6201，表明两者对生态系统服务总价值的影响在逐渐降低；草地和未利用地的敏感性指数较小，对珠江三角洲地区土地生态系统服务总价值的变化影响不大。

表 3.39　珠江三角洲各项生态系统服务功能的价值变化

土地利用类型	1990 年		2000 年		2006 年		ESV 变化/亿元		
	ESV/亿元	比例/%	ESV/亿元	比例/%	ESV/亿元	比例/%	1990～2000 年	2000～2006 年	1990～2006 年
气体调节	101.77	11.64	99.19	11.31	93.66	11.06	-2.58	-5.53	-8.11
气候调节	92.93	10.63	89.80	10.24	83.15	9.82	-3.13	-6.65	-9.78
水源涵养	159.28	18.22	169.60	19.34	174.31	20.59	10.32	4.71	15.03
土壤形成与保护	137.36	15.71	131.89	15.04	121.17	14.31	-5.47	-10.72	-16.19
废物处理	131.63	15.05	138.18	15.76	137.97	16.30	6.55	-0.21	6.34
生物多样性保护	108.98	12.46	107.47	12.25	102.39	12.10	-1.51	-5.08	-6.59
食物生产	28.34	3.24	25.54	2.91	20.23	2.39	-2.80	-5.31	-8.11
原材料	68.18	7.80	67.06	7.65	64.27	7.59	-1.12	-2.79	-3.91
娱乐文化	45.90	5.25	48.25	5.50	49.32	5.83	2.35	1.07	3.42
合计	874.37	100.00	876.98	100.00	846.47	100.00	2.61	-30.51	-27.90

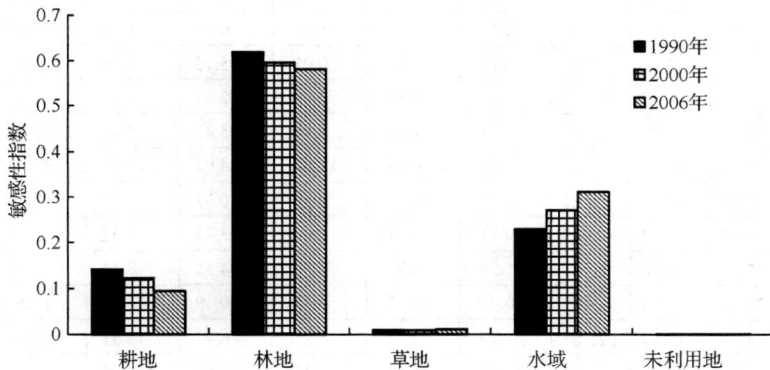

图 3.13　珠江三角洲地区土地生态系统服务价值敏感性指数变化

1990～2006 年，在珠江三角洲地区内 28 个以原行政区域为主的区域单元中，土地生态系统服务功能总价值减少的有 17 个，增加的有 10 个，还有 1 个基本不变（表 3.40），其中，土地生态系统服务功能总价值增加量最大的是佛山市的三水，其次是珠海市的斗门和江门市的新会，土地生态系统服务功能总价值分别增加了 4.24 亿元、4.23 亿元和 3.71 亿元；土地生态系统服务功能总价值减少较大的有深圳、东莞和中山，分别减少了 12.08 亿元、4.36 亿元和 4.32 亿元。土地生态系统服务功能价值的相对变化率排序为佛山市区＞深圳＞三水＞斗门＞顺德＞南海＞广州市区＞惠州市区＝中山＞东莞＞新会＞珠海市区＞增城＞花都＞番禺＞鹤山＞开平＞1.00＞高明＞恩平＞江门市区＞台山＞博罗＞四会＞高要＞惠东＞惠阳＞从化＞肇庆市区。

表 3.40　珠江三角洲各地生态服务价值变化

区域	生态服务价值/亿元			生态服务价值变化/亿元			变化率/%			相对变化率/%（1990～2006 年）
	1990 年	2000 年	2006 年	1990～2000 年	2000～2006 年	1990～2006 年	1990～2000 年	2000～2006 年	1990～2006 年	
东莞	40.57	41.89	36.21	1.32	-5.68	-4.36	3.25	-13.56	-10.75	3.37
佛山市区	0.86	0.58	0.41	-0.28	-0.17	-0.45	-32.56	-29.31	-52.33	16.55
高明	20.95	21.93	21.61	0.98	-0.32	0.66	4.68	-1.46	3.15	0.99
南海	21.91	22.05	18.64	0.14	-3.41	-3.27	0.64	-15.46	-14.92	4.68
三水	16.43	18.49	20.67	2.06	2.18	4.24	12.54	11.79	25.81	8.10
顺德	21.88	22.39	17.64	0.51	-4.75	-4.24	2.33	-21.21	-19.38	6.08
从化	45.03	45.03	45.06	0.00	0.03	0.03	0.00	0.07	0.07	0.02
花都	20.41	20.68	21.95	0.27	1.27	1.54	1.32	6.14	7.55	2.36
番禺	20.53	20.93	19.29	0.40	-1.64	-1.24	1.95	-7.84	-6.04	1.89
广州市区	19.75	18.40	16.91	-1.35	-1.49	-2.84	-6.84	-8.10	-14.38	4.51
增城	36.79	36.67	33.64	-0.12	-3.03	-3.15	-0.33	-8.26	-8.56	2.68
博罗	64.77	64.84	63.31	0.07	-1.53	-1.46	0.11	-2.36	-2.25	0.71
惠东	83.17	83.16	82.63	-0.01	-0.53	-0.54	-0.01	-0.64	-0.65	0.20
惠阳	47.00	46.87	47.12	-0.13	0.25	0.12	-0.28	0.53	0.26	0.08
惠州市区	6.74	6.74	5.96	0.00	-0.78	-0.78	0.00	-11.57	-11.57	3.63
恩平	37.75	38.09	36.58	0.34	-1.51	-1.17	0.90	-3.96	-3.10	0.97
鹤山	23.18	23.14	21.90	-0.03	-1.24	-1.28	-0.17	-5.36	-5.52	1.73
开平	35.62	35.62	33.74	0.00	-1.88	-1.88	0.00	-5.28	-5.28	1.65
江门市区	2.28	2.41	2.35	0.13	-0.06	0.07	5.70	-2.49	3.07	0.96
台山	69.94	71.67	71.97	1.73	0.30	2.03	2.47	0.42	2.90	0.91
新会	34.91	36.82	38.62	1.91	1.80	3.71	5.47	4.89	10.63	3.33
深圳	38.44	33.04	26.36	-5.40	-6.68	-12.08	-14.05	-20.22	-31.43	9.85
高要	53.19	53.36	52.81	0.17	-0.55	-0.38	0.32	-1.03	-0.71	0.22
肇庆市区	15.85	15.34	15.85	-0.51	0.51	0.00	-3.22	3.32	0.00	0.00
四会	27.56	28.76	27.86	1.20	-0.90	0.30	4.35	-3.13	1.09	0.34
中山	37.39	37.32	33.07	-0.07	-4.25	-4.32	-0.19	-11.39	-11.55	3.63
斗门	18.38	19.57	22.61	1.19	3.04	4.23	6.47	15.53	23.01	7.22
珠海市区	13.07	11.17	11.68	-1.90	0.51	-1.39	-14.54	4.57	-10.64	3.32
珠江三角洲	874.35	876.96	846.45	2.61	-30.51	-27.90	0.30	-3.48	-3.19	1.00

比较珠江三角洲地区内 28 个区域单元的单位面积土地生态系统服务功能价值（图 3.14），1990～2006 年大多有所下降。1990 年，单位土地面积生态系统服务功能价值最高的是佛山市的顺德区，为 271.57 万元/km²，其次是珠海市区和肇庆市区，最低的佛山市区单位土地生态系统服务功能价值为 110.17 万元/km²；2000 年，单位土地生态系统服务功能价值最高的仍然是佛山市的顺德区，为 277.92 万元/km²，其次是惠东和高明，最低的佛山市区的单位土地生态系统服务功能价值为 73.65 万元/km²；2006 年，单位土地面积生态系统服务功能价值最高的是佛山市的三水区，为 247.30 万元/km²，其次是肇庆市区和惠东，最低仍为佛山市区，仅 52.28 万元/km²。

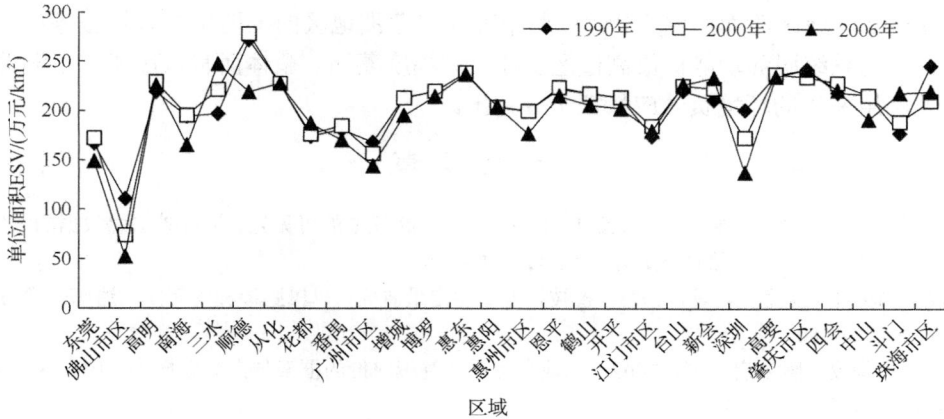

图 3.14 珠江三角洲各地单位面积 ESV 变化

3. 生态系统服务价值变化原因分析

为进一步探讨珠江三角洲土地利用变化对生态系统服务价值的影响，利用区内 28 个区域单元的 1990 年、2000 年和 2006 年 3 期单位土地面积的生态系统服务功能价值和区域土地利用类型所占比重进行相关分析。结果表明（表 3.41），3 个时期都是建设用地与生态系统服务价值的相关性最为显著，相关系数 1990 年为-0.7362、2000 年为-0.8158、2006 年为-0.8943，呈明显的负相关，且 1990~2006 年其相关性还在不断增强，表明建设用地的比重对生态服务功能影响显著，建设用地的扩张是造成区域土地生态系统服务价值逐渐减少的主要因素；其次是林地，其与生态系统服务价值的相关系数 1990 年为 0.5144、2000 年为 0.4720、2006 年为 0.5147，呈较为显著的正相关，林地比重的增加将有利于生态服务功能的培育；耕地在 1990 年与土地生态系统服务功能价值呈负相关，相关系数为-0.4778，2006 年相关系数变为 0.3959，呈正相关。同期，草地、水域和未利用地等土地利用类型与区域土地生态系统服务功能价值的相关性并不显著。

表 3.41 珠江三角洲地区土地生态系统服务价值与土地利用结构的相关系数

年份	耕地	林地	草地	水域	建设用地	未利用地
1990	-0.4778	0.5144	0.1542	0.2147	-0.7362	0.1776
2000	-0.0339	0.4720	0.1671	0.1867	-0.8158	-0.0112
2006	0.3959	0.5147	0.3003	0.1788	-0.8943	0.3027

上述土地利用变化的环境效应分析结果表明，随着珠江三角洲地区建设用地规模的迅速扩大、耕地面积与林地规模的急剧减少等土地利用的变化，近期珠江三角洲地区的碳汇减少、碳排放增加导致碳效应数量持续下降且单位面积碳效应由正变负，珠江口沿岸地区的热岛强度升级且面积大幅度扩展，相比自然侵蚀建设用地的土壤侵蚀模数激增近 10 倍，耕层土壤有机质含量、养分含量等肥力指标明显减少致使土壤质量降低，滨海水域水环境质量存在一定污染问题，区域土地生态安全水平虽因社会经济发展水平提高而改善，但整体安全水平较低并存在较大波动性，尤其是区域土地生态系统压力长期处于不安全状态并还有恶化趋势，土地生态系统健康程度虽有提高但仍然处于亚健康状

态，甚至部分地区还为不健康状态，整个珠江三角洲地区的土地生态系统服务价值明显减少，生态系统服务功能价值高值区快速、大幅度萎缩。整体而言，珠江三角洲地区近期土地利用变化的环境负效应特征十分突出。

参 考 文 献

阿布都瓦斯提·吾拉木，秦其明，朱黎江，2004．基于 6S 模型的可见光、近红外遥感数据的大气校正[J]．北京大学学报（自然科学版），40（4）：611-618.

安培浚，刘树林，颉耀文，等，2005．植被指数遥感定量研究：以民勤绿洲为例[J]．遥感技术与应用，20（6）：574-580.

蔡为民，唐华俊，陈佑启，等，2004．土地利用系统健康评价的框架与指标选择[J]．中国人口·资源与环境，14（1）：31-35.

蔡为民，唐华俊，2007．土地利用系统健康评价[M]．北京：中国农业出版社.

曹新向，郭志永，雒海潮，2004．区域土地资源持续利用的生态安全研究[J]．水土保持学报，18（2）：192-195.

陈百明，2002．区域土地可持续利用指标体系框架的构建与评价[J]．地理科学进展，21（3）：204-215.

陈云浩，李晓兵，史培军，2002．基于遥感的植被覆盖变化景观分析：以北京海淀区为例[J]．生态学报，22（10）：1581-1586.

董恒宇，云锦凤，王国钟，2012．碳汇概要[M]．北京：科学出版社.

高中灵，汪小钦，周小成，2005．火烧迹地信息遥感快速提取方法研究[J]．国土资源遥感，17（4）：38-41.

宫阿都，江樟焰，李京，等，2005．基于 Landsat TM 图像的北京城市地表温度遥感反演研究[J]．遥感信息，20（3）：18-20，30.

郭凤芝，2004．土地资源安全评价的几个理论问题[J]．山西财经大学学报，26（3）：61-65.

韩光中，王德彩，谢贤健，2016．中国主要土壤类型的土壤容重传递函数研究[J]．土壤学报，53（1）：93-102.

韩照祥，何冠东，崔野舟，2010．连云港港区海洋环境质量状况[J]．环境监测管理与技术，22（6）：46-50.

李月臣，陈晋，宫鹏，等，2005．基于 NDVI 时间序列数据的土地覆盖变化检测指标设计[J]．应用基础与工程科学学报，13（3）：261-275.

刘勇，刘友兆，徐萍，2004．区域土地资源生态安全评价：以浙江嘉兴市为例[J]．资源科学，26（3）：69-75.

卢远，韦燕飞，邓兴礼，2007．城市空间扩展对生态系统服务价值的影响：以南宁市区为例[J]．城市环境与城市生态，20（2）：13-16.

罗亚，徐建华，岳文泽，2005．基于遥感影像的植被指数研究方法述评[J]．生态科学，24（1）：75-79.

覃杰香，王兆礼，2011．基于 GIS 和 RUSLE 的从化市土壤侵蚀量预测研究[J]．人民珠江，32（2）：37-41.

覃志豪，LI W J，ZHANG M H，等，2003．单窗算法的大气参数估计方法[J]．国土资源遥感，15（2）：37-43.

覃志豪，李文娟，徐斌，等，2004．陆地卫星 TM6 波段范围内地表比辐射率的估计[J]．国土资源遥感，16（3）：28-32.

覃志豪，张明华，2001．用陆地卫星 TM6 数据演算地表温度的单窗算法[J]．地理学报，56（4）：456-465.

邵月红，潘剑君，许信旺，等，2006．浅谈土壤有机碳密度及储量的估算方法[J]．土壤通报，37（5）：

1007-1011.

孙红雨，王长耀，牛铮，等，1998．中国地表植被覆盖变化及其与气候因子关系：基于 NOAA 时间序列数据分析[J]．遥感学报，2（3）：204-210.

王芳，桌莉，冯艳芬，2007．广州市冬夏季热岛的空间格局及其差异分析[J]．热带地理，27（3）：198-207.

王宏博，李丽光，赵梓淇，等，2015．基于 TM/ETM+数据的沈阳市各区城市热岛特征[J]．生态学杂志，34（1）：219-226.

王绍强，周成虎，1999．中国陆地土壤有机碳库的估算[J]．地理研究，18（4）：349-356.

王晓东，蒙吉军，2014．土地利用变化的环境生态效应研究进展[J]．北京大学学报（自然科学版），50（6）：1133-1140.

王宗明，张柏，张树清，2004．吉林省生态系统服务价值变化研究[J]．自然资源学报，19（1）：55-61.

吴后建，王学雷，宁龙梅，等，2006．土地利用变化对生态系统服务价值的影响：以武汉市为例[J]．长江流域资源与环境，15（2）：185-190.

田平，田光明，王飞儿，等，2006．基于 TM 影像的城市热岛效应和植被覆盖指数关系研究[J]．科技通报，22（5）：708-713.

西藏自治区土地管理局，1992．西藏自治区土地利用[M]．北京：科学出版社.

谢高地，张钇锂，鲁春霞，等，2001．中国自然草地生态系统服务价值[J]．自然资源学报，16（1）：47-53.

谢高地，鲁春霞，冷允法，等，2003．青藏高原生态资产的价值评估[J]．自然资源学报，18（2）：189-196.

谢国辉，李晓东，周立平，等，2007．气候因子影响天山北坡植被指数时空分布研究[J]．地球科学进展，22（6）：618-624.

谢花林，李波，2004．城市生态安全评价指标体系与评价方法研究[J]．北京师范大学学报（自然科学版），40（5）：705-710.

谢花林，张新时，2004．城郊区生态安全水平的量度及其对策研究：以北京市海淀区为例[J]．中国人口·资源与环境，14（3）：23-26.

徐涵秋，陈本清，2003．不同时相的遥感热红外图像在研究城市热岛变化中的处理方法[J]．遥感技术与应用，18（3）：129-133.

杨志峰，何孟常，毛显强，等，2004．城市生态可持续发展规划[M]．北京：科学出版社.

袁兴中，刘红，陆健健，2001．生态系统健康评价：概念构架与指标选择[J]．应用生态学报，12（4）：627-629.

张凤荣，王静，陈百明，等，2003．土地持续利用评价指标体系与方法[M]．北京：中国农业出版社.

张景平，黄小平，江志坚，等，2010．珠江口海域污染的水质综合污染指数和生物多样性指数评价[J]．热带海洋学报，29（1）：69-76.

张萌萌，2016．珠江口沿岸土地利用与地表热环境关系研究[D]．广州：中山大学.

赵丽丽，赵云升，董贵华，2006．基于 ETM+遥感影像的城市热岛效应监测技术研究[J]．中国环境监测，22（3）：59-63.

赵荣钦，黄贤金，彭补拙，2012．南京城市系统碳循环与碳平衡分析[J]．地理学报，67（6）：758-770.

周红妹，丁金才，徐一鸣，2002．城市热岛效应与绿地分布的关系监测和评估[J]．上海农业学报，18（2）：83-88.

左伟，王桥，王文杰，等，2002．区域生态安全评价指标与标准研究[J]．地理学与国土研究，18（1）：67-71.

COSTANZA R, D'ARGE R, GROOT R, et al., 1997. The value of the world's ecosystem services and natural capital[J]. Nature, 387(5): 253-260.

HURTATO E, VIDAL A, CASELLES V, 1996. Comparison of two atmospheric correction methods for landsat TM thermal band[J]. International Journal of Remote Sensing, 17(2): 237-247.

LO C P, QUATTROCH D A, LUYALL J C, 1997. Application of high-resolution thermal infrared remote sensing and GIS to assess the urban heat island effect[J]. International Journal of Remote Sensing, 18(2): 287-304.

TUMER B L II, SKOLE D, FISCHER G, et al., 1995. Land-use and land-cover change: science/research plan[R]. IGBP Report(7). Stockholm and Geneva: IGBP.

VALOR E, CASELLES V, 1996. Mapping land surface emissiveity from NDVI: application to European, African, and South American Areas[J]. Remote Sensing of Environment, 57(3): 167-184.

WENG Q, 2001. A renmote sensing-GIS evalution of urban expansion and its impact on surface temperature in the Zhujiang Delta, China[J]. International Journal of Remote Sensing, 22(10): 1999-2014.

WENG Q, YANG S H, 2004. Managing the adverse thermal effects of urban development in a densely populated Chinese City[J]. Journal of Environment Management, 70(2): 145-156.

XU Q, DONG Y X, YANG R, 2017. Influence of different geographical factors on carbon sink functions in the Pearl River Delta[R]. Scientific Reports Volume, 7: 110.

第四章　土地利用变化驱动力分析

土地利用变化驱动力是土地利用变化研究必须回答的重要问题，需通过驱动力分析明确土地利用变化的主要驱动因子及其作用程度，深入认识土地利用变化的机理（谭少华和倪绍祥，2006；于兴修和杨桂山，2002）。针对珠江三角洲地区近期土地利用变化特点，宏观分析与典型区域、主要地类的分析相结合，进行珠江三角洲地区土地利用变化驱动力的研究。

第一节　珠三角土地利用变化驱动力宏观分析

珠江三角洲地区近期的土地利用变化是自然与人为因素综合作用的结果，既有自然因素的基础与制约作用，也有人文因素的促进与推动作用，需要综合分析确定影响珠江三角洲地区土地利用变化的主要驱动因子，并定量研究驱动因子的作用及其与土地利用变化的相互关系（于兴修和杨桂山，2002）。

一、土地利用变化的主要驱动因子

土地利用变化的驱动因子可分为自然因素和人为因素两大类（摆万奇和赵士洞，2001；摆万奇，2000），前者主要包括地貌、气候、水文、土壤和生物等自然地理因子，后者则主要是人口、经济、科教、交通和政策等社会经济因子。

1. 自然环境因子

1）地质地貌

作为珠江三角洲地区土地利用变化的驱动因子之一，地势高低起伏的地貌特征构成土地资源及其利用的基本格局，尤其是海拔和坡度在一定程度上限制了土地利用变化的发生，同时也驱动着土地利用变化的发展。

珠江三角洲地区的中低山地主要由砂页岩构成，坡度陡峭，一般坡度在 20°以上，山体连片，植被覆盖率较高，多为水源涵养林基地，由于山区受地形所限，对发展交通不利，因而区内土地利用变化不大。

区内的丘陵地多是海拔 500 m 以下的坡地，主要分布在山地与盆谷地或平原之间，以林地和园地分布数量为多，多用作材林和经济林生长基地，岗台地地势平缓，坡度较小，一般坡度在 7°以下，但多受侵蚀影响，多用于种植水果、经济林或牧草，近年来由于快速城镇化，建设用地取代这类土地的面积逐渐增多。

在平原区域，土层深厚，土壤肥沃，大多数被开发利用为农田和菜地，是粮食、甘蔗、蔬菜的主要生产基地，既是农业生产重地，也是城镇建设的主要场所，多呈现城镇多、规模大和人口聚集的特点，城市化发展迅速，城镇村及工矿用地和交通运输用地增长快速，耕地和园地减少较快。

2）气候水文

珠江三角洲地区光照充足、热量丰富、基本无冻害、降水丰沛且雨热同季的优越气候条件，为动植物及农作物生产创造了良好条件，非常有利于双季稻、甘蔗、蔬菜、亚热带水果的生长，为提高农业土地利用率、增加作物复种指数、提高作物单产创造了极为有利的气候条件，是提升土地资源及其开发利用潜力的重要基础。但是，台风、暴雨、冻害等灾害性天气会对各种作物产生一定的影响，并且由恶劣天气引发的地质灾害也会对建设用地产生一定的破坏作用。

水是社会经济赖以发展的基本条件，丰富的水资源可以保证区内城镇、工业和农业的发展。珠江三角洲地区水网密布，河道纵横交错，水资源丰富，农业灌溉便利，适宜种植需水量较大的水稻、蔬菜等作物。在南部地区，人们很早就挖塘筑基，形成独特的基塘农业生产系统。同时，水源丰富也为发展耗水工业提供了有利条件。但是，区域地表径流变化不均，易于造成旱灾和洪涝灾害，影响土地利用。

3）土壤生物

珠江三角洲地区的土壤类型及其分布与地形和气候有着很强的相关性，因此土壤对土地利用的影响，与地形气候较为相似，主要通过地表植物生产等利用方式表现出来。整体而言，珠江三角洲地区南部三角洲平原的主要土壤是三角洲沉积物发育的水稻土，是主要的粮、蔗生产基地；三角洲平原外围低山丘陵的主要土壤类型是花岗岩、砂页岩砖红壤性红壤及宽谷冲积物和河流冲积物发育的水稻土，还有大面积的旱坡地；北部中低山的红壤和砖红壤性红壤区域，主要为林业生产用地。

适宜的气候、多样的地貌与土壤类型，使得珠江三角洲地区的植被类型与组成十分丰富。植被是防治水土流失、保护土地资源、保护自然生态最根本和最重要的保障，对调节气候、保持水土、防风、净化空气、恢复和保持生态平衡有很大作用，在改善生态环境方面森林远超过农作物。珠江三角洲地区的植物资源丰富，其中不少具有较高的经济价值和观赏价值，一些动植物特别是濒危野生动植物对科研、监测、教育、文化娱乐具有特别重要的意义，对其进行积极开发并加以培育，对推动土地开发利用有积极意义。

总体而言，珠江三角洲地区优越的自然地理要素及其良好组合，是构成区内土地资源良好的生产性功能、承载性功能、提供生产资料功能和景观功能的重要条件，使土地资源具有极高的开发利用价值，奠定了区内土地利用变化的基础。

2. 社会经济因子

1）人口

人口的增加始终是造成土地利用变化的基本因素，人口快速增长是土地利用变化的基本条件。在珠江三角洲地区，随着人口的快速增长及人口逐渐向城镇积聚，大量农业人口进入城镇，城镇人口增长与城镇建设用地的扩张互相促进，刺激了特定区域范围内的建设用地需求量，必然致使城镇用地增加、耕地不断减少。同时，也会加重土地资源的承载压力。土地资源的大量占用与消耗及向土地资源环境排放的各种废弃物的急剧增加，将使人均占有土地资源量不断减少、非农用地所占比例上升。另外，随着生活水平的提高，人们对不同农产品类型的需求大大增加，必然要对农业结构进行相应的调整，这也意味着区内耕地面积的减少、园地等面积的增加。

2）经济

经济快速发展，引起建设用地需求大量增加，导致土地利用格局发生变化。工业用地面积不断扩大，就业机会增加，引发了人口的迁移高潮，人口增长又推动了居住用地和第三产业用地的扩大，从而导致耕地等农业用地的减少，人口集中、产业集中、地域扩散占用土地，使土地利用非农化。与此同时，城市化进程加快，在完善城市空间布局的过程中，基础设施配套建设不断完善，生活水平提高必然要求更多的居住、交通、服务设施和工矿用地，而这些用地往往要侵占郊区的优良农田。工业化的发展、城市化进程的加快使社会产业结构中工业部门、城市建设部门所占的比重日趋上升，工业企业数量不断增加，城市规模不断扩大，这就必然会导致工矿企业、城市建设用地的需求不断增加。

3）科教

科学技术是第一生产力。改革开放以来，科技进步在极大地促进珠江三角洲地区经济发展的同时，也有力地推动了土地利用程度与效益的提高。改革开放之初至 20 世纪末期，珠江三角洲地区的发展主要是依靠劳动力和资金的大量投入，劳动力密集型产业和资金密集型产业较多。进入 21 世纪后，珠江三角洲地区大力发展、引进和应用科学技术，提高了各行业的生产效率，使得市场竞争加强，工业高层次发展，土地利用程度、效益与水平得到明显提升。

4）交通

交通轴线往往是活跃的经济增长轴线，交通设施的建设可以加快物资交换速度、提高资源配置效率、提供良好的硬件环境，土地利用变化对交通有一定的追随感，交通网络布局对土地利用空间变化具有明显的指向性作用（周国华和贺艳华，2006）。改革开放以来，珠江三角洲地区交通的发展与土地利用变化具有十分密切的关系，促进并推动了土地利用空间形态的变化和土地的开发利用（曹小曙等，2000）。尤其是便捷的交通，扩大了城市通勤半径，必然产生城市人口和产业的集聚（王良健等，2007），促使城市规模扩大，由此引起土地利用变化的速度加快。同时，随着交通设施的逐步完善，交通在整个区域对土地利用变化的作用越来越大，地位也越来越重要，因而对土地利用变化的驱动作用也就越来越大。

5）政策

政策因素在一定时期内决定了区域尤其是城市用地扩展的方向与强度，是人文驱动因素发挥作用的基础和保障，对土地利用变化具有强制性影响（王玉华等，2004）。改革开放以来，珠江三角洲地区作为改革开放前沿地区，经济进入了显著加速发展时期，城市建设也随之加速。但早期经济过热导致开发区热、房地产热，城市用地急剧扩张，后在宏观调控政策的影响下，城市用地急剧扩张态势得到遏制，城市用地进入缓慢扩展时期。我国加入世界贸易组织之后，区域经济发展重新进入新的快速发展时期，国家出台了一系列宏观调控政策，重新带动城市快速扩展，与之前的土地利用变化相比更具合理性。

城市规划是城市土地利用空间演化的控制阀，作为一种激励机制或约束机制，它通常会助长或制约城市土地利用变化，决定土地利用空间演化的方向及规模（王良健等，2007）。土地利用总体规划对土地利用与管理有控制与指引作用（董玉祥，2010）。因此，城市总体规划、土地利用规划、国土规划、国民经济发展五年规划、各种保护区与开发区的设立等一系列城市规划决定了城市发展的方向和土地利用变化的主要区域，同时为城市用地拓展和城市的可持续发展提供了新的契机。例如，广州市和佛山市着力实施广佛同城化和一体化的政策，为发挥区域集聚效应和提高区域竞争力，以行政模式的改革为主导，打破"同城化"的行政壁垒，促进资源与市场的流通，包括基础设施建设、城市规划、产业升级、交通网络完善和环境保护等方面，给区内的土地利用带来了更大压力和变化，尤其是两城之间的中心区域受到的冲击更为剧烈（魏石磊，2015）。

空间管制作为一种行之有效的土地资源配置调节方式也日益显示出其对土地利用变化的重要影响。土地利用空间管制，就是通过对土地利用方式的调整，以及不同发展特征的土地利用区域的划分，制定有效而适宜的控制指导措施，在空间上建立合理的用地结构和布局，集约节约利用土地，从而实现社会、经济与环境可持续发展（王龙，2007）。主体功能区规划、城市总体规划和土地利用总体规划的空间管制政策对国土空间资源开发进行引导和控制，规范开发秩序，形成可持续的国土开发格局，具有内在的一致性（林起凤，2011）。

二、土地利用变化驱动的定量分析

改革开放以来，珠江三角洲地区最显著的土地利用变化特征是建设用地持续快速扩张和耕地面积不断减少，因此以建设用地和耕地变化为例，在上述土地利用变化定性分析的基础上，定量分析珠江三角洲地区土地利用变化的驱动因素及其作用程度。

1. 建设用地扩张的驱动力分析

1）分析因子选取

人口数量增长、城镇化和经济发展水平提升、产业结构调整及基础设施建设（固定资产投资）等是驱动建设用地扩张的主要因素（赵可等，2011；陈春和冯长春，2010；段祖亮等，2009；Liu et al，2016），考虑到珠江三角洲地区经济增长模式具有明显的外向型特征（叶玉瑶等，2011），外商直接投资也是驱动珠江三角洲地区建设用地扩张的重要因素，因此主要选取常住人口、城镇化水平、经济发展水平、固定资产投资额、实际利用外资额和产业结构调整为驱动因子进行珠江三角洲地区建设用地规模扩展驱动力的分析（表4.1）。为便于获取社会经济统计数据，驱动因子数据为珠江三角洲地区 9 个地市的全部范围的数据值。

表 4.1　珠江三角洲地区建设用地变化驱动因子及其数据来源

因子	单位	数据来源	说明
建设用地总量	km²	2000～2015 年的土地变更调查数据	包括城镇、农村居民点、采矿用地、交通水利和其他建设用地
常住人口	万人	2000～2015 年各地市历年统计年鉴	
城镇化水平	%	2000～2015 年各地市历年统计年鉴	城镇人口占常住人口的比例
经济发展水平	亿元	2000～2015 年各地市历年统计年鉴	第二、第三产业增加值之和
固定资产投资额	亿元	2000～2015 年各地市历年统计年鉴	
实际利用外资额	万美元	2000～2015 年各地市历年统计年鉴	
产业结构调整	%	2000～2015 年各地市历年统计年鉴	第三产业增加值占第二、第三产业增加值之和的比例

2）因子相关分析

珠江三角洲地区建设用地总量和 6 个驱动因子间的相关分析结果表明（图 4.1），它们之间均存在显著正相关，显著性水平均达到 0.01。其中，常住人口、城镇化水平、经济发展水平、固定资产投资额和实际利用外资额与建设用地总量的相关系数都在 0.9 以上，相关系数从大到小依次为城镇化水平、经济发展水平、常住人口、固定资产投资额、实际利用外资额、产业结构调整。

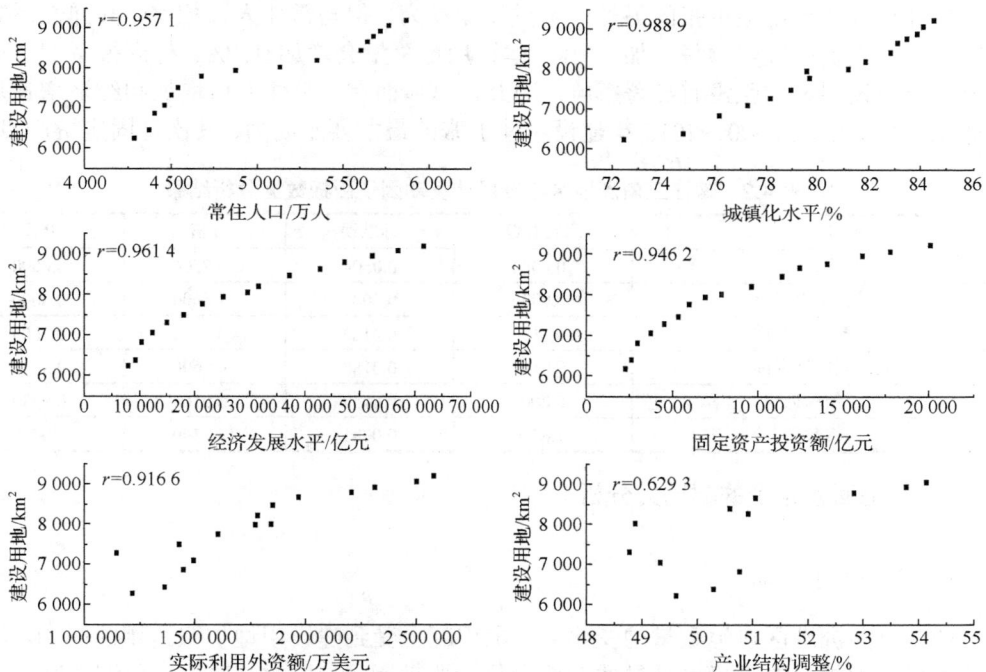

图 4.1　珠江三角洲地区建设用地面积与驱动因子散点图

3）面板数据分析

限于时序数据，为深入揭示各驱动因子对建设用地扩张的作用，利用 2000～2015

年珠江三角洲地区内 9 个市的面板数据构建多元回归面板模型进行分析。面板数据模型通过对不同横截面单元不同时间观察值的结合，增加了自由度，减少了解释变量之间的共线性，能够进一步改进估计结果的有效性。在具体分析中，为使因子变量呈现正态分布，对建设用地总量、常住人口、经济发展水平、固定资产投资额、实际利用外资额等驱动因子均进行了对数化处理。共线性分析结果表明，常住人口与经济发展水平之间存在极显著的相关关系，若两个变量同时放入回归模型中，则将导致方差膨胀因子（VIF）超过 10，并且变量的方向和显著水平发生明显变化，因此，在进行回归分析时，将与建设用地规模相关性较低的经济发展水平这一变量剔除。同时，异方差检验和序列相关检验结果均表明面板数据存在异方差和序列相关，不能采用普通线性回归进行分析，故采用了广义线性模型进行修正。

面板数据模型分析结果表明（表 4.2），常住人口、城镇化水平和固定资产投资额对建设用地总量的影响较为显著，显著水平均达到了 0.01。其中，常住人口的回归系数为 0.4964，说明常住人口每增加 10%，建设用地总量将会增加 4.96%；城镇化水平的回归系数为 -0.0036，说明提高城镇化水平对建设用地总量有负向作用，主要原因是城镇地区的建设用地集约利用水平远高于农村地区。例如，2015 年，珠江三角洲地区人均农村居民点用地面积（328.74 m^2）远高于人均城镇用地面积（87.58 m^2），但是城镇化水平对建设用地总量扩展的影响作用较小，城镇化水平每增加 1 个百分点，建设用地总量仅减少 0.36%。固定资产投资与建设用地有直接的关系，分析结果也显示了固定资产投资是珠江三角洲地区建设用地扩张的另外一个重要驱动力，但与常住人口相比，其弹性系数相对较小，固定资产投资额每增加 10%，建设用地总量会增加 1.1%。外商投资和产业结构调整对建设用地扩张没有显著影响。因此，总体而言，常住人口增加和经济增长是促使珠江三角洲地区 2000～2015 年建设用地扩张的最主要驱动力，其次是固定资产投资。

表 4.2　珠江三角洲地区建设用地驱动因子面板数据分析结果

驱动因子	回归系数	标准误	z 值	P 值
常住人口	0.4964	0.0504	9.8500	0.0000
城镇化水平	-0.0036	0.0005	-7.5600	0.0000
固定资产投资额	0.1129	0.0162	6.9500	0.0000
实际利用外资额	-0.0181	0.0188	-0.9600	0.3360
产业结构调整	0.0001	0.0158	0.0100	0.9930
常数	1.6429	0.0981	16.7500	0.0000

2. 耕地面积减少的驱动力分析

1）分析因子选取

珠江三角洲地区耕地数量的变化，一定程度上受到建设用地扩张占用的影响，所以驱使建设用地扩张的因素也是导致耕地变化的驱动因子。同时，珠江三角洲地区耕地变化与农业结构调整也有着密切的关系，如受不同农用地类型比较收益的驱动，珠江口地势低洼地区耕地转变为鱼塘等养殖水面，北部丘陵山区耕地改为种植果树的园地，因此将园地与耕地产出比、养殖水面与耕地产出比作为耕地变化的影响因素。园地与耕地产出比、养殖水面与耕地产出比的具体数据来源于对应年份的统计年鉴。此外，我国实行严格的耕地保护制度，政策因素对耕地面积变化的作用也不容忽视（黄贤金等，2002），尤其是土地利用总体规划的作用（Cheng et al., 2015），土地利用总体规划在用途管制方面的要求更严格，因此也将土地利用总体规划的实施年限作为耕地保护政策的代理变量纳入定量分析之中。

2）因子相关分析

珠江三角洲地区耕地面积总量和6个驱动因子间的相关分析结果表明（图4.2），常住人口、城镇化水平、经济发展水平、固定资产投资额、实际利用外资额、产业结构调整及园地与耕地产出比均呈现显著负相关，但是养殖水面与耕地产出比与耕地面积无显著相关。

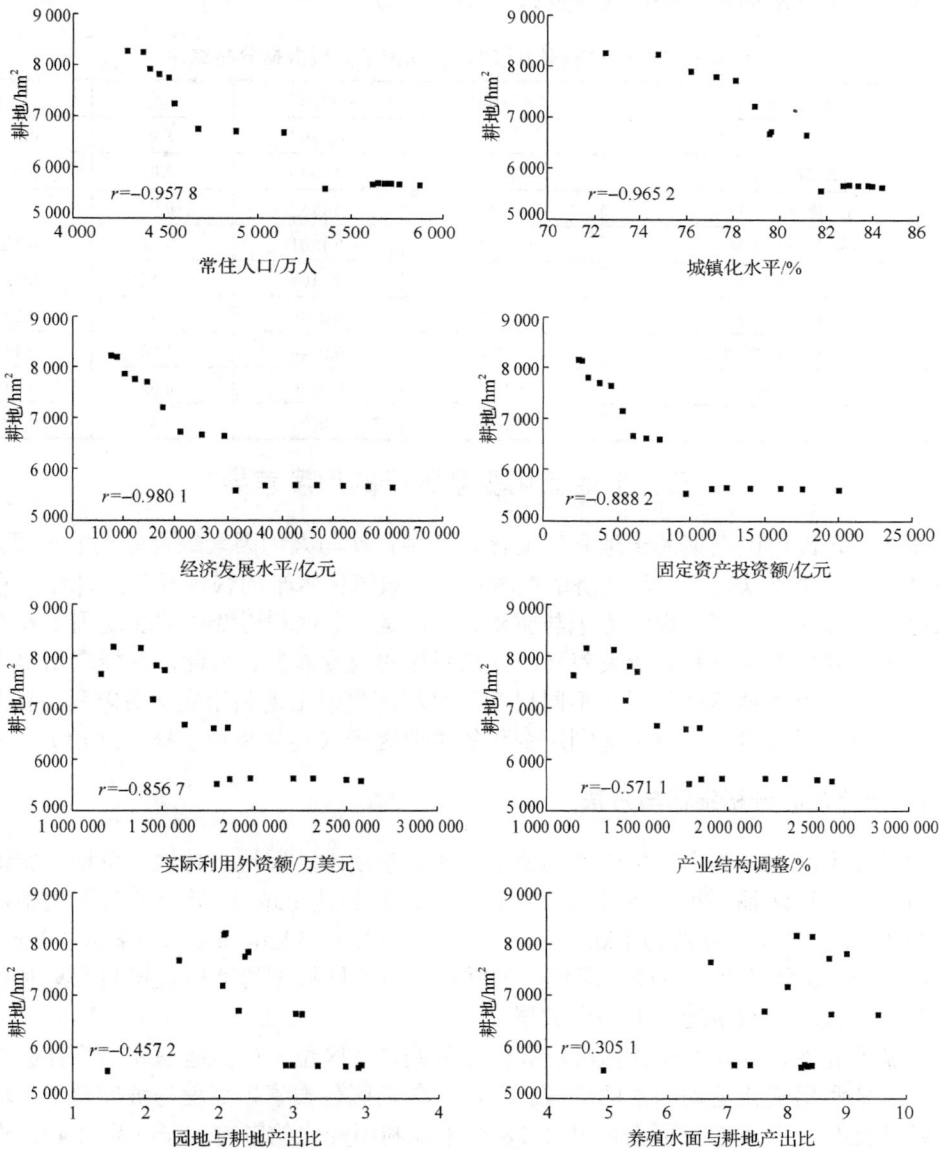

图 4.2 珠江三角洲地区耕地面积与驱动因子散点图

3）面板数据分析

考虑常住人口与经济发展水平有高度相关关系，因此在进行耕地面积变化面板数据回归分析时同样把经济发展水平这一变量剔除。面板数据模型分析结果表明（表4.3），常住人口和城镇化水平是导致耕地变化的显著变量。其中，城镇化水平的回归系数为-0.0379，在0.01的水平上显著，表明城镇化水平每增加1个百分点，耕地面积将减少3.79%；常住人口规模的回归系数为-0.7599，表明总人口每增加10%，耕地面积将减少7.60%；固定资产投资、外商投资、产业结构等对耕地规模的影响为负，但均不显著；政策因素对耕地规模的影响为正，但影响并不显著。因此，常住人口增长和城镇化水平提高应是珠江三角洲地区耕地减少的最主要驱动力。

表4.3 珠江三角洲地区耕地驱动因子面板数据分析结果

变量名称	回归系数	标准误	z值	P值
常住人口	-0.7599	0.3897	-1.95	0.0510
城镇化水平	-0.0379	0.0039	-9.80	0.0000
固定资产投资额	-0.1230	0.1253	-0.98	0.3260
实际利用外资额	-0.1187	0.1201	-0.99	0.3230
产业结构调整	-0.1688	0.1101	-1.53	0.1260
园地与耕地产投比	0.1399	0.0946	1.48	0.1390
养殖水面与耕地产出比	-0.0509	0.0340	-1.50	0.1340
政策因素	0.0327	0.0530	0.62	0.5380
常数	8.3406	1.0037	8.31	0.0000

三、土地变化驱动因子的尺度差异

珠江三角洲地区近期的土地利用变化是多种自然与人为因素综合驱动的结果，就宏观而言，改革开放以来人口与经济的快速增长、城镇化水平的快速提高是珠江三角洲地区土地利用变化最主要的影响因子与驱动力。但是，土地利用变化的驱动因子及其作用程度，在不同大小区域间有较大差异，存在明显的尺度差异。为此，选择广州市为研究区域，具体分析各种驱动因子在不同尺度下对不同类型土地利用变化影响程度的差异，进一步确定不同尺度下影响土地利用变化的主要因子（秦鹏和董玉祥，2013）。

1. 尺度差异分析指标与方法

为探究不同土地利用类型变化的驱动因子，按耕地、园地、林地、草地、城镇村及工矿用地、交通运输用地、水域及水利设施用地和其他土地8类土地利用类型，通过ArcGIS软件选取尺度分别为1 km、2 km、3 km、4 km、5 km、6 km、7 km、8 km、9 km和10 km共10种粒度，生成不同粒度的网格，将不同粒度的网格数据与土地利用现状数据叠加，获取各网格的土地利用数据。

遵循独立性、差异性和数据可获取性等原则，从区位、自然地理和经济社会方面要素进行土地利用变化驱动因子的选取，选取了包括区位要素、高程与坡度要素、坡向要素和经济社会要素4个方面在内共计28个土地利用变化的影响因子（表4.4），进行广州市土地利用变化驱动因子尺度差异的分析。基于不同因子的实际数据，同样采用ArcGIS软件获取各网格的驱动因子数据。

基于广州市内每个千米网格空间对应的土地利用数据和驱动因子数据，采用逐步回归分析，以0.05的显著性水平作为选择标准确定对土地利用空间分布贡献比较显著的驱动因子，分析驱动因子在不同空间粒度上对土地利用类型空间分布的作用大小，以及在不同尺度上土地利用变化影响因子的作用水平。另外，为增强多元回归分析结果的针对性，只选取在逐步回归分析中贡献最大的前7个影响因子进行结果分析。

表 4.4　广州市土地利用变化影响要素因子

要素因子			单位	含义
要素	因子	名称		
区位要素	X_1	到高速公路距离	m	网格到最近的高速公路的距离
	X_2	到国省道距离	m	网格到最近的国道和省道的距离
	X_3	到镇街道中心距离	m	网格到最近的镇和街道的距离
	X_4	到区中心距离	m	网格到最近的区和县级市的距离
	X_5	到市中心距离	m	网格到广州市中心的距离
高程与坡度要素	X_6	高程	m	网格的平均海拔
	X_7	坡度 A 级比例	%	网格内坡度<5°所占的比例
	X_8	坡度 B 级比例	%	网格内 5°≤坡度<15°所占的比例
	X_9	坡度 C 级比例	%	网格内 15°≤坡度<25°所占的比例
	X_{10}	坡度 D 级比例	%	网格内坡度≥25°所占的比例
坡向要素	X_{11}	坡向 E 东坡比例	%	网格内 45°≤坡面方向<135°（正北方向为 0°，顺时针递增计数）所占的比例
	X_{12}	坡向 F 平坡比例	%	网格内无坡面方向所占的比例
	X_{13}	坡向 N 北坡比例	%	网格内 315°≤坡面方向<360°和 0°≤坡面方向<45°（正北方向为 0°，顺时针递增计数）所占的比例
	X_{14}	坡向 S 南坡比例	%	网格内 135°≤坡面方向<225°（正北方向为 0°，顺时针递增计数）所占的比例
	X_{15}	坡向 W 西坡比例	%	网格内 225°≤坡面方向<315°（正北方向为 0°，顺时针递增计数）所占的比例
经济社会要素	X_{16}	人均耕地面积	m^2	耕地面积/户籍人口数
	X_{17}	人均建设用地面积	m^2	建设用地面积/户籍人口数
	X_{18}	地均 GDP	万元/km^2	地区生产总值/行政土地面积
	X_{19}	单位建设用地工业总产值	万元/km^2	工业总产值/建设用地面积
	X_{20}	单位农业用地农业总产值	万元/km^2	农业总产值/农业用地面积
	X_{21}	第二、第三产业比例	%	第二、第三产业产值/地区生产总值
	X_{22}	人均 GDP	万元	地区生产总值/户籍人口数
	X_{23}	地均固定资产投资额	万元/km^2	固定资产投资额/行政土地面积
	X_{24}	人口密度	人/km^2	户籍人口数/行政土地面积
	X_{25}	城镇化水平	%	非农业人口数/总人口数
	X_{26}	城镇居民人均可支配收入	元	城镇居民自由支配收入
	X_{27}	农村居民人均纯收入	元	农村住户的总收入/农业人口数
	X_{28}	人均绿地面积	m^2	公共绿地面积/城镇人口数

2．不同驱动因子的尺度差异

1）耕地

坡度是对耕地影响最大的因子（表 4.5），因子贡献排序第 1 的因子均为坡度相关因子，不同的坡度因子随粒度的增大其贡献程度也有变化。其中，坡度 A 级（坡度<5°）在 1～4 km 粒度尺度对耕地的分布贡献率均为最大；随着空间尺度的增大，坡度对耕地分布的影响减弱，但在部分尺度水平上仍然较强，其在 6 km、8 km、10 km 粒度尺度均排序前二或第一，并且模型中坡度 A 级（坡度<5°）的系数均为正，说明因子对耕地都是正作用。坡度 B 级（5°≤坡度<15°），在 2 km、4 km 粒度尺度排列第三，但是在其他尺度均未进入前七，说明该因子相对影响较小，且随着尺度的增大，影响程度快速变小。随着尺度的增大，坡度 C 级（15°≤坡度<25°）和坡度 D 级（坡度≥25°）的影响作用增强，在 1 km、3 km 尺度时排列第三，在 5～7 km 和 9～10 km 尺度时，二者全部或其中之一位列前二，但其对耕地的影响均为负作用。

表 4.5　广州市耕地空间分布不同粒度的因子贡献程度排序

粒度/km	1	2	3	4	5	6	7
1	X_7	$-X_{12}$	$-X_{10}$	$-X_{21}$	X_{16}	$-X_{25}$	$-X_{17}$
2	X_7	$-X_{12}$	X_8	$-X_{25}$	X_{16}	$-X_{17}$	X_{23}
3	X_7	$-X_{12}$	$-X_{10}$	$-X_{25}$	X_{16}	X_{17}	$-X_6$
4	X_7	$-X_{12}$	X_8	X_{28}	X_{16}	$-X_{17}$	$-X_{24}$
5	$-X_9$	$-X_{10}$	X_{16}	$-X_{17}$	$-X_3$	$-X_{24}$	$-X_1$
6	$-X_{10}$	X_7	X_{16}	$-X_{17}$	$-X_{24}$		
7	$-X_9$	$-X_{10}$	X_{16}	$-X_{17}$	$-X_3$	$-X_{24}$	$-X_1$
8	X_7	X_{16}	$-X_{17}$	$-X_6$	$-X_{24}$	$-X_{27}$	$-X_1$
9	$-X_9$	$-X_{10}$	X_{16}	$-X_{17}$	$-X_{24}$	$-X_{26}$	
10	$-X_{10}$	X_7	X_{16}	$-X_{23}$	$-X_{17}$	X_{19}	$-X_{26}$

注：①空白处表示进入模型的因子不足 7 个；② "-" 表示因子影响作用为负。

坡向 F 平坡在 1～4 km 粒度时对耕地分布的影响较大，均排列第二，但是粒度尺度增大后坡向 F 平坡对耕地的影响迅速降低，同时坡向 F 平坡在不同粒度中的系数均为负，即平坡面积越大，耕地面积反而越少，因在广州市土地资源紧张，平坡更易被改造为建设用地。其他坡向因子，如坡向 N 北坡、坡向 S 南坡、坡向 E 东坡及坡向 W 西坡，对耕地分布的影响有限，均未进入前七位，且部分粒度影响并不显著。

高程因子对耕地分布的影响只在 3 km 和 8 km 粒度尺度时贡献较大，而在其他粒度均未进入前七位。到高速公路距离，也只出现在 5 km、7 km、8 km 粒度尺度上，在其他尺度影响不大。

人均耕地面积对耕地的影响在 1～4 km 粒度时排列第五，但随着粒度尺度的增大，其排序提升，说明该因子对耕地影响随着粒度的增大而增强。人均建设用地对耕地分布的影响则紧随其后，其变化规律与人均耕地因子相似，但人均耕地面积对耕地的影响是正作用，对人均建设用地的影响是反作用。

第二、第三产业比重和城镇化水平的影响只出现在 1～3 km 粒度尺度上，随着尺度的增加，其影响减弱，对耕地分布的影响均为负作用。地均固定资产投资贡献较大时出现在 2 km 和 10 km 两极的尺度，其他尺度影响较小。人口密度、城镇居民和农村居民收入对耕地的影响均随着粒度的增大而提升，作用也均为负。

2）园地

坡度对园地分布的影响最大，坡度相关因子的贡献大多排在前列（表 4.6）。其中，坡度 B 级（5°≤坡度<15°）在 1～5 km 粒度对园地影响的贡献率均为最大，随着粒度尺度，增大的影响有所减弱，但在 9～10 km 粒度上影响又恢复到排列第一，并且该因子对园地都是正作用。坡度 A 级（坡度<5°）对园地的影响相对较小，进入排序前七的只出现在 1 km、4 km、5 km、7 km 粒度空间上。坡度 C 级（15°≤坡度<25°）和坡度 D 级（坡度≥25°）对园地仍有一定的影响，但只在 2 km、3 km、6 km 粒度尺度上出现，对园地的作用为负作用。

表 4.6 广州市园地空间分布不同粒度的因子贡献程度排序

粒度/km	1	2	3	4	5	6	7
1	X_8	X_7	$-X_{11}$	$-X_{12}$	X_{13}	X_{21}	$-X_{25}$
2	X_8	$-X_9$	$-X_{11}$	X_{13}	X_{21}	$-X_{25}$	$-X_6$
3	X_8	$-X_{11}$	$-X_9$	X_{13}	X_{21}	$-X_{25}$	$-X_6$
4	X_8	$-X_{11}$	$-X_{12}$	$-X_{14}$	X_7	X_{16}	$-X_{27}$
5	X_8	$-X_{11}$	$-X_{12}$	X_{13}	X_7	X_{21}	X_{16}
6	$-X_{11}$	X_8	$-X_{10}$	X_{21}	$-X_{27}$	$-X_1$	$-X_{26}$
7	$-X_{11}$	$-X_{12}$	X_8	X_7	X_{28}	$-X_{27}$	$-X_1$
8	$-X_{11}$	$-X_{12}$	X_8	X_{21}	$-X_6$	$-X_2$	$-X_1$
9	X_8	$-X_{11}$	X_{13}	$-X_1$	$-X_4$	X_5	$-X_{22}$
10	X_8	$-X_{11}$	X_{28}	$-X_{27}$	$-X_1$	$-X_4$	X_5

注："-"表示因子影响作用为负。

坡向对园地的影响显著大于对耕地的影响，各粒度尺度上排列前五位的均有坡向因子，在 1～5 km 粒度尺度时坡向因子均有 2～3 个，但随着尺度的增大，坡向的影响降低。具体而言，坡向 E 东坡随着粒度尺度增大，对园地的影响是先增强后减弱然后再增强，坡向 F 平坡与坡向 E 东坡规律相似。坡向 N 北坡则只在粒度较小时影响较大，粒度尺度增大后对园地分布的作用减小。坡向 S 南坡只出现在 4 km 粒度上，而坡向 W 西坡对园地的影响很小。坡向 E 东坡、坡向 F 平坡和坡向 S 南坡对园地的影响均为负作用，而坡向 N 北坡对园地的影响为正作用。

高程对园地分布的影响与耕地相似（表 4.5 和表 4.6），零星出现在 2 km、3 km、8 km 粒度尺度上，为负作用。

到高速公路距离因子进入影响因子贡献排序前七的均出现在大于等于 6 km 的粒度尺度上，均为负作用，即距离高速公路越远，园地面积越大。到区中心的距离和到市中心的距离，在 9 km、10 km 粒度尺度上进入前七位，但前者的影响为负，后者的影响为正。不过，总体而言，距离相关因子对园地的影响随着粒度尺度的增大逐渐增强。

第二、第三产业比重对园地的影响为正作用，其影响随着尺度的增加，波动增大，一般稳定在第四至第六位，且其中部分粒度尺度并没有进入影响最大因子前七位。城镇化水平对园地的影响有负作用，只在 1~3 km 粒度尺度进入前七位，随着粒度尺度的增大，城镇化水平对园地影响的减弱。

3）林地

坡度对林地有着重要的影响作用（表 4.7），其中，坡度 A 级（坡度＜5°）和坡度 B 级（5°≤坡度＜15°）对林地主要起着反向推动作用，除 8 km、9 km 两个粒度尺度外，其贡献分列第一、第二位。整体而言，坡度 A 级和坡度 B 级对林地有较强的抑制作用。坡度 C 级和坡度 D 级随着粒度的增大，其影响是先降后升，但坡度 C 级对林地为正作用，坡度 D 级对林地为负作用。

表 4.7 广州市林地空间分布不同粒度的因子贡献程度排序

粒度/km	1	2	3	4	5	6	7
1	$-X_7$	$-X_8$	X_9	X_{12}	$-X_{15}$	$-X_{13}$	$-X_{28}$
2	$-X_7$	$-X_8$	X_9	$-X_{13}$	$-X_{15}$	$-X_{28}$	X_{25}
3	$-X_7$	$-X_8$	$-X_{10}$	$-X_{13}$	$-X_{15}$	$-X_{28}$	X_{25}
4	$-X_7$	$-X_8$	$-X_{13}$	$-X_{15}$	$-X_{28}$	$-X_{16}$	$-X_{23}$
5	$-X_7$	$-X_8$	$-X_{13}$	$-X_{10}$	$-X_{21}$	X_6	X_{16}
6	$-X_7$	$-X_8$	$-X_{13}$	X_9	$-X_{28}$	X_6	X_{16}
7	$-X_7$	$-X_8$	X_9	$-X_{13}$	X_{16}	X_{26}	X_4
8	$-X_7$	X_9	$-X_8$	$-X_{13}$	$-X_{21}$	X_6	X_4
9	X_9	X_{10}	$-X_7$	$-X_{13}$	$-X_{21}$	X_6	X_4
10	$-X_7$	$-X_8$	$-X_{13}$	X_4	X_{26}	$-X_4$	

注：①空白处表示进入模型的因子不足 7 个；②"-"表示因子影响作用为负。

坡向对林地的影响仅次于坡度，其中以坡向 N 北坡对林地影响的反向贡献最大，但随着粒度尺度的增大，坡向 N 北坡的影响程度先升后降。坡向 W 西坡的影响与坡向 N 北坡的影响相似，但随着粒度尺度的增大，其影响减弱，在大于 5 km 粒度尺度后排序未进入前七。

高程对林地的影响主要是在 5~8 km 粒度尺度较为显著，在其他尺度的影响较小，不过高程对林地的影响是积极正作用的，高度越高，林地分布面积越广。

人均绿地面积和人均耕地面积在 1~7 km 粒度时对林地的影响都排在第五至第七位，并随着粒度尺度的增大，影响减弱，但是在 10 km 粒度尺度影响不显著。

城镇化水平和地均固定资产投资排序靠前时只出现在较小粒度尺度内，第二、第三产业比重在中粒度尺度影响增强，到区中心的距离在粒度尺度较大时对林地分布的影响增大。

4）草地

坡度和坡向对草地起着最重要的影响作用（表4.8）。其中，以坡度C级的负向影响最为显著，除9 km粒度尺度外，其他粒度排序均为第一，坡度C级对草地的抑制作用最强。坡向对草地的影响持续排在前两位，主要是坡向F平坡和坡向E东坡的影响，其中坡向E东坡起正作用，坡向F平坡起负作用。

表4.8 广州市草地空间分布不同粒度的因子贡献程度排序

粒度/km	1	2	3	4	5	6	7
1	$-X_9$	$-X_{12}$	X_{21}	$-X_{16}$	X_{23}	X_{17}	$-X_2$
2	$-X_9$	$-X_{12}$	$-X_{16}$	X_{17}	$-X_{24}$	X_1	$-X_5$
3	$-X_9$	$-X_{12}$	X_{21}	$-X_{16}$	X_{17}	$-X_{24}$	X_1
4	$-X_9$	X_{11}	X_{21}	$-X_{16}$	X_1	$-X_5$	$-X_{18}$
5	$-X_9$	$-X_{12}$	$-X_5$				
6	$-X_9$	X_{11}	$-X_{16}$	X_1	$-X_5$	$-X_{18}$	
7	$-X_9$	$-X_{16}$	$-X_{23}$	$-X_3$	$-X_{24}$	X_4	$-X_5$
8	$-X_9$	$-X_{12}$	$-X_{16}$				
9	X_{11}	$-X_9$	$-X_{16}$	X_1	$-X_5$	$-X_{18}$	
10	$-X_9$	$-X_{16}$	$-X_{23}$				

注：①空白处表示进入模型的因子不足7个；②"-"表示因子影响作用为负。

第二、第三产业比重对草地的正向影响在粒度尺度较小时较大，随着尺度的增大，其贡献减弱，甚至在部分粒度尺度未能出现在前7个影响因子中。人均建设用地面积同第二、第三产业比重对草地的影响相似，且都是正向作用。人均耕地面积的影响为负作用，随着粒度尺度的增大，影响总体上呈现上升趋势。地均固定资产投资对草地的影响只在1 km、7 km、10 km粒度尺度上较为显著。

距离相关因子对草地的影响随着粒度尺度的增大呈上升趋势，其中到高速公路的距离对草地的影响是正作用，其他距离相关因子如到国省道距离、到市中心距离、到区中心距离和到镇街道中心距离对草地的影响均为负作用。

5）城镇村及工矿用地

坡度和坡向对城镇村及工矿用地的影响处于排序前列（表4.9）。其中在1～5 km粒度尺度，坡度A级、坡向F平坡和坡度D级的影响为前三位，但在6～10 km粒度主要是坡度C级和坡向S南坡的影响排序在前，其中坡度A级、坡度D级和坡向S南坡作用为正，坡度C级和坡向F平坡作用为负。

表4.9 广州市城镇村及工矿用地空间分布不同粒度的因子贡献程度排序

粒度/km	1	2	3	4	5	6	7
1	X_7	$-X_{12}$	X_{10}	X_{14}	X_{21}	X_{25}	X_{20}
2	X_7	$-X_{12}$	X_{10}	X_{21}	X_{25}	$-X_{16}$	X_6
3	$-X_{12}$	X_7	X_{10}	X_{25}	$-X_{16}$	X_{24}	X_{27}
4	X_7	$-X_{12}$	X_{10}	X_{14}	$-X_{20}$	X_{25}	$-X_{16}$
5	$-X_{12}$	X_7	X_{10}	X_{25}	X_{23}	$-X_{16}$	X_{17}

续表

粒度/km	1	2	3	4	5	6	7
6	$-X_9$	X_{14}	X_{21}	X_{20}	$-X_{16}$	X_{17}	X_{24}
7	X_{14}	X_7	X_{25}	$-X_{16}$	X_{24}	X_1	$-X_5$
8	X_7	X_{14}	X_{25}	$-X_{16}$	X_{24}	X_1	$-X_5$
9	$-X_9$	X_{14}	$-X_{16}$	X_{24}	X_1	$-X_5$	X_{18}
10	$-X_9$	X_{14}	$-X_8$	X_{25}	X_{24}	$-X_5$	$-X_{22}$

注："−"表示因子影响作用为负。

在区位要素中，到高速公路距离和到市中心距离在较大粒度时对城镇村及工矿用地的影响作用显著，人口密度则集中出现在 6～10 km 粒度尺度上，其影响程度总体呈上升趋势且作用为正。

第二、第三产业比重则仅出现在 1 km、2 km、6 km 粒度尺度上，影响作用为正。整体而言，城镇化水平随着粒度的增大，其影响程度逐渐提升。

在经济社会要素方面，单位农业用地农业总产值则出现在 1 km、4 km、6 km 粒度尺度上，对城镇村及工矿用地分布的影响在 4 km 粒度为负，而在 1 km、6 km 粒度为正，说明该因子在不同粒度上影响的正负作用不同。人均耕地面积，随着粒度的增大，对城镇村及工矿用地影响的负作用有所提升，人均建设用地面积的作用则正好相反，其影响主要在 5 km、6 km 的粒度尺度。

6）交通运输用地

坡度因子对交通运输用地的影响仍然最大（表 4.10），除 7 km 粒度外，其余贡献程度第一位的均为坡度因子，其中坡度 B、C、D 级在 5 km、7 km 粒度尺度对交通运输用地的影响较大，都进入前七位，作用为负，在其他粒度尺度上坡度 A 级的影响作用均排第一。

表 4.10 广州市交通运输用地空间分布不同粒度的因子贡献程度排序

粒度/km	1	2	3	4	5	6	7
1	X_7	X_{12}	$-X_{28}$	$-X_{23}$	$-X_{16}$	X_{17}	X_{27}
2	X_7	$-X_{28}$	$-X_{23}$	$-X_{16}$	X_{27}	X_3	X_{22}
3	X_7	$-X_{16}$	X_3	X_{27}	$-X_{24}$		
4	X_7	X_{17}					
5	$-X_8$	$-X_9$	$-X_{15}$	$-X_{10}$	$-X_{13}$	$-X_{11}$	$-X_{14}$
6	X_7	$-X_{23}$	$-X_{16}$	X_{27}			
7	X_{12}	$-X_{10}$	$-X_{16}$	X_3			
8	X_7	$-X_{16}$					
9	X_7	$-X_5$					
10	X_7	X_3					

注：①空白处表示进入模型的因子不足 7 个；②"−"表示因子影响作用为负。

坡向仅在 1 km、5 km、7 km 粒度尺度上排序进入前七，特别是在 5 km 粒度排序前七的坡向因子占据 4 个，除平坡外，坡向对交通运输用地的影响均为负，说明越是平坦的地形越有利于交通运输用地的分布。

距离相关因子在 2 km、3 km、7 km、9 km、10 km 粒度尺度上的作用显著，但随着粒度尺度的增大，其规律性变得不强。到镇（街）中心的距离对交通运输用地的影响起正作用，而到市中心距离的影响则相反，说明距离行政等级高的中心距离越近，交通运输用地分布越多。

人均绿地面积和人均耕地面积对交通运输用地的影响，在 1～8 km 随着粒度尺度的增大，其贡献增强，但到 9 km、10 km 粒度尺度时其影响并不显著。

农民人均纯收入在 1～3 km 粒度尺度区间对交通运输用地的影响贡献越来越大，同时在 6 km 粒度上其影响同样显著。地均固定资产投资额在 1 km、2 km 粒度尺度上的影响作用为负，但在 6 km 粒度上的作用为负。不同尺度上有正、负方向不同的作用。

7）水域及水利设施用地

坡向对水域及水利设施用地的影响较为显著（表 4.11）。其中，坡向 F 平坡的影响作用最大，在 1～9 km 粒度尺度的影响都排列第一，在 10 km 粒度尺度上位列第二。坡向 S 南坡的影响随着粒度的增大而有所增强，影响作用为负，即南坡越多，水域及水利设施用地面积越小。坡向 E 东坡在 1～5 km 粒度尺度时同样是随着尺度的增大，其影响逐渐增强，该因子面积越大越有利于水域及水利设施用地的分布。坡向 N 北坡只在 8 km、10 km 粒度尺度上排列第三，在其他粒度尺度中的影响作用不大。

表 4.11　广州市水域及水利设施用地空间分布不同粒度的因子贡献程度排序

粒度/km	1	2	3	4	5	6	7
1	X_{12}	X_7	X_8	X_{10}	X_{11}	$-X_{14}$	$-X_{21}$
2	X_{12}	X_7	X_8	$-X_{14}$	X_{11}	$-X_{21}$	X_{28}
3	X_{12}	$-X_{10}$	$-X_9$	$-X_{14}$	X_{11}	$-X_{21}$	X_{28}
4	X_{12}	$-X_9$	X_{11}	$-X_{14}$	X_{28}	$-X_{21}$	X_{20}
5	X_{12}	X_{11}	$-X_9$	$-X_{14}$	$-X_{21}$	X_{28}	$-X_{25}$
6	X_{12}	$-X_{14}$	$-X_{10}$	X_{28}	$-X_{21}$	$-X_{25}$	X_{17}
7	X_{12}	$-X_{14}$	X_{11}	$-X_{10}$	$-X_{25}$	X_{17}	
8	X_{12}	$-X_{14}$	$-X_{13}$	$-X_{25}$	X_{17}		
9	X_{12}	$-X_{14}$	$-X_{10}$	X_{17}	$-X_{18}$		
10	$-X_{14}$	X_{12}	$-X_{13}$				

注：①空白处表示进入模型的因子不足 7 个；②"−"表示因子影响作用为负。

坡度的影响有限，且随着粒度尺度的增大，其影响逐渐减小。坡度 A 级和坡度 B 级在 1 km、2 km 粒度尺度上影响显著，同时分列第二、第三位，但是在大于 2 km 粒度尺度后两个因子的影响逐渐消失。坡度 C 级和坡度 D 级在 3～7 km、9 km 粒度影响较大，排在第二至第四位，但在其他粒度没有进入显著性的前七位。

第二、第三产业比重的影响在 1～5 km 随着粒度尺度的增大而增强，但大于 6 km 粒度尺度后作用不大，作用为负。人均绿地面积的变化的影响与第二、第三产业相似，但其作用为正。城镇化水平与人均建设用地面积的主要影响在 5～8 km 粒度尺度，其中人均建设用地面积在 6 km 粒度尺度上进入显著性前七位，随着粒度尺度的增大，显著性增强，影响作用为正。

8）其他土地

坡度和坡向仍然是影响其他土地的主要因子（表 4.12）。在影响显著的坡度因子中，坡度 B 级和坡度 C 级最为重要，在 1～5 km 和 7 km 粒度尺度中，其影响程度位于前三位，坡度 D 级则在 6 km、10 km 粒度尺度上分列第一、第二位，但坡向 B 级是有利于其他土地的正作用，坡度 C 级和坡度 D 级的作用则相反。在影响贡献最显著的 7 个因子中，坡向的影响则是在 1 km、3 km、7 km、8 km、10 km 粒度尺度上，坡向 W 西坡的影响是正作用，坡向 F 平坡则为负作用。

表 4.12　广州市其他土地分布不同粒度的因子贡献程度排序

粒度/km	1	2	3	4	5	6	7
1	X_8	$-X_9$	X_{15}	X_{13}	$-X_{28}$	X_{21}	X_{20}
2	$-X_9$	X_8	$-X_{28}$	X_{21}	X_{20}	$-X_{23}$	$-X_{19}$
3	$-X_9$	$-X_{12}$	X_8	$-X_{28}$	X_{21}	X_{20}	X_{25}
4	X_8	$-X_9$	$-X_{28}$	X_{21}	X_{20}	$-X_{17}$	$-X_{24}$
5	$-X_9$	$-X_{28}$	X_{21}	$-X_{23}$	$-X_{26}$	$-X_{18}$	$-X_5$
6	$-X_{10}$	$-X_{28}$	X_{21}	$-X_{23}$	$-X_{26}$	$-X_5$	X_{22}
7	X_{15}	$-X_9$	$-X_{28}$	X_{21}	$-X_{23}$	$-X_{26}$	$-X_5$
8	X_{15}	$-X_{28}$	$-X_{23}$	$-X_5$	X_{22}		
9	$-X_{28}$	X_{20}	X_{21}	X_{19}	$-X_{24}$	$-X_{26}$	X_{22}
10	X_{15}	$-X_{10}$	$-X_{28}$	X_{21}	$-X_5$	$-X_{18}$	X_{22}

注：①空白处表示进入模型的因子不足 7 个；②"－"表示因子影响作用为负。

在影响其他土地的其他因子中，到市中心距离出现在 5～8 km、10 km 粒度尺度上，排序为第四至第七位，影响为负。人均绿地面积和第二、第三产业比重的影响，随着粒度尺度增大波动较为频繁，但均可进入 7 个贡献最显著的因子中，只是人均绿地面积对其他土地有抑制作用，第二、第三产业比重则对其他土地有正向的积极作用。单位农业用地农业总产值和单位建设用地工业总产值在 1～4 km 粒度尺度上的影响显著，在较大尺度上排序进入前七的只出现在 9 km 粒度，随着粒度的增大，这两个因子的影响程度降低。地均固定资产投资额在 5～8 km 粒度尺度上作用较强，呈负影响。城镇居民人均可支配收入、地均 GDP 和人均 GDP 因子在影响程度排序中进入前七的只出现在大于 4 km 粒度尺度水平上，但其影响稳定排在第五至第七位，其中，人均 GDP 对其他土地的影响为正、城镇居民人均可支配收入和地均 GDP 两个因子的影响为负。

第二节　典型区域土地利用变化的驱动力分析

珠江三角洲地区近期土地利用变化中不同尺度上的驱动因子差别，与土地利用变化的区域差异密切相关。对应珠江三角洲地区近期土地利用变化的典型区域，选取广州、佛山及典型基塘区进行典型区域土地利用变化驱动力的分析，认识珠江三角洲地区土地利用变化驱动的区域差异。

一、广州市土地利用变化驱动力分析

在前述土地利用变化驱动的尺度差异的典型分析中，定量地给出了不同尺度广州市不同类型土地利用变化的主要驱动因子及其作用程度，以此为基础，从地形、区位、产业、规划、区划调整、城市化、开发区建设与大型项目建设等方面，进一步阐述广州市土地利用变化主要驱动因子的具体影响和作用。

1. 区域海拔与地面坡度

广州市的主要地貌类型及其分布如下：低山地（海拔在 400 m 以上），主要分布在广州市东北部，一般坡度在 20° 以上；丘陵地（海拔 500 m 以下），主要分布在山地、盆谷地和平原之间，在增城、从化、花都及市区东部、北部均有分布；岗台地，主要是相对高程 80 m 以下、坡度小于 15° 的缓坡地或低平坡地，主要分布在增城、从化，白云、黄埔、番禺、花都和天河区亦有零星分布；冲积平原，主要有珠江三角洲平原、广花平原及番禺和南沙沿海地带的冲积、海积平原，土层深厚，土地肥沃，是广州粮食、甘蔗、蔬菜的主要生产基地；滩涂，主要分布在现南沙区的南沙街、万顷沙镇和龙穴街沿海一带。整体而言，广州市东北部为低山地，中部为丘陵盆地，南部是沿海冲积平原，这样的地貌格局使得广州市中部平原易于开发，因此中部土地利用变化较大，而北部土地利用的变化相对较小，其中的土地利用变化主要受制于海拔和地面坡度。

利用 ArcGIS 分析获取广州市的高程图（图 4.3）和三维立体图（图 4.4），将其与广

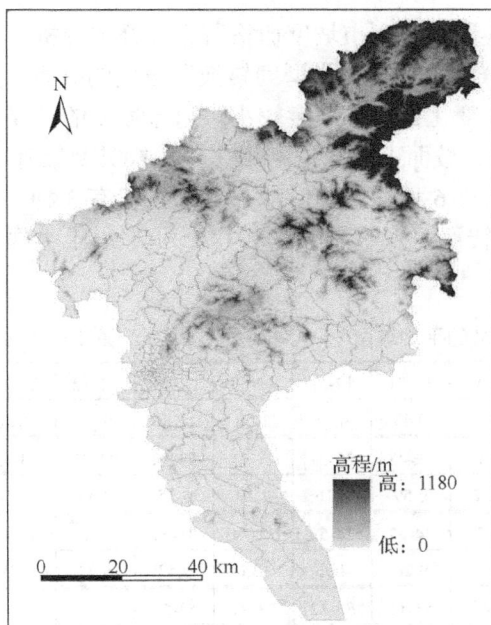

图 4.3　广州市高程图　　　　　　　　图 4.4　广州市高程立体图

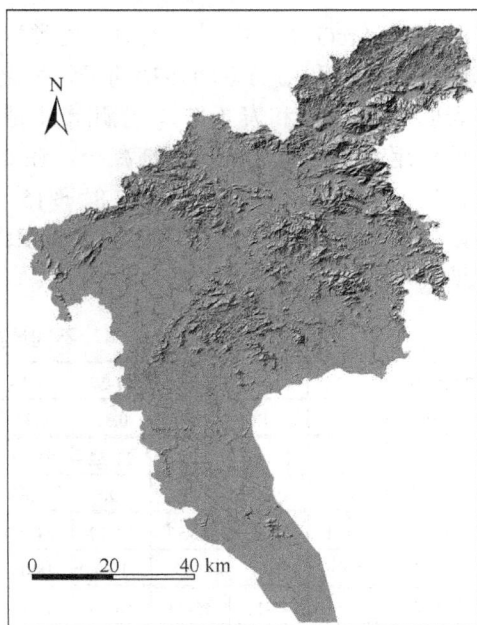

州市的地类变化进行叠加，统计出不同地类转换所处的最高海拔、最低海拔和平均海拔，以确定广州市不同土地利用类型间转换与海拔的关系。结果表明（表 4.13），不同地类间转换的平均海拔存在明显差异，广州市大部分地类转换发生在海拔 0～200 m，主要土地利用类型变化的平均海拔低于 100 m。

表 4.13　不同地类转换的海拔统计　　　　　　　　　　（单位：m）

地类转换	11-24	11-43	11-51	11-52	11-53	12-43	12-51	12-52	12-53	21-11	21-12	21-23
平均海拔	26.09	18.08	21.85	22.58	11.00	19.37	20.79	21.20	24.64	54.10	83.26	54.51
最高海拔	120	92.93	140	94.22	80	19.67	70.46	80	101.2	78.23	174.27	140
最低海拔	20	0.84	12.54	10.22	3.12	19.02	19.12	14.07	20	40	20	20
地类转换	21-24	21-31	21-51	21-52	21-53	22-12	22-43	22-51	23-11	23-12	23-21	23-43
平均海拔	268.52	236.53	46.88	44.09	98.82	50.51	40.37	33.55	28.64	31.25	46.85	20
最高海拔	780	480	140	289.31	300	100	70.33	80	60	40	220	20
最低海拔	40	40	20	20	20	20	40	20	20	20	20	20
地类转换	23-51	23-52	23-53	24-12	24-21	24-51	24-52	24-53	31-51	43-11	43-46	43-51
平均海拔	23.18	26.29	38.37	23.23	194.66	20.11	20.29	47.77	22.20	120.88	149.24	20
最高海拔	40	48.09	60	60	360	40	40	68.57	56.43	312.71	213.85	20
最低海拔	20	20	20	20	77.0	20	20	40	18.30	20	140	20
地类转换	45-11	45-43	46-43	52-12	52-51	53-11	53-12	53-21	53-51			
平均海拔	18.98	15.76	247.09	22.96	22.93	57.91	19.41	65.42	35.27			
最高海拔	20	40	315.84	132.81	100	94.71	19.53	80	209.48			
最低海拔	15.77	9.95	60	20	18.59	17.73	19.30	40.31	20			

注：土地利用类型编码具体参见《土地利用现状分类》（GB/T21010—2007）。

利用 ArcGIS 对广州市土地利用类型转换图与广州市坡度栅格图进行叠加分析，计算出不同土地利用类型间转换的平均坡度，分析土地利用类型间转换和坡度的关系。结果表明（表 4.14 和表 4.15），广州市土地利用变化的平均坡度较小，随着坡度的升高，土地利用变化的地类转换逐渐减少，在 0°～2° 坡面上的土地利用变化转换类型数有 21 种，2°～5° 有 11 种，5°～8° 和 8°～15° 分别有 6 种和 5 种，15°～20° 则仅有 3 种。其中，在 0°～2° 坡度的土地利用变化面积占总转换面积的 87.70%，其余为 2° 以上坡面上土地利用变化的类型转换。

表 4.14　不同地类转换的平均坡度　　　　　　　　　　[单位：（°）]

地类转换	11-24	11-43	11-51	11-52	11-53	12-43	12-51	12-52	12-53	21-11	21-12	21-23
平均坡度	2.20	0.12	0.47	0.36	0.22	0.07	0.43	0.75	1.00	11.86	9.74	7.14
地类转换	21-24	21-31	21-51	21-52	21-53	22-12	22-43	22-51	23-11	23-12	23-21	23-43
平均坡度	18.23	19.15	6.71	3.88	13.65	3.22	0.59	4.16	2.29	5.35	8.35	0
地类转换	23-51	23-52	23-53	24-12	24-21	24-51	24-52	24-53	31-21	31-51	43-11	43-46
平均坡度	0.69	0.64	2.37	1.60	18.04	0.10	0.26	4.96	13.0	2.43	6.04	6.37
地类转换	43-51	45-11	45-43	46-43	52-12	52-51	53-11	53-12	53-21	53-51		
平均坡度	0	0.04	0.11	2.56	2.06	0.68	1.40	0.07	5.10	4.41		

注：土地利用类型编码具体参见《土地利用现状分类》（GB/T 21010—2007）。

表 4.15　不同级别坡度的地类转换

平均坡度/（°）	地类转换	转换类型数量	转换面积/%
0～2	11-43，11-51，11-52，11-53，12-43，12-51，12-52，12-53，22-43，23-43，23-51，23-52，24-12，24-51，24-52，43-51，45-11，45-43，52-51，53-11，53-12	21	87.70
2～5	11-24，21-52，22-12，22-51，23-11，23-53，24-53，31-51，46-43，52-12，53-51	11	5.59
5～8	21-23，21-51，23-12，43-11，43-46，53-21	6	1.01
8～15	21-11，21-12，21-53，23-21，31-21	5	3.05
15～20	21-24，21-31，24-21	3	2.65

注：土地利用类型编码具体参见《土地利用现状分类》（GB/T 21010—2007）。

2．区位与产业结构调整

地理区位是影响广州市土地利用变化的重要因素。广州市地处珠江三角洲的中心，毗邻港澳地区，交通便利，地理区位优越，又是我国最早实行改革开放政策的地区，在大量外资和外来劳动力的作用下形成了开放性和外向型的土地利用格局，广州市的土地利用强度及其变化速度相对大于周边地区。同时，广州市内不同区位的土地利用变化也存在差异。由于广州市中心区已是城镇用地，缺少地类转换潜力，外围地区由于较为偏远，土地变化率也较小，因此，广州市城市边缘地区成为土地变化最为剧烈的区域。

广州市土地利用的变化与产业结构的调整关系密切。早在 20 世纪 50 年代末 60 年代初，广州就曾在近郊建设了员村、车陂、吉山、黄埔、南石头和白鹤洞等工业区和一批新居住区，把当时新建的重型机械厂、大型化工厂及老城区部分污染严重缺少发展空间的工厂迁移到这些地区，但由于低估了城市发展速度，加之有些工业区如南石头、员村工业区等离老城区较近，这些地区很快就与城区相连（苏建忠，2006；陈文娟和蔡人群，1996）。20 世纪 70 年代初，"三线"工程时期又把市区数十家工业企业迁往远郊的花都和从化等地。80 年代后，广州城市工业由中心区向郊区扩散更为明显，一些大型工业区选址在距中心区更远的地方，如吉山汽车工业区、大田山石油化工区及黄埔经济技术开发区（陈文娟和蔡人群，1996）。随着广州中心城区面积的迅速扩张，中心城区的工业职能相对弱化，工业中心地位下降，第三产业比重不断上升，逐渐成为城市主导产业（闫小培和许学强，1999），迫使其中污染较重的企业和新上马的大型工业企业再次搬迁到花都、从化及南沙等地区，甚至转移到广东北部乃至泛珠江三角洲的其他省份，如广州钢铁工业项目与丰田汽车项目选址在南沙区，东风日产、现代汽车项目选址在花都区等，这又引起相应的土地利用结构与布局变化。

3．规划与大型项目建设

城市规划是一个国家经济制度的反映，是国家与城市政府通过空间引导的方法，对城市的发展方向、规模、形态进行有序的控制和引导（何明俊，2005），城市规划的目标之一就是合理安排土地利用。新中国成立以来，广州市城市规划经历了 4 个发展阶段：第一个阶段为 1949～1957 年对城市规划编制的探索阶段，第二个阶段为 1958～1987 年城市规划恢复阶段，第三个阶段为 1987～1990 年广州市城市规划进入了全新的发展时期，第四个阶段是 1991 年后对市场经济条件下城市规划的探索阶段。通过广州市城市规划对区内土地利用的合理安排，控制广州市城市土地的无序扩张，土地利用的类型、程度及空间结构发生相应变化。例如，1992 年的城市总体规划决定对广州市东南部、白云区西北部和原芳村区等区域进行重点开发建设，这对近期广州市的土地利用变化有着深远的影响。

大型项目建设即重点工程，如城市 CBD 建设、政府中心、超高层建筑、航空港、快速公交系统、科学园区、会展中心、文体中心、住宅区及历史地段保护等，对区域土地利用有着显著的影响，因为航空港、高速公路网及新开发区等巨型工程本身占地规模很大，会直接改变区域土地利用的布局和结构。同时，这些大型项目建设也会通过产业关联所引起的集聚效应推动新产业用地空间的形成和发展，带动土地利用变化及其空间重构（赵玉宗，2006）。例如，1990 年以来，广州市进行了一系列的重大工程项目，1991 年广州市高新技术开发区被确定为国家高新技术产业开发区，1991 年广（州）梅（州）汕（州）铁路全线动工至 1995 年全线开通，1993 年广州市北环路高速公路全面竣工，1996 年广州新火车东站竣工成为我国最大的现代化铁路客运口岸，这些重大项目的建设促进了广州市土地利用空间结构的变化。

4. 政策与行政区划调整

政治、经济政策指引着社会经济发展的方向，是土地利用变化人文因素发挥作用的基础和保障，对土地利用变化有着强制性的现实影响（甄霖等，2005），直接影响土地利用及其结构的形式等（刘晶和彭补拙，2001；王玉华等，2004），区域土地利用结构模式往往是在特定的政策环境下形成的（任志远，2003），随着政治、经济政策的变化，土地利用会发生明显改变。广州市是我国改革开放政策最早实施的地区之一，自 20 世纪 80 年代初，当地政府就以改革开放为契机，大力释放生产力，大批农村剩余劳动力从农业生产中脱离出来走向第二、第三产业，第二、第三产业的快速发展使广州市的土地利用也较早地形成了多样化、高效化和商品化的利用格局。总体而言，改革开放政策是广州市土地利用变化的最基本政策，在这一政策背景的影响下相继出台了一系列更加具体的有关经济发展、城市建设和土地利用等方面的政策，这些政策共同影响了广州市的土地利用变化。

在相关政策变化的同时，为了有利于调整城市发展方向、提高城市化水平和城市管理效率以强化广州市现代化中心城市的地位，1991 年以来，广州市对行政区划进行了较大的调整，主要是撤县、市设区及对镇（街）范围和机构进行重新调整和设置等。通过行政区划调整，广州城区邻近区域的土地价值得以提高，土地利用类型转换更加便利，有利于广州市产业结构的调整，原有城区大部分工业用地实行"退二进三"，工业项目主要外迁，对工业用地布局调整和土地资源有效开发利用有很大的促进作用。同时，行政区划调整后，广州城区组团发生根本性的变化，由单边沿江城市变成沿海、跨江城市，城市发展向东、向南就豁然开朗，基础设施沿江布局，既可节省城市基础设施的投入，又可实现珠江两岸统一规划建设，对广州市土地利用的宏观空间布局产生重要影响。

5. 城市化与开发区建设

新中国成立以来,广州市的城市化过程大致可以分为 4 个阶段(吴雅冰等,2008):新中国成立至 20 世纪 60 年代初为稳步发展阶段,工业化带动了城镇人口增长,广州市非农人口由 1949 年的 47.66%上升到 1962 年的 57.11%;60 年代初至 70 年代中期为徘徊停滞阶段,知青上山下乡运动使得广州的非农人口比例由 1962 年的 57.11%下降到1975 年的 47.53%;70 年代中后期至 90 年代中期为快速增长阶段,改革开放后广州非农业人口呈现大幅增长趋势,至 1995 年,非农业人口比例已达到 61.12%;90 年代中期以来为快速稳步增长阶段,尤其是 2001 年后,广州出台了多种政策促进城市化发展,非农业人口也随之稳步大幅增长,非农业人口比例远远超出全国平均水平。广州市以非农业人口比例上升为特征的人口城市化的快速发展,必然以土地的非农化为基础,伴随城市化水平快速提高的是城镇用地规模的迅速扩大和建设用地面积的急剧扩张。

在广州市城市化进程中,开发区建设的推动与促进作用明显。例如,作为国家第一批开发区的广州经济技术开发区(王峰玉和李瑞霞,2008),1984 年选址在黄埔区东缘、珠江主流和东江北干流交汇处,规划面积 9.6 km^2。20 世纪 90 年代初,随着邓小平南方谈话的发表,中国掀起了新一轮的改革开放浪潮,经济发展和对外开放进入了一个新的历史时期。广州经济技术开发区作为外商投资重点地区得到快速发展,其经济总量持续高速增长,土地开发和建设规模迅速扩大,整个开发区由原来只有 9.6 km^2 的西区扩展到包括西区、东区、保税区、永和区、科学城、萝岗镇、黄陂、岭头、玉树村及笔岗村等总面积 88.77 km^2 的一个完整片区,开发区内土地利用的类型、方式及程度等均发生了根本性的转变。

二、佛山市土地利用变化驱动力分析

土地利用变化是自然、社会与经济等因素综合作用的结果,但近期土地利用的变化主要受社会经济因素的驱动,因此主要从人口、经济、政策、文化和技术等方面分析佛山市土地利用变化的影响与作用,探寻其变化机理。

1. 定性分析

影响佛山市近期土地利用变化的社会和经济因素主要包括人口增长、经济发展、城市化与工业化推进、交通系统发展和政策等。

1)主要因素

人口因素是最具活力的土地利用变化的驱动因素之一(李平等,2001)。随着人口的增长和生产技术水平的不断进步,人们利用土地资源的范围和强度越来越大,通过不断发展农业、工业、服务业和其他事业等,来满足人们日益增长的需求,不仅加大了土地资源的承载力,而且改变了地表的形态和土地的用途。大量人口不断向城市集聚,必然会引起土地利用结构的变化。一方面城市人口的增长导致生产生活所需的用地数量不断增加;另一方面人口结构、家庭结构的变化会增加不同土地类型的需求,从而需要新增土地供给。人口的增加和农村剩余劳动力的转移，必然导致城镇建设用地及工矿用地的增加，进而造成耕地的大量占用，从而给区域土地利用系统造成一种持续的外界压力，必然导致土地利用系统的变化（董捷，2012）。

经济发展也是区域土地利用变化的主要影响因素之一（王良健等，1999）。经济的发展使得区域经济实力增强，人们的物质生活水平提高，城镇用地规模不断扩张，农村居住用地和产业用地持续增加；经济发展会促使区域基础设施和工业迅速发展，工矿及交通用地面积增加，挤占大量的农业用地；经济发展会带来区域产业结构调整，第一产业比重不断下降，第二、第三产业比重持续上升，引起土地利用在产业间的调整，城镇村等建设用地比例增加，耕地、林地等农业用地比例下降；经济发展带来城乡居民收入增加，对农产品需求结构发生变化，引起农业结构内部调整，带来农业用地内部土地利用结构的调整。改革开放以来，佛山市经济的高速发展，直接引起了土地利用的剧烈变化，城镇村及工矿用地规模持续增加，耕地和林地等农业用地比重不断下降。

城市化和工业化对土地利用的影响极为复杂，对土地利用也产生了深刻的影响（郭程轩等，2009）。工业化的直接结果就是导致工业用地的大量增加，工业的发展带来人口的集聚，也为城市化的发展提供了动力，同时带来了居住、交通、公共设施等其他建设用地需求量的增加，必然会越来越多地占用农用地。城市发展需求压力增大，农业结构不断调整，农村土地利用结构中经济作物的种植比重显著增加，工业企业从市区外迁让位于第三产业，城市核心区逐步由一般商贸业转换为包括金融保险等在内的高级服务业，这些都致使土地利用发生剧烈变化。

产业结构的质态转变会通过相应的土地利用变化得到体现，具体表现在土地资源及其他资源在各产业、部门间的重新分配和组合，在一定的产业结构下就形成一定的土地利用结构。佛山市地处我国改革开放的前沿，是我国重要的制造业基地之一，三大产业结构比由 1978 年的 31.2：50.5：18.3 调整为 2017 年的 1.5：58.4：40.1，第二、第三产业的发展促使农用地向建设用地转化、人口与产业集中，大量占用土地资源，使土地利用非农化，改变了原来的土地利用结构。目前，佛山市已基本形成了近郊以叶菜、花卉为主，远郊以水产、瓜菜为主，山区以水果、畜牧为主的区域产业带，而农业产业结构的调整会导致农用地内部结构的变化，大量耕地被改挖为鱼塘和以种植花卉、观赏性树木为主的园地。

基础设施尤其是交通网络的快速发展必然会促进城镇空间形态的扩展及土地利用结构与强度的变化。佛山市全市公路通车总里程 2009 年就超过 5000 km，公路密度超过 130 km/km^2。现代快捷交通运输方式（如高速公路、高速铁路、地铁、航空等）将城市空间向高空、地下推进。佛山市交通方式的改进和交通网络的日趋完善，提高了交通速度，节约了交通时间，改变了出行可达区域范围，引起整个城市空间可达性的变化，从而引起人们各种生产、生活活动区位的重新选择，并直接表现在城市土地利用上，引起土地价格、土地区位、空间分布等土地利用特征变化，使整个城市土地利用结构发生改变。

　　政策与制度因素是土地利用变化的直接决定因素，是土地利用变化的基础和保障，对区域土地利用变化有着重要影响。佛山市改革开放以来的迅速崛起与各种优惠政策密切相关，这些政策与制度在推动佛山社会经济发展的同时，也带来了土地利用的迅速变化。例如，改革开放政策的实施推动了由计划经济体制逐渐向市场经济体制的转型，凭借区位优势、政策优势和体制优势，佛山市积极吸引多元化投资，促进乡镇企业、集体经济、个体经济和外向型经济蓬勃发展，开创了自下而上的乡村城市化道路，也推动了土地利用的快速变化，但同时也导致了耕地快速减少、土地浪费和环境恶化等负面效应。另外，佛山市颁布了多项土地规划、城乡规划方面的政策与制度，编制了市域土地利用总体规划，对城市总体规划进行制定和修编，引导土地利用活动的有序发展，调节各类用地的供给与需求，控制各类用地之间的规模，这些都成为各类用地空间布局的重要影响因素。

　　2）综合影响

　　为综合、定量地描述上述社会经济发展因素对佛山市近期土地利用变化的影响和作用，引入人为干扰指数概念以从整体上揭示人类活动对区域土地利用变化的影响。人为干扰指数是指人类活动对地表的作用结果使景观组分原始自然特性不断降低，不同的人类活动或开发利用的强度造就不同的景观组分类型，区域内土地资源利用景观类型的不同面积比例的组合反映出人类活动或开发利用的强度，人为干扰指数的计算公式为（陈浮等，2001；王玉华等，2004）

$$\mathrm{HAI} = \frac{\sum_{i=1}^{N} A_i P_i}{\mathrm{TA}}$$

式中，HAI 为人为干扰指数；N 为景观组分类型数量；A_i 为第 i 种景观组分面积；P_i 为第 i 种景观类型所反映的人为影响强度参数（表 4.16）；TA 为景观总面积。

表 4.16　人为影响强度参数

景观组分	耕地	园地	林地	灌草地	城镇建设用地（包括交通用地）	水域
人为影响强度参数	0.55	0.435	0.10	0.23	0.95	0.115

　　佛山市人为干扰指数计算结果（图 4.5）表明，人类社会经济对佛山市土地利用的影响日益增强，从 1997 年的 41.61%增加到 2009 年的 45.84%，干扰强度上升了 4.23 个百分点。其中，禅城区受人为干扰程度最强，人为干扰指数高达 72.65%（表 4.17），次之的南海区和顺德区干扰指数分别为 58.47%和 54.59%，三水区和高明区的干扰程度相对较弱，分别为 38.30%和 26.15%。1997～2009 年，人为干扰程度以顺德区增加最快，人为干扰指数增加了 9.68%，其次是南海区，增加了 6.88%，三水区略有增加，但同期禅城区和高明区的人为干扰程度则有所下降，分别降低了 3.89%和 0.95%。

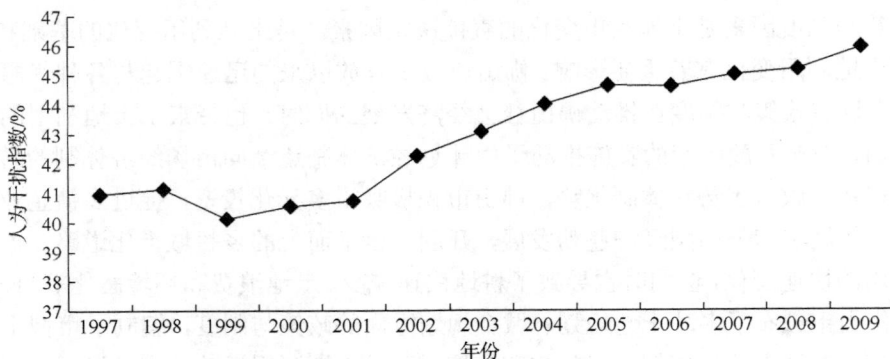

图 4.5　1997～2009 年佛山市人为干扰指数

表 4.17　佛山市各区人为干扰指数及其变化

项目	佛山市	禅城区	南海区	顺德区	三水区	高明区
1997 年人为干扰指数/%	41.61	76.54	51.59	44.91	37.94	27.10
2009 年人为干扰指数/%	45.84	72.65	58.47	54.59	38.30	26.15
人为干扰指数变化/%	4.23	-3.89	6.88	9.68	0.36	-0.95

2. 定量辨识

为进一步辨识社会经济因素对佛山市土地利用变化的影响，采用主成分分析和相关分析等定量方法，认识 1999～2009 佛山市土地利用变化的主要驱动因素。

1）主成分分析

综合考虑分析指标的系统性、科学性、目的性、可操作性和可获取性，根据主成分分析方法的思路和要求，以及佛山市的资料数据状况，选取 1999～2009 年的数据作为分析的原始变量，筛选出涵盖人口、经济、产业结构、居民生活、交通和科技水平等 25 个指标作为因子（表 4.18），分析影响 1999～2009 年佛山市土地利用变化的主要社会经济因素。

表 4.18　佛山市土地利用变化驱动因素变量

指标类型	变量名称
人口因素	总人口（x_1）、社会从业人员数（x_2）
经济因素	GDP（x_3）、农业总产值（x_4）、工业总产值（x_5）、地方财政一般预算收入（x_6）、地方财政一般预算支出（x_7）、外贸出口总额（x_8）、全社会固定资产投资（x_9）、实际利用外资（x_{10}）、工业企业数量（x_{11}）
产业结构因素	第一产业比例（x_{12}）、工业增加值占 GDP 比例（x_{13}）、第三产业比例（x_{14}）
居民生活因素	城镇在岗职工人均工资（x_{15}）、城镇居民可支配收入（x_{16}）、农村居民人均纯收入（x_{17}）、社会消费品零售总额（x_{18}）、卫生机构病床数（x_{19}）
交通因素	客运量（x_{20}）、货运量（x_{21}）、邮电业务总量（x_{22}）
科技因素	从事研发活动人员数（x_{23}）、研发活动经费支出（x_{24}）、普通高等学校在校学生数（x_{25}）

根据主成分分析结果，从中选取了两个累积贡献率达到 96.572% 的主因子，其中第一主成分贡献率为 92.369%，除实际利用外资、货运量两个指标相关性较小外，其余 23

个指标的相关性均在 0.9 以上（表 4.19），表明经济发展、人口增长、产业结构、居民生活水平、交通和科技等因素对 1999~2009 年佛山市的土地利用变化有较大影响；第二主成分贡献率为 4.203%，主要与实际利用外资（x_{10}）、货运量（x_{21}）两个指标相关性较强。

表 4.19 佛山市土地利用变化驱动因素载荷矩阵

指标类型	指标代码	指标名称	主成分因子（F_1）	主成分因子（F_2）
人口因素	x_1	总人口	0.915	-0.261
	x_2	社会从业人员数	0.945	-0.241
经济因素	x_3	GDP	0.988	0.148
	x_4	农业总产值	0.966	0.094
	x_5	工业总产值	0.980	0.190
	x_6	地方财政一般预算收入	0.982	0.168
	x_7	地方财政一般预算支出	0.991	0.107
	x_8	外贸出口总额	0.981	-0.054
	x_9	全社会固定资产投资	0.994	0.065
	x_{10}	实际利用外资	0.776	0.556
	x_{11}	工业企业数量	0.986	0.005
产业结构因素	x_{12}	第一产业比重	-0.975	0.210
	x_{13}	工业增加值占 GDP 比重	0.972	-0.162
	x_{14}	第三产业比重	-0.942	0.151
居民生活因素	x_{15}	城镇在岗职工人均工资	0.997	0.057
	x_{16}	城镇居民可支配收入	0.993	0.054
	x_{17}	农村居民人均纯收入	0.989	0.111
	x_{18}	社会消费品零售总额	0.967	0.234
	x_{19}	卫生机构病床数	0.995	-0.066
交通因素	x_{20}	客运量	0.980	-0.056
	x_{21}	货运量	0.818	-0.475
	x_{22}	邮电业务总量	0.992	0.061
科技因素	x_{23}	从事研发活动人员数	0.928	0.057
	x_{24}	研发活动经费支出	0.993	0.064
	x_{25}	普通高等学校在校学生数	0.945	-0.302

根据主成分分析原理，将主成分得分矩阵中的主成分分数系数分别乘标准化后的数据（表 4.20），可得到相应的主成分分数值（表 4.21）。具体计算公式为

$$F_1=0.040x_1+0.042x_2+0.042x_3+0.042x_4+0.042x_5+0.042x_6+0.043x_7+0.043x_8+0.043x_9+0.032x_{10}$$
$$+0.043x_{11}-0.043x_{12}+0.043x_{13}-0.041x_{14}+0.043x_{15}+0.043x_{16}+0.043x_{17}+0.041x_{18}$$
$$+0.043x_{19}+0.043x_{20}+0.037x_{21}+0.043x_{22}+0.040x_{23}+0.043x_{24}+0.042x_{25}$$

$$F_2=-0.248x_1-0.229x_2+0.141x_3+0.090x_4+0.181x_5+0.160x_6+0.102x_7-0.051x_8+0.062x_9+0.529x_{10}$$
$$+0.005x_{11}+0.200x_{12}-0.154x_{13}+0.144x_{14}+0.054x_{15}+0.052x_{16}+0.105x_{17}+0.223x_{18}$$
$$-0.062x_{19}-0.053x_{20}-0.452x_{21}+0.059x_{22}+0.054x_{23}+0.061x_{24}-0.287x_{25}$$

表 4.20　主成分得分矩阵

指标代码	指标名称	主成分因子（F_1）	主成分因子（F_2）
x_1	总人口	0.040	-0.248
x_2	社会从业人员数	0.042	-0.229
x_3	GDP	0.042	0.141
x_4	农业总产值	0.042	0.090
x_5	工业总产值	0.042	0.181
x_6	地方财政一般预算收入	0.042	0.160
x_7	地方财政一般预算支出	0.043	0.102
x_8	外贸出口总额	0.043	-0.051
x_9	全社会固定资产投资	0.043	0.062
x_{10}	实际利用外资	0.032	0.529
x_{11}	工业企业数量	0.043	0.005
x_{12}	第一产业比重	-0.043	0.200
x_{13}	工业增加值占 GDP 比重	0.043	-0.154
x_{14}	第三产业比重	-0.041	0.144
x_{15}	城镇在岗职工人均工资	0.043	0.054
x_{16}	城镇居民可支配收入	0.043	0.052
x_{17}	农村居民人均纯收入	0.043	0.105
x_{18}	社会消费品零售总额	0.041	0.223
x_{19}	卫生机构病床数	0.043	-0.062
x_{20}	客运量	0.043	-0.053
x_{21}	货运量	0.037	-0.452
x_{22}	邮电业务总量	0.043	0.059
x_{23}	从事研发活动人员数	0.040	0.054
x_{24}	研发活动经费支出	0.043	0.061
x_{25}	普通高等学校在校学生数	0.042	-0.287

表 4.21　两个主成分分数值

主成分	1999 年	2000 年	2001 年	2002 年	2003 年	2004 年	2005 年	2006 年	2007 年	2008 年	2009 年
F_1	-1.2835	-1.1014	-0.9179	-0.7457	-0.4474	-0.1855	0.1983	0.6472	1.0012	1.2987	1.5360
F_2	0.9938	0.5483	0.3932	0.0863	-0.1165	-1.2731	-1.4577	-1.1575	-0.5274	1.1527	1.3579

　　然后把每个主因子的方差贡献率占两个主因子总方差贡献率的比例作为权重进行加权汇总，可再计算出 1999～2009 年佛山市土地利用变化驱动力的综合分值，计算公式为

$$F = \frac{\lambda_1 F_1 + \lambda_2 F_2}{\lambda_1 + \lambda_2} = \frac{92.369 F_1 + 4.203 F_2}{96.572}$$

　　由 1999～2009 年影响佛山市土地利用变化的驱动力综合分值计算结果可知，1999～2009 年影响佛山市土地利用变化的驱动力综合得分呈现明显的增强态势（图 4.6），1999～2004 年综合得分小于零，2005 年综合得分大于零后迅速提高，2009 年达到 1.5282，表明影响佛山市 1999～2009 年土地利用变化的驱动力在不断增强，人口增长、经济发

展、产业结构变化、居民生活水平提高和交通条件改善等是导致佛山市近期土地利用变化的主导因素。

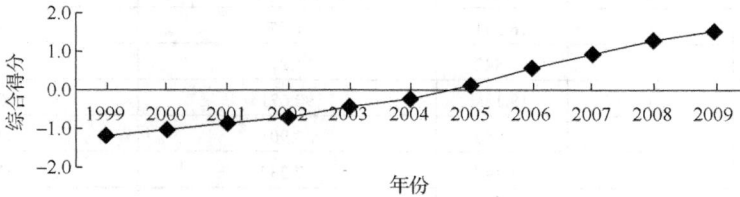

图 4.6 佛山市土地利用变化驱动力综合分值

2）回归分析

为进一步探寻影响和驱动佛山市 1999～2009 年土地利用变化的基本因素，在上述分析的基础上，通过驱动影响因子与土地利用变化之间相关性程度的定量分析，筛选其主要驱动因素。具体采用多元逐步回归方法对耕地、园地、林地、草地、城镇村及工矿用地等用地类型与土地利用变化驱动因子进行分析，得出不同土地利用类型面积与社会经济因子之间的回归方程。主要公式为

$$y_{耕} = -126\,852.36 + 96.064x_2 + 71.404x_{17} - 17.880x_{15} \quad (R^2 = 0.987)$$

$$y_{园} = 37\,219.993 + 0.307x_{25} - 548.396x_{13} \quad\quad\quad (R^2 = 0.884)$$

$$y_{林} = 100\,578.250 - 51.244x_1 \quad\quad\quad\quad\quad\quad\quad (R^2 = 0.868)$$

上述逐步回归分析结果表明，不同因素对不同用地类型变化的影响和作用程度不同。其中，影响耕地变化的主要因子为社会从业人员数、城镇在岗职工人均工资和农村居民人均纯收入；影响园地变化的主要社会经济因子为工业增加值占 GDP 比重、普通高等学校在校学生数；影响林地变化的主要社会经济因子为总人口等。

3）区域差异分析

为进一步区分 1999～2009 年佛山市土地利用变化驱动区域间的差别，采用主成分分析方法分析佛山市不同区域的土地利用变化驱动因子。具体选取 2000～2009 年数据，筛选人口、经济、产业结构、居民生活和交通等方面的 20 个指标作为分析因子（表 4.22），进行不同区域土地利用变化社会经济影响因素的主成分分析（表 4.23 和表 4.24）。

表 4.22 佛山市各区土地利用变化驱动因素变量

指标类型	变量名称
人口因素	总人口（x_1）、社会从业人员数（x_2）
经济因素	GDP（x_3）、农业总产值（x_4）、工业总产值（x_5）、地方财政一般预算收入（x_6）、地方财政一般预算支出（x_7）、外贸出口总额（x_8）、全社会固定资产投资（x_9）、实际利用外资（x_{10}）、工业企业数量（x_{11}）
产业结构因素	第一产业比重（x_{12}）、工业增加值占 GDP 比重（x_{13}）、第三产业比重（x_{14}）
居民生活因素	城镇在岗职工人均工资（x_{15}）、农村居民人均纯收入（x_{16}）、社会消费品零售总额（x_{17}）
交通因素	客运量（x_{18}）、货运量（x_{19}）、邮电业务总量（x_{20}）

表 4.23　佛山市各区主成分、特征根、解释方差贡献率及累积方差贡献率

地区	主成分	特征根	解释方差贡献率/%	累积方差贡献率/%
禅城	1	16.331	81.654	81.654
	2	2.842	14.211	95.865
南海	1	18.134	90.671	90.671
顺德	1	16.980	84.901	84.901
	2	1.447	7.237	92.138
三水	1	18.026	90.129	90.129
高明	1	16.004	80.020	80.020
	2	2.309	11.543	91.563

表 4.24　佛山市各区土地利用变化驱动因素载荷矩阵

指标	禅城区		南海区	顺德区		三水区	高明区	
	F_1	F_2	F_1	F_1	F_2	F_1	F_1	F_2
x_1	0.995	−0.035	0.986	0.055	0.201	0.855	0.929	−0.226
x_2	0.748	−0.365	0.932	0.055	0.159	0.971	0.336	−0.744
x_3	0.976	0.162	0.993	0.058	−0.096	0.991	0.978	−0.055
x_4	−0.838	0.444	0.799	0.055	0.203	0.980	0.876	0.051
x_5	0.983	0.117	0.985	0.058	−0.111	0.983	0.970	0.217
x_6	0.985	0.098	0.976	0.058	−0.099	0.991	0.996	0.013
x_7	0.970	0.203	0.991	0.058	−0.038	0.993	1.000	0.023
x_8	0.955	−0.152	0.983	0.058	0.039	0.947	0.903	−0.248
x_9	0.991	−0.036	0.995	0.058	−0.045	0.989	0.995	0.058
x_{10}	0.940	0.294	0.862	0.049	−0.292	0.907	0.236	0.843
x_{11}	0.955	−0.196	0.964	0.027	0.581	0.976	0.982	0.123
x_{12}	−0.897	0.383	−0.961	−0.057	−0.148	−0.943	−0.909	0.279
x_{13}	−0.132	−0.981	0.923	0.055	0.008	0.971	0.928	−0.304
x_{14}	0.330	0.925	−0.850	−0.050	0.079	−0.977	−0.932	0.315
x_{15}	0.996	0.069	0.992	0.058	−0.083	0.993	1.000	0.003
x_{16}	0.993	0.115	0.986	0.058	−0.069	0.988	0.988	0.138
x_{17}	0.954	0.286	0.960	0.057	−0.109	0.983	0.984	0.147
x_{18}	0.998	−0.033	0.985	0.055	0.187	0.776	0.961	0.183
x_{19}	0.873	−0.446	0.915	0.040	−0.170	0.719	−0.426	−0.706
x_{20}	0.990	0.081	0.978	0.057	−0.099	0.992	0.970	0.141

（1）禅城区。两个主因子的累积方差贡献率达到了 95.865%，其中第一主成分的累积方差贡献率为 81.654%，除工业增加值占 GDP 比重和第三产业比重这 2 个指标之外，其余 18 个指标的相关性均在 0.748 以上，表明经济发展、人口增长、产业结构、居民生活水平和交通等因素对禅城区 1999～2009 年的土地利用变化均有较大影响；第二主成分贡献率为 14.211%，工业增加值占 GDP 比重、第三产业比重是相关性较强的指标，相关性在 0.9 以上，说明了产业结构调整对其土地利用变化的重要影响。

（2）南海区。仅第一主因子的累积方差贡献率就达到 90.671%，指标相关系数都很

高，其中第一产业比重、第三产业比重为负相关，具体载荷分别为-0.961和-0.850。

（3）顺德区。两个主因子的方差贡献率累计达到92.138%，在第一主成分里，除工业企业数量外，19项指标相关性都很强，而第二主成分中仅工业企业数量相关性较强。

（4）三水区。第一主成分的累积方差贡献率达到90.129%，各项指标的相关系数均较高，其中第一产业比重和第三产业比重为负相关关系。

（5）高明区。两个主因子的累计方差贡献率达到91.563%，其中第一主成分的累积方差贡献率为80.020%，除社会从业人员数、实际利用外资和货运量外，其余指标的相关性均在0.876以上，表明经济发展、人口增长、产业结构、居民生活水平和交通等因素对区内土地利用变化均有较大影响。第二主成分的累积方差贡献率为11.543%，其中社会从业人员数和工业增加值占GDP比重等为负相关。

上述说明分析，1999～2009年佛山市的土地利用变化受人口增长、经济发展、产业结构变化、居民生活水平和交通条件的影响较大，但不同区域的社会经济因素对土地利用变化的影响和驱动存在一定差异，这可以从2000～2009年佛山市各区的土地利用变化驱动力综合分值（表4.25）反映出来。

表4.25　2000～2009年佛山市各区土地利用变化驱动力综合分值

地区	2000年	2001年	2002年	2003年	2004年	2005年	2006年	2007年	2008年	2009年
禅城	-16.2411	-12.8581	-1.0970	3.1867	4.6521	3.2965	3.7167	3.6180	5.3097	6.4163
南海	-1.2719	-1.0370	-0.8260	-0.6858	-0.3256	-0.0403	0.4344	0.9217	1.3785	1.4000
顺德	-14.8209	-8.2749	-5.1914	-1.2581	1.3070	2.0948	2.5934	5.1237	7.4597	10.9667
三水	-1.2005	-1.0628	-0.8941	-0.6592	-0.3221	0.0211	0.3895	0.8066	1.3578	1.5637
高明	-0.9380	-0.8368	-0.7894	-0.5587	-0.2002	-0.1259	0.2468	0.5594	0.9834	1.6594

（1）顺德区。2000～2009年土地利用变化驱动力综合分值增长最快，由2000年的-14.8209变为2004年的正值，最终在2009年达到10.9667的最高值，变化幅度高达25.7876。究其原因，主要得益于顺德区GDP、工业总产值、地方财政一般预算收入、外贸出口总额、全社会固定资产投资、社会消费品零售总额等指标的增长，2000～2009年GDP由364.59亿元增加到1670.18亿元，工业总产值由768.43亿元增加到4289.39亿元，地方财政收入由21.22亿元增加到89.29亿元，全社会固定资产投资由64.11亿元增加到342.60亿元，这些因素所代表的经济快速发展是导致顺德区土地利用变化的主要原因。

（2）禅城区。驱动力综合分值由2000年的-16.2411升至2009年的6.4163，增加了22.6574。主要是禅城区GDP、农业总产值、地方财政一般预算收入、地方财政一般预算支出、外贸出口总额、全社会固定资产投资、实际利用外资、工业企业数量、社会消费品零售总额、货运量和邮电业务总量等指标大幅度提高所致，表明影响禅城区土地利用变化的社会经济驱动力在持续增强。

（3）南海区。土地利用变化的驱动力综合得分在2000～2009年同样呈逐渐上升的趋势。其中，在2005年由负变正，主要是GDP、农业总产值、工业总产值、地方财政一般预算收入、地方财政一般预算支出、外贸出口总额、全社会固定资产投资、实际利用外资、城镇在岗职工人均工资、社会消费品零售总额及邮电业务总量等指标值的提高所致，这些社会经济因素对南海区的土地利用变化具有主导性影响。

（4）三水区。土地利用变化驱动力综合得分在 2000～2004 年为负值，2005 年转为正值后增长速度提高，2009 年达到 1.5637。其中，对三水区土地利用变化有较大影响的主要是 GDP、农业总产值、工业总产值、地方财政一般预算收入、地方财政一般预算支出、外贸出口总额、全社会固定资产投资、实际利用外资、城镇在岗职工人均工资、社会消费品零售总额及邮电业务总量等因素。

（5）高明区。2000～2005 年社会经济因素对土地利用变化的影响为负值，2006～2009 年社会经济的影响力加大并在 2009 年达到 1.6594。主要是区内 GDP、工业生产总值、地方财政一般预算收入、地方财政一般预算支出、全社会固定资产投资、社会消费品零售总额和邮电业务总量等指标大幅度增长所致，表明社会经济发展水平越高，其对土地利用变化的影响就越大。

三、基塘区土地利用变化驱动力分析

整体而言，佛山市典型基塘区土地利用变化的驱动力与珠江三角洲地区大致类似，也主要是城镇化、工业化及比较利益等因素共同驱使的结果。例如，在典型基塘区内，城镇化驱动城镇发展，成片的基塘被切割，破碎化现象严重；工业化导致土地用途发生急剧变更，工业区面积不断增大，基塘面积不断减少；由于从事基塘农业生产比从事传统耕种获得的利益大得多，在比较利益的驱使下，农民更倾向于从事基塘农业，把耕地开挖成基塘，导致基塘面积持续增加。为了更精确地辨识典型基塘区内土地利用变化的驱动因素，采用二元 Logistic 回归模型对其进行驱动力的分析。

1. 驱动因子选取

因变量为耕地、林地、草地、园地、基塘和建设用地 6 种土地利用类型，分析选取的驱动因子自变量有距城市中心的距离、距建制镇（街）中心的距离、距河流的距离、距交通干线的距离、高程和坡度（表 4.26）。将典型基塘区的土地利用现状数据进行 90 m×90 m 栅格化处理，并对此栅格图进行二值化处理，给每个因变量赋值 0 或 1（0 代表该地类不出现，1 表示该地类出现），利用 ArcGIS 的空间分析工具计算出各地类像元到城市中心的距离、到建制镇中心的距离、到河流的距离和到交通干线的距离、每个像元的切平面与水平面的倾斜度。

表 4.26　驱动因子选取

因变量	驱动因子	描述
耕地（0 或 1）	距城市中心的距离（X_1）/km	量算每个像元到城市中心的距离
林地（0 或 1）	距建制镇（街）中心的距离（X_2）/km	量算每个像元到建制镇中心的距离
草地（0 或 1）	距河流的距离（X_3）/km	量算每个像元到河流的距离
园地（0 或 1）	距交通干线的距离（X_4）/km	量算每个像元到交通干线的距离
基塘（0 或 1）	高程（X_5）/m	采用黄河高程面
建设用地（0 或 1）	坡度（X_6）（1 或 2）	量算每个像元的切平面与水平面的倾斜度

2. 回归分析结果

因为整个典型基塘区栅格化后的样本量较大，为减少空间自相关效应对结果产生的影响，采取分层随机抽样的方法，对 6 种地类随机抽取 600 个样本进行回归分析。通过 ArcGIS 把因变量和自变量（驱动因子）转换为 ASCII 文件格式，在回归分析前把 ASCII 文件转码为单列记录的文件，利用 SPSS 18.0 软件的二元 Logistic 回归，对 6 种地类所对应的 6 种驱动因子进行回归分析（表 4.27）。同时，分析各自变量之间的多元共线性，各自变量之间的相关性系数为 0.055～0.244，低于临界值 0.8，因此可保证分析结果的准确性。

表 4.27 土地利用类型的二元 Logistic 回归分析 Bete 系数表

驱动因子	耕地	园地	林地	草地	基塘	建设用地
距城市中心的距离（X_1）/km	0.003	−0.035	0.048	−0.008	0.129	0.035
距建制镇（街）中心的距离（X_2）/km	0.025	0.030	0.133	0.021	−0.018	0.010
距河流的距离（X_3）/km	−0.015	−0.027	0.110	−0.047	−0.021	−0.165
距交通干线的距离（X_4）/km	0.039	0.048	0.068	−0.063	−0.167	0.189
高程（X_5）/m	−0.008	−0.042	−0.001	0.032	−0.017	−0.062
坡度（X_6）（1 或 2）	−0.026	0.009	−0.011	−0.014	−0.027	0.027
常量	−0.735	−1.346	−4.217	−0.826	4.531	−3.786

通过 Logistic 回归模型分析，建立驱动因子与土地利用类型之间的定量关系，可获知驱动因子对不同地类影响的显著水平，看到不同驱动因子的重要性程度的大小。建立的回归模型分别如下（模型中的 P 均为因变量）。

耕地：

$$\ln\frac{P}{1-P} = -0.735 + 0.003X_1 + 0.025X_2 - 0.015X_3 + 0.039X_4 - 0.008X_5 - 0.026X_6$$

园地：

$$\ln\frac{P}{1-P} = -1.346 - 0.035X_1 + 0.003X_2 - 0.027X_3 + 0.048X_4 - 0.042X_5 + 0.009X_6$$

林地：

$$\ln\frac{P}{1-P} = -4.217 + 0.048X_1 + 0.133X_2 + 0.110X_3 + 0.068X_4 - 0.001X_5 - 0.011X_6$$

草地：

$$\ln\frac{P}{1-P} = -0.826 - 0.008X_1 + 0.021X_2 - 0.047X_3 - 0.063X_4 + 0.032X_5 - 0.014X_6$$

基塘：

$$\ln\frac{P}{1-P} = 4.531 + 0.129X_1 - 0.018X_2 - 0.021X_3 - 0.167X_4 - 0.017X_5 - 0.027X_6$$

建设用地：

$$\ln\frac{P}{1-P} = -3.786 + 0.035X_1 + 0.010X_2 - 0.165X_3 + 0.189X_4 - 0.062X_5 + 0.027X_6$$

另外，Logistic 回归分析也计算给出典型基塘区各类土地利用类型与驱动因子之间的发生比率（expβ）（表 4.28），发生比率是事件的发生频数和不发生频数之间的比，即一个事件发生的可能性等于该事件发生的概率除以该事件不发生的概率。expβ 表示当自变量每增加一个单位时，土地利用类型发生比的变化情况，其中，expβ＞1 时发生比增加，expβ=1 时发生比不变，expβ＜1 时发生比减少。

表 4.28　各土地利用类型的二元 Logistic 回归发生比率（expβ）

驱动因子	耕地	园地	林地	草地	基塘	建设用地
距城市中心的距离（X_1）/km	1.003	0.965	1.015	0.992	1.137	1.036
距建制镇（街）中心的距离（X_2）/km	1.025	1.031	1.158	1.021	0.982	1.010
距河流的距离（X_3）/km	0.985	0.947	1.097	0.986	0.979	0.848
距交通干线的距离（X_4）/km	1.040	1.049	1.044	1.032	0.847	1.209
高程（X_5）/m	0.992	0.959	1.001	0.993	0.983	0.940
坡度（X_6）（1 或 2）	0.974	1.009	0.979	0.958	0.973	1.027

3. 驱动因子分析

回归分析结果表明，驱动典型基塘区土地利用变化的因子主要有距城市中心的距离、距交通干线的距离和坡度，其中距城市中心的距离为正值，说明基塘的分布概率随着距城市中心的距离的变近而减少，随着距城市中心的距离的变远而增加；负值有距交通干线的距离和坡度，说明随着坡度的减缓、距交通干线距离的缩短，基塘的分布概率在增加。发生比率较大的因子有距城市中心的距离、高程、距建制镇（街）中心的距离和距河流的距离，发生比率分别是 1.137、0.983、0.982 和 0.979，因此转变为基塘的概率随着距城市距离的增大、高程的减小、距建制镇（街）距离的减小和距河流距离的增加而增大。

耕地主要受到距城市中心的距离、距建制镇中心的距离和距交通干线的距离的驱动影响，发生比率分别为 1.003、1.025 和 1.040；林地变化主要受到距建制镇（街）中心的距离、距河流的距离、距城市中心的距离和高程的影响和作用，发生比率分别是 1.158、1.097、1.015 和 1.001；草地主要受到距交通干线的距离、距建制镇（街）中心的距离、高程和距城市中心的距离的影响，发生比率分别是 1.032、1.021、0.993 和 0.992；园地转变主要受到距交通干线的距离、距建制镇中心的距离、坡度和距城市中心的距离的影响，发生比率分别是 1.049、1.031、1.009 和 0.965；建设用地主要受到距交通干线的距离、距城市中心的距离、坡度和距建制镇中心的距离的影响，发生比率分别是 1.209、1.036、1.027 和 1.010。

第三节　主要土地利用类型变化的驱动力分析

珠江三角洲地区近期的土地利用变化，不同土地利用类型间存在如建设用地规模扩大与耕地面积减少等明显差别，土地利用变化的驱动力不仅存在尺度与区域差异，也存在土地利用类型间的不同。对应珠江三角洲地区近期土地利用变化的主要土地利用类型，选取广州和珠海市的建设用地、珠海市的耕地与滨海湿地进行典型土地利用变化类型的驱动力分析，认识珠江三角洲地区不同土地利用类型变化驱动力的差异。

一、典型区建设用地变化驱动分析

1. 广州市建设用地变化驱动分析

地处珠江三角洲地区核心的广州市，土地利用变化以建设用地规模扩展尤其是中心城区城市用地面积扩大为显著特征，故主要以 1990～2005 年广州市中心城区的扩展为代表进一步分析广州市建设用地变化的驱动因子及其作用。

1）主要驱动因子的定性分析

对广州市建设用地扩展主要驱动因子的分析业已表明，地形、区位、产业、规划、开发区建设与大型项目建设等是广州市建设用地规模快速扩张的主要驱动因子，考虑到广州中心城区特殊的自然地理条件，其中地貌特征、开发区建设、交通等基础设施建设和规划管控应是广州市中心城区扩展的主要驱动因子。

A. 自然环境条件

广州市地貌层状结构明显，北部以山地、丘陵为主，中部以台地、阶地为主，南部和西部以平原为主，广州市中心城区重心转移就与该地势的空间结构基本一致，如1990～1995 年和 2000～2009 年广州市中心城区向东北方向扩展明显，分布重心转移距离均超过 2000 m，这与东北方向平原地带距离重心较近且地貌类型为平原便于开发利用密切相关，1995 年、2005 年和 2009 年的重心主要集中分布在天河—龙洞扩展轴上。同时，广州市行政区域呈现南北长、东西短的格局，建设用地中心在行政区中部和东西方向扩展空间已经明显不足，因此向南和向北方向的扩展相对较为明显，同时方位扩展指数也显示正西方向指数值一直较低，1995 年以后正东指数值下降明显，说明行政区域形状在建设用地扩展过程中起着方向引导的作用。因此，在对广州市中心城区的扩展中，自然环境条件主要在是否便于建设用地的建设和距离市区中心的远近方面影响扩展的强弱，建设用地倾向于向平原和丘陵等有利于土地开发的地貌类型地区扩张，行政区域形状也在引导建设用地扩展的方向。

B. 开发区的建设

经济快速发展是建设用地扩展的基石，其增长的快慢决定着城区的扩展速度和空间格局的演变，是推动城区扩展的主要动力，尤其是经济开发区的建设成为 20 世纪 90 年代以来城镇的发展热点。广州经济技术开发区是建设规模最大、配套设施最完善、发展最快的国务院批准成立的首批 14 个国家级开发区之一，位于广州市东北部，广州开发区分成西区、东区、永和经济区和广州科学城 4 个区域，从最早规划 9.6 km² 建设的西区开始，其建设规模逐步扩大，对广州市建设用地的扩展起了较大的作用，建设用地在经济开发区或其周边地区扩展强度要明显高于其他地区。

C. 基础设施建设

交通干线网络作为城市对外交通经济命脉是城区扩展的牵引力，对建设用地扩展有着非常重要的驱动作用，建设用地往往倾向于向交通便利的地区扩展。广州市新白云机场于 2000 年 8 月正式开工建设，受白云机场建设的影响，同期广州市西北方向的建设用地扩展较为明显，特别是对旧机场到新机场轴线方向的作用最为明显，建设用地扩展方向由市中心指向了机场方向，机场到市中心的轴线对广州市中心城区建设用地扩展的引导作用也日益明显。同时，南沙港、广州地铁和广州铁路新客站的建设多集中在广州市的南部，是广州市中心城区正南方向扩展较快且较稳定的重要原因。

D. 规划管控引导

行政引导的城市建设规划对建设用地扩展起着重要的影响，建设用地扩展倾向于政策引导的区域。2000 年广州编制了城市建设总体战略概念规划，提出了"南拓、北优、东进、西联"的发展战略，受该规划的影响与指引，不同方位土地供应强度出现差异，对广州市建设用地扩展方向产生了重要影响。因此，2000 年之后，广州市建设用地向东扩展明显，向南扩展稳定且强劲。其中，大量基于知识经济和信息社会发展的新兴产业、会议展览中心、生物岛、大学园区、广州新城等都布置在南部地区，受城市规划管控影响，广州市中心城区的这一扩展势头还将继续。

总体而言，在广州市中心城区扩展中，自然环境条件是基本限制因子，经济开发区的建设在 20 世纪末期对建设用地扩张有着重要推动，之后基础设施的建设引导着中心城区的扩展方向，但政策引导尤其是规划管控在当前建设用地扩展的过程中起着越来越重要的作用，今后行政引导和科学规划应当对广州市中心城区的扩展起主要影响，以尽量避免城市扩展带来的负面作用。

2）主要驱动因子的定量分析

基于上述定性分析，选择自然环境因素、社会经济因素、区位交通因素和宏观调控因素 4 个方面来定量辨识广州中心城区城市用地扩展的驱动力。

A. 自然环境因素

任何城市都建立在具有一定自然环境条件的地表之上，地形、水文、气候等自然条件是城市空间发展的重要制约因素，但一般气候条件在短时间内不会对城市用地扩展产生较大影响，所以主要选择地形和水文因素来分析自然环境要素对广州市中心城区城市用地扩展的影响。

具体将 1990 年、1995 年、2000 年和 2005 年 4 个年份的广州市中心城区的城市用地矢量数据转成栅格数据，利用 ArcGIS 的 Spatial Analyst 模块中 Zonal Statistics 功能，统计各级海拔和坡度上的城市用地面积分布与比例。结果表明（表 4.29 和表 4.30），1990～2005 年广州市中心城区 90%以上的新增建设用地分布在海拔 50 m、坡度 6° 以下的区域，因白云山、二环高速公路、行政界线的限制，决定了中心城区扩展的宏观格局，中心城区东面、南面及白云山两侧成为城市用地扩展的主要方向。

表 4.29 1990～2005 年广州市中心城区新增城市用地面积海拔分布比例

海拔/m	分布比例/%		
	1990～1995 年	1995～2000 年	2000～2005 年
0～50	97.87	97.15	92.62
50～100	2.12	2.63	7.25
100～150	0.01	0.21	0.12
>150	0.00	0.01	0.00

表 4.30 1990～2005 年广州市中心城区新增城市用地面积坡度分布比例

坡度/(°)	分布比例/%		
	1990～1995 年	1995～2000 年	2000～2005 年
0～2	93.37	92.76	80.79
2～6	2.95	2.98	9.53
6～15	2.83	2.54	6.99
15～25	0.67	1.29	2.10
>25	0.18	0.44	0.59

利用 ArcGIS 的 Buffer 功能，对广州市中心城区河流矢量图进行 4 个间距为 500 m 的缓冲带分析，并将其与 4 个时期中心城区的新增城市用地图叠加，统计各缓冲带内新增城市用地的面积（表 4.31）。3 个时段中，0～1000 m 内的新增城市用地面积均超过了中心城区新增城市用地总面积的 60%，0～2000 m 内的新增城市用地面积占新增总面积的比例均超过了 85%，其中 1995～2000 年更达到了 98.13%，同时随着距河流的距离增加，缓冲带内的新增城市面积呈减少趋势，充分说明了水文因素主要是作为水源对广州市中心城区用地扩展的影响。

表 4.31 1990～2005 年水源缓冲带内新增面积占总新增面积比例

缓冲距离/m	比例/%		
	1990～1995 年	1995～2000 年	2000～2005 年
0～500	36.31	42.87	41.93
500～1000	29.90	27.43	26.37
1000～1500	18.09	19.30	13.03
1500～2000	9.14	8.53	8.44
0～2000	93.45	98.13	89.76

B. 社会经济因素

在社会经济因素中，人口增长和经济发展是城市用地扩展的两大引擎（谈明洪等，2003），具体主要从人口增长、经济发展和亚运影响三方面分析社会经济因素对广州市中心城区扩展的影响。

广州市中心城区人口由 1990 年的 291.4 万人增加到 2004 年的 411.1 万人，平均每年增加约 8.0 万人，1990～2005 年广州市城市人口的增长态势基本上与城市用地面积变化趋势保持一致（图 4.7）。1990～2005 年，老城区越秀区和荔湾区等的城市人口呈现负增长，人口从旧城区转移到海珠区、天河区、白云区等新城区，天河区、白云区、海珠区、黄埔区城市人口增长明显，因而 1990～2005 年越秀区、东山区、荔湾区的城市用地面积基本保持稳定，城区新增建设用地主要分布在海珠区、天河区和白云区，充分说明城市人口增加导致对生存空间的需求增加，必然导致城市用地扩张，城市人口的增长对城市用地扩展具有十分明显的正向影响。

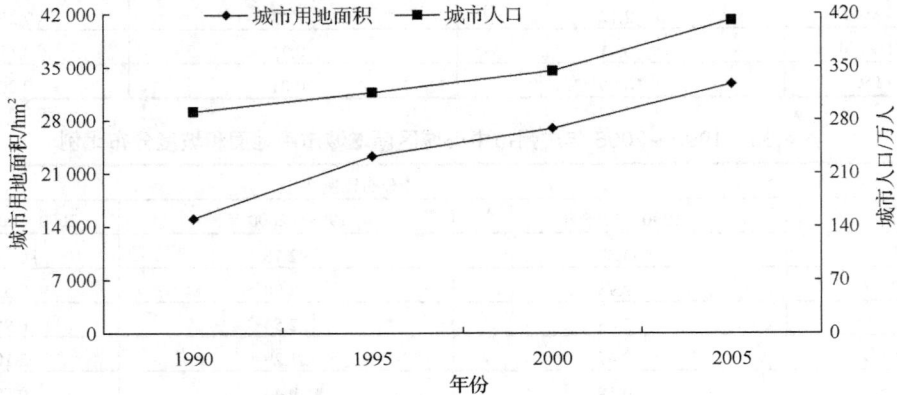

图 4.7　广州市中心城区城市人口与城市用地变化

经济发展是广州市城市扩展的另外一个重要社会经济因素。1990 年以来，广州市中心城区国民经济持续、快速发展，经济总量不断提升，年均增长率曾达 14%以上。随着 GDP 的逐年增加，越来越多的资金投入城市基础设施建设当中，1990～2005 年中心城区全社会固定资产投资由 1990 年的 68.8 亿元增加到 2005 年的 1 000 亿元以上，城市建设加速建设用地扩展，同时随着经济快速发展，城市居民收入大幅增加引发的对住房等需求的增加也在一定程度上刺激了城市用地扩展。

经济发展和产业结构调整对城市用地扩展也产生了一定的影响。1990 年以来，广州市三次产业结构逐步得到调整，尤其是 1992 年邓小平南方谈话后，广州迎来改革开放以来的第二次发展高潮，产业结构不断向高度化发展，第二、第三产业成为主体。在产业调整的过程中，一些位于老城区的工业企业由于环境污染、地价成本过高等原因，由老城区迁往中心城区周边地区，这势必加速中心城区外围城市用地扩展。

另外，2010 年亚运会在广州举行，申办亚运会的成功成为广州城市发展的重要契机，亚运场馆的建设极大地影响了中心城区城市用地的扩展。改革开放以来，广州市两次较大规模的东进都与体育盛事有关：一次是 20 世纪 80 年代中期以六运会为契机的天河新城区建设；一次是 2000 年前后以九运会为契机的奥林匹克中心周围地区的建设。2010 年的亚运会是亚洲范围内的国际运动会，对比赛场馆、设置、住宿、交通条件都有更高的要求，广州市在充分利用现有资源的同时，适度拉开城市发展框架，规划建设了一批新建体育场馆设施，带动了广州市城区的发展。

C. 区位交通因素

广州城市交通系统的发展与城市用地扩展具有十分密切的关系，每一次的变化都会促进并推动城市空间形态的扩展和城市土地的开发利用（曹小曙等，2000）。改革开放以来，广州市逐步建立了以公交为主体、快速轨道交通为骨干，各种交通方式相结合的多层次、多功能、多类型的城市综合交通体系。便捷的交通扩大了城市通勤半径，必然产生城市人口的集聚、产业的集聚（王良健等，2007），也促使了城市规模的扩大，由此引起城市空间形态扩展和土地开发的速度加快。利用 ArcGIS 的 Buffer 功能，对中心城区主要交通（包括国道、省道、高速公路）路网图做 4 个间距为 500 m 的缓冲带，然后与各时段新增的城市用地图层叠加，统计各缓冲带内的新增城市用地面积。结果显示（图 4.8），交通因素对广州市城市用地扩展的影响与河流对城市用地扩展的影响极为相似，0～2000 m 内的新增城市用地面积占新增总面积的比例均超过了 85%，其中 1995～2000 年更达到了 96.36%。同时，随着距交通路网距离的增加，缓冲带内的新增城市面积呈减少趋势，说明交通因素同样是城市用地扩展的主要牵引性因素。

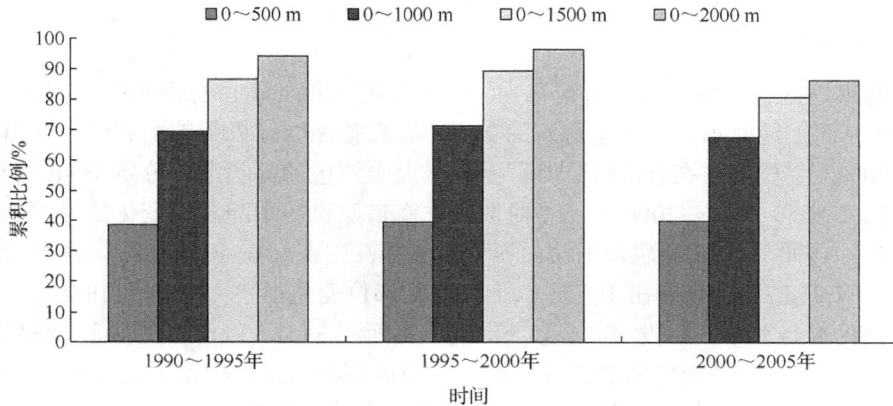

图 4.8　1990～2005 年广州交通缓冲带内新增城市用地面积累积比例

D. 宏观调控因素

20 世纪 90 年代，尤其是 1992 年邓小平南方谈话之后，广州进入了显著加速发展时期，城市建设也随之加速。2001 年后，我国加入世界贸易组织，经济发展重新进入新的快速发展阶段，国家出台了一系列宏观调控政策，重新带动了广州市的城市快速扩展，中心城区也随之扩展。

同时，城市规划作为一种激励机制或约束机制，通常会助长或制约城市土地利用变化，决定城市土地利用空间演化的方向及规模（王良健等，2007）。1991 年，广州制定了《广州市城市总体规划（1991～2010）》（第十五方案），重新确定了城市发展方向，把向东和向北作为城市发展的主要方向。这一时期，广州市中心城区东部和北部城市用地扩展明显加速。1992 年，广州市规划了"沿江发展、圈层配套、轴线开发"的地域战略布局，以广州东南部、白云区西北部和东北部山区为重点进行开发建设，此时，中心城区北部、东部和东南部成为城市用地扩展的重点地区。1996 年，广州上报了修编的广州市城市总体规划，并编制完成了 79 个分区规划，一定程度上遏制了广州市城市的粗犷型发展，中心城区的扩展进入稳步发展时期。2001 年，广州市开始实施新一轮的城市规划，提出了"南拓、北优、东进、西联"城市空间发展的基本策略，规划确定南部和东部为城市发展的主要方向，中心城区城市用地扩展进入了新的快速发展时期，"东进、南拓"成为城市用地扩展的主要方向，中心城区扩展重新向东、南拉开，中心城区东部和南部的区域成为城市用地扩展的重点区域。

从以上对广州市中心城区扩展驱动力的分析可以看出,自然环境因素是城市用地扩展的基本限制因素,而社会经济因素则是城市用地扩展的主要驱动因素,区位交通因素对城市用地扩展具有特定的指引性作用,宏观调控因素则在一定时期内决定了城市用地扩展的方向与强度。

2. 珠海市建设用地变化驱动分析

珠海市建设用地的变化也是区内自然、经济与社会共同驱动的结果,其中,高程和坡度的地形因子、社会经济发展与政策因素起着主导作用。

1) 自然环境因素

珠海市地处三角洲平原,海拔在 40 m 以下的土地面积占总面积的 78.13%,海拔 40~300 m 的土地面积占土地总面积的 21.16%;海拔 300 m 以上的面积仅占珠海市总面积的 0.70%,主要分布在香洲区、斗门区中部及金湾区的高栏港。分析 1990~1995 年、1995~2000 年和 2000~2006 年三个时段内珠海市建设用地随海拔变化的净面积的变化(表 4.32),1990~1995 年建设用地面积变化主要发生在海拔 40 m 以下,占建设用地总增加面积的 95.27%,海拔在 100 m 以上的地貌部位变化很小;1995~2000 年,建设用地面积变化主要发生在海拔 100 m 以下,共增加面积 3152.33 hm²,减少了 1834.84 hm²,在 100~200 m 海拔区间内增加和减少的建设用地都不明显且相差不大;2000~2006 年,珠海市建设用地面积变化在海拔 200 m 以下非常明显,共增加了 13 669.11 hm²,不过在海拔 200~300 m 也增加了少量建设用地面积。

表 4.32 1990~2006 年珠海市建设用地变化面积随高程变化的变化

高程/m	1990~1995 年		1995~2000 年		2000~2006 年	
	增加面积/hm²	减少面积/hm²	增加面积/hm²	减少面积/hm²	增加面积/hm²	减少面积/hm²
<40	12 862.32	571.35	3 010.18	1 747.24	12 549.05	1 149.88
40~100	605.79	28.18	142.16	87.60	911.13	103.01
100~200	32.68	0.05	4.57	2.06	208.93	13.24
200~300	0.00	0.00	0.00	0.00	76.29	0.02
>300	0.00	0.00	0.00	0.00	0.00	0.00

珠海市地处平原地区,地势平坦,其中全市坡度在 2° 以下的面积占土地总面积的 70.11%,2°~5° 坡度范围内土地面积占总面积的 1.89%,5°~25° 坡度范围内的面积占总面积的 19.28%,坡度在 25° 以上的面积占土地总面积的 8.72%。对应分析 1990~1995 年、1995~2000 年和 2000~2006 年三个时段内不同坡度建设用地净面积的变化(表 4.33),1990~1995 年,建设用地面积增加绝大部分发生在 2° 以下的坡度范围内,占总增加面积的 85.72%,坡度大于 25° 的土地面积变化明显减少;1995~2000 年,在坡度大于 2° 的地貌部位增加和减少的面积相差不大,尤其在大于 25° 的坡度范围内几乎相抵;2000~2006 年,坡度 25° 以下的区域建设用地变化都非常明显,大于 25° 的坡度范围内增加的面积明显高于其他两个时段,说明随着技术水平的提高,建设用地分布有向高坡度发展

的趋势。

表 4.33 1990～2006 年珠海市建设用地面积随坡度变化的变化

坡度/(°)	1990～1995 年		1995～2000 年		2000～2006 年	
	增加面积/hm²	减少面积/hm²	增加面积/hm²	减少面积/hm²	增加面积/hm²	减少面积/hm²
0～2	11 572.64	464.19	2 638.09	1 533.93	11 293.47	936.59
2～5	270.88	28.23	89.14	44.07	314.21	56.93
5～15	868.48	81.30	266.80	143.45	959.08	157.02
15～25	604.23	24.24	145.3	99.19	875.53	85.86
>25	184.56	1.62	17.58	16.25	303.11	29.74

2）政策管控因素

政策因素对土地利用变化有着强制性的现实影响，往往是国家和地区土地利用变化的直接决定因素（王玉华等，2004）。

20 世纪 80 年代，珠海市设置特区，一段时间内珠海市致力于发展旅游业，其中，保持生态环境是珠海市发展的主要战略目标，建设用地虽有一定扩张，但规模有限。90年代初期，珠海提出了大港口带动大工业的发展思路，实施金湾区开发和高栏港建设，这期间，珠海市建设用地规模快速增长，1990～1995 年珠海市的建设用地面积年均增长率为 32.65%。但是，之后受国家宏观调控和房地产市场治理整顿政策的影响，珠海市存在大量存量建设用地。

进入 21 世纪以来，随着宏观形势的不断好转，珠海市快速推进基础设施建设，大力发展第二、第三产业，工业园（片）区也由 1999 年前的 4 个增加到 2005 年的 20 余个，市内的建设用地大幅度增加。尤其是珠海作为珠江口西岸的核心城市，加快了交通基础设施和工业园区的建设，珠海市的建设用地变化进入了一个新的发展阶段。

3）社会经济因素

除上述因素外，社会经济发展对珠海市建设用地变化的驱动十分明显。选取 X_1 户籍人口总数（人）、X_2 农业人口（人）、X_3GDP（万元）、X_4 第二产业产值（万元）、X_5第三产业产值（万元）、X_6 人均 GDP（元）、X_7 财政收入（万元）、X_8 社会固定资产投资（万元）、X_9 农渔民人均纯收入（元）、X_{10} 城镇居民人均可支配收入（元/月）、X_{11} 存款余额（万元）、X_{12} 社会消费品零售总额（万元）、X_{13} 实际利用外资（万美元）、X_{14} 外贸出口总值（万美元）、X_{15} 科研经费（万元）共 15 个驱动因子，进行珠海市建设用地变化的主成分分析。主成分分析结果（表 4.34）显示，第一、第二主成分的累积贡献率达到96.510%，完全满足分析要求，由此可进一步计算主成分载荷矩阵（表 4.35）。主成分载荷矩阵是主成分与变量之间的相关系数。

表4.34   特征值与主成分贡献率

主成分	特征值	贡献率/%	累积贡献率/%
1	13.226	88.172	88.172
2	1.251	8.339	96.510
3	0.255	1.701	98.211
4	0.153	1.017	99.228
5	0.066	0.439	99.668
6	0.030	0.203	99.871
7	0.009	0.058	99.929
8	0.006	0.038	99.967
9	0.003	0.017	99.984
10	0.001	0.007	99.991
11	0.001	0.005	99.996
12	0.000	0.002	99.998
13	0.000	0.001	100.000
14	0.000	0.000	100.000
15	0.000	0.000	100.000

表4.35   主成分载荷矩阵

因子	主成分1	主成分2
X_1	0.994	−0.038
X_2	−0.493	0.819
X_3	0.993	0.113
X_4	0.990	0.134
X_5	0.994	0.098
X_6	0.995	0.020
X_7	0.974	0.157
X_8	0.954	0.100
X_9	0.989	−0.040
X_{10}	0.928	−0.325
X_{11}	0.992	0.112
X_{12}	0.998	0.033
X_{13}	0.766	−0.526
X_{14}	0.946	0.266
X_{15}	0.942	0.188

由珠海市建设用地变化的主成分分析结果可知（表4.34和表4.35），第一主成分与除 X_2（农业人口）、X_{13}（实际利用外资）外的其他因子都有很高的正相关关系，且相关性均在0.928以上，代表珠海市经济发展水平对其建设用地变化的首要驱动。1990～2006年，珠海市大力发展经济，加强基础设施建设，提高城镇化水平，促进工业化的快速发展，GDP增加了17.05倍，建设用地规模增加了4.38倍，平均GDP每提高100万元建设用地新增0.38 hm²。

在第二主成分的因子中，X_2（农业人口）的相关性最大，相关系数达 0.819。1990～2006 年，珠海市户籍总人口增加 1.84 倍，年均增长率为 3.90%，同期户籍非农业人口增加了 4.23 倍，年均增长率为 9.43%，总人口的快速增加和农业人口非农化水平的提高，促使城市基础设施建设和房地产业发展加快，直接导致建设用地的快速增加。

正是在上述因子的共同作用与驱动下，珠海市建设用地面积逐年递增，1990～2006 年净增加面积为 26 700.48 hm²，年均扩大 1668.78 hm²，其中新增建设用地中有 57.79% 是由耕地转化而来的。同时，在统筹区域协调发展的战略部署下，珠海市建设用地变化存在明显的区域差异，其中建设用地基数较小的斗门区和金湾区扩展速度较快。因此，珠海市建设用地的变化与地形因素关系密切，在地势低平、坡度较小的平原区变化较剧烈，但经济发展和人口增长才是珠海市建设用地变化最直接的驱动力，同时还受政策的导向作用。

二、珠海市耕地变化的驱动力分析

珠海市新增建设用地主要来自耕地，驱动建设用地增长的自然因素、社会经济发展因素与政策因素，同样是珠海市耕地面积减少的主要驱动因子。为准确体现不同驱动因子的影响与贡献，在广泛收集珠海市地形图、坡度图、地下水类型图、年平均气温分布图、年降雨量分布图及不同年份交通运输专题图等图件和相关因子人口、GDP 产值、农业总产值等社会经济统计数据的基础上，采用 ArcGIS 空间叠置分析、相关分析和主成分分析等方法，分析珠海市耕地变化的驱动力。

1. 耕地变化的自然驱动因子

1）地形因素

珠海市各类耕地利用类型面积在低海拔区域占有绝对优势（表 4.36），主要分布在海拔小于 40 m 的区域，同时也是面积大幅减少的区域，1973～2008 年灌溉水田在海拔小于 40 m 的面积由 39 959.37 hm² 快速减少到 23 075.83 hm²，面积减少了 16 883.54 hm²，占全部耕地减少总量的 73.83%；同样海拔范围内的旱地面积先增后减，面积总体减少 5657.98 hm²，占全部耕地减少总量的 24.74%。同期其他海拔范围内耕地减少的规模较小，如在海拔 40～60 m 和 60～80 m 的区域灌溉水田分别减少 16.68 hm² 和 1.28 hm²、旱地分别减少 151.85 hm² 和 78.36 hm²；在海拔 80～100 m 和大于 100 m 的区域灌溉水田分别减少 8.98 hm² 和 13.76 hm² 的同时，旱地面积也分别减少了 43.20 hm² 和 58.86 hm²。

表 4.36　珠海市不同高程分级区域的耕地利用类型分布特征

年份	耕地类型	高程分级					合计
		<40 m	40～60 m	60～80 m	80～100 m	>100 m	
1973	水田面积/hm²	39 959.37	129.78	59.38	30.72	35.16	40 214.41
	水田比例/%	99.37	0.32	0.15	0.08	0.09	100.00
	旱地面积/hm²	18 783.31	251.52	124.29	72.92	87.35	19 319.39
	旱地比例/%	97.23	1.30	0.64	0.38	0.45	100.00

续表

年份	耕地类型	高程分级					合计
		<40 m	40~60 m	60~80 m	80~100 m	>100 m	
1988	水田面积/hm²	37 753.29	47.31	26.21	17.10	12.55	37 856.46
	水田比例/%	99.73	0.12	0.07	0.05	0.03	100.00
	旱地面积/hm²	23 923.83	262.04	115.73	43.98	59.77	24 405.35
	旱地比例/%	98.03	1.07	0.47	0.18	0.24	100.00
1998	水田面积/hm²	32 491.73	101.80	46.67	15.72	8.08	32 664.00
	水田比例/%	99.47	0.31	0.14	0.05	0.02	100.00
	旱地面积/hm²	21 237.83	82.68	27.80	7.98	3.50	21 359.79
	旱地比例/%	99.43	0.39	0.13	0.04	0.02	100.00
2008	水田面积/hm²	23 075.83	113.10	58.10	39.70	48.92	23 335.65
	水田比例/%	98.89	0.48	0.25	0.17	0.21	100.00
	旱地面积/hm²	13 125.33	99.67	45.93	29.72	28.49	13 329.14
	旱地比例/%	98.47	0.75	0.34	0.22	0.21	100.00

与海拔的影响相似，低海拔内的低坡度区域的耕地面积减少剧烈，随着坡度增加，耕地面积减少程度下降。在坡度小于 2° 的区域内（表 4.37），耕地面积占有绝对优势，面积也大幅减少，1973~2008 年灌溉水田面积由 39 370.73 hm² 减少到 22 811.89 hm²，减少面积占珠海市同期耕地减少总面积的 72.41%；旱地面积减少了 4926.39 hm²，占同期耕地减少总面积的 21.54%。在其余坡度上，1973~2008 年灌溉水田减少面积比旱地减少面积要小得多，其中灌溉水田面积在 2°~5°、5°~10°、10°~15°、15°~20°、20°~25° 和大于 25° 区域内的减少面积分别是 40.65 hm²、81.76 hm²、73.92 hm²、67.02 hm²、33.75 hm²、22.80 hm²，旱地面积在相同坡度区域的减少面积分别为 220.08 hm²、321.91 hm²、209.14 hm²、174.80 hm²、82.20 hm²、55.71 hm²。

表 4.37　不同坡度分级区域耕地利用类型分布特征

年份	耕地类型	坡度分级							合计
		<2°	2°~5°	5°~10°	10°~15°	15°~20°	20°~25°	>25°	
1973	水田面积/hm²	39 370.73	70.82	158.21	214.60	206.94	120.04	73.06	40 214.40
	水田比例/%	97.90	0.18	0.39	0.53	0.51	0.30	0.18	100.00
	旱地面积/hm²	17 738.46	244.57	410.16	339.66	302.73	163.78	120.02	19 319.38
	旱地比例/%	91.82	1.27	2.12	1.76	1.57	0.85	0.62	100.00
1988	水田面积/hm²	37 521.43	28.42	61.14	84.17	90.04	38.08	33.19	37 856.47
	水田比例/%	99.11	0.08	0.16	0.22	0.24	0.10	0.09	100.00
	旱地面积/hm²	22 912.66	172.44	353.94	381.19	330.50	165.00	89.62	24 405.35
	旱地比例/%	93.88	0.71	1.45	1.56	1.35	0.68	0.37	100.00
1998	水田面积/hm²	32 197.85	39.41	66.44	104.27	146.22	67.36	42.45	32 664.00
	水田比例/%	98.57	0.12	0.20	0.32	0.45	0.21	0.13	100.00
	旱地面积/hm²	20 882.64	33.76	96.92	127.03	136.79	57.64	25.01	21 359.79
	旱地比例/%	97.77	0.16	0.45	0.59	0.64	0.27	0.12	100.00
2008	水田面积/hm²	22 811.89	30.17	76.45	140.68	139.92	86.29	50.26	23 335.66
	水田比例/%	97.76	0.13	0.33	0.60	0.60	0.37	0.22	100.00
	旱地面积/hm²	12 812.07	24.49	88.25	130.52	127.93	81.58	64.31	13 329.15
	旱地比例/%	96.12	0.18	0.66	0.98	0.96	0.61	0.48	100.00

根据珠海市不同高程分级区域和不同坡度分级区域耕地利用类型的相对数量，计算分析耕地利用空间分布与高程和坡度的相关系数（表 4.38），珠海市耕地与高程、坡度之间呈显著负相关性，其中灌溉水田与海拔存在较高负相关性，平均相关系数为-0.709，坡度的平均相关系数为-0.612；旱地与海拔和坡度同样存在较高的负相关性，平均相关系数分别为-0.711 和-0.615，说明以海拔和地表坡度为代表的地形因素与珠海市耕地的面积变化之间存在明显关联，其中相对而言，区域高程的影响程度较坡度大。另外，坡度是造成土壤水力侵蚀和土壤养分重新分配的主要因素，一般是土壤养分不断由高位、陡坡向低位、缓坡流动，因此珠海市部分耕地的坡度较大是区内耕地质量降低的一个重要原因。

表 4.38　耕地利用类型与地形因子的相关性

相关系数	1973 年		1988 年		1998 年		2008 年		平均值	
	水田	旱地	水田	旱地	水田	旱地	水田	旱地	水田	旱地
高程	-0.708	-0.712	-0.708	-0.712	-0.709	-0.709	-0.709	-0.710	-0.709	-0.711
坡度	-0.613	-0.620	-0.612	-0.617	-0.612	-0.613	-0.612	-0.611	-0.612	-0.615

2）气候因素

气候条件直接或间接影响土地的开发利用及土地覆盖变化（孔祥斌等，2004）。1985～2008 年，珠海市年均气温 23 年来有升高的趋势（图 4.9），平均升高了 0.5℃左右，降雨量虽有升高的趋势但增加缓慢，增温必然导致蒸发量加大，与降水量缓慢增加相配合，会加重区域内耕地土壤的盐渍化等，耕地质量有所下降，一定程度上促使耕地农业结构调整步伐加快，耕地数量减少。

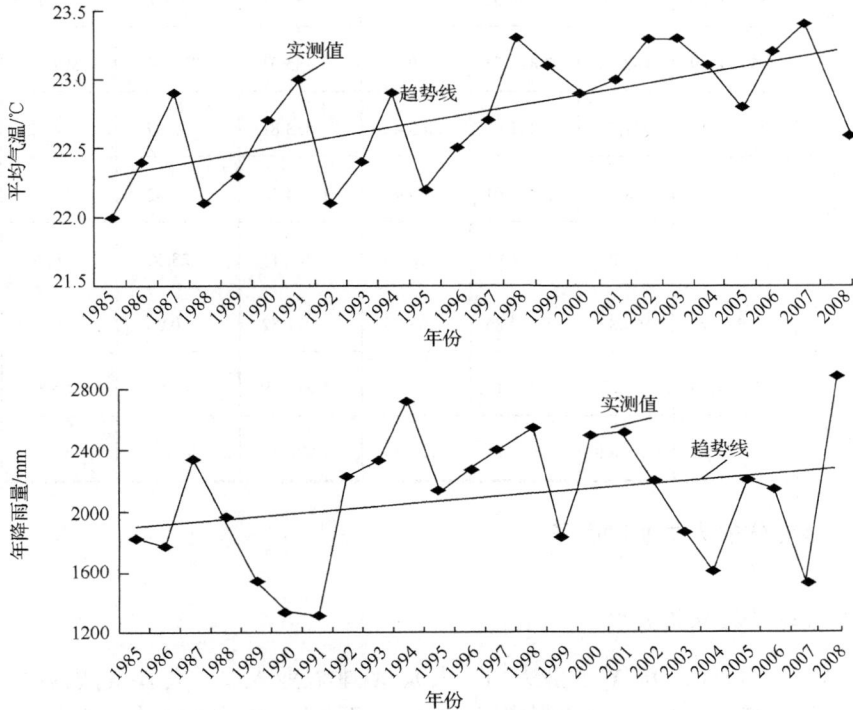

图 4.9　1985～2008 年珠海市年均气温和年降雨量变化曲线

3）地下水因素

分析珠海市地下水类型和土地利用的空间对应关系，1973～2008 年珠海市耕地主要集中分布在滨海平原空隙水（咸水）区域，灌溉水田也在该区域面积减少最多，35 年中面积减少了 34.12%（表 4.39），占灌溉水田减少总量的 64.41%；该区域内旱地面积减少了 17.05%，占旱地减少总量的 35.41%（表 4.36）。地下水类型按照灌溉水田面积减少从大到小排列依次是滨海平原空隙水（咸水）、山间谷地空隙水、块状基岩裂隙水（缺乏）、块状基岩裂隙水（丰富）、层状岩类型隙水、砂堤孔隙水、块状基岩裂隙水（中等）；地下水类型按照旱地面积减少从大到小排列依次是滨海平原空隙水（咸水）、山间谷地空隙水、块状基岩裂隙水（缺乏）、块状基岩裂隙水（中等）、砂堤孔隙水、层状岩类型隙水、块状基岩裂隙水（丰富）。因此，珠海市耕地数量变化一定程度上受滨海平原空隙水的影响，同时，因受咸潮影响，该区域的耕地质量下降。

表 4.39 1973～2008 年珠海市不同地下水区域耕地利用类型面积

时间	类型	滨海平原空隙水（咸水）	砂堤孔隙水	山间谷地孔隙水	层状岩类型隙水	块状基岩裂隙水（缺乏）	块状基岩裂隙水（中等）	块状基岩裂隙水（丰富）	合计
1973 年	水田/hm²	31 863.31	247.57	4 191.33	766.29	2 622.33	66.73	456.84	40 214.40
	旱地/hm²	12 444.31	276.95	3 593.07	364.15	2 226.92	407.65	6.32	19 319.37
1988 年	水田/hm²	33 516.22	262.36	2 556.03	449.51	889.16	0.45	182.73	37 856.46
	旱地/hm²	15 588.49	182.15	3 844.73	659.73	3 335.91	284.63	509.71	24 405.35
1998 年	水田/hm²	29 497.15	221.61	1 361.60	585.43	853.81	36.07	108.32	32 663.99
	旱地/hm²	16 780.39	58.82	2 481.01	478.74	1 454.28	30.42	76.14	21 359.80
2008 年	水田/hm²	20 992.18	154.00	939.19	518.03	709.15	23.12	0.00	23 335.67
	旱地/hm²	10 323.12	69.86	1 680.86	253.79	1 001.52	0.00	0.00	13 329.15
1973～2008 年	水田/hm²	-10 871.13	-93.57	-3 252.15	-248.26	-1 913.19	-43.61	-456.84	-16 878.75
	旱地/hm²	-2 121.19	-207.09	-1 912.21	-110.36	-1 225.40	-407.65	-6.32	-5 990.22

2. 耕地变化的人文驱动因子

1）社会经济发展的影响

选取 X_1 总人口（人）、X_2 农业人口（人）、X_3 非农业人口（人）、X_4 农业总产值（万元）、X_5 人均 GDP（元）、X_6 社会固定资产投资（万元）、X_7 农渔民人均纯收入（元/年）、

X_8 农林牧渔水利用电（万 kW·h）、X_9 总播种面积（hm^2）、X_{10} 水果年末实有面积（hm^2）、X_{11} 水产养殖面积（hm^2）、X_{12} 水果总产量（t）、X_{13} 粮食总产量（t）、X_{14} 实际利用外资（万美元）和 X_{15} 社会消费品零售总额（万元）15 个社会经济发展因子，进行珠海市耕地变化驱动的主成分分析。分析结果（表 4.40 和表 4.41）显示，第一、第二主成分的累积贡献率已达 92.0190%，完全满足分析要求。

表 4.40　特征值与主成分贡献率

主成分	特征值	贡献率/%	累积贡献率/%
1	12.3091	82.0609	82.0609
2	1.4937	9.9581	92.0190
3	0.5227	3.4846	95.5036
4	0.2073	1.3820	96.8857
5	0.1630	1.0864	97.9720
6	0.1477	0.9847	98.9567
7	0.0731	0.4870	99.4438
8	0.0292	0.1946	99.6384
9	0.0276	0.1843	99.8227
10	0.0121	0.0810	99.9037
11	0.0084	0.0557	99.9594
12	0.0026	0.0176	99.9769
13	0.0023	0.0156	99.9925
14	0.0010	0.0068	99.9993
15	0.0001	0.0007	100.0000

表 4.41　主成分载荷矩阵

因子	主成分 1	主成分 2
X_1	0.933	−0.253
X_2	−0.917	−0.014
X_3	0.983	−0.082
X_4	0.992	0.004
X_5	0.995	−0.035
X_6	0.975	0.068
X_7	0.964	−0.088
X_8	0.921	0.251
X_9	−0.96	0.221
X_{10}	0.371	0.881
X_{11}	0.728	0.354
X_{12}	0.881	0.394
X_{13}	−0.906	0.335
X_{14}	0.871	−0.357
X_{15}	0.993	0.018

第一主成分与 X_1、X_3、X_4、X_5、X_6、X_7、X_8、X_{15} 因子都有较大的正相关性（表 4.41），且相关性均在 0.9 以上，主要代表了人口与经济发展因素，是影响珠海市耕地数量变化

的主要驱动力。首先，人口急剧膨胀，非农业人口不断增加，增加了对居住、配套设施用地等建设用地的需求，导致区内的建设用地不断增加，耕地占用增加，1973～2008年珠海市建设用地中面积增加规模最大的就是城镇用地，增加面积为 25 763.72 hm²，增加了 66.44%。其次，珠海市建立特区以来，大力发展外向型经济，加强基础设施建设，工业化和城镇化进程加快，建设占用耕地加剧，1979～1988 年珠海建市初期建设占用对耕地的需求并不明显，1988～1998 年珠海外向型经济以电子、食品、轻纺、建材和外向型农渔业为主，对耕地的需求迅速增加，1998 年后珠海市建设重点转移到技术含量高、附加值大的高新技术项目上，建成一批骨干工业项目，从而直接促进了第二、第三产业的快速发展和相应产业空间的扩张，耕地流失迅猛。其中，1988～1998 年和 1998～2008年珠海市的建设用地分别增加了 1.96 倍和 0.71 倍，GDP 每提高 100 万元，建设用地分别新增 0.72 hm² 和 0.25 hm²。经济增长与建设用地增加密切相关，而建设用地增加又与耕地占用存在密切联系。最后，农业总产值、农渔民人均纯收入及社会消费品零售总额，一定程度上可体现土地利用的比较利益，反映出因农业结构调整对耕地数量变化的影响和作用。

第二主成分与 X_{10}、X_{11}、X_{12}、X_{13} 有较大的正相关性（表 4.41），相关系数分别为 0.8811、0.3536、0.3941 和 0.3353，主要代表了农业结构调整因素，说明由于种植业比较利益的下降，并受市场经济利益的驱动，农业内部产业结构发生重大调整，粮食作物播种面积不断减少，大量耕地转变为养殖水面或果园等高收入的其他农业用地类型。因为随着社会经济的发展和人口的急剧增加，人们对水产品和水果的需求增加，加之粮食种植效益低下，养殖和种植经济作物效益高于种粮，因此导致大量耕地转变为养殖水面和林地（主要是经济林、果园、大蕉园、苗圃），市内的水果年末实有面积和水产养殖面积增加主要是通过占用耕地和改变耕地用途实现。1973～2008 年，珠海市养殖水面共增加19 495.76 hm²，增加了 56.72 倍，其中由耕地转变为养殖水面的面积有 12 056.96 hm²，占养殖水面增加面积的 61.84%，占耕地转出总面积的 23.14%。同时，35 年中珠海市共有14 337.61 hm² 耕地转变为林地，占耕地转出总面积的 27.51%，其中，1973～1988 年耕地转变为林地面积 6932.57 hm²，占耕地转出总面积的 61.37%，1998～2008 年耕地转变为林地面积最少，但也有 2242.42 hm²，占耕地转出总面积的 9.37%。

2）交通设施建设的影响

随着经济的发展，交通等基础设施建设必然不断推进，基础设施建设占用耕地，耕地数量和空间变化明显加快。同时，随着交通基础设施的快速发展，良好的交通条件改善了投资环境，提高了土地利用价值，也会促使交通沿线大量耕地被占用，转为建设用地。珠海市在较长时间内坚持了基础设施超前投资建设的战略，建设了航空港、珠海港、高等级公路、各种会展馆和大学园区等一大批交通运输、市政基础设施，区域性基础设施等重大项目建设迅速增多，不仅珠海大道等高级公路、珠海机场、珠海港等重大交通基础设施建设占用大量耕地，同时重大项目建设辐射带动周边区域相关产业快速发展和建设用地迅速扩张，从而从更广空间和更长时期内对耕地数量和空间状况产生影响。在1973～2008 年珠海市主要建设用地中，有相当部分就是由交通基础设施项目直接占用和带动占用耕地造成的。

对比分析不同时期珠海市的耕地与交通路线距离的关系（表 4.42）可知，1973～1998 年，随着交通路线的不断延伸，灌溉水田和旱地主要分布在与交通路线距离较近的区域，与交通路线距离较远的地方耕地面积快速减少，其中与交通路线距离为 1 km 的水田和旱地的面积分别由 1973 年的 6863.46 hm² 和 4154.61 hm² 增加到 1998 年的 18 795.10 hm² 和 14 031.04 hm²。但是在交通设施建设快速发展的 1998～2008 年，分布在与交通路线距离较近缓冲带 1～2 km 的灌溉水田和旱地面积快速减少，2008 年灌溉水田面积减少至 14 243.52 hm²，同 1998 年相比减少了 24.22%，旱地面积比 1998 年减少了 42.89%。另外，由耕地利用类型与交通路线距离的相关分析结果可知（表 4.43），1973～2008 年耕地与交通路线距离呈显著负相关性，也从一个方面说明了交通基础设施建设对耕地面积变化的重要影响。

表 4.42　1973～2008 年珠海市耕地在不同交通路线距离的分布情况

路线距离/km	1973 年		1988 年		1998 年		2008 年		1973～2008 年	
	水田/hm²	旱地/hm²	水田/hm²	旱地/hm²	水田/hm²	旱地/hm²	水田/hm²	旱地/hm²	水田/hm²	旱地/hm²
1	6 863.46	4 154.61	9 796.90	12 341.97	18 795.10	14 031.04	14 243.52	8 013.80	7 380.05	3 859.19
2	5 704.76	3 710.19	7 596.92	4 149.54	8 521.33	5 008.89	5 784.29	3 772.98	79.53	62.79
3	5 119.24	2 899.62	6 190.35	1 781.77	4 515.70	1 839.08	2 617.13	1 379.22	-2 502.11	-1 520.41
4	4 837.05	2 743.72	4 801.36	1 498.50	749.42	430.01	610.88	147.02	-4 226.17	-2 596.70
5	4 771.76	1 907.50	3 459.10	1 428.57	82.21	49.58	79.47	9.47	-4 692.30	-1 898.03
6	3 809.55	1 172.42	2 419.90	1 248.97	0.25	1.19	0.37	1.35	-3 809.17	-1 171.07
7	3 025.98	982.19	1 733.63	847.13				2.61	-3 025.98	-979.58
8	2 215.80	942.51	1 454.88	488.91				2.70	-2 215.80	-939.81
9	970.45	411.32	123.60	106.84					-970.45	-411.32
>9	2 896.34	395.28	279.82	513.16					-2 896.34	-395.28
合计	40 214.39	19 319.36	37 856.46	24 405.36	32 664.01	21 359.79	23 335.66	13 329.15	-16 878.74	-5 990.22

表 4.43　1973～2008 年珠海市耕地利用类型与交通路线距离的相关性

相关系数	1973 年		1988 年		1998 年		2008 年	
	水田	旱地	水田	旱地	水田	旱地	水田	旱地
路线距离	-0.930	-0.976	-0.972	-0.720	-0.897	-0.845	-0.913	-0.801

3）城镇化发展水平影响

用距离城镇中心直线的距离代表城镇化的发展水平，城镇化水平高，自然到城镇中心的距离就短，即距离城镇中心越短代表区域内的城镇化水平越高。具体把珠海市域分为 8 级，1 级最小，8 级最大，数值越大表明到城镇距离越近。统计分析不同时期内耕地在距离城镇中心不同距离内的分布（表 4.44），1973～2008 年珠海市的耕地分布在 8 级区域内的面积减少了 8633.93 hm²，减少了 71.75%，占耕地减少总面积的 37.75%，其中，灌溉水田和旱地面积分别减少 5084.70 hm² 和 3549.23 hm²；同期分布在 7 级区域内的耕地面积减少了 10 980.92 hm²，减少了 38.82%，占耕地减少总面积的 48.02%，其中，灌溉水田和旱地面积分别减少了 6697.09 hm² 和 4283.83 hm²；分布在 6 级区域的耕地减少了 4841.14 hm^2，减少了 27.47%，占减少总面积的 21.17%，其中，灌溉水田减少 4858.51 hm^2、旱地增加 17.37 hm^2；但是分布在 5 级区域的耕地增加了 1548.65 hm^2，增加了 97.16%，其中，灌溉水田减少 262.51 hm^2、旱地增加 1811.16 hm^2；分布在 4 级区域的耕地增加了 38.37 hm^2，其中，灌溉水田增加 24.06 hm^2、旱地增加 14.31 hm^2。上述分析表明，距离城镇中心越近，耕地数量减少得越多，亦即城镇化水平的提高在一定程度上会导致耕地面积的减少。

表 4.44   1973～2008 年珠海市耕地在不同城镇距离等级的分布情况

时间	类型	与城镇距离等级					合计
		4	5	6	7	8	
1973 年	水田/hm^2		1 094.84	12 105.24	18 834.30	8 180.03	40 214.41
	旱地/hm^2		499.12	5 517.01	9 449.44	3 853.80	19 319.37
1988 年	水田/hm^2		1 761.80	11 435.64	17 821.02	6 837.99	37 856.45
	旱地/hm^2	318.45	741.25	6 397.75	11 525.72	5 422.18	24 405.35
1998 年	水田/hm^2	32.56	1 879.02	10 538.63	15 858.10	4 355.69	32 664.00
	旱地/hm^2	19.36	1 089.63	7 657.83	9 091.87	3 501.11	21 359.80
2008 年	水田/hm^2	24.06	832.33	7 246.73	12 137.21	3 095.33	23 335.66
	旱地/hm^2	14.31	2 310.28	5 534.38	5 165.61	304.57	13 329.15
1973～2008 年变化量	水田/hm^2	24.06	-262.51	-4 858.51	-6 697.09	-5 084.70	-16 878.75
	旱地/hm^2	14.31	1 811.16	17.37	-4 283.83	-3 549.23	-5 990.22

三、珠海滨海湿地变化驱动力分析

气候变化（许林书和姜明，2003；吕宪国，2004）、海平面上升（谷东起，2003）、泥沙运动（李春初等，2002；黄镇国和张伟强，2005；胡达等，2005；雷文斌，2009）等自然因素一直影响着珠海市滨海湿地的形成和自然演替，但近期人类活动的影响是珠海市滨海湿地快速变化的主要驱动因素。

1. 驱动因子主成分分析

基于社会经济因素是短时空尺度内引起湿地景观格局变化的主要驱动因素（邵景安等，2007），选取包括 X_1 总人口（人）、X_2 非农业人口（人）、X_3 农业总产值（万元）、X_4 人均 GDP（元）、X_5 社会固定资产投资（万元）、X_6 工业总产值（万元）、X_7 农渔民人均纯收入（元/a）、X_8 农林牧渔水利用电（万 kW·h）、X_9 总播种面积（hm^2）、X_{10} 粮食总产量（t）、X_{11} 水产品总产量（t）和 X_{12} 渔业产值占农业总产值比重（%）共 12 个因子进行主成分分析，定量解释社会经济发展对珠海市湿地变化的影响。分析结果显示，第一、第二主成分的累积贡献率已达 92.285%（表 4.45），可以满足分析要求，这两个主成分可以作为导致研究区滨海湿地景观格局变化的主要驱动力。

表 4.45　特征值与主成分贡献率

主成分	特征值	贡献率/%	累计贡献率/%
1	10.002	83.352	83.352
2	1.072	8.933	92.285
3	0.557	4.643	96.928
4	0.169	1.406	98.334
5	0.086	0.719	99.053
6	0.052	0.429	99.482
7	0.031	0.261	99.743
8	0.016	0.134	99.877
9	0.008	0.069	99.947
10	0.003	0.024	99.971
11	0.003	0.022	99.993
12	0.001	0.007	100.00

　　第一主成分（表 4.46）与总人口、非农业人口、农业总产值、人均 GDP、社会固定资产投资、工业总产值、农渔民人均纯收入、农林牧渔水利用电有较大的正相关，载荷均在 0.893 以上，显示出人口与经济等社会经济发展因子对珠海滨海湿地变化的影响显著。其中，1988～2008 年的 20 年间，珠海市总人口持续平稳增长，由 1988 年的 56.19 万人增长到 2008 年的 148.11 万人，增长了 1.6 倍，这期间非农业人口的增长速度更快，年均增长率在 10%以上。随着珠海市人口的快速增长，为满足人口增长对粮食、居住、产品等需求的增加，珠海的滩涂湿地作为珠海市最具潜力的后备土地资源首先被开发利用为耕地、水产养殖场等农业生产用地，或直接被非农建设占用，因此人口数量的增加是珠海市滨海湿地变化的主要因素之一。同时，珠海市经济的快速发展带来了建设用地的大幅度扩展，建设用地扩张与湿地占用量有着密切联系（表 4.47），1988～1998 年珠海市有 7092.20 hm² 的湿地被建设占用，之后建设用地占用滨海湿地的速度明显加快，1998～2008 年共占用湿地 7753.41 hm²，1988～2008 年在珠海市建设用地占用的土地中，有 41.88%为包括滨海湿地、水田、河流和养殖水面等的湿地，表明珠海市在经济快速发展过程中对建设用地增加的需求主要是以占用湿地资源为代价。

表 4.46　主成分载荷矩阵

项目	第一主成分	第二主成分
X_1	0.893	0.382
X_2	0.968	0.174
X_3	0.977	0.131
X_4	0.981	0.142
X_5	0.970	0.036
X_6	0.972	0.075
X_7	0.942	0.213
X_8	0.934	-0.094
X_9	-0.937	-0.276

项目	第一主成分	第二主成分
X_{10}	−0.885	−0.273
X_{11}	0.062	0.934
X_{12}	0.783	0.451

表 4.47　1988～2008 年珠海市建设占用的湿地类型及其面积

项目	河流	滩涂	浅海水域	红树林	水库坑塘	灌溉水田	养殖水面	合计
1988～1998 年的 湿地面积/hm²	1 178.60	134.37	1 775.22	263.48	120.95	3 492.68	126.90	7 092.20
1998～2008 年的 湿地面积/hm²	527.70	213.96	1 362.55	0.18	53.70	4 330.93	1 264.38	7 753.40
合计/hm²	1 706.30	348.33	3 137.77	263.66	174.66	7 823.61	1 391.28	14 845.61

　　第二主成分则与水产品总产量、渔业产值占农业总产值比重有较大的正相关性（表 4.46），相关系数分别为 0.934 和 0.451，代表了农业结构调整的驱动作用。不同的土地利用方式在单位土地面积上获得的产值不同，由此带来不同的土地利用效益。在市场经济规律支配下，为提高土地利用的高产出率和高效益，土地利用方式不断由低值向高值转移，从而形成湿地类型之间、湿地与非湿地类型之间的相互转换。珠海市海域属南亚热带浅海区，水域生境多样，是多种经济鱼、虾、藻类的繁育场。在经济利益的刺激和政府农业结构调整政策的引导下，一些水田、滩涂、河流等湿地转变为养殖水面，进行水产养殖。在这一发展过程中，20 世纪 80 年代珠海市农业还主要是以种植业为主（图 4.10），到 90 年代发展为种植业和水产养殖并重的综合开发，进入 21 世纪后种植业产值大幅下降，水产养殖已成为珠海市农业的主导产业，其中大量的养殖水面就是由滨海湿地转变而来，这一转变是造成珠海市滨海湿地面积变化的重要原因之一。

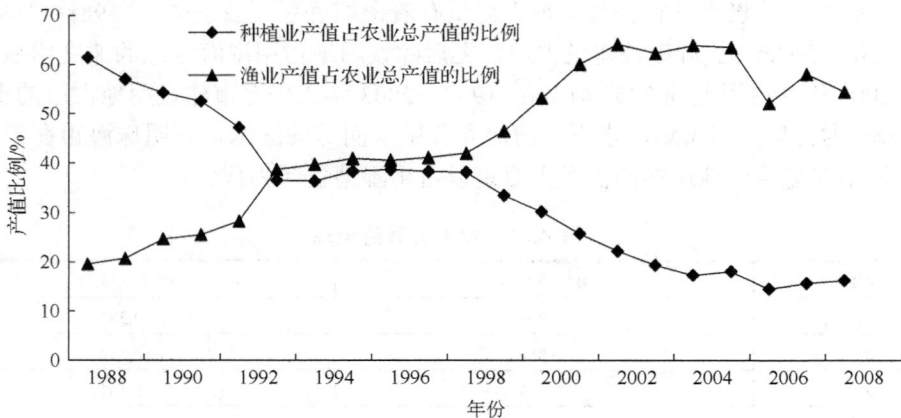

图 4.10　1988～2008 年珠海市种植业、渔业产值占农业总产值的比例变化

2. 主要人为活动的影响

　　珠海市的滨海湿地面积主要是在上述人口增长、经济发展和农业结构调整中不断减

少，其中最具影响力的人为活动就是围垦、围填海和采砂活动等。

（1）围垦活动。珠海市自古以来就有筑堤围海造田传统，积累了丰富的筑堤建闸、围海垦荒的经验。区内的磨刀门滩涂资源丰富，原磨刀门海区共有-2 m 以上的滩涂面积 15 466.67 hm²，历来是广东省围垦的重点地区，自 1962 年开始兴建磨刀门围垦工程，第一期工程围垦 1984 年结束，第二期围垦工程洪湾南、鹤州南片、白龙河西片分别于 1989 年、1990 年和 1993 年动工，至 1997 年年底实际围垦面积分别为 1712 hm²、2659.33 hm² 和 802 hm²。另外，20 世纪 80 年代以后开始鸡啼门系列开发工程建设，对大门水道两侧、大木乃及连岛大堤北部进行了围垦。同时，80～90 年代，在淇澳岛进行了围垦和填海造地工程，大面积红树林遭到严重破坏（章金鸿等，2003）。珠海市的滩涂围垦速度已超过滩涂自然淤积速度，造成滩涂面积减少，导致滨海景观已由河口浅滩逐步改造为鱼塘、耕地、城市等人为景观。在垦区成围初期，主要用于农业种植和水产养殖，但随着珠海市经济发展中建设用地需求的扩大，土地利用方式发生了明显转变，农业垦区仅有部分土地仍保留农业用途，其他逐步转变为化工、电力、港口、机场、交通、经济开发区等建设用地。例如，磨刀门垦区成围后，截至 2000 年，土地利用类型为鱼塘 900 hm²、种植甘蔗 2000 hm²、第二产业开发 1400 hm²、保税区占用 900 hm²，待开发的土地还有 1200 hm²（黎开志，2005）。

（2）围填海工程。20 世纪 80 年代后期，珠海为突破发展空间和基础设施条件的局限，提出了"大港口带动大工业，大工业带来大经济，大经济带来大繁荣"的发展战略，制定了开发西区、经济重心向西部转移的战略发展规划，并开始进行高栏港建设，后来又实施"工业西进、城市西拓"战略。上述发展战略的实施，推动了珠海市西部地区的工业化、城市化建设的进程，同时还超前大规模建设基础设施，深水大港、现代化大机场、准高速铁路、高速公路、大电厂、大水厂等工程项目相继开工和建成。上述建设尤其是大型项目建设主要是通过围填海造地工程向沿海拓展用地空间来实现的，不仅导致了大片水田被建设占用，围填海工程的不断持续更使得滨海滩涂、浅海水域面积大规模萎缩。例如，2006 年珠海动工构筑西滩 6.3 km 长的东大堤，为高栏港区布局临港产业和功能园区的建设奠定基础。珠海市北部的唐家湾镇也是围填海比较集中的地区，自 1997 年以来已完成金鼎工业填海区、创新工业填海区、野狸岛填海区、唐家湾镇填海区 4 处填海，面积达到 1247.13 hm²。

（3）采沙活动。珠海市的河道采沙始于 20 世纪 80 年代中期，随着经济建设的飞跃发展，湿地沿海和周边地区基建工程需要大量的海沙，20 世纪 90 年代初期，采沙遍及区内主要河段，其中磨刀门水道采沙河段主要集中在珠海大桥以北，在采沙高峰期时段（1991～1994 年），从竹银至珠海大桥的 24.4 km 河段，共挖河沙 2400 万 m³，年均每千米河道挖沙 33 万 m³，即使在禁止采沙期时段（1994～2000 年）年均每千米河道也挖沙 13 万 m³。磨刀门水道珠海大桥以南河段，据珠海市资料显示，1997 年为在洪湾水道中段建设"洪湾北保税区"，进行挖沙吹填造地，横洲水道北口左侧河床采沙量达 1000 万 m³。随着口门的向海延伸，采沙活动逐渐向海推进，交杯二沙、三沙已被挖掘一空，尚在发育成长的交杯四沙从 2005 年年底也已开始采沙，2001～2002 年唐家湾也大量吹沙造地。大规模的无序采沙减少了湿地的泥沙来源，采沙、吹沙造地活动对沙质湿地造成直接影响，导致滩涂湿地面积萎缩。

概要总结上述定性分析与定量分析相结合对近期珠江三角洲地区区域整体、典型区域和主要土地利用类型的土地利用变化驱动力的探究，珠江三角洲地区以建设用地规模迅速扩大、耕地面积锐减及生态用地数量减少为基本特征的土地利用变化，总体而言是以人口不断增长、经济快速发展、城镇化与工业化水平迅速提高、农业结构调整及政策宏观管控等为主导的自然、经济与社会因子综合驱动的结果，但是不同驱动因子的影响与作用存在尺度、区域和土地利用类型的显著差异。正因为如此，珠江三角洲地区土地利用变化才呈现出土地利用类型及结构日趋复杂、建设用地规模迅速扩大、耕地面积与林地规模急剧减少、土地利用综合效益提高但土地利用环境负效应突出等基本特征，而且，驱动因子作用的尺度、区域和类型差异还导致珠江三角洲地区的土地利用变化具有时间波动性、空间不平衡性及类型差异性等特点。

参 考 文 献

摆万奇，赵士洞，2001. 土地利用变化驱动力系统分析[J]. 资源科学，23（3）：39-41.
摆万奇，2000. 深圳市土地利用动态趋势分析[J]. 自然资源学报，15（2）：112-116.
曹小曙，杨帆，阎小培，2000. 广州城市交通与土地利用研究[J]. 经济地理，20（3）：74-77.
陈春，冯长春，2010. 中国建设用地增长驱动力研究[J]. 中国人口·资源与环境，20（10）：72-78.
陈浮，葛小平，陈刚，等，2001. 城市边缘区景观变化与人为影响的空间分异研究[J]. 地理科学，21（3）：210-216.
陈文娟，蔡人群，1996. 广州城市郊区化的进程及动力机制[J]. 热带地理，16（2）：122-129.
董捷，2012. 城市圈土地资源优化配置研究：基于"两型社会"目标[M]. 北京：科学出版社.
董玉祥，2010. 珠江三角洲地区土地利用中的基本矛盾及其诱因分析[M]//刘彦随，杨子生，赵乔贵. 中国山区土地资源开发利用与人地协调发展研究. 北京：中国科学技术出版社.
段祖亮，张小雷，雷军，等，2009. 新疆建设用地变化及驱动力研究[J]. 水土保持学报，23（1）：193-201.
谷东起，2003. 山东半岛潟湖湿地的发育过程及其环境退化研究：以朝阳港渴潟湖为例[D]. 青岛：中国海洋大学博士学位论文.
郭程轩，徐颂军，巫细波，2009. 基于地统计学的佛山市土地利用变化驱动力时空分异[J]. 经济地理，29（9）：1524-1529.
何明俊，2005. 建立在现代产权制度基础之上的城市规划[J]. 城市规划，29（5）：9-13.
胡达，李春初，王世俊，2005. 磨刀门河口口拦门沙演变规律的研究. 泥沙研究（4）：71-75.
黄贤金，濮励杰，周峰，等，2002. 长江三角洲地区耕地总量动态平衡政策目标实现的可能性分析[J]. 自然资源学报，17（6）：670-676.
黄镇国，张伟强，2005. 珠江河口磨刀门的整治与地貌演变[J]. 地理与地理信息科学，21（6）：61-65.
孔祥斌，张凤荣，徐艳，等，2004. 集约化农区近50年耕地数量变化驱动机制分析：以河北省曲周县为例[J]. 自然资源学报，19（1）：12-20.
雷文斌，2009. 磨刀门口门区泥沙运动情况分析[J]. 甘肃水利水电技术，45（3）：6-8，41.
黎开志，2005. 珠江磨刀门整治效果阶段分析[J]. 人民珠江，26（3）：31-34.
李春初，雷亚平，何为，等，2002. 珠江河口演变规律及治理利用问题[J]. 泥沙研究（3）：44-51.
李平，李秀彬，刘学军，2001. 我国现阶段土地利用变化驱动力的宏观分析[J]. 地理研究，20（2）：129-138.
林起凤，2011. "三规"空间管制政策协调研究：以珠海市为例[D]. 广州：中山大学.

刘晶，彭补拙，2001．锡山市土地利用变化的社会驱动力分析[J]．土壤，11（6）：295-320．

吕宪国，2004．湿地生态系统保护与管理[M]．北京：化学工业出版社．

秦鹏，董玉祥，2013．广州市土地利用空间分布影响因素的粒度效应分析[J]．资源科学，35（11）：2239-2247．

任志远，2003．土地利用变化及驱动因素分析：以内蒙古准格尔旗为例[J]．干旱区研究，20（3）：202-205．

邵景安，李阳兵，魏朝富，等，2007．区域土地利用变化驱动力研究前景展望[J]．地球科学进展，22（8）：798-809．

苏建忠，2006．广州城市蔓延机理与调控措施研究[D]．广州：中山大学．

谈明洪，李秀彬，吕昌河，2003．我国城市用地扩张的驱动力分析[J]．经济地理，23（5）：635-639．

谭少华，倪绍祥，2006．20世纪以来土地利用研究综述[J]．地域研究与开发，25（5）：84-89．

王峰玉，李瑞霞，2008．广州开发区的地域空间演变与发展趋势研究[J]．现代城市研究，23（12）：13-20．

王良健，陈秋分，林目轩，等，2007．近十年长沙市区建设用地扩张的理性思考[J]．地理与地理信息科学，23（1）：50-55．

王良健，刘伟，包浩生，1999．梧州市土地利用变化的驱动力研究[J]．经济地理，19（4）：74-79．

王龙，2007．土地利用空间管制研究：以东莞市生态用地为例[D]．广州：中山大学．

王玉华，刘彦随，周应华，2004．沿海发达地区土地利用转换的人文驱动机制研究：以温州市为例[J]．地理科学进展，23（2）：43-50．

魏石磊，2015．广佛同城背景下南海区土地利用变化对比及驱动力研究[D]．广州：中山大学．

吴雅冰，谢荣华，肖斌，等，2008．广州城市化与经济发展的相关性研究[J]．珠江经济，203（7）：62-68．

许林书，姜明，2003．扎龙保护区湿地扰动因子及其影响研究[J]．地理科学，23（6）：692-698．

闫小培，许学强，1999．广州城市基本-非基本经济活动的变化分析：兼释城市发展的经济基础理论[J]．地理学报，54（4）：299-308．

叶玉瑶，张虹鸥，许学强，等，2011．珠江三角洲建设用地扩展与经济增长模式的关系[J]．地理研究，30（12）：2259-2271．

于兴修，杨桂山，2002．中国土地利用/覆被变化研究的现状与问题[J]．地理科学进展，21（1）：51-57．

章金鸿，黄晓珊，李玫，2003．珠海红树林的保护与发展[J]．广州环境科学，18（2）：37-40．

赵可，张安录，徐卫涛，2011．中国城市建设用地扩张驱动力的时空差异分析[J]．资源科学，33（5）：935-941．

赵玉宗，2006．全球化、城市化与巨型工程[J]．城市规划，30（3）：57-62．

甄霖，谢高地，杨丽，2005．泾河流域土地利用变化驱动力及其政策的影响[J]．资源科学，27（4）：33-38．

周国华，贺艳华，2006．长沙城市土地扩张特征及影响因素[J]．地理学报，61（11）：1171-1179．

CHENG L, JIANG P H, CHEN W, et al., 2015. Farmland protection policies and rapid urbanization in China: A case study for Changzhou City[J]. Land Use Policy, 48: 552-566.

LIU Z J, HUANG H Q, WERNERS S E, et al., 2016. Construction area expansion in relation to economic-demographic development and land resource in the Pearl River Delta of China[J]. Journal of Geographical Sciences, 26(2): 188-202.

第五章　土地利用变化预测与优化

　　珠江三角洲地区的土地利用在区内自然、经济与社会因素的综合驱动下一直处于不断变化中，未来土地利用的可能变化亦是珠江三角洲地区土地利用变化研究的重要方面。同时，土地利用变化趋势的科学预测和区域土地利用的结构与空间优化配置，也可为今后珠江三角洲地区土地资源的开发利用与保护提供重要的科学依据。

第一节　土地利用变化趋势模拟预测

　　土地利用是一个动态变化的时空复杂系统（Dawn et al.，2002；李月臣和何春阳，2008），建立动态模拟模型是土地利用变化研究的有效手段（Pijanowski et al.，2002），目前主要有经验统计模型、随机模型、动力学模型和主体行为模型等土地利用变化模拟模型（李月臣，2006）。由于土地利用变化是一种非线性动力学过程（汤君友和杨桂山，2003），自然因素和人类活动在不同时空尺度上的相互作用是导致变化的根本动力（高常军等，2010），基于过程的动力学模拟模型不仅可以有效地模拟土地利用变化过程，而且能够预测未来发展动态及特征（张华和张勃，2005），故近年来在微观动态模拟理论基础上构建的微观离散模拟模型，如元胞自动机（cellular automata，CA）模型、神经网络（artificial neural network，ANN）模型和系统动力学（system dynamics，SD）模型等被广泛用于土地利用变化趋势预测（汤君友和杨桂山，2003；杜宁睿和邓冰，2001）。其中，CA 模型包含了一系列建模规则，通过简单的微观局部规则可有效地模拟出复杂系统的空间格局过程，非常适用于复杂地理过程的模拟和预测（黎夏和叶嘉安，2001；黎夏和刘小平，2007；黎夏等，2007），被广泛应用于城市扩展（Li and Yel，2000；何春阳等，2002；张新焕等，2009）、土地利用变化趋势（Li and Yel，2002；于欢等，2010；曹雪等，2011）的时空模拟。ANN 模型具有高度非线性、并行分布处理、自组织、自学习等特点（Atkinson et al.，1997；Gong，1996；徐颖和吕斌，2008），对复杂的土地利用变化特征空间分布模拟也能获得满意的预测结果（骆剑承等，2001）。因此，主要选用这些模拟预测方法，对珠江三角洲地区土地利用变化的典型类型与区域，进行土地利用变化趋势的模拟预测。

一、广州市城镇用地扩展的预测分析

　　城镇用地扩展是近期珠江三角洲地区土地利用变化的明显特征之一，其中广州为其典型代表。选取广州市为研究区域，基于已有相关研究（纪芸等，2009；杨国清等，2006），采用地理模拟优化系统（GeoSOS）（Li et al.，2011），进行城镇用地变化的典型分析与预测，以期探究城镇用地扩展规律和未来可能的扩展模式。

1. 模拟预测的方法

　　黎夏等创建的 GeoSOS 采用了自下而上的策略来模拟复杂的非线性动态系统，通过

引入微观个体来反映环境演化过程中的自然、生态及社会系统间的相互作用，系统中包含着很多能够直接反映地理对象的离散实体，模拟效果较好，被广泛用于模拟、预测、优化并显示地理格局和过程（陈逸敏等，2010；黎夏等，2009；Li et al.，2011），故采用 GeoSOS 进行广州市城镇用地扩展的预测。同时，为验证预测方法的可行性，在预测前选用 2000 年和 2005 年的土地利用数据和空间变量数据挖掘 CA 模型转换规则，2009 年土地利用数据用以检验模型的预测精度，精度达到 84.3%，验证预测方法可行。

由于要对未来的土地利用变化状况进行模拟，所选择的规则提取时段与未来时段越相近，则土地利用变化规则越相似，基于此，选择最临近模拟时间的广州市 2005 年的数据和 2009 年的数据分别为土地利用变化规则提取的起始年份土地利用数据和终止年份土地利用数据，即利用 2005 年和 2009 年的土地利用数据和空间变量数据用以挖掘 CA 模型转换规则。

模拟预测对象为包括城镇村及工矿用地和交通运输用地的城乡建设及工矿用地，影响其变化的因素较多，如坡度、坡向、高程、起伏度等自然属性反映某一位置可转换为城乡建设及工矿用地的难易程度，而到市中心距离、到区中心距离、到高速公路距离、到国道省道距离、到镇中心距离等则反映人们对某一位置转换为城乡建设及工矿用地的意愿强烈程度，因此选择影响较大的坡度、坡向、高程、起伏度、到市中心距离、到区中心距离、到高速公路距离、到国道省道距离、到镇中心距离共 9 个影响因素为预测因子。

在具体预测过程中，对所有因子数据均进行了数值范围为 0～1 的标准化处理，所有数据分辨率统一转换为 90 m×90 m，数据生成 TXT 格式的 ASCII 码数据，在起始年份和终止年份分别输入广州市 2005 年和 2009 年的土地利用 TXT 格式数据，然后再设置土地利用类型对应值，进行相关系数计算和参数设置后，通过 GeoSOS 挖掘城镇空间演变的规律，并依据规则来预测 2020 年广州市城镇用地的空间格局（图 5.1）。

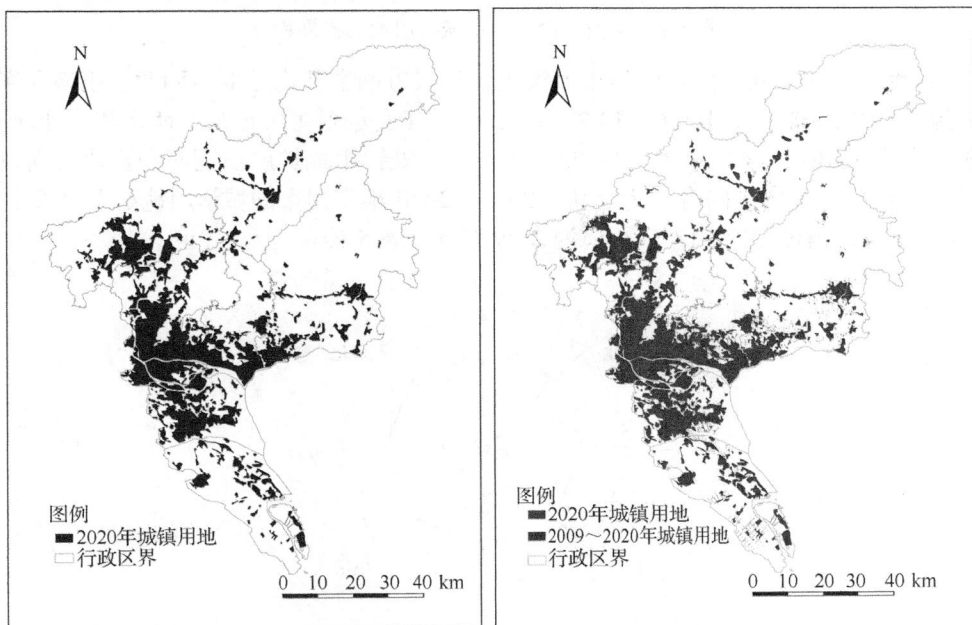

图 5.1 2020 年广州市城镇用地分布及扩展图

2. 模拟预测的结果

广州市 2020 年的城镇用地扩展预测结果（图 5.2）基本符合 1990～2009 年城镇用地扩展规律，其中 2009～2020 年广州市城镇用地将从 1072.29 km² 增加到 1436.83 km²，增长 34.00%，扩展强度为 0.46，纵向比较来看，扩展程度维持在中等偏低水平，模拟预测阶段广州市城镇用地扩展强度将有所降低。

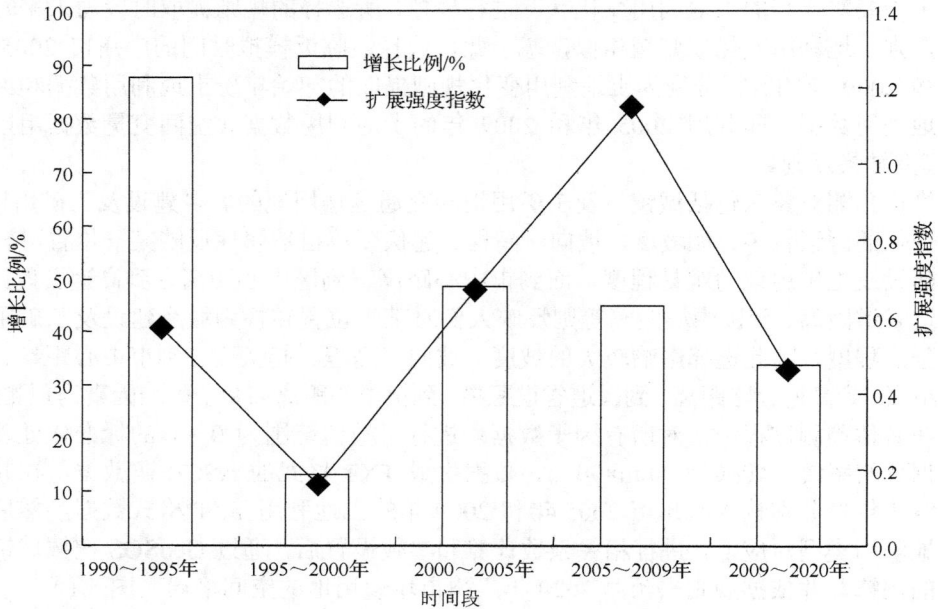

图 5.2　不同时段广州市城镇用地的扩展程度

预测从 2009～2020 年，广州市城镇用地扩展方向主要为正北、西北、正南和东北，方位指数分别为 26.93、19.86、13.77 和 13.62，其次是东南、正东、西南和正西，方位指数分别为 13.30、8.42、3.37 和 0.73（图 5.3），城镇用地扩展在正南和正北方向较强，向西方向较弱，东部方向有一定起伏。2009～2020 年广州市的城镇用地重心向西北方向转移，角度为北偏西 3°53′18″，距离为 2529.87 m（表 5.1）。

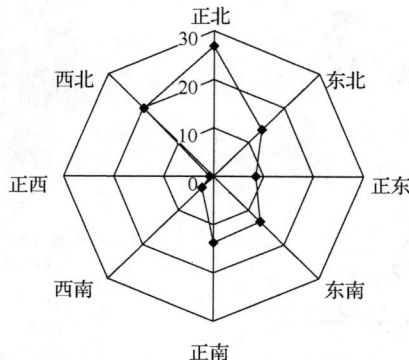

图 5.3　2009～2020 年扩展方位雷达图

表 5.1 2009～2020 年广州市城镇用地重心相关指数值

年份	重心坐标		重心转移	
	纬度	经度	距离/m	角度（正东为 0°）
2009	23°8′45″	113°24′12″	2529.87	93°53′18″
2020	23°10′7″	113°24′6″		

二、珠海市耕地数量变化的模拟预测

CA 模型分析中的土地利用元胞数据库是由一系列土地利用矢量图、栅格图、元胞样本子数据库、训练子数据库、验证子数据库和预测子数据库组成，可从元胞数据库数据中挖掘出土地利用演变的基本规律，同时也符合 ANN 模型对输入矢量、目标矢量的要求，二者结合进行区域土地利用变化趋势模拟往往具有更高的预测精度，故基于 GeoSOS 采用 ANN-CA 模型进行珠海市耕地数量变化趋势的模拟预测。

1. 模拟方法及流程

1）元胞和初始状态的定义

模拟预测的原始数据为珠海市 1988 年、1998 年与 2008 年的 TM 影像（分辨率为 30 m）卫星遥感解译数据，土地利用类型被划分为耕地、建设用地、林地、水域和未利用地 5 类，以 300 m×300 m 的尺度对矢量图进行栅格化形成二维的土地利用元胞空间，网格尺寸即元胞大小，土地利用类型即元胞状态，构成元胞状态集为{1,2,3,4,5}。另外，针对不同状态的元胞其邻居半径可能不同的情况，采用两种邻居定义，即 5 个邻居的摩尔型与 5 个邻居的自定义型。

基于数据资料，确定当前时刻 t 对应于 1988 年，则 $t+1$、$t+2$ 时刻分别为 1998 年、2008 年。提取 t 与 $t+1$ 时刻中能反映各状态元胞整体转换趋势的样本数据输入 ANN 网络来挖掘元胞的转换规则，$t+1$ 时刻的元胞数据同时也作为预测 $t+2$ 时刻的神经网络输入数据，评价 $t+2$（2008 年）时刻模拟的结果和实际 2008 年的土地利用准确率。当预测精度满足预测要求后，重新确定当前时刻 t 对应于 1998 年，则 $t+1$、$t+2$ 时刻分别为 2008 年、2020 年。以 1988～1998 年 ANN 网络挖掘到的规律作为元胞状态转换规则，将预测子数据库中 5 个元胞数据表提供给 ANN 网络作为输入矢量，得到 2020 年不同状态的元胞空间结构。

2）输入数据表、目标数据表结构定义

元胞的定义确定了土地利用元胞数据表的结构。在输入数据表中，一条记录代表一个元胞，每个元胞的属性由当前时刻自身的状态、5 个邻居的状态及元胞的空间标识码构成。目标数据表只包含下一时刻元胞自身的状态和空间标识码。空间标识码是两个数据表的关键字，实现表格间的关联。

3）元胞样本子数据库的建立

从栅格图到训练、验证和预测子数据库建构，必须对数据进行多次转换、剔除与分

类等，为此先设计了一个元胞样本预处理的过程，经过数据预处理生成一个元胞样本子数据库，训练、验证和预测数据都从这个数据库中提取，并根据不同的目的构成相应的数据表。具体操作如下：首先，利用 MATLAB 将 t、$t+1$ 时刻土地利用栅格图转换为 ASCII 文本文件，再将该文本文件数据转换成原始元胞数据表；其次，去除变化率极低且一定时期内不会发生状态变化的样本，优化元胞数据表，至此元胞样本子数据库共包括了原始元胞数据表、优化元胞数据表和分割后的 5 个元胞数据表，每个表格均包含元胞自身及 5 个邻居在 t、$t+1$ 时刻的状态；最后，将转换后的数据加载到 GeoSOS 中进行 CA 模拟。

4）训练、验证和预测子数据库的建立

为了客观地描述土地利用演变规律，评价 ANN 神经网络的训练效率，除了设置 t、$t+1$ 时刻的训练样本外，还设计了验证样本。采用随机的方法，以训练样本与验证样本数据量一定的比例，从前面不同初始状态的 5 个元胞数据表中分别提取训练与验证样本，既保证有足够的训练数据，又使验证结果具有可信度。

与训练、验证子数据库不同，预测子数据库的数据来源于原始元胞数据表。将原始元胞数据表按元胞的初始状态分割成 5 个数据表后，分别提取每个表中 $t+1$ 时刻的元胞数据生成预测子数据库，作为神经网络输入数据。

最终，整个土地利用元胞数据库构建完成，包括 1988 年、1998 年和 2008 的样区土地利用矢量图、栅格图和 4 个子数据库（元胞样本子数据库、训练子数据库、验证子数据和预测子数据库）。

5）ANN 神经网络参数设置与模拟

假定 ANN 网络的输入层 S_0 有 5 种元胞，代表 5 种初始的土地利用类型，其空间位置对应于当前元胞 5 个邻居间的状态，竞争层的神经元个数为 $S_1 = \sqrt{N}$（N 为输入样本数），在实际网络训练中动态给出，输出层的神经元数对应于元胞状态数。定义网络的最大训练数步数为 1000，最小均方差为 0.01，初始学习率设定为 0.2。土地利用空间数据库中各子数据库的输入数据表对应于 ANN 网络的输入矢量，目标数据表对应于 ANN 网络的输出矢量。首先，利用训练子数据库提供的输入数据和目标数据进行训练，训练结束后，将验证子数据库中的数据提供给网络，比较网络训练结果与实际验证结果，计算网络预测准确率。若准确率满足要求，则将预测子数据库的元胞数据提供给网络，对 $t+1$ 时刻各元胞的状态即 2008 年（第一次模拟）和 2020 年 $t+2$ 时刻（第二次模拟）土地利用结构进行预测，如果计算网络准确率低于目标值，则调整元胞定义或神经网络参数，重新训练。

2. 预测结果与分析

1）模拟预测

在 ANN 模型中，按元胞不同初始状态进行神经网络的训练、验证和预测，其中，不同状态元胞的邻居定义并不相同，如建设用地的相对面积较大采用自定义型的邻居半径，未利用地和水域的面积相对较小就采用摩尔型邻居半径。在网络模拟过程中，不同状态元胞的训练性能有一定差异（表 5.2），其中，林地、水域和未利用地的模拟准确率较高，模拟精度分别达到 91.46%、76.25%和 69.83%，建设用地和耕地的模拟准确率相对低一些，分别为 59.44%和 58.61%。

表 5.2 1988～1998 年 ANN 网络的性能参数

项目	元胞状态				
	1	2	3	4	5
土地利用类型	耕地	建设用地	林地	水域	未利用地
模拟准确率/%	58.61	59.44	91.46	76.25	69.83

将模拟的栅格图转换为矢量图件，可得 2008 年耕地模拟结果[图 5.4（a）]，将其与 2008 年遥感解译图进行叠置分析可得到 2008 年的模拟结果和 2008 年的实际情况的对比图[图 5.4（b）]，其中，图 5.4（b）中浅灰和黑色的区域是模拟与实际一致的区域，占了绝大部分的比例，说明该模型的模拟结果与实际分布在总体趋势上具有很好的一致性。对比图 5.4（a）和（b），图 5.4（b）中黑色的区域正是珠海市耕地集中分布的地区，这说明模型对耕地空间分布的预测比较可靠。图 5.4（a）中深灰色的区域是模拟为耕地而实际为非耕地的区域，是模拟与实际不一致的区域，从 2008 年土地利用现状图可以发现，这部分区域实际土地利用方式主要是养殖水面，而在 1998 年遥感解译图中，该区域还主要是耕地，该区域预测错误的原因应该是受到了模型之外变量的影响，主要是当地农村大力推广水产养殖农业政策和城镇建设的迅速扩张等，使大量耕地变成水域，同时城镇建设扩张也占用了大量地形平坦区的耕地，与图 5.4（b）相比，除了耕地变成水域相似外，城镇周边耕地减少更多，反映该模型更适合于模拟城镇建设用地扩展。图 5.4（b）中的白色区域是模拟为非耕地而实际为耕地的区域，该区域面积相对分散，主要分布在斗门区黄杨山西侧的低山丘陵和金湾区南水镇镇政府东侧及香洲区南屏镇南部位置，主要是因为受经济发展水平和地形的影响，该区域经济发展缓慢，以丘陵为主，交通不便，耕地非农化速度较慢。

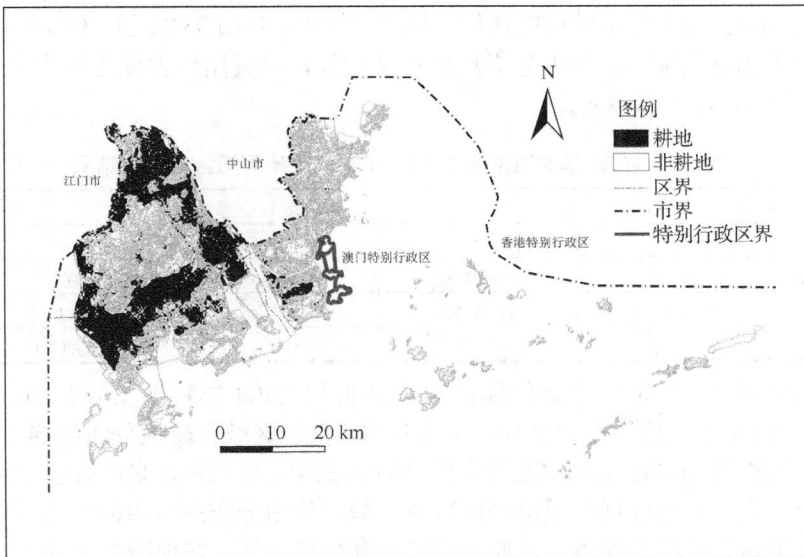

（a）2008年耕地模拟结果

图 5.4 2008 年珠海市基于 ANN-CA 的耕地模拟结果及其与实际情况对比

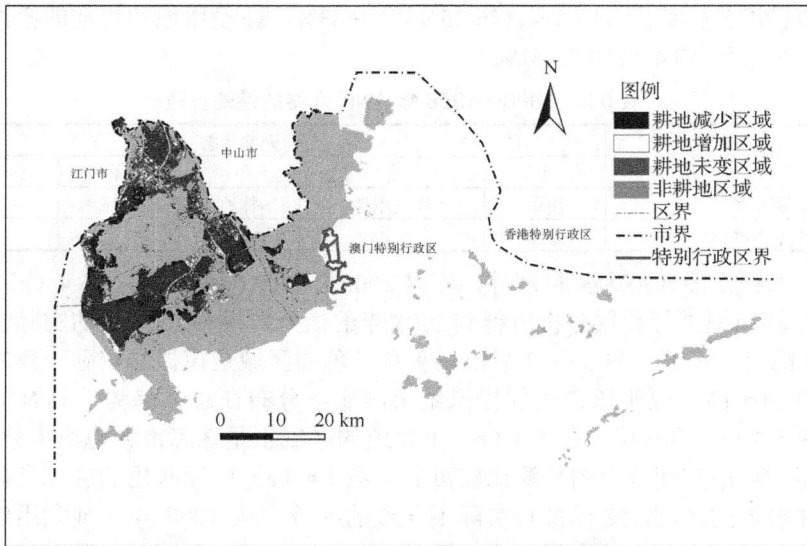

（b）2008年耕地模拟结果与实际情况对比

图 5.4（续）

之后，以 t 至 $t+1$ 时刻 ANN 网络挖掘到的规律作为元胞状态转换规则，将预测子数据库中 5 个元胞数据表提供给 ANN 网络作为输入矢量，得到 $t+2$ 时刻即 2020 年不同状态元胞的空间结构，获得 2020 年珠海市耕地的模拟结果。

2）结果分析

模拟结果（表 5.3）显示，2008 年和 2020 年珠海市的耕地面积分别为 36 664.81 hm²和 26 715.22 hm²，占土地总面积的比例分别为 21.04%和 15.33%，到 2020 年珠海市耕地面积将有较大幅度的减少，同期建设用地快速增加，建设用地占地比例将由 2008 年的 25.58%增至 2020 年的 36.35%。

表 5.3　2020 年珠海市基于 ANN-CA 的土地利用结构模拟结果

项目	元胞状态				
	1	2	3	4	5
土地利用类型	耕地	建设用地	林地	水域	未利用地
面积/hm²	26 715.22	63 348.66	36 863.41	42 923.92	4 420.72
比例/%	15.33	36.35	21.15	24.63	2.54

对比珠海市 2020 年耕地变化模拟预测结果与 2008 年耕地实际分布（图 5.5），图 5.5（b）中深灰色的区域是模拟耕地未变区域，灰色区域占耕地分布的绝大部分比例，说明模型模拟结果为耕地在总体趋势上保持较为稳定，与长期以来的社会经济发展速度拟合程度较一致。黑色区域是模拟耕地减少区域，集中分布在市内的斗门区莲洲镇、斗门镇、白蕉镇和金湾区平沙镇，香洲区横琴镇有少量分布，耕地减少主要集中在城镇建设用地的周边地区。其中，白蕉镇和平沙镇范围靠近交通道路沿线，是未来珠海市西部城区建设的主要区域，香洲区横琴镇中心沟附件有少量耕地减少，为未来澳门大学新校

址和横琴新区建设的重要区域。白色区域是模拟耕地增加区域，增加面积较少，呈零星分布，通过开发补充耕地的潜力不大。浅灰色区域是模拟非耕地区域，是珠海市土地利用的主体部分。

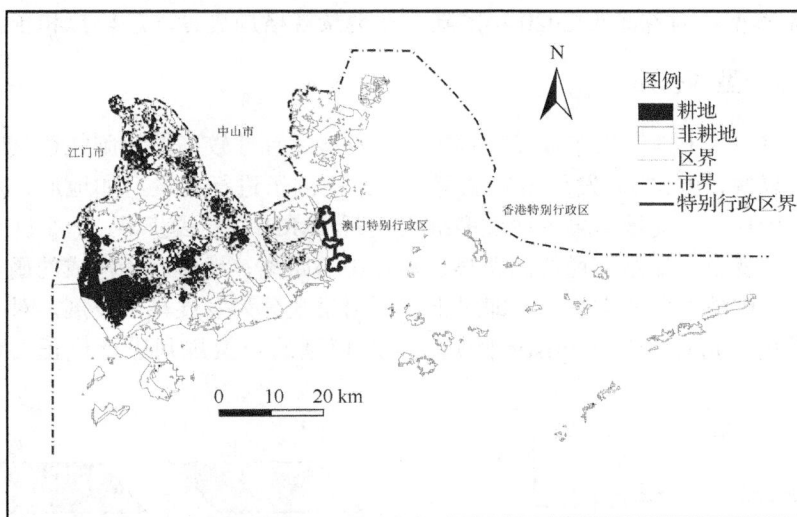

（a）

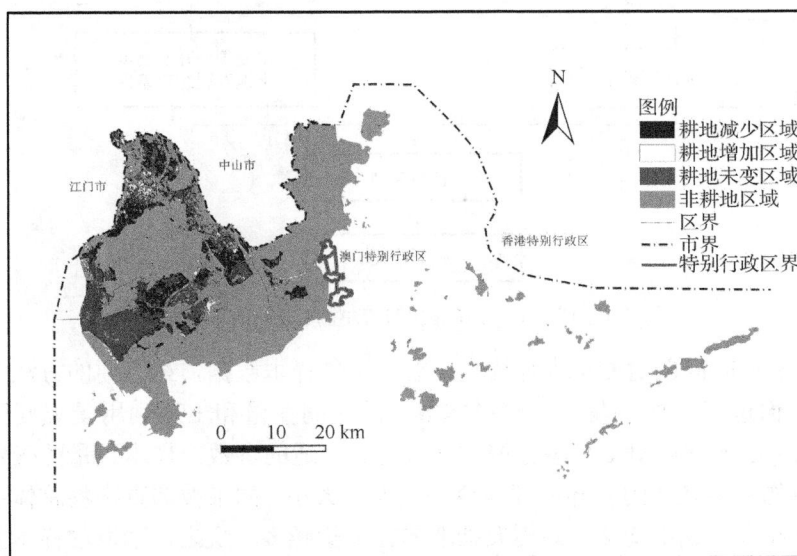

（b）

图 5.5　2020 年基于 ANN-CA 的耕地模拟结果及其与 2008 年实际情况比较

三、珠海滨海湿地景观动态变化模拟

CA 模型模拟的核心是转换规则，目前转换规则获取的方法主要有基于 Logistic 回归的 CA 和基于主成分分析的 CA 转换规则等，转换规则获取的智能式方法主要有基于神经网络的转换规则、基于遗传算法的转换规则、基于支持向量机的转换规则、基于粗

集的知识发现与地理模拟及基于案例的转换规则等。随着智能方法的发展，智能式方法获取转化规则不仅能方便、快速、有效地建立元胞自动机，挖掘出符合实际的转换规则，而且能够避免人为主观干扰，提高模拟效果。因此，充分发挥 CA 模型优势，选用 Logistic-CA 模型，对珠海市 2020 年的陆域湿地景观格局进行动态模拟和预测。

1. 模拟模型的构建

一般而言，在土地利用景观发展模拟中，发展适宜性较高的元胞往往具有较高的发展概率（黎夏等，2007）。发展适宜性可由一系列因子进行度量，如地形、水文、交通及社会经济指标等，度量结果可通过多准则判断（MCE）方法获得，一个区位的发展概率是诸多独立变量（如距交通线的距离、距市中心距离、地形）所构成的函数。在实际应用中，因变量是二项分类常量，即对土地利用景观分为发展与未发展，对于不满足正态分布条件的，可以利用 Logistic 回归对 CA 模型的转换规则进行校正（Wu，2002）（图 5.6）。

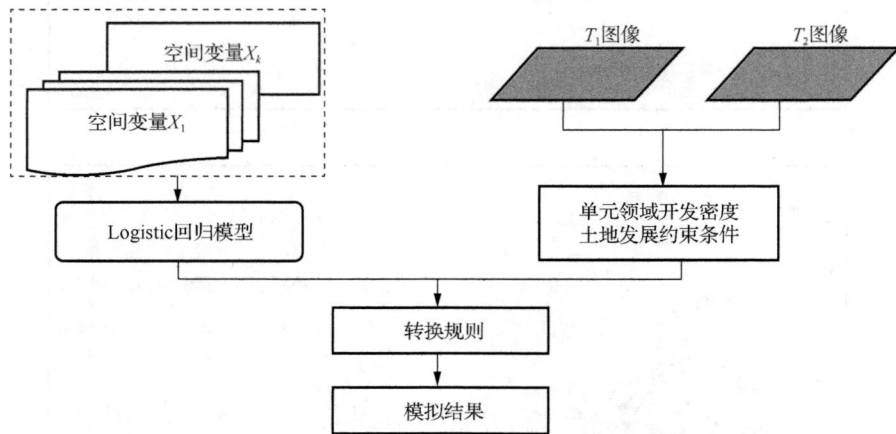

图 5.6　利用 Logistic 回归自动生成 CA 的转换规则

利用 Logistic 回归对 CA 进行校正，首先采集样本数据，最方便的方法是对两个年份的遥感影像进行采样，获取一定样本数量的空间变量和土地利用景观变化的经验数据，利用 Logistic 回归对 CA 进行校正，可得到合适的参数。样本数量的确定通常取决于被调查事物总体之间的差异程度与容许误差的大小。如果被调查事物总体中个体之间的差异程度越大、越不均衡，则需要抽取的样本量越多；反之，抽取的样本量越小。考虑到整个样本采集和分析流程均由计算机操作，可选取较大的样本量提高 Logistic 回归模型的精度。

2. 模型模拟的过程

首先，准备用于挖掘转换规则的空间数据，包括通过遥感和 GIS 获得的空间变量，其中遥感数据为珠海市 1998 年和 2008 年两期的土地利用类型图。研究区域的开发概率通过各空间变量建立 Logistic 回归模型来计算，因变量是一个二元值，表示 1998 年和

2008 年土地利用类型是否发生转变，自变量定义为高程、坡度、距城镇中心距离、距河流距离、距交通线距离、GDP、单位土地面积农业产值、人口密度、土壤类型和地下水类型共 10 个，将这些变量进行矢量化后，生成 300 m 分辨率的基础图件。按照 Logistic 回归原理，必须对两期的土地利用类型图进行叠加分析，判断变化与未变化两种状态的土地利用分布状况。2008~2020 年的土地利用变化模拟就主要通过 1998~2008 年的转换规则进行。

　　然后，通过随机采样方法在目标变量和距离中获取样本数据。利用 ArcInfo Workstation 的 GRID 模块中的 SAMPLE( )函数来获得采用数据。

　　之后，将获得的样本数据导入 SPSS 统计软件，进行 Logistic 回归模型运算（表 5.4）。

表 5.4　逻辑回归分析结果

模拟时间	空间变量	常数	高程	坡度	距城镇中心距离	距河流距离	距交通线距离	GDP	单位土地面积农业产值	人口密度	土壤类型	地下水类型
1998~2008 年	回归系数	−1.306	−4.403	−0.986	−0.572	0.261	2.468	−0.923	0.308	0.700	−0.015	−0.084
	标准差	0.025	0.031	0.022	0.019	0.008	0.024	0.198	0.005	0.199	0.000	0.002
2008~2020 年	回归系数	−1.334	−4.389	−1.038	−0.550	0.259	2.479	−0.363	0.311	0.133	−0.014	−0.084
	标准差	0.025	0.031	0.022	0.019	0.008	0.024	0.211	0.005	0.212	0.000	0.002

　　最后，将 Logistic 回归模型系数导入 GeoSOS 软件的 CA 模型中进行模拟预测。值得注意的是，概率 $P_{g(i,j)}$ 是通过两幅间隔较长一段时间（比 CA 一次迭代的时间要长得多）土地利用景观模式估算得到的，并将在模拟过程中保持不变。单元发展概率 $P_{g(i,j)}$ 仅考虑各种空间距离变量对其转化的影响，但 CA 的领域同样是非常重要的影响因素。因此，还将考虑领域对中心单元的影响。领域函数通过 Moore 型（3×3 领域窗口）来计算土地利用景观类型在空间上的相互影响，其表达式为

$$\Omega_{ij}^{t} = \frac{\sum_{3\times3} \mathrm{con}(s_{ij} = \mathrm{urban})}{3\times3-1}$$

式中，Ω_{ij}^{t} 为领域函数，代表 3×3 领域中的土地开发密度；con( )为条件函数，若单元状态 s_{ij} 为城市用地，则返回为真，否则为假；与概率不同的是，Ω_{ij}^{t} 带有时间符号 t，代表领域的土地利用景观开发密度在 CA 迭代过程中不断变化。

　　同时，还需要考虑客观的单元约束条件。主要从土地利用、城市生态环境保护和土地利用规划的角度，选取坡度 25°以上的山体、基本农田保护区、一级水源地保护区、土地利用总体规划中限制发展区等条件，并且赋值为 0，这些区域是城市用地禁止演化的范围。

　　在综合考虑全部发展概率、局部领域范围及单元约束条件的影响下，任意单元在 t 时刻发展为城市用地的概率可用以下公式来表达：

$$p_{c(i,j)}^{t} = p_{g(i,j)}\mathrm{con}(s_{ij}^{t} = \mathrm{suitable})\Omega_{ij}^{t}$$

　　从理论上来讲，可使用土地适宜性的评估值（0~1）来代替二元值（适宜或不适宜），以提高 CA 的真实性和科学性。为简化计算量，上述公式中利用函数 con( )将土

地适宜性转化成二元值（0,1）。

城市空间扩展的过程受各种自然、人为、政治、随机及偶然事件等因子的影响，特别是人类活动的干预。为使模型的计算结果更贴近实际情况，反映城市系统的不确定性，在改进的约束性 GeoCA 中引入了随机项，表达式为

$$RA = 1 + (-\ln\gamma)\alpha$$

式中，γ 值为 0～1 的随机数；α 是控制随机变量参数，为 1～10 的整数。可推算最终的发展概率表达式为

$$p_{(i,j)}^t = p_{c(i,j)}^t \times RA$$

求出单元发展概率后，需要判断该单元是否发展，常用方法是比较单元发展概率和域值大小，域值大小为 0～1。公式为

$$S_{t+1}(ij) = \begin{cases} \text{Developed} & p^t(ij) > p_{\text{threshold}} \\ \text{Undeveloped} & p^t(ij) \leqslant p_{\text{threshold}} \end{cases}$$

式中，$S_{t+1}(ij)$ 为单元在 $t+1$ 时刻的状态；$p_{\text{threshold}}$ 为发展概率域值。

另外，利用两期遥感解译数据来判断城市增长情况，转换规则主要通过两期遥感数据挖掘得到。遥感图像的观测间隔（ΔT）一般比 GeoCA 模拟的迭代间隔（Δt）要长很多。将从 ΔT 间隔得到的转换规则应用到 GeoCA 迭代运算中，还需要做适当调整：

If　　$p_t(ij) > p_{\text{threshold}}$　and　　$S_t(ij) = \text{UnDeveloped}$　　and　　$\gamma \leqslant \beta$

Then

$$S_{t+1}(ij) = \text{Developed}$$

式中，$x(i,j)$ 为对应位置 (i,j) 的单元；γ 为随机变量；$\beta = 1/K$，其中 K 为迭代次数。

3. 预测结果与分析

以 1998 年土地利用分布图作为预测起始时刻,模拟 2008 年珠海市的景观空间格局,通过 2008 年土地利用实际分布图与 2008 年模拟图进行精度检验。统计模拟结果（表 5.5），实际建设用地模拟为建设用地的栅格单元数量为 298 718 个、模拟精度为 62.4%。非建设用地模拟为非建设用地的单元数量为 1 161 161 个、模拟精度为 86.3%，总体模拟精度为 80.4%，模型模拟精度符合预测需求。

表 5.5　基于 Logistic-CA 模型的土地利用景观模拟与实际对比

实际类别	模拟栅格单元		
	建设用地/个	非建设用地/个	精度/%
建设用地	298 718	180 209	0.624
非建设用地	184 825	1 161 161	0.863

对比 2008 年土地利用景观格局模拟结果与实际情况（彩图 7）：绿色代表模拟与实际相一致的湿地景观，这部分区域占据绝大部分比例，表明该模型对湿地景观的模拟结果与实际分布在总体上呈现显著的一致性；浅绿色代表模拟为非湿地而实际为湿地的区域，主要分布在磨刀门和鸡啼门口门处，原因是这些区域在 1998 年土地利用景观分布

图中为浅海水域，通过一系列的围垦、围填海等开发工程，到 2008 年实际景观分布图中已成为河流景观，在设定模型约束条件时，并未把这些区域规定为禁止演化区域，因此导致模拟结果将此区域演化为林地、建设用地等非湿地景观。模拟为湿地而实际为非湿地的面积较少，且分布较为零散，通过与 2008 年土地利用现状图比较，磨刀门水道沿岸垦区的部分建设用地与旱地模拟为水田，金湾区西部的部分旱地模拟为水田和养殖水面。

　　基于 2008 年土地利用现状，模拟 2020 年珠海市土地利用景观（彩图 8），从中提取湿地景观类型信息并统计各类型的面积与比例。珠海市湿地景观模拟预测结果（表 5.6）显示，2020 年珠海市湿地景观总面积为 57 574.13 hm²，占珠海市总面积的 34.89%。水田和河流是其中的类型，其中以水田面积为最大，面积为 19 236.39 hm²，占湿地总面积的 33.41%，主要分布在珠海市金湾区的平沙镇、红旗镇和斗门区的白蕉镇；其次为河流，面积为 18 221.35 hm²，占湿地总面积的 31.65%。红树林和水库坑塘的分布面积最小，面积占比仅在 1% 左右。

表 5.6　2020 年珠海市湿地景观预测结果

项目	河流	滩涂	红树林	水田	水库坑塘	养殖水面	合计
面积/hm²	18 221.35	2 884.07	536.32	19 236.39	714.64	15 981.36	57 574.13
比例/%	31.65	5.01	0.93	33.41	1.24	27.76	100.00

　　预测 2020 年与 2008 年相比，珠海市的陆域湿地总面积减少 8216.12 hm²，其中水田和养殖水面的面积变化最为明显，分别减少 4094.77 hm² 和 3805.61 hm²，分别占湿地减少总面积的 49.84% 和 46.32%，减少的去向主要是转化为建设用地。2008～2020 年，滩涂面积预测减少 185.12 hm²，减少速率为 0.50%，小于 1988～2008 年减少的速率 0.82%，滩涂流失速度呈缓慢减少的趋势。2020 年珠海市的河流面积与 2008 年相比变化不大，主要原因是约束条件水体为城镇用地扩展所占用的可能性较低。红树林和水库面积 2020 年与 2008 年相比无明显变化，原因是在确定约束条件时，考虑到人为保护措施在湿地景观格局变化过程中所起到的重要作用，尤其是湿地保护区、水源保护区的建立，有效地减缓了保护区范围内湿地景观面积减小的速度。

四、典型区域土地利用变化趋势预测

　　CA 模型已成为土地利用变化研究中的重要模拟预测方法，ANN 模型适用于复杂信息的非线性预测特性，将二者结合起来能更客观地确定元胞转换规则，挖掘土地利用的空间扩展规律，可更好地实现区域土地利用变化过程的反演和预测，因此在前述主要用地类型的发展趋势预测基础上，选择珠江三角洲地区中部广州市的花都区为研究区域，基于 GeoSOS 采用 ANN-CA 模型进行珠江三角洲地区典型区域土地利用变化趋势的模拟预测。

1. 区域土地利用变化模拟过程

1）元胞和初始状态的定义

选择广州市花都区全区为研究区域及实证样区，原始数据为区域 1990 年与 2008 年的 TM 卫星遥感影像图，利用地形图经几何校正后，进行人机交互解译、数字化，将土地利用类型划分为耕地、建设用地、草地、林地、果园、其他农用地和未利用地 7 类，考虑到模型的运行速度及足够的样本数量，以 30 m×30 m 的尺度对矢量图进行栅格化处理，即构成二维的土地利用元胞空间，网格尺寸即元胞大小，土地利用类型即元胞状态，构成元胞状态集为{1,2,3,4,5,6,7}。另外，针对不同状态的元胞其邻居半径可能不同的情况，采用两种邻居定义，即 7 个邻居的摩尔型与 7 个邻居的自定义型。

2）元胞转换规则的确定

根据元胞当前状态及其邻居状况确定下一时刻该元胞状态的动力学函数，即一个状态转移函数。将一个元胞所有可能状态连同负责该元胞的状态变换的规则一起称为一个变换函数，该函数构造了一种简单的、离散的空间/时间范围的局部物理成分。在要修改的范围里采用这个局部物理成分对其结构的"元胞"重复修改。这样，尽管物理结构的本身每次都不发展，但是状态在变化。它可以记为

$$f : S_i^{t+1} = f(s_i^t, s_n^t)$$

式中，s_n^t 为 t 时刻的邻居状态组合；f 为元胞自动机的局部映射或局部规则。

同时，元胞自动机是一个动态系统，时间维上的变化是离散的，即时间 t 是一个整数值，而且连续等间距。假设时间间距 $d_t=1$，若 $t=0$ 为初始时刻，那么 $t=1$ 为其下一时刻。在上述转换函数中，一个元胞在 $t+1$ 的时刻只（直接）取决于 t 时刻的该元胞及其邻居元胞的状态［虽然在 $t-1$ 时刻的元胞及其邻居元胞的状态间接（时间上的滞后）影响元胞在 $t+1$ 时刻的状态］。根据广州市花都区的数据资料，确定当前时刻 t 对应于 1990 年，则 $t+1$、$t+2$ 时刻分别为 2008 年、2020 年。提取 t 与 $t+1$ 时刻中能反映各状态元胞整体转换趋势的样本数据输入 ANN 网络来挖掘元胞的转换规则，$t+1$ 时刻的元胞数据同时也被作为预测 $t+2$ 时刻的神经网络输入数据。

3）输入数据表、目标数据表结构定义

元胞的定义确定了土地利用元胞数据表的结构。在输入数据表中，一条记录代表一个元胞，每个元胞的属性由当前时刻自身的状态、7 个邻居的状态及元胞的空间标识码构成。目标数据表只包含下一时刻元胞自身的状态和空间标识码。空间标识码是两个数据表的关键字，实现表格间的关联。

4）元胞样本子数据库的建立

从栅格图到训练、验证和预测子数据库的建构，必须对数据进行多次转换、剔除、

分类等。为此，先设计一个元胞样本预处理的过程，经过数据预处理生成一个元胞样本子数据库，训练、验证和预测数据都从这个数据库中提取，并根据不同的目的构成相应的数据表。

首先，利用 MATLAB 将 t、$t+1$ 时刻土地利用栅格图转换为 ASCII 文本文件，再将该文本文件数据转换成如上结构定义的原始元胞数据表。其次，去除变化率极低且一定时期内不会发生状态变化的样本，优化元胞数据表。至此，元胞样本子数据库共包括原始元胞数据表、优化元胞数据表和分割后的 7 个元胞数据表，每个表格均包含元胞自身及 7 个邻居在 t、$t+1$ 时刻的状态。最后，将转换后的数据加入 GeoSOS 里进行 CA 模拟。在 GeoSOS 里进行 CA 模拟的主要步骤如下。

（1）土地利用重分类：依次进行其他土地利用类型的重分类，将各地类转换成前述的 7 种土地利用类型。

（2）将 1990 年、2008 年矢量土地利用数据转换为栅格数据。

（3）将 1990 年和 2008 年转出的土地利用数据转为 ASCII 码格式。

（4）获取花都区的铁路、高速公路数据。对 2020 年主要交通干线图使用 Spatial Analyst 菜单里的直线距离计算每个点到交通干线的距离，然后用同样的方法计算到城市中心的距离。将各空间距离因子数据进行反向归一化计算，从而使整个数据的范围为 0～1，并且距离位置越近值越大。最后将各空间距离因子数据转为 ASCII 码文件。

（5）将数据加入 GeoSOS 里进行 CA 模拟。

根据所得栅格影像数据统计，2008 年建设用地栅格数为 8793，1990 年建设用地栅格数为 2435，其中，1990～2008 年共转换栅格数为 6358，因此 2008～2020 年应转换栅格数为 4239，即到 2020 年建设用地栅格总数应该为 13 032。

5）训练、验证和预测子数据库的建立

为了客观地描述土地利用变化规律，评价 ANN 神经网络的训练效率，除了设置 t、$t+1$ 时刻的训练样本外，还设计了验证样本。采用随机的方法，以训练样本与验证样本数据量一定的比例，从前面不同初始状态的 7 个元胞数据表中分别提取训练与验证样本，既保证有足够的训练数据，又使验证结果具有可信度。例如，在建立建设用地元胞数据表时，1339 个元胞样本被分成 893 个训练样本和 446 个验证样本，即训练子数据库和验证子数据库。

与训练子数据库和验证子数据库不同，预测子数据库的数据来源于原始元胞数据表。将原始元胞数据表按元胞的初始状态分割成 7 个数据表后，分别提取每个表中 $t+1$ 时刻的元胞数据生成预测子数据库，作为神经网络输入数据。

最终，整个土地利用元胞数据库构建完成，它包括 1990 年和 2008 年的广州市花都区土地利用矢量图、栅格图和 4 个子数据库（元胞样本子数据库、训练子数据库、验证子数据和预测子数据库）。

6）ANN 神经网络参数设置与模拟

ANN 网络的输入层 S_0 为 7 个神经元，对应于当前元胞 7 个邻居的状态，竞争层的

神经元个数为 $S_1 = \sqrt{N}$（N 为输入样本数，在实际网络训练中动态给出），输出层的神经元数对应于元胞状态数，即 $S_2=7$，形成了 $7 \times \sqrt{N} \times 8$ 的网络结构。定义网络的最大训练数步数为 1000，最小均方差为 0.01，初始学习率为 0.2。土地利用元胞数据库中各子数据库的输入数据表对应于 ANN 网络的输入矢量，目标数据表对应于 ANN 网络的输出矢量。按照上述设计，在训练开始阶段，误差收敛十分明显，但大约在 700 次时，误差减少几乎为 0，在继续训练到 1000 次时，误差平稳，停止训练，由此得到训练好的 ANN 网络模型（图 5.7）。

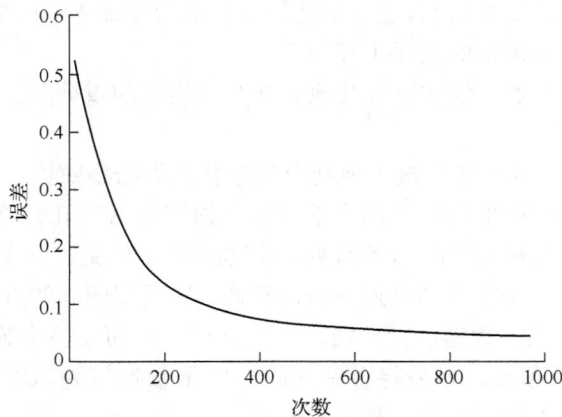

图 5.7　误差随训练时间增加而减少

利用训练子数据库提供的输入数据和目标数据训练结束后，将验证子数据库中的数据提供给网络，比较网络训练结果与验证结果，计算网络预测准确率。若准确率满足要求，则将预测子数据库的元胞数据提供给网络，对 $t+2$ 时刻各元胞的状态即 2020 年土地利用结构进行预测，否则调整元胞定义或神经网络参数，重新训练。

在 ANN 模型中，按元胞不同初始状态进行神经网络的训练、验证和预测。不同状态元胞的邻居定义并不相同，城市用地的相对面积较大，采用自定义型的邻居半径；草地和水体的面积相对较小，采用摩尔型邻居半径。在网络模拟过程中，不同状态元胞的训练性能有一定差异（表 5.7），其中，建设用地的模拟准确率较高，而非建设用地的模拟准确率相对较低但亦达到 60% 以上，总体达到预测精度要求，可用于进行研究区域土地利用变化趋势的模拟预测。

表 5.7　ANN 网络的性能参数

元胞状态	土地利用类型	模拟准确率/%	网络均方差	迭代次数
1	耕地	87.13	0.010	1000
2	建设用地	80.50	0.014	1000
3	草地	73.82	0.028	1000
4	林地	86.89	0.010	1000
5	果园	58.80	0.043	1000
6	其他农用地	0.00	0.000	0
7	未利用地	76.47	0.023	1000

2. 花都区模拟预测结果与分析

以 t 至 $t+1$ 时刻 ANN 网络挖掘到的规律作为元胞状态转换规则,将预测子数据库中 7 个元胞数据表提供给 ANN 网络作为输入矢量,得到 $t+2$ 时刻即 2020 年不同状态元胞的空间结构,也即 2020 年土地利用类型结构。预测结果(彩图 9 和表 5.8)为:至 2020 年花都区总建设用地面积将增至 35 072 hm²。对比广州市花都区 1990 年、2008 年及 2020 年的土地利用结构数量特征,总体是以建设用地数量快速增加、一般耕地及未利用土地迅速减少及农用地转变为建设用地为基本变化趋势。同时,许多城镇周围农用地转成建设用地概率远大于偏远地区。

表 5.8 2020 年花都区土地利用结构模拟结果

代码	类型	面积/hm²	占地比例/%
1	耕地	5 257	5.43
2	建设用地	35 072	36.20
3	草地	499	0.52
4	林地	35 864	37.02
5	果园	6 362	6.57
6	其他农用地	13 735	14.18
7	未利用地	83	0.09
合计		96 872	100.00

第二节 土地利用结构与空间的优化

珠江三角洲地区土地利用变化的上述预测结果表明,受区域自然、社会与经济发展等的驱动与影响,未来一定时期内珠江三角洲地区将延续建设用地扩张、耕地面积减少、生态用地缩减等发展趋势,为保证土地资源开发利用对区域社会经济发展的支撑,未来进一步调整土地利用结构、优化土地利用空间布局将是提高土地利用水平的基本途径。为此,以广州市花都区为例,在前述未来土地利用变化趋势预测的基础上,进行区域土地利用类型结构和空间布局优化的探讨与分析,从而为应对珠江三角洲地区土地利用变化提供策略依据。

一、广州市花都区土地利用的结构优化

珠江三角洲地区实现土地资源优化配置的核心问题之一是土地利用结构的优化,需要通过土地利用类型的最优分配和最佳利用,合理组织土地的开发、利用、保护和整治,协调人地关系,以期达到最佳的社会、经济和生态综合效益。具体可以采用多目标线性规划中逐步宽容约束(GECM)方法,以广州市花都区为例,结合区内土地利用结构中存在的问题,对土地利用结构调整进行定性、定量分析,综合考虑社会、经济、生态等因素,提出土地利用结构的优化调整方案,以实现土地资源的科学、合理、高效利用和土地生态系统的相对平衡,提高土地利用效率和综合效益,对解决珠江三角洲地区当前

土地资源严重紧缺问题具有重要的现实意义（刘彦随和方创琳，2001；董品杰和赖红松，2003；涂小松等，2009）。

1. 研究方法

由于土地利用系统的复杂性，简单的以数学模型为主要手段的定量分析无法满足土地利用结构优化的需求（王红瑞等，2008），多目标线性规划模型将定性分析与定量模型相结合，形成符合现实情况的约束条件，在实现土地利用结构优化方面拥有一定的技术优势（席一凡和杨茂盛，2001；Gilbert et al., 1985；Diamond and Wright，1989）。尤其是多目标线性规划中的逐步宽容约束方法，属于解多目标最优化问题的交互规划方法，属分析者的求解和决策者的决策相结合的求解过程，是一个采用分析阶段反复交替进行的求解多目标最优化问题的方法。该方法的求解过程包括分析和决策两个阶段。在分析阶段，分析者按理想点法对模型求解，然后在所得到的参考目标值和理想目标值基础上，按最优满意目标给出使其目标值做出让步的宽容量，以换取不满意目标的改善，再把这些信息提供给分析者及需求解，如此反复进行逐步以满意目标的宽容让步换取不满意目标的改善，最后求得决策者对该目标均满意的解。具体如下。

考虑多目标极大值问题 $\max_{x \in X} f(x) - x$，其中 $x = (x_1, \cdots, x_n)^T$，$X \subseteq R^n$ 是紧集，$f(x) = (f_1(x), \cdots, f_m(x))^T$，并且各分目标为线性函数 $f_i(x) = c_i^T x = \sum_{j=1}^{n} c_{ij} x_j$，$i = 1, \cdots, m$。在目标函数约束集 X 上极大值各分目标函数为 $f_j(x)(j = 1, \cdots, m)$，设得极大点 x^{j*}：$f_j(x^{j*}) = \max_{x \in X} f_j(x)$，$j = 1, \cdots, m$。

逐步宽容约束法的计算步骤如下。

第1步 分目标极大值。求 x^{j*} 使 $f_j(x^{j*}) = \max_{x \in X} f_j(x)$，$j = 1, \cdots, m$。若 $x^{1*} = \cdots = x^{m*}$，则输出绝对最优解 $x^* = x^{j*}(i = 1, \cdots, m)$，否则进行第2步。

第2步 列出目标列表。计算 m^2 个目标值 $f_{ij} = f_i(x^{j*}), i, j = 1, \cdots, m$，由此得到
$$f_i^* = f_{ii}, i = 1, \cdots, m$$
$$f_i^\Delta = \max_{1 \leq j \leq m} f_{ij}, i = 1, \cdots, m$$

第3步 给定初始约束集。令 $x^1 = x, k = 1$。

第4步 计算权系数 $w_0, \cdots, w_m$。

第5步 求解辅助问题，求解极大值问题
$$\begin{cases} \max \lambda \\ x \in X \\ w_i \left(\sum_{j=1}^{n} c_{ij} x_j - f_i^* \right) \leq \lambda, \ (i = 1, \cdots, m) \\ \lambda \geq 0 \end{cases}$$

得最优解 $(x^{kt}, \lambda^k)^T$，其中，w_i 是第 i 项权系数。求解上述极大值的辅助问题，设得到最优解 $(x^T, \lambda)^T$，由极大模理想点法可知，当 $w_i \geq 0(i = 1, \cdots, m)$ 时，为目标函数的有

效解。

第 6 步　比较目标值。由决策者对当前的参考目标值 $f_1(x^k), \cdots, f_m(x^k)$ 和理想目标值 $f_1^*, \cdots, f_m^*$ 进行比较，分以下三种情况：

（1）若对所有的目标均满意，则输出 $x = x^k$；

（2）若对所有的目标均不满意，或 $k = m$ 仍对一些目标不满意，则无满意解，停止迭代；

（3）若 $k < m$，则对目标 $f_{sk}(1 \leqslant sk \leqslant m)$ 表示满意，进行第 7 步。

第 7 步　构造新约束集。由决策者对满意目标 f_{sk} 给出最大宽容量 $\Delta s_k > 0$，然后做新约束集 $X^{k+1} = \left\{ x \in X^k \left| \begin{array}{l} f_{sk}(x) \leqslant f_{sk}(x^k + \Delta s_k) \\ f_i(x) \leqslant f_i(x^k), i \neq s_k \end{array} \right. \right\}$。令 $a_{sk} = 0, k = k + 1$，转第 4 步。

上述分析阶段和决策阶段交替进行，直至逐步完成宽容约束的求解。

2. 目标设定

土地利用结构优化的目标最终是要通过土地利用的经济效益、社会效益和生态效益三个方面来综合体现的，即通过各种土地利用类型的合理组合，力争所有目标达到一种最优化的综合效益（王新生和姜友华，2004；吴泽宁和索丽生，2004）。具体目标的设定如下。

1）经济效益目标函数

土地的经济效益，要求各种类型地类的产出量达到最大化，也是土地利用结构优化的主要目标。其中，经济目标函数为

$$\max f_1^{\pm} = \max C_1^{\pm} X^{\pm}$$

式中，$C_1^{\pm}$ 为各种土地单位面积产值的区间数向量；$X^{\pm}$ 为土地面积变量所组成的区间数向量。

2）生态效益目标函数

土地生态效益，要求尽量减少土地利用方式变更过程中对生态环境所产生的不利影响，生态目标函数为

$$\max f_2^{\pm} = \max C_2^{\pm} X^{\pm}$$

式中，$C_2^{\pm}$ 为使用每种土地利用方式对生态环境所产生的影响的评估，对自然生态越有好处，分值越高，所以，生态目标也是最大化目标。

3）社会效益目标函数

在充分考察土地利用带来经济生态效益的同时，注重社会效益是十分必要的。社会效益目标函数为

$$\max f_3^{\pm} = \max C_3^{\pm} X^{\pm}$$

式中，$C_3^{\pm}$ 为使用每种土地利用方式对社会效益所产生的影响的评估，对社会效益越有好处，分值越高，所以，社会效益也是最大化目标。

4）总效益目标函数

将广州市花都区土地利用经济效益确定为系统的首要目标，生态效益、社会效益等作为系统约束，根据土地利用分类标准选择 16 个二级地类（水田 x_1、旱地 x_2、菜地 x_3、园地 x_4、林地 x_5、牧草地 x_6、其他农用地 x_7、城镇用地 x_8、农村居民点 x_9、独立工矿 x_{10}、特殊用地 x_{11}、交通运输用地 x_{12}、水利建设用地 x_{13}、荒草地 x_{14}、难以利用土地 x_{15}、水域 x_{16}）为基础，将根据专家打分法确定的各地类社会效益、经济效益和生态效益的贡献率作为其权重，并将权重作为其目标函数的系数，得出广州市花都区土地利用优化配置目标函数表（表 5.9）。

表 5.9　花都区土地利用优化配置目标函数表

模型目标	函数构建
社会效益	$\mathrm{Max}f_1=x_1+x_2+0.98x_3+0.9x_4+0.45x_5+0.14x_6+0.6x_7+0.78x_8+0.78x_9+0.3x_{10}+0.45x_{11}+0.7x_{12}+0.3x_{13}+0.15x_{14}+0.1x_{15}+0.4x_{16}$
经济效益	$\mathrm{Max}f_2=0.12x_1+0.1x_2+0.2x_3+0.25x_4+0.08x_5+0.07x_6+0.2x_7+x_8+0.6x_9+x_{10}+0.4x_{11}+0.85x_{12}+0.45x_{13}+0.05x_{14}+0.04x_{15}+0.1x_{16}$
生态效益	$\mathrm{Max}f_3=0.5x_1+0.42x_2+0.42x_3+x_4+x_5+0.49x_6+0.4x_7+0.45x_8+0.4x_9+0.45x_{14}+0.45x_{16}$

3. 约束条件

从建设生态城市的角度，以寻求城市扩张与资源保护为出发点，根据广州市花都区土地利用的特点，按照区内分异规律，设置广州市花都区涉及土地面积、土地利用结构、宏观计划、资源及技术约束等 8 个方面的 GECM 约束条件。

1）土地总面积约束

土地总面积约束 $\sum_{i=1}^{16} x_i = M$，式中，土地总面积 M 为 96 780 hm^2。

2）宜耕地面积约束

宜耕土地面积约束 $x_1 \leqslant \mathrm{YNL}$，式中，区内最大宜耕土地面积主要是一等和二等农用地中的面积约束，YNL 为 45 126 hm^2。

3）未利用地面积约束

未利用地面积约束 $\sum_{14}^{16} x_i \leqslant \mathrm{DL}$，式中，区内未利用地面积 DL 为 2223 hm^2。

4）宏观计划约束

（1）大农业约束 $\sum_{i=1}^{6} x_i \geqslant \mathrm{ANL}$，式中，区内计划最低农业用地面积 ANL 为 59 026 hm^2；

（2）耕地最小面积约束 $x_i \geqslant \mathrm{AF}$，式中，区内耕地保有量 AF 为 15 760 hm^2；

（3）林地最小面积约束 $x_5 \geqslant \mathrm{ML} \times k'/k$，设定式中区内林地覆盖率 κ'/κ 为 32%，

ML 为区域土地总面积；

（4）农业部门用地比例约束 $x_1 : x_2 : x_3 : x_4 : x_5 : x_6 = \ell_1 : \ell_2 : \ell_3 : \ell_4 : \ell_5 : \ell_6$，式中，$\ell_1 : \ell_2 : \ell_3 : \ell_4 : \ell_5 : \ell_6$ 为区内农业部门用地结构比例。

5）城乡建设用地规模约束

城乡建设现状约束 $\sum\limits_{i=8}^{13} x_i \geqslant UL$，式中，UL 为城乡建设用地计划面积，根据《广州市花都区发展区总体规划》中城乡建设用地规划需求，预测 2020 年花都区总人口为 180 万，按人均建设用地面积 160 m² 计，需要建设用地面积 28 800 hm²，将此数据定为 2020 年城乡建设用地计划面积数量。

6）总人口约束

人口约束 $\gamma_A \times \sum\limits_{i=1}^{7} x_i + \gamma_U \times \sum\limits_{i=8}^{13} x_i \leqslant M_{\gamma(v)}$，式中，$\gamma_A$、$\gamma_U$ 分别为规划区农用地和城镇用地人口预测密度（18 人/hm²），区内 v 年预测总人口 $M_{\gamma(v)}$ 为 180 万。

7）资源约束

（1）用电量约束 $\varphi_A \times \sum\limits_{i=1}^{7} x_i + \varphi_U \times \sum\limits_{i=8}^{13} x_i \leqslant M_{\varphi(v)}$，式中，$\varphi_A$、$\varphi_U$ 分别为区内农用地和城镇用地用电量（kw·h /hm²）；区内 v 年预测供电总量 $M_{\varphi(v)}$ 为 311.20 kw·h。

（2）用水量约束 $\theta_A \times \sum\limits_{i=1}^{7} x_i + \theta_U \times \sum\limits_{i=8}^{13} x_i \leqslant M_{\theta(v)}$，式中，$\theta_A$、$\theta_U$ 分别为区内农用地和城镇用地用水量（m³/hm²）；$M_{\theta(v)}$ 为区内 v 年预测供水总量 20 526.11 m³。

（3）资金投入约束 $\sum\limits_{u=1}^{16} \sum\limits_{i=1}^{16} \omega_{ui} x_i + \xi_{(in)} - \xi_{(out)} \geqslant M_{\omega(v)}$，式中，$\omega_{ui}$ 为区内单位面积土地资金投入量（万元/hm²）；$\xi_{(in)}$ 为资金调入量（万元）；$\xi_{(out)}$ 为资金调出量（万元）；$M_{\omega(v)}$ 为区内 v 年资金需求总量（万元）。

8）数学模型约束

$X_i \geqslant 0, \ i = 1, \cdots, 16$。

4．优化结果

以 2008 年广州市花都区第二次土地调查结果为基础年份数据，考虑实际需要，将建设用地不做细分，共选择耕地、园地、林地、牧草地、其他农用地、建设用地、未利用地 7 个地类，土地总面积为 96 780 hm²，期限为 2008～2020 年，将数据导入 DPS 中并编辑公式进行运算，获得花都区土地利用结构的最优解（表 5.10）。

表 5.10 花都区土地利用结构现状和优化比较

类型	现状面积/hm²	比例/%	优化面积/hm²	比例/%	面积变化/hm²	占地比例变化/%
耕地	10 999	11.36	15 760	16.28	4761	4.92
园地	10 509	10.86	7 916	8.18	−2593	−2.68
林地	35 541	36.72	31 008	32.04	−4533	−4.68
牧草地	900	0.93	610	0.63	−290	−0.30
其他农用地	13 511	13.96	11 191	11.56	−2320	−2.40
建设用地	23 097	23.87	28 800	29.76	5703	5.89
未利用地	2 223	2.30	1 495	1.54	−728	−0.75
总计	96 780	100.00	96 780	100.00		

比较优化后的土地利用结构和土地利用现状结构（表 5.10），总体而言，优化配置后的 2020 年土地利用结构与 2008 年相比变化不大，耕地、园地、其他农用地、未利用地分别为 15 760 hm²、7916 hm²、11 191 hm²、1495 hm²，与 2008 年第二次土地调查结果相比，变化率分别为 4.92%、−2.68%、−2.40%、−0.75%。林地、建设用地分别为 31 008 hm²、28 800 hm²，占地比例与 2008 年现状相比的变化分别为−4.68%、5.89%。结果表明，2008 年广州市花都区建设用地规模已基本达到区域建设用地的合理用地规模，同时，为保证耕地面积的稳定，预测期内耕地面积需要增加 4761 hm²，耕地保护压力较大，未来发展用地不足的矛盾将日益突出。

比较前述土地利用变化趋势预测结果和优化后 2020 年土地利用结构结果（表 5.8 和表 5.10），在实现花都区最优前提下，其建设用地总面积应为 28 800 hm²，根据 1990～2008 年建设用地扩展趋势并通过 ANN-CA 模拟 2020 年建设用地的可能面积为 35 072 hm²，二者存在较大的差距。同时，从土地利用实际情况看，2008 年广州市花都区人均建设用地高达 321 m²，已远超合理规模值，当前用地规模应可满足社会经济发展的需要，未来其土地利用的战略重点需要从外延型扩展向内涵发展转变，亟待对花都区土地利用空间结构进行优化和协调，优化配置土地资源，合理保护耕地资源，促进土地利用向集约化和高效化发展。

二、广州市花都区土地利用的空间优化

在土地资源紧缺的形势下，广州市花都区土地资源的可持续利用重在内涵式发展与提升，在土地利用结构优化基础上的空间优化配置是其根本途径。需要在区域发展要求基础上，进行土地利用不同空间配置方案的比较选优，确定区域土地利用的最佳空间优化配置方案。

1. 空间优化配置原则

1）一般性原则

（1）整体性与协调性相结合的原则。土地具有多种用途，任何一个区域均须在土地利用布局上统筹兼顾，协调各产业、各部门对土地的需求，做到地尽其用、地尽其利。土地利用不但要在整个区域注意统筹兼顾和合理安排，各产业各部门内部的土地利用也要能够全面发展，才能使土地利用系统的整体功能得到充分发挥，保证区域内土地资源

的高效、持续和协调利用，使土地资源的开发利用在社会效益、生态效益和经济效益三方面达到统一。

（2）继承性原则。土地利用布局是在长期经济活动中形成的，具有一定的合理性，同时也具有一定的刚性。土地利用配置调整过程就是对现状土地利用进行调整趋优的过程，在这个过程中，土地利用的优化配置须以土地利用现状为基础。只有在土地利用现状的结构、空间布局和综合效益系统分析的基础上确定相对合理的优化方案，才能保持土地利用的稳定性，做到循序渐进。

（3）持续性原则。土地资源的开发利用，不能以破坏环境、滥耗资源、损害生物多样性为代价，而应做到保持生态环境稳定，保护生物多样性，并保护土地生产力持久、连续开发和世代公平利用。为此，土地资源利用的空间优化配置，须尽可能地避免因土地开发利用而造成的生态损害，保证土地开发利用的持续性。

（4）动态性原则。土地利用是一个复杂的综合系统，构成土地的自然要素和经济要素一直处于不断变化和发展中，土地利用更随社会经济因素的变化而变化，导致土地利用空间配置方案也应不断进行调整和优化。因此，土地利用空间配置的优化具有相对性，要根据区域经济发展变化的需要不断进行适时调整和修正，以保持相对优化的状态，从而在相对稳定的基础上表现区域土地利用的动态。

（5）宏观、中观、微观相结合的原则。区域土地利用的空间优化配置，应兼顾宏观、中观、微观三个层次：宏观上应立足区域生态环境与社会经济发展的地域性，科学构建土地利用的地域格局；中观上主要着眼于产业结构的调整和布局，根据不同产业用地要求寻求与之相适应的土地类型；微观上应侧重于具体的土地利用方式，因时、因地制宜地设计多熟制、农作物功能协调、农林复合经营、生态林草保护与开发利用模式等。

2）区域性原则

以上述一般性原则为指导，结合广州市花都区的区域及其土地利用特点，为促进花都区土地利用向集约化和高效化发展，进行土地利用空间优化配置，应该遵循以下原则。

（1）优先保证生态安全保障用地。依托花都区河道、湖泊自然形态和山前旅游大道北自然生态安全格局，加强跨区域的生态保护，维护和改善区域生态安全格局，形成基本生态屏障，保证经济效益、生态效益和社会效益的协调统一。

（2）协调安排基本农田和基础设施用地。在避让生态安全屏障基础的前提下，安排好各类建设用地与基本农田空间布局关系，协调布局基本农田和基础设施用地。

（3）协调相关规划，优化城镇村用地布局。以"适宜创业发展和适宜生活居住的田园城市"为总体目标，协调各级城镇规划、生态建设规划、农业发展规划等，在不突破城镇用地规模的前提下，确定城镇体系空间布局及各级城镇用地发展方向和空间形态。

（4）发挥农用地多重功能，拓展生态空间。将具有生态功能的农用地与建设用地进行穿插布局，充分发挥农用地的生产、景观和隔离的综合功能，使生态建设与农用地保护有机统一。

（5）土地区位选择原则。在配置土地资源时，要进一步考虑土地利用的区位特征，从而提高建设用地利用的结构性效益。

（6）适度规模原则。花都区各类土地利用的规模应与花都区的发展定位、建设条件、现实状况和潜在规模容量等相适应。

2. 空间优化配置技术

在广州市花都区土地利用结构优化中，采用动态多目标规划中的逐步宽容约束法确定了花都区合理的土地利用结构，即各类型土地利用的比例关系，但难以完成数量上优化的各类用地在空间上的布局与定位。因此，需要将 GIS 与多目标动态规划模型有机地结合起来，以解决土地利用的空间优化配置问题。一般利用 GIS 结合 CA 等人工智能系统自动化实现土地资源优化配置仍存在精度较低、合理性较差的问题，通常需要在人为干涉下通过 GIS 与数学模型的整合来实现更加科学有效的土地利用空间优化配置（Bhadra and Brandao，1993）。

广州市花都区土地利用空间优化配置的具体方法就是依据上述原理，在 ArcGIS 支持下将模拟预测结果与土地适宜性评价结果等配置到空间上（图 5.8）。需要说明的是，在优化过程中需要将各参考因子图层构建在统一地理坐标系下，通过在 ArcGIS 中编写以单个图斑为选择单元的 VB 程序，可对图形中的评价单元进行上下左右任意方向的选择，即可从以矢量为基础的图形中选择任意面积的土地，以便为实施精确的空间配置提供技术保障。

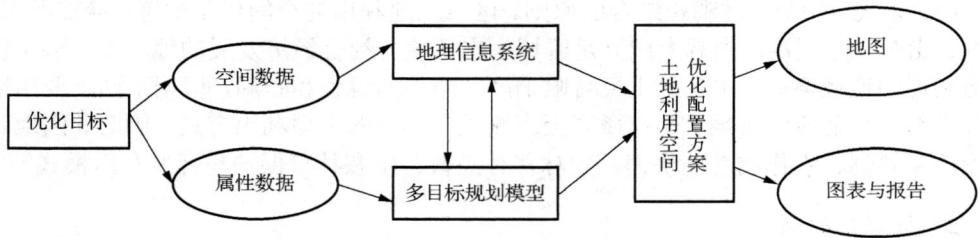

图 5.8 花都区土地利用空间优化配置方案的构建框架

3. 空间优化配置方案

1）建设用地布局优化方案

广州市花都区 2008 年建设用地面积是 23 097 hm^2，基于逐步宽容约束法的优化结果表明，28 800 hm^2 为 2020 年花都区建设用地的理想状态即最优解。但是，根据 1990～2008 年建设用地模拟扩展趋势模拟预测到 2020 年花都区建设用地规模可达 35 072 hm^2，鉴于花都区目前建设用地集约水平较低，按预测结果扩展明显是不合理的。为此，根据建设用地适宜性评价结果，进行建设用地布局的调整和优化。如果模拟预测新增建设用地的适宜性评价是一、二等地，则以模拟预测图为准；如果建设用地适宜性评价结果为不适宜建设用地分布的三等地，则以农用地适宜性评价为依据确定为非建设用地。将模拟预测的 35 072 hm^2 建设用地面积去除不适宜作为新增建设用地部分，花都区建设用地规模调整到 31 338 hm^2。另外，土地利用除受发展趋势及资源属性的制约外，实际上受区域规划和政策因子的重要影响，根据花都区未来城市发展总体战略布局，花都区北部将划入生态保护区（彩图 10），花都区北部作为限制建设区，其建设用地扩展必将受到抑制，故可将区内模拟预测的新增建设用地扣除，扣除后花都区的建设用地面积约为 28 800 hm²，与逐步宽容约束法优化后的花都区 2020 年建设用地最优面积 28 800 hm² 吻合。

依照建设用地适宜性评价和建设用地扩展模拟，花都区未来 28 800 hm² 建设用地应在基础设施网络化的基础上，组团式发展，形成两个功能服务中心、三个区级副中心和两个城市节点，在空间上形成"两心三翼三节点"的空间格局（彩图 10）。

"两心"即花都中心城区与白云国际机场。中心城区包括原新华街道和雅瑶街道的行政范围，将建设成为适宜创业和居住的生态型新区、时尚生活和谐城区，成为区域城镇群体的核心。白云国际机场将着力打造华南绿色国际港，形成服务于广州和珠江三角洲甚至是整个华南地区的多功能、开放型、现代化的国际性商务商贸副中心。

"三翼"即狮岭、炭步、花东三个区级副中心。三个区级副中心承担一定区域范围内的经济辐射和服务功能，发展成为花都中心城区周边三个增长极，既承接中心城区的辐射，同时也带动其辐射范围城乡协调发展。

"三节点"即花山、梯面和赤坭三镇。花山将依托白云国际机场和空港物流业，发展为以机场服务的相关产业和商贸服务业为主的综合发展区；梯面将发展成广州北部的森林生态旅游城镇，广州市的绿色产业基地，生态条件良好、适宜休闲度假和居住的生态发展区；赤坭将发展成为花都片区西部的新型制造业基地，广州市郊的都市型农业基地，生态环境良好，适宜休闲度假、居住和生活的综合发展区。

2）农业用地布局优化方案

花都区农业用地空间优化配置主要遵循"保质保量"原则，且优化配置的先后顺序为耕地—园地—草地（董品杰和赖红松，2003；涂小松等，2009）。以耕地为例，在空间上如果已经是耕地，则以耕地适宜性评价为依据，即坡度在 25° 以上且宜耕地等级在三、四等级别则必须退耕还林或退耕还园，如果坡度在 25° 以上但适宜性等级在一、二等级别则保留其现状。相反，如果在空间上是非耕地，但宜耕等级是一、二等级别，则应该通过土地开发整理成耕地以补充耕地数量。如果现有耕地在 2006～2020 年花都区土地利用总体规划中为基本农田，原则上保留不变，但如果在土地利用预测图上是细小图斑基本农田，则可以进行适当的调整，以保证同一类土地利用类型集中成片，便于管理（刘彦随和方创琳，2001；朱会义等，2001；张红旗等，2003）。通过上述调整，花都区农业用地面积最终确定为 66 485 hm²。

在广州市花都区未来 66 485 hm² 农用地中，林地所占比例较高，主要分布在市域北部山区，南部平原地区农用地类型以耕地、园地为主，呈组团状分布在城镇工矿用地和林地之间。花都区农用地空间格局可以概括为"一带一片三区"（彩图 11）。

"一带"指的是沿山前旅游大道两侧形成的花卉、苗木生产带，打造花都区的花卉苗木产业绿色长廊。

"一片"指的是北部生态林观光旅游区，主要是指山前旅游大道以北的生态林片区，主要有王子山、盘古王、九龙湖等森林公园，是花都区重要的生态屏障和水源涵养地，对净化空气、调节气候、控制水土流失、保障工农业生产发展都有重要作用。

"三区"分别是西部水产加工、养殖区，中部优质蔬菜种植区，东部优质水果种植区。西部水产加工、养殖区，主要是花都区西南部炭步、赤坭地区，鱼塘面积达 3467 hm²，加上白坭河贯穿而过，水资源丰富，以重点发展优质水产养殖业和水禽养殖为主方向。中部优质蔬菜种植区，主要是花山镇、白云国际机场、原新华街中间的区域，土壤肥沃，共有优质蔬菜生产场近 100 个，面积 133 hm²，以发展无公害优质蔬菜生产基地为重点。东部优质水果种植区，主要是花东镇东南部和流溪河流域，土地平坦、土壤肥沃，重点发展优质水果生产基地。

3）用地布局整体优化方案

综合上述建设用地和农业用地的布局优化方案，形成花都区土地利用空间优化配置方案（图 5.9）。比较空间优化配置结果与 2008 年土地利用现状（表 5.11），花都区土地利用空间布局优化后，建设用地面积比 2008 年增加 5703 hm²，耕地面积增加 4761 hm²，未利用地面积减少 728 hm²，建设用地总面积达到 28 800 hm²，农用地面积为 66 485 hm²，其中耕地面积为 15 760 hm²。该空间优化配置方案，不仅考虑了建设用地扩展的发展趋势，建设用地与农用地的调整也考虑了其适宜性等级，同时还保证了耕地的保有量，与逐步宽容约束法优化后花都区 2020 年建设用地最优面积 28 800 hm² 相吻合，该方案具有较强的科学合理性。

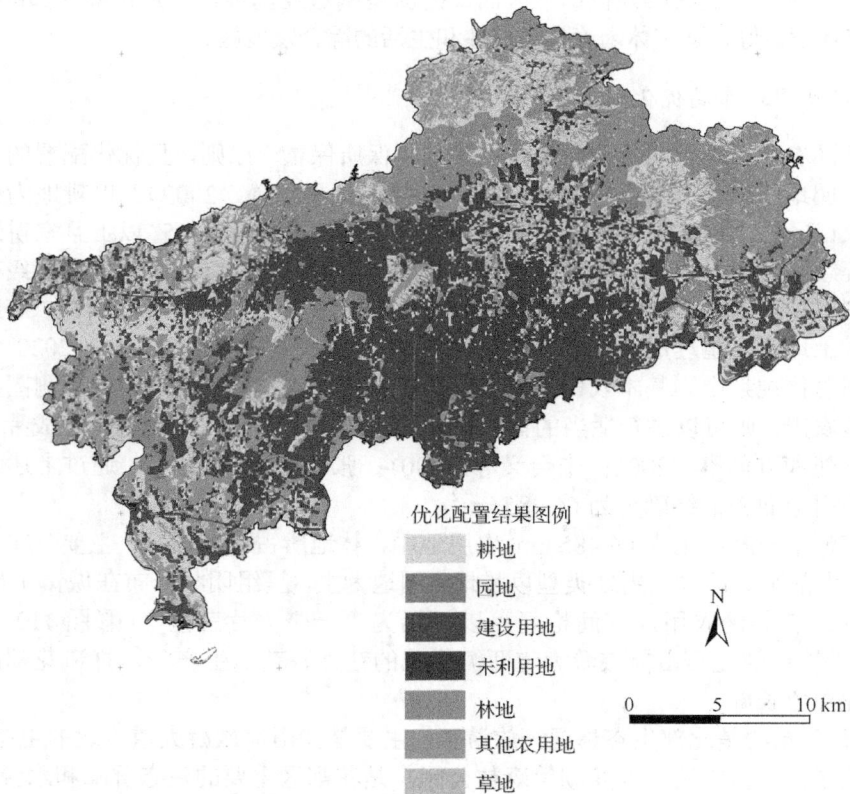

图 5.9　2020 年花都区土地利用空间优化配置图

表 5.11　2020 年花都区土地资源优化配置结果

土地类型	优化后面积/hm²	优化前（二调数据）/hm²	面积变化/hm²	优化后占地比例/%
耕地	15 760	10 999	4 761	4.92
园地	7 916	10 509	-2 593	-2.68
林地	31 008	35 541	-4 533	-4.68
牧草地	610	900	-290	-0.30
其他农用地	11 191	13 511	-2 320	-2.40
建设用地	28 800	23 097	5 703	5.89
未利用地	1 495	2 223	-728	-0.75
总计	96 780	96 780	0	0.00

4．配置方案比较评价

广州市花都区土地利用的上述空间布局优化方案，还需要通过与其他空间布局方案比较评价，以更加明确其合理性。为此，将其与 2020 年基于 GeoSOS 采用 ANN-CA 模型的模拟预测结果和花都区土地利用总体规划方案进行比较分析和评价。

1）三种空间布局配置方案

采用 ANN-CA 模型的模拟预测结果（图 5.10）显示，到 2020 年花都区耕地、建设用地、林地、果园、其他农用地、草地和未利用地面积占土地总面积的比例分别为 5.43%、36.20%、37.02%、6.57%、14.18%、0.52%和 0.09%。该方案建设用地面积占土地总面积比例较大，可称为高方案。

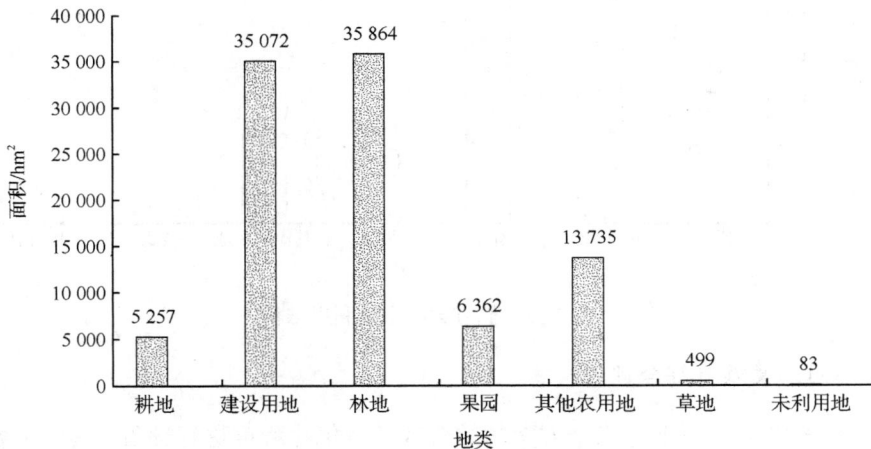

图 5.10　高方案的土地利用结构

基于土地适宜性评价和用地扩展模拟所确定的花都区土地利用空间优化配置方案（图 5.11），到 2020 年花都区耕地、建设用地、林地、果园、其他农用地、草地和未利用地面积占土地总面积的比例分别为 16.26%、29.72%、32.00%、8.19%、11.68%、0.63%和 1.54%。该方案建设用地面积占土地总面积比例比较适中，将其称为中方案。

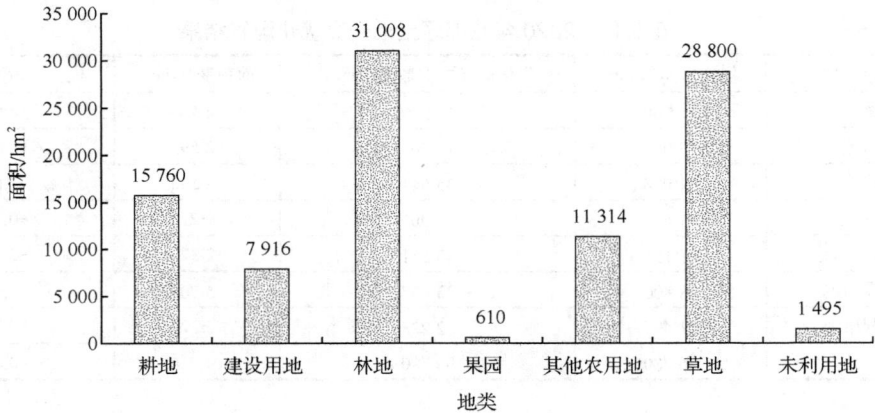

图 5.11 中方案的土地利用结构

　　花都区土地利用总体规划大纲落实《广州市土地利用总体规划大纲（2006～2020 年）》分解给花都区的城乡建设用地规模、新增建设用地、耕地保有量、基本农田保护面积及建设占用农用地、建设占用耕地和补充耕地义务量等各项用地指标，确定了花都区土地利用布局优化方案（图 5.12），其中到 2020 年花都区的耕地、建设用地、林地、果园、其他农用地和未利用地面积占土地总面积的比例分别为 16.28%、25.22%、36.94%、9.08%、11.04%和 1.44%。该方案建设用地面积占土地总面积比例较小，称其为低方案。

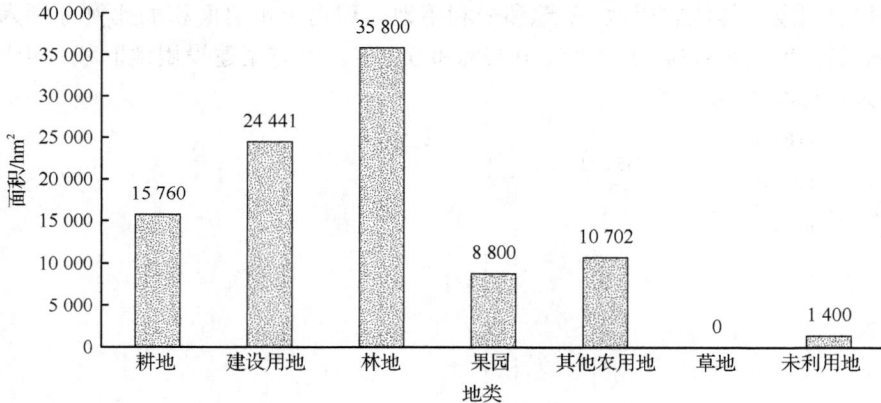

图 5.12 低方案的土地利用结构

2）不同方案效益综合评价

　　采用综合指数法对上述三个方案的综合效益及优化程度进行评价，其中主要是基于层次分析法确定评价指标体系及其权重。首先，建立层次分析系统结构模型：第一层次为土地利用空间布局优化配置方案的综合效益最大，即目标层；第二层分为三个子系统，即经济效益、生态效益、社会效益，该层为约束层；第三层是各具体评价指标，即为指标层；第四层为待评价的各方案，即方案层。根据花都区的具体情况及三大效益最大化目标要求，参照但承龙等（2001）的研究成果，选取 8 个指标建议评价指标体系并按照 AHP法原理计算出各指标的相应权重（表 5.12）。

表 5.12 三种方案评价指标与权重

准则层	指标层	指标对目标权重	高方案	中方案	低方案
经济效益 (0.4)	第二、第三产业地均 GDP/(万元/km²)	0.12	28 513	34 722	40 915
	土地利用率/%	0.07	85.74	86.98	87.51
	土地利用程度	0.08	2.56	2.53	1.98
	人均粮食占有量/kg	0.13	5 257	15 948	15 760
社会效益 (0.3)	城镇化水平/%	0.15	36.19	29.72	25.22
	人均建设用地面积/m²	0.15	194.84	160.00	135.78
生态效益 (0.3)	森林覆盖率/%	0.15	37.01	32.00	36.94
	土地生态功能/（万元/hm²）	0.15	5 777	16 490	16 344

在评价指标中，土地利用率为已利用土地面积占土地总面积的比例，反映了土地开发利用的广度，该指标值越大，表明土地开发利用越充分，属于正向指标；土地利用程度是将其划分为未利用土地级、林草水用地级、农业用地级和城镇聚落用地级，分别赋值为 1 分、2 分、3 分、4 分；土地利用生态功能根据 Constanza 的全球生态系统服务功能评价模型，对不同土地利用类型的生态质量进行赋值和计算，其中林地 1.0、草地 0.768、农田 0.303、水域 0.782、建设用地 0.015、未利用地 0.035，分别反映不同土地利用类型对生态价值的贡献程度。

3）评价结果及方案的比较

基于上述三个方案计算各个评价指标的数据值并进行归一化处理后，得到各方案相应评价指标的得分，累积计算三个方案 8 个评价指标的得分，得到三个方案综合评价指数分值的排序（表 5.13），其中高方案的总分为 0.8724、中方案的总分为 0.9067、低方案的总分为 0.8576。中方案的总分最高，因此，中方案应为最优方案。

表 5.13 三种方案决策计算结果

准则层	指标层	指标对目标权重	高方案 指标归一化值	高方案 指标得分	中方案 指标归一化值	中方案 指标得分	低方案 指标归一化值	低方案 指标得分
经济效益 (0.4)	第二、第三产业地均 GDP	0.12	0.6969	0.0838	0.8486	0.1020	1.0000	0.1202
	土地利用率	0.07	0.9798	0.0690	0.9939	0.0700	1.0000	0.0704
	土地利用程度	0.08	1.0000	0.0823	0.9909	0.0816	0.7729	0.0636
	人均粮食占有量	0.13	0.3296	0.0419	1.0000	0.1271	0.9882	0.1256
社会效益 (0.3)	城镇化水平	0.15	1.0000	0.1500	0.8212	0.1232	0.6969	0.1045
	人均建设用地面积	0.15	1.0000	0.1500	0.8212	0.1232	0.6969	0.1045
生态效益 (0.3)	森林覆盖率	0.15	1.0000	0.1500	0.8646	0.1297	0.9982	0.1497
	土地生态功能	0.15	0.9695	0.1454	1.0000	0.1500	0.7934	0.1190
	总计	1.00		0.8724		0.9067		0.8576

进一步分析和比较广州市花都区土地利用空间优化配置的三个方案，作为优化方案的中方案，其在整体性、协调性、可持续性及与其他规划的衔接方面均具有明显优势。

（1）整体性与协调性。中方案在保持农业用地问题稳定增长的情况下，园地和草地等用地类型的数量也保持相对稳定，表明随着生产建设的发展、社会进步和人民生活水平的提高，城乡居民点、工业、交通、旅游、水利等建设用地虽有一定增加，但耕地也将随着人们对后备耕地资源利用的加大呈现稳定上升趋势，土地单位面积的产出将大大提高，土地生态功能有所提高，人均林地面积有所增加，可以实现经济、社会、生态效益的统一，体现出显著的整体性与协调性，这正是社会经济发展的要求和土地资源优化配置的结果（耿红，1999）。但是，比较而言，在高方案中，虽然城镇化水平、人均建设用地面积、土地利用程度等指标分值比较高，但人均粮食占有量、土地生态功能分值均较低，在低方案中，第二、第三产业地均 GDP 和土地利用程度指标分值较高但城镇化水平比较低，这两个方案在一定程度上均无法实现经济、社会和生态效益的统一，达不到整体性和协调性。

（2）可持续性。①经济持续性。中方案充分考虑了花都区经济快速发展的用地需求，使 2020 年建设用地有了不同程度的增加，为区域经济发展奠定了坚实的基础，高方案和中方案均可实现经济的可持续性，相比之下，低方案无法保证经济发展对用地的需求。②自然持续性。自然可持续性不仅要考虑土地资源的现状质量，还要考虑土地资源未来改造利用的方向，所增加的用地面积没有超出土地适宜利用的数量，因而需要防止因土地利用不当而导致的土地退化。高方案"地摊式"的扩展导致土地粗放利用，从而可能导致土地质量下降，在土地生态功能中，高、中、低三方案的分值分别是 0.9695、1.0000、0.7934，以中方案的自然持续性最大。③社会的可持续性。在中、低方案中均已确保了政策性约束耕地保有量（15 760 hm^2），同时模型以占用土地面积最小为目标，不会对花都区的可持续发展产生负面影响，而高方案无法保证耕地保有量和粮食安全，无法实现社会的可持续发展。

（3）与其他规划的衔接。根据《广州市花都区城市总体规划》，城市规划用地需求到 2020 年为 29 000 hm^2，中方案确定的建设用地规模是 28 800 hm^2，可基本满足花都区城市规划用地规模的需要。另外，根据广州市花都区相关规划的要求，到 2020 年建设用地规模为 28 600 hm^2，届时人均建设用地面积在 160 m^2 左右，中方案确定的建设用地规模可基本满足花都区相关规划要求。比较而言，高方案、低方案确定的建设用地规模 35 072 hm^2 和 24 441 hm^2，与花都区城市总体规划等均有较大出入。

因此，中方案可以实现土地资源整体性和协调性的统一、土地资源的可持续性利用，并与城市规划的建设用地规模相吻合，该方案最终可实现花都区政府提出的"适宜居住、适宜创业"的山水田园城市这一目标，是三个方案中的最优方案，应是一个较为合理的土地利用空间优化配置方案。

参 考 文 献

曹雪，罗平，李满春，等，2011. 基于扩展 CA 模型的土地利用变化时空模拟研究：以深圳市为例[J]. 资源科学，33（1）：127-133.

陈逸敏，黎夏，刘小平，等，2010. 基于耦合地理模拟优化系统 GeoSOS 的农田保护区预警[J]. 地理学报，65（9）：1137-1145.

但承龙，雍新琴，厉伟，2001. 土地利用结构优化模型及决策方法：江苏启东市的实证分析[J]. 华南热带农业大学学报，7（3）：38-40．

董品杰，赖红松，2003．基于多目标遗传算法的土地利用空间结构优化配置[J]．地理与地理信息科学，19（6）：52-55．

杜宁睿，邓冰，2001．细胞自动机及其在模拟城市时空演化过程中的应用[J]．武汉大学学报（工学版），34（6）：8-11．

高常军，周德民，栾兆擎，等，2010．湿地景观格局演变研究评述[J]．长江流域资源与环境，19（4）：460-464．

耿红，1999．县级土地利用总体规划相关问题研究[D]．武汉：武汉测绘科技大学．

何春阳，陈晋，史培军，等，2002．基于 CA 的城市空间动态模型研究[J]．地球科学进展，17（2）：188-195．

纪芸，孙武，李国，等，2009．1907～1968 年广州建成区土地利用/覆被变化时空特征分析[J]．华南师范大学学报（自然科学版），41（1）：121-126．

黎夏，叶嘉安，2001．主成分分析与 Cellular Automata 在空间决策与城市模拟中的应用[J]．中国科学（D 辑），31（8）：683-690．

黎夏，李丹，刘小平，等，2009．地理模拟优化系统 GeoSOS 及前沿研究[J]．地球科学进展，24（8）：899-907．

黎夏，刘小平，2007．基于案例推理的元胞自动机及大区域城市演变模拟[J]．地理学报，62（10）：1097-1109．

黎夏，等，2007．地理模拟系统：元胞自动机与多智能体[M]．北京：科学出版社．

李月臣，何春阳，2008．中国北方土地利用/覆盖变化的情景模拟与预测[J]．科学通报，53（6）：713-723．

李月臣，2006．中国北方土地利用/覆盖变化问题研究[D]．北京：北京师范大学．

刘彦随，方创琳，2001．区域土地利用类型的胁迫转换与优化配置：以三峡库区为例[J]．自然资源学报，16（4）：334-339．

骆剑承，周成虎，杨艳，2001．人工神经网络遥感影像分类模型及其与知识集成方法研究[J]．遥感学报，5（2）：122-129．

汤君友，杨桂山，2003．试论元胞自动机模型与 LUCC 时空模拟[J]．土壤，35（6）：456-460．

涂小松，濮励杰，严祥，等，2009．土地资源优化配置与土壤质量调控的系统动力学分析[J]．环境科学研究，22（2）：221-226．

王红瑞，张文新，胡秀丽，等，2008．土地利用区间数多目标规划模型及其应用[J]．农业工程学报，24（8）：68-73．

王新生，姜友华，2004．模拟退火算法用于产生城市土地空间布局方案[J]．地理研究，23（6）：727-734．

吴泽宁，索丽生，2004．水资源优化配置研究进展[J]．灌溉排水学报，23（2）：1-5．

席一凡，杨茂盛，尚耀华，2001．遗传算法在城市土地功能配置规划中的应用[J]．西北建筑工程学院学报（自然科学版），18（4）：190-194．

徐颖，吕斌，2008．基于 GIS 与 ANN 的土地转化模型在城市空间扩展研究中的应用：以北京市为例[J]．北京大学学报（自然科学版），44（2）：262-270．

杨国清，吴志峰，祝国瑞，2006．广州地区土地利用景观格局变化研究[J]．农业工程学报，22（5）：218-221．

于欢，何政伟，张树清，等，2010．基于元胞自动机的三江平原湿地景观时空演化模拟研究[J]．地理与地理信息科学，26（4）：90-94．

张红旗，李家永，牛栋，2003．典型红壤丘陵区土地利用空间优化配置[J]．地理学报，58（5）：668-676．

张华，张勃，2005．国际土地利用/覆盖变化模型研究综述[J]．自然资源学报，20（3）：422-431．

张新焕，祁毅，杨德刚，等，2009. 基于 CA 模型的乌鲁木齐都市圈城市用地扩展模拟研究[J]. 中国沙漠，29（5）：820-827.

朱会义，李秀彬，何书金，等，2001. 环渤海地区土地利用的时空变化分析[J]. 地理学报，56（3）：253-259.

ATKINSON P M, CUTLER M E J, LEWIS H, 1997. Mapping sub-pixel proportional land cover with AVHRR imagery[J]. International Journal of Remote Sensing, 18(4): 917-935.

BHADRA D, BRANDAO A S P, 1993. Urbanization, agricultural development, and land allocation[R]. Newyork: World Bank Discussion Papers: 65-74.

DAWN C P, STEVEN M M, MARCO A J, et al., 2008. Multi-Agent systems for the simulation of land-use and land-cover change: A review[J]. Annals of the Association of American Geographers, 93(2): 93-100.

DIAMOND J T, WRIGHT J R, 1989, Efficient land allocation[J]. Journal of Urban Planning and Development, 115(2): 81-96.

GILBERT K C, HOLMES D D, ROSENTHAL R E, 1985. A multiobjective discrete optimization model for land allocation[J]. Management Science, 31(12): 1509-1522.

GONG P, 1996. Integrated analysis of spatial data from multiple sources: using evidential reasoning and artificial neural network techniques for geological mapping[J]. Photogrammetric Engineering and Remote Sensing, 62(5): 513-523.

LI X, CHEN T M, LIU X P, et al., 2011. Concepts, methodologies, and tools of an integrated geographical simulation and optimization system[J]. International Journal of Geographical Information Science, 25(4): 633-655.

LI X, YEL A G O, 2000. Modeling sustainable urban development by the integration of constrained cellular automata and GIS[J]. International Journal of Geographical Information Science, 14(2): 131-152.

LI X, YEL A G O, 2002. Neural-network-based cellular automata for simulating multiple land use changes using GIS[J]. International Journal of Geographical Information Science,16(4): 323-343.

PIJANOWSKI B C, BROWN D G, SHELLITO B A, et al., 2002. Using neural networks and GIS to forecast land use changes: a land transformation model[J]. Computers, Environment and Urban Systems, 26(6): 553-575.

WU F L, 2002. Calibration of stochastic cellular automata: the application to rural-urban conversions[J]. International Journal of Geographical Information Science, 16(8): 795-818.

第六章 土地利用变化的应对策略

综合对珠江三角洲地区土地利用现状、变化过程、环境效应、驱动因子、发展趋势及优化配置的分析可知，伴随社会经济的快速发展，珠江三角洲地区土地利用变化迅速，在土地利用规模与水平不断提高的同时还存在近期土地利用变化的环境负效应特征突出、土地利用结构与布局优化不够等问题，如果延续现有发展趋势，则必将严重影响珠江三角洲地区的可持续发展，亟待通过土地利用安全的评价与预警，探寻土地利用近期变化的主要问题及原因，有针对性地提出相应的应对策略。

第一节 未来土地利用安全的评价与预警

选取地处珠江三角洲核心区的广州市为典型研究区域，以广州市为代表，对珠江三角洲地区未来的耕地、建设用地及土地生态安全进行单项评价与预警，分析广州市土地利用安全预警警度的区域差异，确定珠江三角洲地区土地利用安全的基本态势。

一、耕地总量动态平衡预警分析

耕地资源是土地的精华，也是人类生存与发展的基础。保持一定数量的耕地不仅是保证粮食安全的需求，而且对维护区域生态平衡与社会稳定也十分重要（谢俊奇和吴次芳，2004）。进行耕地资源安全预警研究，对于加强耕地资源的管理、保障粮食安全、促进耕地资源的持续利用和经济社会的稳定发展具有重要意义（任志远等，2003；屈波和谢世友，2006）。

1. 广州市的耕地及其压力变化

2005 年广州市耕地面积为 104 500 hm^2，其中，灌溉水田占耕地面积的 68.89%、旱地占 27.39%、望天田占 1.26%、水浇地占 1.29%、菜地占 1.17%，人均耕地面积仅 0.0139 hm^2。1990 年以来，广州市的耕地一直呈减少趋势，同期区内人口不断增长，人均耕地面积从 1990 年的 0.0277 hm^2 减少到 2005 年的 0.0139 hm^2（图 6.1），年均减少率为-3.11%。随着人口增加，加之人均消费水平提高、粮食作物播种面积减少等因素，虽然农业科技水平不断进步，耕地生产力水平逐年提高，耕地复种指数不断增大，但广州市的最小人均需求耕地面积（蔡运龙等，2002）呈不断增大趋势，由 1990 年的 0.1206 hm^2 升至 2005 年的 0.4717 hm^2，尤其是 2000 年后，增大趋势更加明显（图 6.1）。

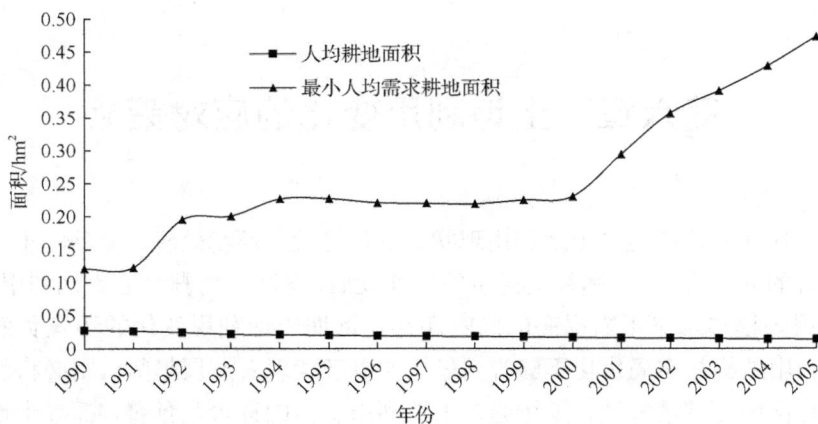

图 6.1　广州市人均耕地面积和最小人均需求耕地面积对比图

同期，广州市最小人均需求耕地面积与实际人均耕地面积之比的耕地压力指数逐年递增（表 6.1），耕地压力指数明显增大，由 1990 年的 4.35 急升至 2005 年的 33.94，其中，1990~1991 年为相对平衡阶段、1992~2000 年为持续上升阶段、2001~2005 年为急剧上升阶段。究其原因，一是耕地大量被占用，实际人均耕地面积偏小而导致压力指数过大；二是人口数量增长过快，导致人均耕地面积大量减少，人均耕地面积远远低于联合国粮食及农业组织确定的 0.053 hm² 的人均耕地水平；三是广州市作为我国特大都市区，耕地提供粮食的功能减弱，经济作物种植的面积比例增大，粮作比从 1990 年的 96.59%下降到 2005 年的 44.52%，农业结构调整是导致耕地压力过大的主要原因。

表 6.1　1990~2005 年广州市耕地压力指数变化

年份	复种指数/%	总人口/万人	粮食单产/(kg/hm²)	耕地面积/万 hm²	粮食作物播种率/%	自给率/%	人均粮食需求量/kg	人均耕地面积/hm²	最小人均需求耕地面积/hm²	耕地压力指数
1990	223	594.25	5 280	16.46	96.59	10	380	0.0277	0.1206	4.35
1991	227	602.22	5 205	16.19	97.73	10	380	0.0269	0.1224	4.55
1992	229	612.20	5 115	15.18	67.04	10	380	0.0248	0.1952	7.87
1993	230	623.66	5 430	13.80	68.53	10	380	0.0221	0.2007	9.08
1994	236	637.02	5 520	13.42	61.20	10	380	0.0211	0.2263	10.73
1995	241	646.71	5 565	13.24	61.03	10	380	0.0205	0.2268	11.06
1996	253	656.05	5 730	12.82	64.02	10	400	0.0195	0.2206	11.31
1997	259	666.49	5 715	12.63	64.99	10	400	0.0190	0.2194	11.55
1998	260	674.14	5 760	12.54	65.59	10	400	0.0186	0.2189	11.77
1999	265	685.00	5 640	12.27	66.57	10	400	0.0179	0.2245	12.54
2000	262	700.69	5 760	11.85	68.20	10	400	0.0169	0.2298	13.60
2001	263	712.60	5 640	11.54	59.61	10	420	0.0162	0.2933	18.10
2002	261	720.62	5 595	11.30	51.54	10	420	0.0157	0.3558	22.66
2003	261	725.19	5 580	11.03	48.62	10	420	0.0152	0.3899	25.64
2004	263	737.67	5 415	10.73	47.48	10	420	0.0145	0.4271	29.46
2005	262	750.53	5 482	10.45	44.52	10	420	0.0139	0.4717	33.94

2. 耕地总量动态平衡预警分析

面对严峻的耕地需求形势，广州市耕地资源的有限性和稀缺性日益突出，耕地资源安全问题日益显现。就耕地资源安全的本质而言，耕地资源包含耕地资源的数量安全和质量安全两个有机联系的方面，其中，数量安全是耕地资源安全的前提与基础。在水热条件优越的广州，数量安全更是耕地资源安全的首要问题，因此，主要从耕地总量动态平衡方面进行广州市耕地资源安全的预警。

1）预警模型

具体采用目标预警系数方法确定警度，警度判定模型为（胡焱弟等，2006）

$$R = \frac{\Delta T'}{\Delta T} - 1$$

式中，R 为耕地警度判定系数；$\Delta T' = T_i - T_j$ 为区域耕地基础地力产量的实际增量，i 和 j 分别代表预警年和基准年；根据耕地总量动态平衡战略的实施要求，以 1990 年为基准年，$\Delta T = \Delta XN$ 为指标的计划增量，ΔX 为预警年与基准年相比人口增加数量，N 为基准年人均耕地地力产量。上式可改写为

$$R = \frac{T_i - T_j}{\Delta XN} - 1$$

考虑耕地面积的约束条件，确定 R 值对预警系统的触发分量，并据此判定耕地总量动态平衡预警系统的警度（表6.2）。其中，S_1、S_2 分别为基准年和预警年的耕地面积，由于我国实行最严格的耕地保护制度，故当 $S_2 < S_1$ 时，即判定系统出现警情。模型中，$R < 0$ 和 $R < -1$ 分别指示着预警年的人均耕地地力产量和区域地力总量小于基准年，因此可作为系统警度的判定阈值。

表6.2　耕地系统警度判断

R 值	耕地面积约束条件	耕地系统警度
$R \geq 0$	$S_2 \geq S_1$	无警
$R \geq 0$	$S_2 < S_1$	轻警
$-1 \leq R \leq 0$	$S_2 \geq S_1$ 或 $S_2 < S_1$	中警
$R \leq -1$	$S_2 \geq S_1$	重警
$R \leq -1$	$S_2 < S_1$	巨警

2）警情判定

当 $R \geq 0$，且 $S_2 \geq S_1$ 时，系统警度判定为无警。由预警模型分析可知，此时 $T_2 > T_1$，且 $T_2 > T_1 \geq \Delta XN$，即与基准年相比，预警年耕地质量提高，耕地系统的投入水平较高，耕地地力产量的实际增量大于其计划增量，区域基本农产品自给率保持平衡，同时耕地面积扩大。

当 $R \geq 0$，且 $S_2 < S_1$ 时，系统警度判定为轻警。由预警模型分析可知，此时 $T_2 > T_1$，且 $T_2 > T_1 \geq \Delta XN$，即与基准年相比，预警年耕地质量提高，耕地系统的投入水平较高，耕地地力产量的实际增量大于其计划增量，区域基本农产品自给率保持平衡。但由于区

域经济发展、城市化进程加快，耕地数量减少，出现警情。排警对策应为在维持对耕地高水平投入的同时，加大土地整理和耕地后备资源开发力度等。

当 $-1 \leqslant R \leqslant 0$ 时，系统警度判定为中警。中警有两种情况：一是 $T_2 > T_1$，且 $T_2 - T_1 < \Delta XN$，$S_2 \geqslant S_1$，区域耕地面积没有减少，耕地地力产量没有下降，但与基准年相比，区域基本农产品自给率下降，表明区域耕地质量水平和投入水平有待进一步提高；二是 $T_2 > T_1$，且 $T_2 - T_1 < \Delta XN$，$S_2 < S_1$，耕地质量水平没有下降，但由于耕地面积减少，区域基本农产品自给率下降，可通过控制人口、增加投入和开发耕地后备资源补充耕地面积来排除警情。

当 $R \leqslant -1$ 时，$T_2 < T_1$，$S_2 \geqslant S_1$，系统警度判定为重警。即在区域耕地不变或增加的情况下，区域耕地质量总体水平大幅度下降，导致耕地存量的隐性减少，对此以中低产田改造为核心的耕地质量建设和基本农田保护是排警重点。

当 $R \leqslant -1$ 时，$T_2 < T_1$，$S_2 < S_1$，系统警度判定为巨警。即由于没有进行耕地动态监测管理，缺乏对区域耕地状况的实时监控，耕地数量和质量水平均有明显下降。

3）预警结果

以 1990 年为基准年，以耕地地力水平的变化和标准耕地面积的变化趋势为基础，计算 1990～2005 年广州市耕地资源安全警度的变化（表 6.3 和图 6.2）。1990～2005 年，广州市耕地资源安全警度处于波动变化中，警度最轻的 1996 年的警度系数为 1.72，警度最重的 1992 年的警度系数为 -5.14。其间，广州市处于轻警状态的年份只有 1996 年，处于中警状态的有 1994 年、1995 年、1997 年和 1998 年，其他年份均为巨警状态。总体而言，广州市耕地资源安全总体处于不安全状态，随着广州市人均耕地面积和耕地后备资源数量的持续减少，耕地安全将处于高度关注区。

表 6.3　1990～2005 年广州市耕地资源安全警度判定结果

年份	复种指数/%	人口/万人	粮食单产/(kg/hm²)	耕地面积/万 hm²	粮食产量/kg	$\Delta T'$	ΔX	ΔXN	R	级别
1990	223	594.25	5 280	16.46	1 938 066 240	—	—	—	—	—
1991	227	602.22	5 205	16.19	1 912 905 165	-25 161 075	79 700	25 993 079	-1.97	巨警
1992	229	612.20	5 115	15.18	1 778 086 530	-134 818 635	99 800	32 548 423	-5.14	巨警
1993	230	623.66	5 430	13.80	1 723 482 000	-54 604 530	114 600	37 375 243	-2.46	巨警
1994	236	637.02	5 520	13.42	1 748 250 240	24 768 240	133 600	43 571 836	-0.43	中警
1995	241	646.71	5 565	13.24	1 775 702 460	27 452 220	96 900	31 602 627	-0.13	中警
1996	253	656.05	5 730	12.82	1 858 502 580	82 800 120	93 400	30 461 149	1.72	轻警
1997	259	666.49	5 715	12.63	1 869 473 655	10 971 075	104 400	34 048 651	-0.68	中警
1998	260	674.14	5 760	12.54	1 877 990 400	8 516 745	76 500	24 949 442	-0.66	中警
1999	265	685.00	5 640	12.27	1 833 874 200	-44 116 200	108 600	35 418 424	-2.25	巨警
2000	262	700.69	5 760	11.85	1 788 307 200	-45 567 000	156 900	51 170 817	-1.89	巨警
2001	263	712.60	5 640	11.54	1 711 751 280	-76 555 920	119 100	38 842 857	-2.97	巨警
2002	261	720.62	5 595	11.30	1 650 133 350	-61 617 930	80 200	26 156 147	-3.36	巨警
2003	261	725.19	5 580	11.03	1 606 387 140	-43 746 210	45 700	14 904 438	-3.94	巨警
2004	263	737.67	5 415	10.73	1 528 107 585	-78 279 555	124 800	40 701 835	-2.92	巨警
2005	262	750.53	5 410	10.45	1 481 203 900	-46 903 685	128 600	41 941 154	-2.12	巨警

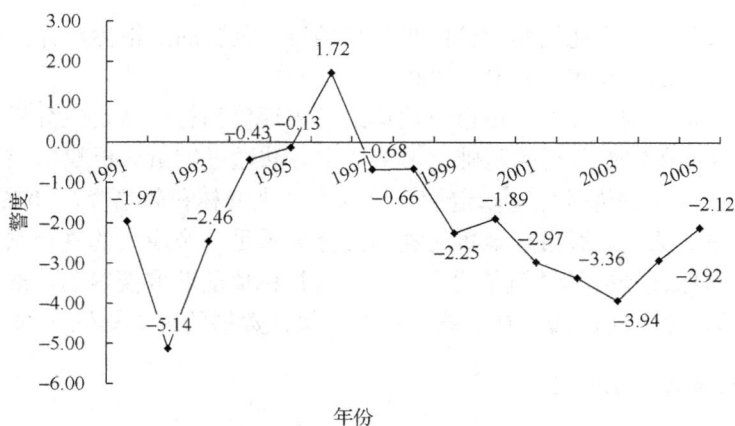

图 6.2　广州市耕地资源安全警度变化

4）警度预测

为明确广州市耕地资源安全度的未来变化趋势，应用灰色预测模型 GM（1,1）进行曲线拟合，建立广州市耕地资源安全预警系数的回归模型。曲线拟合方程为

$$Y = -3.096\exp^{(-0.063\,694t)} + 3.096$$

式中，Y 为耕地安全度；t 为时间序列。小误差概率 p 为 1.0348，后验差比 c 为 0.000，表示对当前模型的评价较好，得以通过。

预测广州市耕地安全度在 2005 年的 10 年后即 2015 年为-1.4585，2020 年为-1.9051，耕地资源的安全警度仍将处于巨警状态。因此，今后在耕地总量动态平衡的实时监测中，必须对耕地系统进行预警分析，应根据预警系统判定的警度阈值，对耕地系统的状态进行控制，加大耕地总量动态平衡的调控力度并完善调控措施（李晓峰和徐玖平，2004）。

二、建设用地的集约评价与预警

建设用地扩展是珠江三角洲地区土地利用变化在空间上表现最为明显的特征之一，建设用地规模外延扩张过快所导致的占用耕地现象严重、用地结构不合理、土地利用率不高及环境污染等，也是当前国际上众多国家面临的共同问题（谢俊奇和吴次芳，2004），尤其是城镇土地的集约利用对促进城市化进程和可持续发展都具有重要意义（骆志军，2005）。为此，主要从城市土地集约利用角度出发，通过构建城市土地集约利用评价指标体系与评价模型，基于对广州市 1990～2005 年建设用地集约度的测算，模拟预测其未来发展趋势，确定广州市未来城市建设用地的可能警度。

1. 指标体系及其标准值确定

1）指标体系选取的原则

（1）全面性和代表性原则。城市土地集约利用是一个综合的概念，应全面、系统地反映城市土地集约利用的各个方面（许树辉，2001）。同时，还应注重评价指标的代表性，因指标繁杂并不一定能增强评价结果的可信度，重要的是指标对评价目标的贡献度及其与相关指标的联动程度（许伟，2004）。

（2）定量与定性结合原则。城市土地集约利用评价指标应从定性分析入手，揭示其本质及内在联系，在定性分析的基础上再用数学方法通过定量分析找出土地集约利用的变化趋势和规律，在评价时尽量以定量分析为主（洪增林和薛惠锋，2006）。

（3）可操作性原则。城市土地集约利用指标体系是一个庞大的复合系统，但考虑评价的可行性，指标选择应尽量简单明了，其相应指标值的获取要容易、准确、可靠（杨红梅等，2006），尽可能选择已有的统计数据，保证数据的可采集性（刘力等，2004）。

2）指标及其标准值确定

基于广州市实际，选取城市人均道路面积、城市人均居住面积和建设用地增长弹性系数等 11 个指标进行广州市建设用地集约利用水平的评价（表 6.4）。

表 6.4 广州市建设用地集约利用评价指标体系

目标层	准则层	指标层	标准值的来源	指标极性
建设用地集约度	城市用地结构合理性	城市人均道路面积/m²	临近区域同类型区域的最高水平	+/−
		城市人均居住面积/m²	中国最佳人居环境标准	+/−
		建设用地增长弹性系数	专家咨询法参考	+/−
		人口密度/（人/km²）	中国最佳人居环境标准	+/−
	土地使用效益强度	人均地区生产总值/元	全国最高城市标准	+
		建成区地均 GDP/（万元/km²）	欧美主要城市平均值	+
		建成区绿化覆盖率/%	生态城市标准	+
		人均绿地面积/m²	生态城市标准	+
	城市土地投入强度	房地产投资占全部投资比例/%	专家咨询法参考	+/−
	城市土地可持续利用度	工业固体废渣综合处理率/%	国际标准	+
		工业 SO_2 浓度/（mg/m^3）	国家标准	−

注：极性为+，表示该指标值越大，区域土地集约度越佳；极性为−，表示该指标值越小，区域土地集约度越佳；如果极性为+/−，则表示指标的最佳值是在确定后的一定标准值区间以内。

依据评价指标体系，根据历年广州统计年鉴、广州市环境质量报告书及中国宏观数据挖掘分析系统（http://number.cnki.net/cyfd/）等，确定广州市不同年份集约利用评价指标的具体值（表 6.5）。同时，考虑区域实际，依照"国家标准+国内标准+地方标准+统计标准+计算标准"的基本思路进行评价指标标准值的设定（表 6.5）（郑新奇，2004），主要包括以下几种：人均指标采用国家和地方制定的技术标准，并参考国际标准制定；国内临近区域内同规模、同类型区域的最高水平值；采用该区域的历史发展趋势确定的合理水平值；效益指标采用政府发展规划的目标修订值；利用统计资料获得的标准的最高值等。

表 6.5　不同年份广州市建设用地集约利用评价原始值

项目	人均地区生产总值/元	建成区地均GDP/(万元/km²)	人口密度/(人/km²)	房地产投资占全部投资比例/%	城市人均道路面积/m²	城市人均居住面积/m²	建成区绿化覆盖率/%	人均绿地面积/m²	建设用地增长弹性系数	工业固体废渣综合处理率/%	工业SO₂浓度/(mg/km³)
1990 年	5 378	13 956	799	13	1.83	7.99	19.50	5.90	1.45	58.75	0.089
1991 年	6 421	16 912	810	15	1.81	8.23	19.11	6.00	2.49	61.73	0.075
1992 年	8 342	21 044	824	21	1.83	8.51	26.68	6.24	2.56	54.47	0.076
1993 年	11 879	27 323	839	34	2.21	8.89	26.60	5.00	2.54	69.42	0.072
1994 年	15 324	32 706	857	36	2.20	9.33	25.42	1.60	1.45	65.49	0.069
1995 年	19 221	34 589	870	34	3.08	9.61	24.08	1.59	1.41	71.30	0.060
1996 年	22 025	39 281	882	36	3.11	10.08	25.50	2.68	0.98	56.60	0.064
1997 年	24 700	43 506	897	36	3.36	10.75	27.51	3.85	2.89	74.05	0.070
1998 年	27 318	47 279	907	35	3.43	11.55	28.08	5.68	6.79	83.31	0.061
1999 年	30 025	50 989	921	34	3.75	12.44	29.34	6.37	0.79	85.87	0.054
2000 年	33 908	57 652	943	35	4.04	13.13	31.60	7.39	1.28	83.48	0.045
2001 年	37 690	62 950	959	34	8.36	13.87	31.44	7.87	1.29	87.09	0.051
2002 年	41 651	68 363	969	42	8.64	14.11	32.64	8.05	1.53	88.55	0.058
2003 年	48 220	73 832	976	42	9.08	15.57	34.19	8.59	7.62	89.53	0.059
2004 年	55 795	77 523	992	36	10.45	17.22	36.60	8.64	2.23	91.65	0.077
2005 年	68 162	81 399	1 010	39	11.09	18.87	38.50	9.00	5.69	92.70	0.064
标准值	80 000	100 000	4 239	30	11.50	25.00	45.00	12.00	1.12	100.00	0.020
标准值来源	省内最高城市标准	欧美主要城市平均值	省内最高城市标准	专家论证	最佳人居环境指标	最佳人居环境创建指标	生态城市标准	生态城市标准	专家论证	国际标准	国家标准

2. 数据的标准化及评价步骤

1）数据的标准化

对不同极性的指标，采用不同的数据标准化方法。

（1）正增长（当指标越大越好时）：$D_{ij} = \dfrac{M_{ij}}{N_i}$。

（2）负增长（当指标越小越好时）：$D_{ij} = \dfrac{N_i}{M_{ij}}$。

（3）区间值（当指标在区间最好时）：当 $M_{ij} \in [N_{i1}, N_{i2}]$ 时，$D_{ij} = 1$；当 $M_{ij} < N_{i1}$ 时，$D_{ij} = \dfrac{M_{ij}}{N_{i1}}$；当 $M_{ij} > N_{i2}$ 时，$D_{ij} = \dfrac{N_{i2}}{M_{ij}}$。

上述式中，D_{ij} 为第 j 个城市（或年份）第 i 个指标因子的评价得分值；M_{ij} 为第 j 个城市（或年份）第 i 项指标因子的实际值；N_i 为第 i 项指标因子的目标值；N_{i1} 为第 i 项指标因子的区间值下限；N_{i2} 为第 i 项指标因子的区间值上限。

2）评价基本步骤

在对评价指标原始数据进行标准化处理（表 6.6），通过巴特利球度（Bartlett）检验和 KMO（Kaiser-Meyer-Olkin）条件判断后，计算相关系数矩阵特征值以提取公共因子，一般提取主成分的累积贡献率应达到 80% 以上。然后，计算因子载荷矩阵和方差最大化旋转后的因子载荷矩阵，求出各公共因子的得分，计算城市土地集约利用评价的综合得分值。

综合得分值的计算公式为（杨东朗和安晓丽，2007）

$$P = \frac{\lambda_1 f_1 + \lambda_2 f_2 + \cdots + \lambda_n f_n}{\sum\limits_{i=1}^{n} \lambda_i}$$

式中，P 为评价单元的综合得分值；λ_i 为各公共因子的特征值贡献率；f_i 为各公共因子的得分数值；$\sum\limits_{i=1}^{n} \lambda_i$ 为累积贡献率。

表 6.6 不同年份广州市建设用地集约利用评价标准化值

年份	人均地区生产总值/元	建成区地均GDP/(万元/km²)	人口密度/(人/km²)	房地产投资占全部投资比例/%	城市人均道路面积/m²	城市人均居住面积/m²	建成区绿化覆盖率/%	人均绿地面积/m²	建设用地增长弹性系数	工业固体废渣综合处理率/%	工业SO₂浓度/(mg/m³)
1990	0.0672	0.1396	0.1885	0.4333	0.1591	0.3196	0.4333	0.4917	0.7724	0.5875	0.2247
1991	0.0803	0.1691	0.1911	0.5000	0.1574	0.3292	0.4247	0.5000	0.4498	0.6173	0.2667
1992	0.1043	0.2104	0.1944	0.7000	0.1591	0.3404	0.5929	0.5200	0.4375	0.5447	0.2632
1993	0.1485	0.2732	0.1979	0.8824	0.1922	0.3556	0.5911	0.4167	0.4409	0.6942	0.2778
1994	0.1916	0.3271	0.2022	0.8333	0.1913	0.3732	0.5649	0.1333	0.7724	0.6549	0.2899
1995	0.2403	0.3459	0.2052	0.8824	0.2678	0.3844	0.5351	0.1325	0.7943	0.7130	0.3333
1996	0.2753	0.3928	0.2081	0.8333	0.2704	0.4032	0.5667	0.2233	0.8750	0.5660	0.3125
1997	0.3088	0.4351	0.2116	0.8333	0.2922	0.4300	0.6113	0.3208	0.3875	0.7405	0.2857
1998	0.3415	0.4728	0.2140	0.8571	0.2983	0.4620	0.6240	0.4733	0.1649	0.8331	0.3279
1999	0.3753	0.5099	0.2173	0.8824	0.3261	0.4976	0.6520	0.5308	0.7054	0.8587	0.3704
2000	0.4239	0.5765	0.2225	0.8571	0.3513	0.5252	0.7022	0.6158	0.8750	0.8348	0.4444
2001	0.4711	0.6295	0.2262	0.8824	0.7270	0.5548	0.6987	0.6558	0.8682	0.8709	0.3922
2002	0.5206	0.6836	0.2286	0.7143	0.7513	0.5644	0.7253	0.6708	0.7320	0.8855	0.3448
2003	0.6028	0.7383	0.2302	0.7143	0.7896	0.6228	0.7598	0.7158	0.1470	0.8953	0.3390
2004	0.6974	0.7752	0.2340	0.8333	0.9087	0.6888	0.8133	0.7200	0.5022	0.9165	0.2597
2005	0.8520	0.8140	0.2383	0.7692	0.9643	0.7548	0.8556	0.7500	0.1968	0.9270	0.3125

3．综合评价结果及警度预测

以广州市 11 个评价指标为分析样本，运用 SPSS 统计软件中的 factor 模块计算巴特利球度（Bartlett）检验值为 286.425、显著性为 0.000，KMO 值为 0.707（大于 0.5），说明因素分析结果可接受。由因子分析结果（表 6.7）可知，前 2 个主因子的累计方差贡献率已达到 84.296%，故选择 2 个主因子。

表 6.7　主因子的特征值及贡献率表

主因子	未旋转统计量			旋转后统计量		
	特征值	方差贡献率/%	累计方差贡献率/%	特征值	方差贡献率/%	累计方差贡献率/%
F_1	7.531	68.466	68.466	7.317	66.514	66.514
F_2	1.741	15.829	84.296	1.956	17.781	84.296

为合理理解每个公共因子，对因子载荷矩阵采用正交旋转（varimax）方法进行方差最大化旋转。因子载荷矩阵旋转后（表 6.8），第一主因子 F_1 在人均地区生产总值、建成区地均 GDP、人口密度、城市人均道路面积、城市人均居住面积、建成区绿化覆盖率、人均绿地面积、工业固体废渣综合处理率上载荷最大；第二主因子 F_2 在房地产投资占全部投资比重、建设用地增长弹性系数、工业 SO_2 排放量上载荷最大。

表 6.8　旋转后主成分矩阵

指标	主因子	
	F_1	F_2
人均地区生产总值	0.973	0.124
建成区地均 GDP	0.960	0.244
人口密度	0.949	0.289
房地产投资占全部投资比重	0.236	0.799
城市人均道路面积	0.954	−0.009
城市人均居住面积	0.984	0.090
建成区绿化覆盖率	0.944	0.194
人均绿地面积	0.789	−0.301
建设用地增长弹性系数	−0.402	0.600
工业固体废渣综合处理率	0.904	0.244
工业 SO_2 排放量	0.348	0.776

根据因子系数矩阵的因子得分系数和标准化后的变量原始数据，计算出历年的因子得分数值和综合得分数值（表 6.9 和图 6.3）。从历年广州市建设用地利用集约度变化可以看出，1990~2005 年广州市建设用地利用集约趋势明显，2005 年广州市建设用地集约利用度为 1.37，比 1990 年的最小值-1.27 增加了 2.64，集约度逐年提高，但在 1993~1994 年和 2001~2002 年经历了两个小的波动，其中，1993~1994 年集约度降低的主要原因是建设用地增长弹性系数及工业 SO_2 排放量增加，2001~2002 年的集约度降低的主要原因是建设用地增长弹性系数增长过快。

表 6.9 方差最大化旋转后的因子载荷矩阵

年份	F_1	F_2	F
1990	-1.1682	-1.6486	-1.2696
1991	-0.9822	-1.5714	-1.1064
1992	-0.8234	-0.9804	-0.8565
1993	-0.6987	-0.0940	-0.5711
1994	-0.9852	0.6421	-0.6420
1995	-0.8867	1.1533	-0.4564
1996	-0.8437	0.8192	-0.4929
1997	-0.2606	-0.0712	-0.2206
1998	0.1124	-0.1265	0.0620
1999	0.0761	0.9830	0.2674
2000	0.2304	1.6090	0.5212
2001	0.5952	1.1846	0.7195
2002	0.8520	0.1342	0.7006
2003	1.3463	-0.7799	0.8978
2004	1.4952	-0.4880	1.0768
2005	1.9411	-0.7653	1.3702

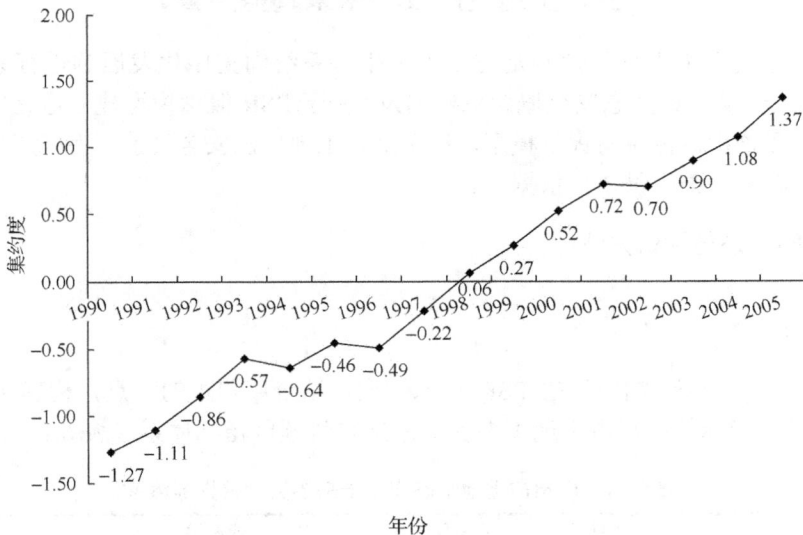

图 6.3 1990~2005 年广州市建设用地集约利用度分值变化

  分析 1990~2005 年广州市建设用地集约利用水平的上升趋势，拉动集约度升高的指标主要是第一主成分 F_1 指标，即人均地区生产总值、建成区地均 GDP、人口密度、城市人均道路面积、城市人均居住面积、建成区绿化覆盖率、人均绿地面积、工业固体废渣综合处理率 8 个指标，这些指标与标准值偏差较小，处于较理想状态，而第二主成分指标 F_2 房地产投资占全部投资比重、建设用地增长弹性系数、工业 SO_2 排放量 3 个指标偏离理想值较大，应是今后改善的主要方面。

  为预测和预警广州市城市建设用地集约度的未来变化趋势，分别选取线性模型、对数模型、倒数模型、二次曲线模型和三次曲线模型等回归分析模型进行拟合（表 6.10），回归分析模型拟合的显著性概率 Sig.<0.05，说明这两个变量之间存在高度显著的函数关系。在拟合的回归分析模型中，复相关系数 R 平方值（Rsq）较大的有三次曲线模型和二次曲线模型，考虑二次曲线方差齐性检验值 F 较大，故选取二次曲线方程为预测模型，进行广州市建设用地集约度发展趋势的预测，其公式为

$$Y = -1.367 + 0.144t + 0.02t^2$$

式中，Y 为建设用地集约度；t 为时间序列。

表 6.10　曲线回归模型系数一览表

模型名称	Rsq	F	Sig.	B_0	B_1	B_2	B_3
线性模型	0.984	858.212	0.000	−1.448	0.170	—	—
对数模型	0.848	78.218	0.000	−1.829	0.954	—	—
倒数模型	0.525	15.458	0.002	0.520	−2.459	—	—
二次曲线模型	0.985	437.771	0.000	−1.367	0.144	0.02	—
三次曲线模型	0.985	269.711	0.000	−1.355	0.136	0.03	$-4.307×10^{-5}$

根据二次曲线预测公式，预测广州市建设用地集约度 2020 年为 5.293，城市建设用地集约度将大幅度提高，广州市建设用地的集约度将为无警水平。

三、土地生态安全未来趋势预警

土地生态安全未来趋势预警是防止土地生态系统向无序化发展和进行系统调控的重要途径之一。从土地生态安全概念范畴出发，基于 PSR 概念模型建立适宜广州市的土地生态安全预警指标体系与评价模型，科学确定土地生态安全阈值，为广州市土地生态安全的未来趋势预警提供定量依据。

1. 指标体系与评价方法

1）指标体系

基于"压力-状态-响应"的 PSR 概念模型，结合广州市的特点，构建包括 3 个层次、23 个具体指标的广州市土地生态安全未来趋势预警指标体系（表 6.11）。

表 6.11　广州市土地生态安全未来趋势预警指标体系

目标层	项目层	因素层	指标层	标志值
土地资源生态安全度	系统压力	人口压力	市区人口密度	3500 人/km²
			人口自然增长率	0.7‰
		资源压力	人均住房面积	30 m²
			人均耕地面积	0.1 hm²
			人均当地水资源量	3000 m³
		环境压力	农药施用强度	10 kg/hm²
			化肥施用强度	200 kg/hm²
			SO₂ 排放强度	1 t/km²
			工业烟尘排放强度	0.5 t/km²
			COD 排放强度	1 t/km²
			固体废物排放强度	50 t/km²

续表

目标层	项目层	因素层	指标层	标志值
土地资源生态安全度	系统状态	经济状态	人均 GDP（当年价）	10 万元
		能源状态	煤消耗量/一次能消耗	20%
			总量万元 GDP 能耗	0.1 t 标准煤
		资源状态	森林覆盖率	50%
			建成区绿化覆盖率	40%
			水土流失面积比例	2%
		环境状态	饮用水源达标率	100%
			空气综合污染指数	0.6
			区域环境噪声	50 dB（A）
			酸雨频率	0%
	系统响应	环境响应	工业废水达标排放率	100%
			工业用水重复利用率	90%
			城市生活污水处理率	100%
			工业废气处理率	100%
			机动车尾气排放达标率	100%
			城市生活垃圾无害化处理率	100%
			自然保护区占国土面积比例	10%
			建设项目"三同时"执行率	100%
		经济响应	环保投资占 GDP 比率	3%
			研究与发展经费占 GDP 比例	4%
			第三产业占 GDP 比例	80%
		人文响应	每万人高等学历人数	1500 人

2）评价方法

首先，趋势预警评价指标确定后必须对参评因子进行量化处理，具体采用极差标准化方法进行无量纲化处理，获得样本矩阵 $A_{ij} \in [0,1]$。

其次，选用德尔菲法、层次分析法、熵值法、因子分析法、复相关系数法等方法（薛莉娜，2007）确定评价指标的权重。一般认为，熵值法能够深刻地反映出指标信息熵值的效用价值，其给出的指标权重值比德尔菲法和层次分析法有较高的可信度，故尝试采用熵值法确定评价指标的权重。具体过程如下。

（1）指标的标准化：

$$X'_{ij} = (X_{ij} - X_j) / S_j \quad (j=1,2,\cdots,m；\ i=1,2,\cdots,n)$$

式中，X'_{ij} 为标准化后的值；X_{ij} 为各指标的原始值；X_j 为第 j 指标的均值；S_j 为第 j 指标的标准差。

（2）进行坐标平移（清除负数的影响）：

$$X''_{ij} = T + X'_{ij}$$

式中，X''_{ij} 为平移后的指标值；T 为平移幅度（Marshall，1982）。

（3）将各指标同度量化，计算第 j 项指标下第 i 个方案指标值的比重 P_{ij}：

$$P_{ij} = X_{ij} \Big/ \sum X_{ij}$$

式中，P_{ij} 被视为该指标某一可能结果对应的概率值。

（4）计算第 j 项指标的熵值 E_j：

$$E_j = -K \sum P_{ij} \ln P_{ij}$$

为了方便，上式取自然对数，其中，调节系数 $K = -1/\ln n > 0$。

（5）将指标的熵值转化为权重值，计算第 j 项指标的差异性系数 G_j：

$$G_j = 1 - G_j$$

（6）定义权重 W_j：

$$W_j = G_j \Big/ \sum G_j$$

最后，采用土地生态安全趋势预警指数综合评价模型（廖和平等，2007），测算不同时期的广州市土地生态安全警度综合指数（ESSI）。

$$\text{ESSI} = \sum_{i=1}^{n} A_i \times W_i$$

式中，A_i 为各生态安全评价指标的标准化值；W_i 为生态安全评价指标 i 的权重；n 为指标总项数。ESSI 取值为 $0 \sim 1$，其值越大，表明土地资源生态安全水平越高，ESSI=1 时为最理想状态。广州市土地生态安全警度综合指数在[0,1]非均匀分布。

2. 警度判别与预警流程

基于广州市土地生态安全警度综合指数的数据特征，采取对比判断法判别指数的界线值。具体引进模糊数学的隶属度概念，将警度的确定和划分转化为相应隶属度的确定和划分。假设在横比或纵比中，预警指标的最优值为 b_i，最劣值为 a_i，则隶属度为

当 $b_i \geqslant a_i$ 时，

$$R_i(x) = \begin{cases} 1 & x \geqslant b_i \\ \dfrac{x - a_i}{b_i - a_i} & a_i < x < b_i \\ 0 & x \leqslant a_i \end{cases}$$

当 $b_i < a_i$ 时，

$$R_i(x) = \begin{cases} 1 & x \leqslant b_i \\ \dfrac{b_i - x}{b_i - a_i} & b_i < x < a_i \\ 0 & x \geqslant a_i \end{cases}$$

式中，x 为预警对象的指标值；$R_i(x)$ 为预警对象的隶属度。

最终把广州市土地生态安全警度综合指数值界线做如下界定：$0 \leqslant \text{ESSI} < 0.35$，不安全状态（巨警）；$0.35 \leqslant \text{ESSI} < 0.45$，较不安全状态（重警）；$0.45 \leqslant \text{ESSI} < 0.55$，临界状态（中警）；$0.55 \leqslant \text{ESSI} < 0.75$，较安全状态（轻警）；$0.75 \leqslant \text{ESSI} \leqslant 1$，安全状态（无警）。不

同的土地生态安全警度等级对应于不同的预警等级，根据广州市的实际确定其土地生态安全警度级别。

3．评价结果与警度预测

通过土地资源生态安全预警流程（图6.4），测算1990～2005年广州市土地生态安全警度综合指数值（图6.5）。1990～2005年，广州市土地生态安全状态变化明显，1990～1994年ESSI大于0.55，处于较安全状态，1995～1999年ESSI为0.45～0.55，处于临界状态，2000～2005年ESSI值均小于0.45，处于较不安全状态。1990～2005年16年间，处于轻警和中警状态的有5年，但处于重警级别的有6年（从2000年开始）。基于上述测算结果，分别选择线性模型、二次曲线模型、复合模型、生长模型、对数模型、三次曲线模型、S模型、指数模型、倒数模型、幂模型、逻辑模型共10种进行安全值与时间序列的动态拟合，以便从中选择最佳拟合模型进行未来土地生态安全警度指数的模拟预测。

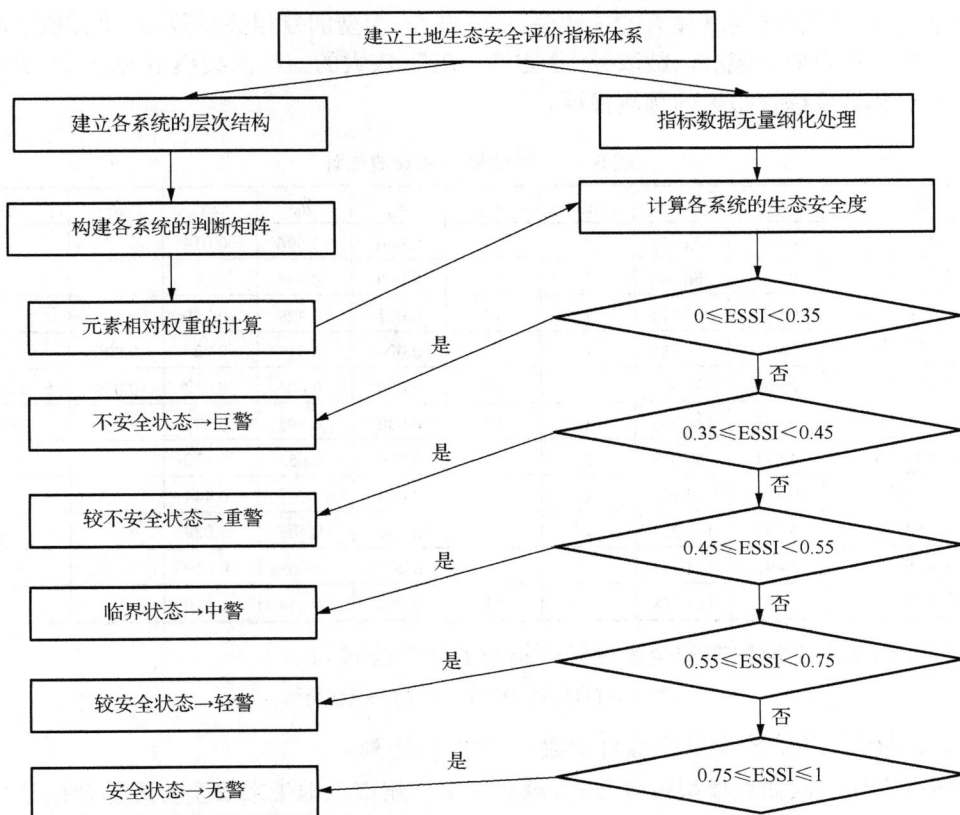

图6.4　土地资源生态安全预警流程图

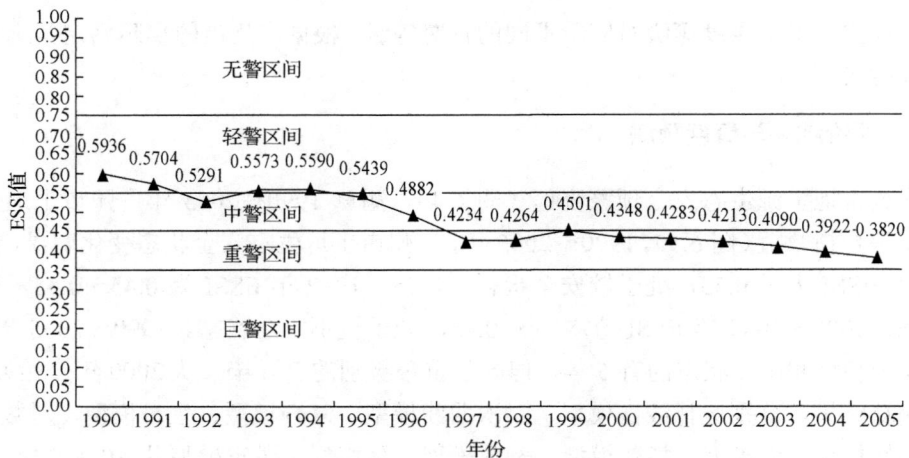

图 6.5　1990～2005 年广州市土地资源生态安全综合评价及预警结果

根据模型拟合结果，所有回归分析模型拟合的显著性概率 Sig.＜0.05（表 6.12），说明这两个变量之间存在高度显著的函数关系。同时，模型的复相关系数 R 平方值（R_{sq}）越大，表示拟合效果越好，故取 R 平方值（R_{sq}）较大的三次曲线模型为未来广州市土地生态安全警度综合指数的预测模型。

表 6.12　模型概况和参数估计

模型	R_{sq}	F	df$_1$	df$_2$	Sig.	B_0	B_1	B_2	B_3
线性模型	0.881	103.771	1	14	0.000	0.596	-0.014		
对数模型	0.826	66.644	1	14	0.000	0.634	-0.083		
倒数	0.545	16.771	1	14	0.001	0.429	0.220		
二次曲线模型	0.896	56.190	2	13	0.000	0.619	-0.022	0.000	
三次曲线模型	0.900	35.826	3	12	0.000	0.603	-0.012	0.000	5.251×10^{-5}
复合模型	0.891	114.358	1	14	0.000	0.605	0.971		
幂函数模型	0.811	59.978	1	14	0.000	0.652	-0.170		
S 模型	0.516	14.934	1	14	0.002	-0.847	0.444		
生长模型	0.891	114.358	1	14	0.000	-0.503	-0.029		
指数模型	0.891	114.358	1	14	0.000	0.605	-0.029		
逻辑模型	0.891	114.358	1	14	0.000	1.654	1.030		

广州市未来土地生态安全警度综合指数的计算公式为
$$Y = 0.603 - 0.012t + 5.251\times10^{-5}t^3$$

式中，Y 为土地生态安全警度综合指数；t 为时间序列。

根据上述三次曲线模型拟合公式,测算未来广州市土地生态安全警度综合指数 2020 年为 0.4407，其警度级别将为重警，表明整体安全水平较低的广州市的土地生态安全状态将延续一段时间。

四、土地利用安全区域差异分析

广州市耕地、建设用地和土地生态安全未来的警度预测，无论是未来 2020 年耕地资源安全警度将处于巨警、土地生态安全警度为重警，还是建设用地集约度为无警水平，均是对广州市全域整体而言的，但区内存在明显的差异性。为此，以上述评价预警为基础，在数字环境下以像元（30 m×30 m）为最小评价单元，通过构建土地利用安全相关指标体系，运用综合指数评价、支持向量机分类和神经元分类法，通过图形空间运算，生成广州市土地利用安全空间分布栅格图，获取广州市内各行政区土地利用安全的区域差异信息，以揭示广州市未来土地利用安全及其警度状况的区域差异性。

1. 评价指标体系构建及因子分析

针对广州市土地资源状况，遵循以下原则进行指标体系构建：主导因素原则，选择对土地利用安全影响大的因素，突出主导因素对安全评价结果的作用；区域性原则，考虑不同地区对土地利用安全的影响程度差异，选择的指标应适合区域的特点；区域差异性原则，选择的指标应能体现区域差异性，以体现土地利用安全的空间分异规律；定量化原则，实现指标的定量化是建立模型、进行数学定量分析的基础，也使评价结果具有直观性。

广义的土地利用安全包括数量安全、质量安全、经济安全、生态安全、产权安全和文化安全等。从广州市实际出发主要从数量安全、质量安全、经济安全和生态安全方面，共选择 16 个指标构建广州市土地利用安全区域差异评价指标体系（表 6.13）。为检查因子之间的相对独立性，在 ArcGIS 中利用 principal components 命令进行各栅格数据之间的相关性分析，结果表明，因子之间相关程度较小（表 6.14），多在 0.5 以下，相关系数仅因子 15 几何形状指数与因子 16 土地生态系统服务价值相关性较大，表明从数量、质量、经济、生态 4 个方面选择的评价因子体系是比较合理的。各评价因子具体分析如下。

表 6.13 广州市土地利用安全区域差异评价指标体系

总目标	因素	因子	因子序号
土地利用安全	数量安全	人均居住面积	1
		农业人口人均耕地面积	2
		农业人口人均园地面积	3
		农业人口人均养殖水面面积	4
		后备耕地资源比例	5
	质量安全	地形坡度	6
		地形坡向	7
		土壤有机质含量	8
		水源质量因子	9
	经济安全	单位建设用地 GDP	10
		区域经济规模指数	11
		灌溉保证率	12
		距公路距离	13
	生态安全	植被覆盖率	14
		几何形状指数	15
		土地生态系统服务价值	16

表 6.14　评价因子间的相关性分析

因子序号	1	2	3	4	5	6	7	8	9	10	11	12	13	14	15	16
1	1															
2	0.07	1														
3	0.16	0.06	1													
4	−0.04	−0.07	0.04	1												
5	−0.19	0.03	−0.13	−0.03	1											
6	0.22	0.17	0.08	0.04	−0.20	1										
7	−0.49	−0.13	−0.19	0.09	0.23	−0.34	1									
8	−0.06	−0.09	−0.05	−0.15	−0.06	0.26	0.02	1								
9	0.26	−0.07	0.19	−0.14	−0.18	0.15	−0.42	0.08	1							
10	0.27	0.03	0.14	−0.19	−0.25	0.38	−0.44	0.19	0.51	1						
11	−0.24	−0.10	−0.15	−0.11	0.10	−0.05	0.25	0.42	−0.03	0.07	1					
12	0.25	0.14	0.06	−0.07	−0.23	0.19	−0.31	0.02	0.00	0.24	−0.03	1				
13	0.60	0.08	0.20	0.01	−0.27	0.31	−0.59	−0.06	0.29	0.32	−0.29	0.34	1			
14	−0.10	−0.14	−0.01	0.07	0.19	−0.24	0.17	−0.12	0.00	−0.22	−0.09	−0.32	−0.15	1		
15	−0.12	−0.07	−0.06	0.03	−0.22	0.24	0.05	0.01	0.01	−0.13	0.13	−0.18	−0.19	0.17	1	
16	−0.12	−0.07	−0.06	−0.06	0.03	−0.22	0.24	0.02	0.01	−0.13	0.13	−0.18	−0.19	0.16	0.98	1

1）数量安全因子

（1）人均居住面积。城镇人均居住面积一定程度上反映了人们生活的舒适程度，也反映了人们对住房需求的状态，如果人均居住面积越小，则在一定程度上反映了人们对建设用地的需求量越大。根据广州市第五次人口普查结果，全市平均每人住房建筑面积（包括客厅面积）为 20.67 m²。鉴于数据的可得性，以区为行政单元进行计算，得到人均居住面积并对其进行等级划分与赋值，即：①人均居住面积≥21 m²，定为 100 分；②人均居住面积为 18～21 m²，定为 70 分；③人均居住面积为 15～18 m²，定为 40 分；④人均居住面积≤15 m²，定为 10 分。

（2）农业人口人均耕地面积。人均耕地面积是反映土地资源稀缺性的基本指标，也是影响土地数量安全的关键因素之一。为保障广州市"耕者有其田"的目标，保留一定数量的耕地对保障广州市农产品的供给、农民收入的稳定具有一定现实意义。根据广州市实际，划分农业人口人均耕地面积的等级并对其赋值，即：①农业人口人均耕地面积≥3.0亩，定为 100 分；②农业人口人均耕地面积为 2.0～3.0 亩，定为 70 分；③农业人口人均耕地面积为 1.0～2.0 亩，定为 40 分；④农业人口人均耕地面积为 0.5～1.0 亩，定为 10 分；⑤农业人口人均耕地面积≤0.5 亩，定为 0 分。

（3）农业人口人均园地面积。随着广州市农业结构的调整，广州市有相当部分的耕地转变为园地，园地在增加农民收入、保护生态环境等方面起着重要作用。考虑广州实际，将农业人口人均园地面积划分为 5 类并对其赋值，即：①农业人口人均园地面积≥1.2亩，定为 100 分；②农业人口人均园地面积为 0.8～1.2 亩，定为 70 分；③农业人口人均园地面积为 0.4～0.8 亩，定为 40 分；④农业人口人均园地面积为 0.2～0.4 亩，定为

10 分；⑤农业人口人均园地面积≤0.2 亩，定为 0 分。

（4）农业人口人均养殖水面面积。广州位于珠江三角洲地带，鱼塘密布，养殖水面面积比重较大，并且单位面积的养殖水面比同等面积的园地、林地、耕地收益更高，所以将其作为重要因子之一。结合广州市实际，确定农业人口人均养殖水面面积的等级和作用分值，即：①农业人口人均养殖水面面积≥0.4 亩，定为 100 分；②农业人口人均养殖水面面积为 0.3～0.4 亩，定为 70 分；③农业人口人均养殖水面面积为 0.2～0.3 亩，定为 40 分；④农业人口人均养殖水面面积为 0.1～0.2 亩，定为 10 分；⑤农业人口人均养殖水面面积≤0.1 亩，定为 0 分。

（5）后备耕地资源比例。后备耕地资源比例是指可利用的耕地占土地总面积的比例，广州市各区后备耕地资源面积比例的最大值为 10.17%，最小为 0。对此，可将比例划分为 5 个等别，即：①后备耕地资源比例≥5%，定为 100 分；②后备耕地资源比例为 1%～5%，定为 70 分；③后备耕地资源比例为 0.5%～1%，定为 40 分；④后备耕地资源比例为 0～0.5%，定为 10 分；⑤无后备耕地资源定为 0 分。

2）质量安全指标

（1）地形坡度。以基于 1∶5 万地形图为数据基础，进行坡度、坡向提取，分析地表起伏度，进行坡度分级。根据广州市地形特点，将其坡度分成 5 级，即：①地形坡度<2°，定为 100 分；②地形坡度为 2°～5°，定为 70 分；③地形坡度为 5°～8°，定为 40 分；④地形坡度为 8°～25°，定为 10 分；⑤地形坡度>25°，定为 0 分。

（2）地形坡向。坡向是指局部地表坡面在水平上投影与正北方向的夹角，坡向会引起热量、温度、湿度，以及土地利用结构、土壤特征等差异，是影响土地安全状况的基本因子之一。参考杨存建等（2001）的坡向划分标准，采用 45° 的间距等分，包括平坦地区，共划分 9 个等级（表 6.15）。具体是在 ARC/INFO 的 GRID 模块下，基于 1∶5 万的 DEM，采用 slope 函数提取坡度数据，在 3D Analysis 模块下进行坡向提取，作为区域尺度土地利用安全评价的基本参数。按照表 6.15 中的坡度分级标准，用 Spatial Analyst 模块中的 Reclassify 命令制作广州市的坡向分级图。

表 6.15　广州市坡向分级

坡向/（°）	分级编码	作用分值	说明
-1	9	100	平地，水分条件适中，发生土壤侵蚀，非常便于利用
0～45	8	86	水分条件好，农业生产条件好，几乎不发生土壤侵蚀
316～359	7	75	水分条件好，土壤养分条件较好，几乎不发生土壤侵蚀
46～90	6	63	水分养分条件较好，可以进行农业生产，有土壤侵蚀发生
271～315	5	50	水分养分条件较好，适宜农业生产，土壤侵蚀发生
91～135	4	38	土壤养分条件较差，不利于农业生产，易发生侵蚀
226～270	3	25	土壤水分条件较差，不利于农业生产，易发生侵蚀
136～180	2	13	阳面，土壤养分条件较差，不利于农业生产，易发生侵蚀
181～225	1	0	阳面，土壤水分养分极差，非常不利于农业生产，极易发生侵蚀

（3）土壤有机质含量。有机质含量是判定土壤质量的关键指标，对农业生产具有重要的意义。根据第二次土壤普查结果，参照全国有机质含量的等级标准，结合广州市的实际情况，拟定广州市土壤有机质的分级标准并给予相应的分值，即：①有机质含

量≥4.0%，定为100分；②有机质含量为3.0%～4.0%，定为70分；③有机质含量为2.0%～3.0%，定为40分；④有机质含量为1.0%～2.0%，定为10分；⑤有机质含量≤1.0%，定为0分。此外，在对城镇建设用地安全评价时，对有机质含量因子定为0分。

（4）水源质量因子。受工业"三废"的影响，农业生产施用过量化肥、农药的环境污染，以及人们生活垃圾等影响，广州市水源质量问题较大，部分地区的水质甚至已经不能达到灌溉水质的标准，对人们的生产和生活产生重要影响，在广州市土地利用安全评价中成为重要的质量因子之一。鉴于越秀区、东山区和荔湾区全部为建设用地，灌溉水源质量定为100分。在广州市农用地定级过程中，其他地区以原镇（街）为单位进行农业灌溉水源质量的调查，根据调查的数据进行水源质量因子的分级（表6.16）。

表6.16　水源质量分级与作用分值表

级别	作用分值	水源质量分级
1	100	正果镇、派潭镇、萝岗镇、良田镇、温泉镇、良口镇、吕田镇、东明镇、万顷沙镇、珠江农场、新造镇、围垦公司、赤岗街、瑞宝街、白鹤洞街、新塘街、龙洞街
2	70	小楼镇、太和镇、民乐镇、鳌头镇、龙潭镇、神岗镇、桃园镇、灵山镇、鱼窝头镇、横沥镇、黄阁镇、石楼镇、昌岗街、中南街、黄村街、凤凰街
3	40	石滩镇、中新镇、竹料镇、钟落潭镇、九佛镇、城郊镇、江浦镇、灌村镇、榄核镇、化龙镇、大岗镇、素社街、海幢街、江南中街、南华西街、滨江街、新港街、东漖街、东沙街、前进街、珠吉街、冼村街、五山街
4	10	朱村街、增江街、人和镇、江高镇、神山镇、龙归镇、太平镇、棋杆镇、东涌镇、石基镇、南村镇、江海街、沙园街、石围塘街、冲口街、沙河街、沙东街
5	0	荔城街、新塘镇、三元里街、矿泉街、松洲街、同德街、黄石街、新景街、棠景街、景泰街、同和街、京溪街、永平街、石井街、金沙街、嘉禾街、均禾街、街口街、沙湾镇、大石街、钟村镇、市桥街、南石头街、龙凤街、凤阳街、海龙街、茶滘街

3）经济安全指标

（1）单位建设用地GDP。单位建设用地GDP是衡量土地利用效益的重要指标，也在一定程度上反映了土地集约利用程度，其值越大表示单位面积的产出率越高，所以以单位建设用地GDP在土地资源利用的经济安全指标体系中是必须考虑的因子。考虑2005年广州市行政区划的调整，部分地区数据获取产生偏差，单位建设用地GDP数据以2004年为标准，将单位建设用地GDP划分为4个等别，即：①单位建设用地GDP大于10亿元/km²，定为100分；②单位建设用地GDP为1亿～10亿元/km²，定为70分；③单位建设用地GDP为0.5亿～1亿元/km²，定为40分；④单位建设用地GDP小于0.5亿元/km²，定为10分。

（2）区域经济规模指数。区域经济规模指数反映区域内部工农业总产值占全区工农业总产值的比重，其值越大表示单位土地面积的工农业产出率越高。区域经济规模指数是反映单位面积土地集约程度的重要指标。利用广州原各镇（街）2004年工农业总产值作为衡量区域经济规模的指标，其中，工农业总产值与全区平均值的比重大于1.5的作用分值为100分，比重为1.0～1.5的作用分值为90分，比重为0.5～1.0的作用分值为80分，比重小于0.5的作用分值为70分。

（3）灌溉保证率。灌溉保证率可以反映农田基础设施的完善程度，一般值越大单位面积的土地产出率越高。该指标值可以分为4级：1级，充分满足，是指灌溉系统齐全，可随时灌溉，定为 100 分；2 级，基本满足，是指有良好的灌溉系统，在关键需水季节有灌溉保证，定为 70 分；3 级，一般满足，是指有灌溉系统，但在大旱年不能保证灌溉，定为40 分；4 级，无灌溉条件，是指无灌溉设施，一般年景也无法灌溉，定为 10 分。广州市老城区的原越秀区、东山区、荔湾区无农业用地，该指标值定为 100 分。

（4）距公路距离。交通条件影响工农业生产活动，一般认为距国道、省道、县道等公路的距离越近，单位面积土地的经济价值越高，反之则越低。具体将距交通线的距离定为 5 级，即：①距公路距离小于 0.1 km，定为 100 分；②距公路距离为 0.1~0.3 km，定为 70 分；③距公路距离为 0.3~1 km，定为 40 分；④距公路距离 1~2 km，定为 10 分；⑤距公路距离大于 2 km，定为 0 分。

4）生态安全指标

（1）植被覆盖率。植被在改善空气质量、调节小气候、释氧固碳等方面起重要作用，是区域土地利用生态安全评价中不可缺少的因素。具体采用归一化植被指数（NDVI）代表区域植被覆盖状况，划分为 5 个等级，即：①NDVI>0.5，定为 100 分；②0.3<NDVI≤0.5，定为 70 分；③0.15<NDVI≤0.3，定为 40 分；④0<NDVI≤0.15，定为 10 分；⑤NDVI≤0，定为 0 分。

（2）几何形状指数（D）。景观空间结构对土地功能及其发挥有着重要影响，从描述土地利用斑块空间形态的景观指数中选取斑块几何形状指数评估土地利用的安全程度。从 2005 年土地利用现状图上测算得到广州市斑块几何形状指数最小值为 1.1399、最大值为 1.4527，因此将几何形状指数划分为 4 个等别，即：①1.4<D≤1.5，定为 10 分；②1.3<D≤1.4，定为 40 分；③1.2<D≤1.3，定为 70 分；④D≤1.2，定为 100 分。

（3）土地生态系统服务价值。生态系统服务是指对人类生存与生活质量有贡献的所有生态系统产品和服务，是衡量土地利用生态安全的重要指标，大多通过土地生态系统单位面积自然资本值进行区域土地生态系统服务价值的测算（陶星名等，2006）。为简化评价流程，依据广州市不同区域的各类用地比例构成，进行土地生态系统服务价值的数值化处理，定义城镇及工矿用地为-100 分，交通用地为-7 分，耕地为 11 分，园地为21 分，林地为 24 分，草地为 19 分，水域为 85 分，未利用地为 0 分。

采用上述数值化方法和参数，对广州市土地利用安全区域差异分析的每个指标进行全域数据收集、整理、分析和计算，获得 16 个评价指标的完整评价数据（彩图 12）。

2. 基于不同方法的安全阈值确定

在广州市土地利用安全区域差异评价中，确定预警级别的警度划分标准即安全阈值是需要解决的关键问题，不同划分方法存在一定差异。为更好地分析广州市土地利用安全的区域差异，通过对综合指数法、支持向量机分类法、神经元分类法三种方法所确定阈值的对比分析，选取最佳方法进行安全阈值的确定。

1）基于综合指数法的安全阈值确定

综合指数法的基础是各指标权重的确定，一般多采用定量的方法，如经验法、等差法、回归分析法、层次分析法、灰色关联分析法、主成分分析法、相对权重法和因子筛选法等。为简化评价流程，采用最为简单实用的等权重法，即认为各个评价指标的权重相等，选择几何平均公式进行土地利用安全值（P）的计算。该方法能够较好地对各项指标统一度量，最后获得一个综合评价结果，易从宏观上把握土地利用安全状况，充分体现评价工作与实际相结合的综合性原则。缺点是不易将明显的不安全因素排除，故在土地利用安全评价中应予以充分考虑。另外，出于指标选择类型考虑，所选择的指标不适宜对水域安全的评价，故在进行广州市土地利用安全区域差异评价时，对水域部分不进行评价，认为其处于无警状态。

在依照几何平均公式计算各评价单元的土地利用安全值后，如何进行安全阈值的确定是一个关键和难点问题。为此，参考我国农用地分等与定级规程的阈值划分方法，将广州市土地利用安全的评价结果 Grid 格式数据转换成 tiff 数据，保持其值不变，然后在 ENVI4.4 中对各基本评价单元进行统计（quick statistics），形成每个分值段的最小评价单元（像元）数，其后以分值为横坐标，评价单元（像元）数为纵坐标，得出土地利用安全分值的频数直方图（图 6.6），然后根据频数直方图的拐点确定土地利用安全的阈值（表 6.17）。

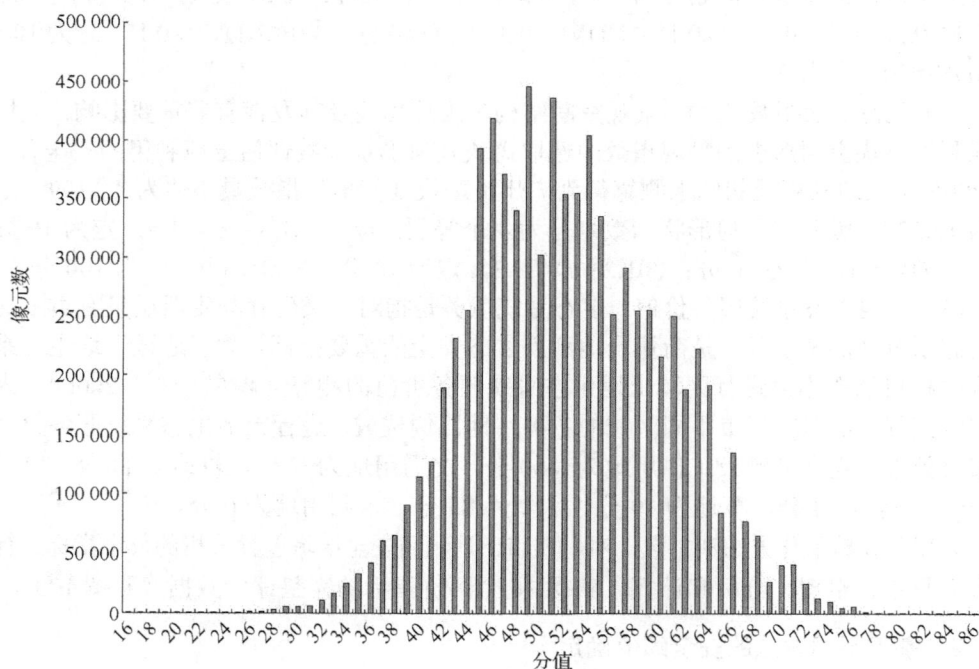

图 6.6　广州市土地利用安全分值频数直方图

表 6.17　综合指数法的广州市土地利用安全阈值确定

预警级别	无警	轻警	中警	重警	巨警
警度划分	$16<P<45$	$45\leqslant P<50$	$50\leqslant P<56$	$56\leqslant P<65$	$65\leqslant P<86$

2）基于支持向量机分类法的安全阈值确定

支持向量机（support vector machine，SVM）方法自 20 世纪 90 年代中期提出以来，

已经在模式识别、模式分类、回归分析、函数估计、函数逼近、数据挖掘、遥感图像处理、非线性系统控制等方面得到广泛的应用（李祚泳等，2007），尝试采用该方法进行广州市土地利用安全区域差异分析中安全阈值的确定。

对于分类和评价的问题，用支持向量机方法进行求解的学习算法过程大致如下（刘雪松和程翼宇，2005）。

（1）给出一组输入样本 X_i，$i=1,2,\cdots,L$ 及其对应的期望输出 $y_i \in \{+1,-1\}$；

（2）在约束条件 $\sum_{i=1}^{L} y_i a_i = 0$ 和 $a_i \geqslant 0 (i=1,2,\cdots,L)$ 下，求解 $Q(a) = \sum_{i=1}^{L} a_i - \frac{1}{2} \sum_{i,j=1}^{L} a_i a_j y_i y_j k(x_i, x_j)$ 的最大值，得到 a_i^*；

（3）计算权向量和分类阈值：

$$W^* = \sum_{i=1}^{L} a_i^* y_i x_i$$

$$b^* = \frac{1}{y_s} - W^* \cdot x_s = y_s - \sum_{i=1}^{L} a_i^* y_i k(x_i, x_s)$$

式中，x_s 为一个特定的支持向量。

（4）对于待分类向量 x，选择某一特定类型的核函数 $k(x, x_i)$，计算：

$$f(x) = \mathrm{Sgn} \left\{ \sum_{i=1}^{L} a_i^* y_i k(x_i, x) + b^* \right\}$$

在具体计算过程中，为消除不同指标的量纲及数值带来的影响，需要先对指标数值采用极差归一化方法进行归一化处理，然后将归一化后的 16 个指标图层在 ENVI 4.4 中进行层叠加（layer stack）成一个文件，相当于将一个因子图当成各波段数据。之后，在 roi tools 中选择不同类型的兴趣区作为分类的标准，各波段数据作为训练样本，核函数选择径向函数（radial basis function），通过 classification→supervised→support vector machine 模块可以实现 SVM 的分类（图 6.7）。

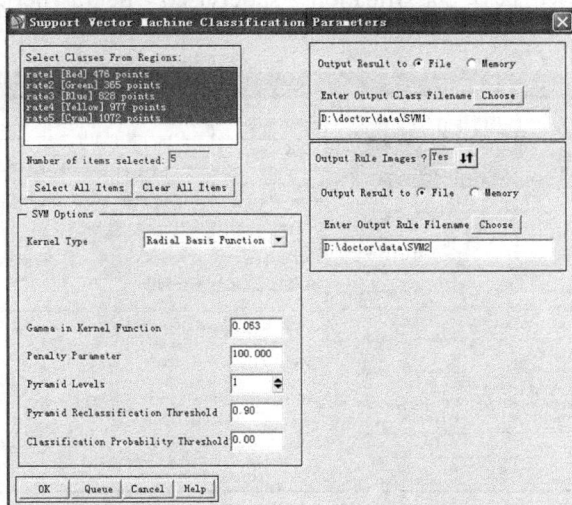

图 6.7　支持向量机实现示意图

SVM 中安全阈值的确定对分类的误差具有重要的影响，在土地利用安全分类评价中，安全阈值主要由兴趣区（ROI）确定，所以划分兴趣区时精度应尽可能提高。实际参考非监督分类（unpervised）中的基于均值-标准差的 K 值（K-means）分类方法的结果进行兴趣区的划分，确定安全阈值（表 6.18）。

表 6.18　支持向量机分类法的广州市土地利用安全阈值确定

预警级别	巨警	重警	中警	轻警	无警
警度划分	0.1859～0.4252	0.4252～0.4864	0.4864～0.5412	0.5412～0.6056	0.6056～0.8215

3）基于神经元分类法的安全阈值确定

采用前馈神经网络来实现区域土地利用安全的分类。具体而言，对于一个结构为 d-L-1 的三层前馈网络，d 为模式特征空间的维数，L 为神经网络隐含层节点数。设用 SCCA 方法提取得到 d 个特征方向，即网络的输入取为 d 维特征空间中的点 $s = [s_1, s_2, \cdots, s_n]^T$，则网络输出可表示为

$$c(s) = \sum_{l=1}^{L} v_l n_l(s), \quad n_l(s) = f\left(\theta_l + \sum_{i=1}^{d} W_{li} s_i\right)$$

式中，v_l 和 W_{li} 分别是网络输出层和隐含层的权重；θ_l 是隐含层节点的阈值；n_l 是隐含层节点的输出；$f(\cdot)$ 是传递函数，$f(t) = (1 + e^{-t})^{-1}$。

使用 Neural Net 选项可应用一个分层的正向（feed-forward）神经元网络分类，该技术在进行监督学习时使用标准的后向传播技术（backpropagation）。具体可以选择所用的隐藏层的数量，也可以在对数和双曲线活化（activation）函数之间选择所需函数。由于调整节点中的权重可以使输出节点活化与所需的输出结果间的差异达到最小化，因此神经元网络技术利用该方法对发生的事件进行学习。在学习过程中，误差在网络中后向传播，同时使用递归法调整权重。当然，也可以使用神经元网络进行一个非线性分类。模型最终可在 ENVI 4.4 中实现，选择 classification＞supervised＞neural net 进行具体的参数设置（图 6.8）。

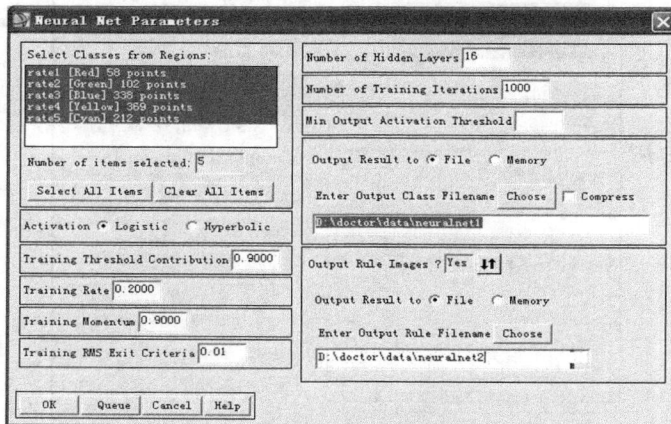

图 6.8　神经元分类实现示意图

神经元分类的安全阈值也是通过兴趣区确定的，因此以各级兴趣区的平均输出值作为样本评价等级结果，确定相应级别安全阈值的划分标准（表 6.19）。

表 6.19　神经元分类法的广州市土地利用安全阈值确定

预警级别	巨警	重警	中警	轻警	无警
警度划分	0.1859～0.4252	0.4252～0.4864	0.4864～0.5412	0.5412～0.6056	0.6056～0.8215

3.　不同方法预警结果的比较分析

依照上述三种安全阈值确定方法，可对广州市土地利用安全的区域差异进行定量判别和预警（彩图 13、彩图 14 和表 6.20）。对比分析三种预警结果，总体而言，综合指数法虽然简单实用，但各因子间作用分值的划分具有主观性，权重确定具有随意性。同时，从评价结果看，个别像元的分值被人为扩大或缩小，导致最大分值与最小分值范围的扩大；神经元分类法仅以输出层中的单个神经元代表某一类模式，所以一旦输出层中的某个输出神经元损坏，而各神经元之间的极度并行互连功能，可能导致评价结果存在较大误差，从实际分类结果看，个别因子的作用被扩大导致评价结果与现实存在差异。相比之下，支持向量机分类法能够较好地解决样本非线性、高维数据和局部最优化等实际问题，最终决策函数只由少数的支持向量所确定，在一定意义上避免了"维数灾难"。同时，支持向量机分类法的算法简单，比传统的学习方法具有更好的学习性能和泛化能力。因此，考虑评价结果的精度，选用基于支持向量机分类的结果进行广州市土地利用安全空间差异的分析。

表 6.20　三种方法的预警结果对比

预警级别	综合指数法		支持向量机分类法		神经元分类法	
	面积/km²	比例/%	面积/km²	比例/%	面积/km²	比例/%
巨警	1133.69	15.25	894.10	12.03	549.51	7.39
重警	1752.94	23.58	2002.00	26.93	1500.13	20.18
中警	1738.07	23.38	1976.11	26.58	2014.43	27.10
轻警	1578.98	21.24	1274.78	17.15	1694.96	22.80
无警	1230.33	16.55	1287.01	17.31	1674.97	22.53

4.　广州土地利用安全的空间差异

基于支持向量机分类法评价与预警结果，将分类结果栅格图（彩图 13 和彩图 14）与行政界线栅格图进行叠加分析，可得到各行政区土地利用安全的评价分值及其警度（图 6.9 和表 6.21）。评价结果显示，广州市内各行政区土地利用安全平均分值从小到大依次为东山区＜荔湾区＜黄埔区＜越秀区＜芳村区＜增城市＜白云区＜从化市＜天河区＜海珠区＜番禺区＜花都区，评价结果较为符合客观实际情况。根据警度划分标准（表 6.18），广州市处于巨警状态的有荔湾区和东山区，处于重警状态的有芳村区、越秀区、白云区、黄埔区、增城市和从化市，处于中警状态的有天河区，处于轻警状态的则有番禺区、海珠区和花都。广州市总面积 7434 km² 中，无警区面积为 1287.01 km²，占总面积的 17.31%；轻警区面积为 1274.78 km²，占总面积的 17.15%；中警区面积为

1976.11 km^2，占总面积的 26.58%；重警区面积为 2002.00 km^2，占总面积的 26.93%；巨警区面积为 894.10 km^2，占总面积的 12.03%。重警区和巨警区所占面积比较大，占总面积的 38.96%，表明广州市土地利用安全状况不容乐观。

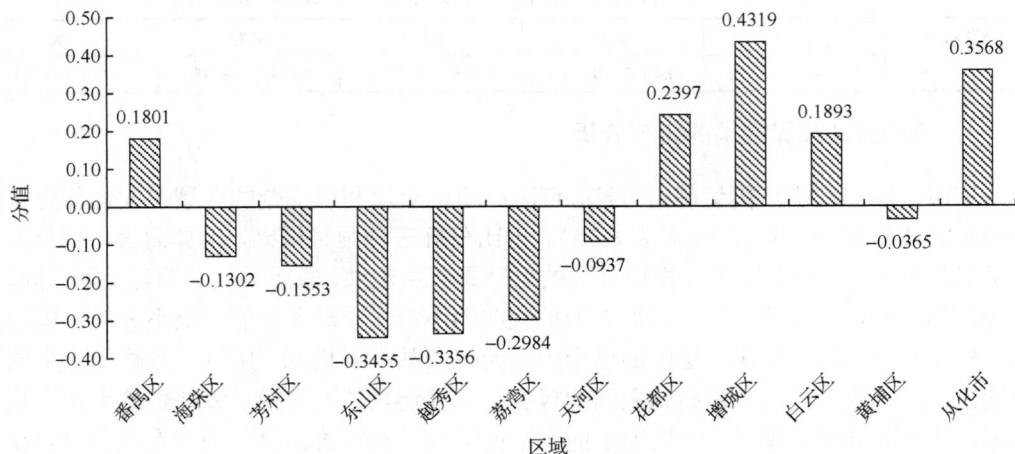

（a）生态安全分值

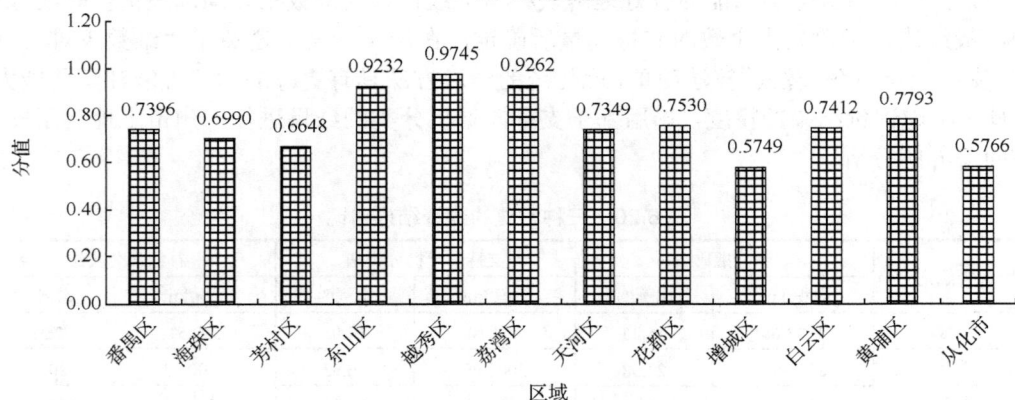

（b）经济安全分值

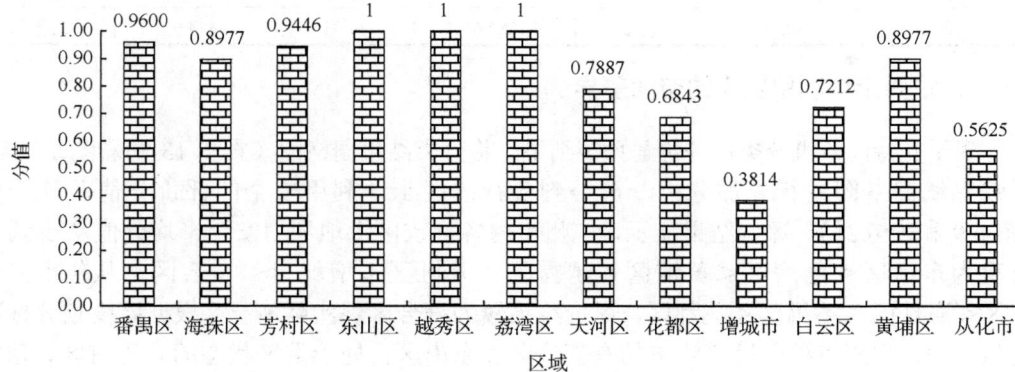

（c）质量安全分值

图 6.9　广州市各区（市）土地利用安全因素分值图

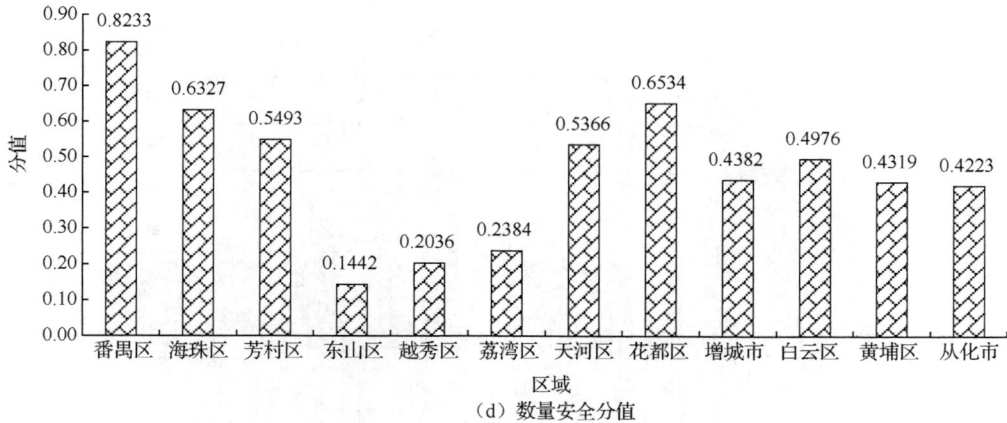

（d）数量安全分值

图 6.9（续）

表 6.21 广州市各区（市）土地利用安全评价分值及警度

区域	最小值	最大值	全距	均值	偏差	警度
番禺区	0.2738	0.8214	0.5476	0.5459	0.0814	轻警
海珠区	0.3573	0.7848	0.4276	0.5429	0.0731	轻警
芳村区	0.3416	0.6758	0.3342	0.4742	0.0632	重警
东山区	0.2933	0.6700	0.3767	0.3824	0.0443	巨警
越秀区	0.3287	0.7221	0.3934	0.4403	0.0576	重警
荔湾区	0.3091	0.6441	0.3350	0.4052	0.0619	巨警
天河区	0.2884	0.8003	0.5119	0.5204	0.0525	中警
花都区	0.2751	0.7818	0.5067	0.5557	0.0566	轻警
从化市	0.2319	0.7219	0.4900	0.4851	0.0530	重警
白云区	0.2460	0.7692	0.5232	0.4781	0.0627	重警
黄埔区	0.2701	0.7003	0.4302	0.4365	0.0515	重警
增城市	0.1860	0.7548	0.5688	0.4763	0.0609	重警

　　广州市内不同行政区土地利用安全等级的比例构成各异（图 6.10），反映出各行政区之间土地利用在数量、质量、经济、生态等方面的压力差异造成了土地利用安全的空间分异及预警级别的构成差异。

　　东山区。东山区是广州 12 个行政区中安全分值较低的行政区，总平均分值仅为0.3824，属于巨警范围，最小值为 0.2933，最大值为 0.6700，分值偏差相对较小，仅为0.0443。从预警结果看，巨警占总面积的 85.14%、重警占 2.67%、中警占 2.46%、轻警占 0.32%、无警占 9.41%，巨警面积占绝对比例，表明东山区土地利用安全状况相对较差。东山区最主要的警源可归纳为无农用地面积、植被覆盖率差、生态服务价值功能低等。

　　荔湾区。荔湾区也是土地利用安全状况较差的区之一，平均值为 0.4052，属于巨警级别，最小值为 0.3091，最大值为 0.6441，分值偏差为 0.0619。从预警结果看，巨警占总面积的 60.00%、重警占 21.53%、中警占 2.94%、轻警占 0.70%、无警占 14.83%，以巨警为主。引起荔湾区安全级别差的原因主要是无农用地资源、植被覆盖度低和土地生态服务价值小等。

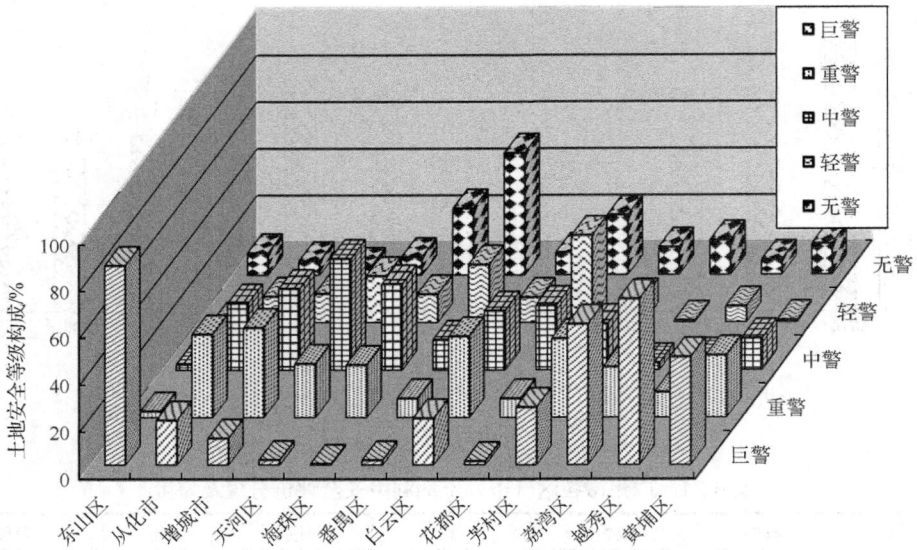

图 6.10　广州市各行政区土地安全等级构成

　　黄埔区。黄埔区土地利用安全状况较差，平均值为 0.4365，为重警级别，最小值为 0.2701，最大值为 0.7003，分值偏差为 0.0515。从预警结果看，巨警占总面积的 46.03%、重警占 26.46%、中警占 13.42%、轻警占 0.88%、无警占 13.21%，以巨警和重警为主。引起黄埔区不安全的警源要素主要是建设用地比例大、农业人口人均园地面积和养殖水面面积小及土壤有机质含量低等。

　　越秀区。越秀区土地利用安全平均分值为 0.4403，属于重警级别，最小值为 0.3287，最大值为 0.7221，分值偏差相对较小，为 0.0576，内部差异相对较小。从预警结果看，巨警占总面积的 70.70%、重警占 10.85%、中警占 5.35%、轻警占 6.72%、无警占 6.38%。引起越秀区安全级别差的原因是无农用地资源、植被覆盖度低及土地生态服务价值小。

　　芳村区。芳村区土地利用安全平均值为 0.4742，属重警级别，最小值为 0.3416，最大值为 0.6758，分值偏差为 0.0632。从预警结果看，巨警占总面积的 24.69%、重警占 33.60%、中警占 19.64%、轻警占 10.27%、无警占 11.80%，以重警和巨警为主。引起其不安全状况的警源主要有土壤有机质含量低、水源质量差、人均居住面积小、耕地后备资源比例小和植被覆盖度低。

　　增城市。增城市虽为广州市北部山区，生态环境相对较好，但土地安全平均分值仅为 0.4763，也属于重警警度范围，最小值为 0.1860，最大值为 0.7548，偏差较大，达 0.0609。从预警结果看，巨警占总面积的 19.11%、重警占 35.46%、中警占 28.40%、轻警占 11.05%、无警占 5.98%，巨警和重警所占比例较大。根本的警源可归结为坡度坡向分值低、土地利用形状指数分值小和距主要交通干线远。

　　白云区。白云区土地利用安全平均分值为 0.4781，属重警级别，最小值为 0.2460，最大值为 0.7692，分值偏差较大，达 0.0627，表明内部安全状况差异较大。从预警结果看，巨警占总面积的 19.99%、重警占 34.56%、中警占 25.21%、轻警占 10.63%、无警占 9.61%，各级别之间相差不大，以中警为主。白云区的主要警源可归纳为部分地区地形较陡、土壤有机质含量较低和后备耕地资源少。

从化市。从化市土地利用安全平均分值为 0.4851，属于重警警度范围，最小值为 0.2319，最大值为 0.7219，分值偏差为 0.0530。从预警结果看，巨警占总面积的 11.37%、重警占 38.25%、中警占 34.65%、轻警占 12.24%、无警占 3.50%，以重警和中警为主，表明从化市土地利用安全状况一般。从化市的警源可以归纳为地形的坡度坡向因素、人均居住面积较小、土地利用的经济效益较低及部分地区距交通线较远。

天河区。天河区在广州各行政区中排名中游，平均分值为 0.5204，属中警级别，最小值为 0.2884，最大值为 0.8003，分值偏差为 0.0525。从预警结果看，巨警占总面积的 2.12%、重警占 22.88%、中警占 47.48%、轻警占 19.83%、无警占 7.69%，以中警为主，表明天河区土地利用安全状况相对较好，主要原因是地形坡度坡向分值较高，土地利用经济效益较高，交通干线相对密集。

海珠区。海珠区土地利用状况较好，平均分值为 0.5429，属于轻警级别，最小值为 0.3573，最大值为 0.7848，分值偏差为 0.0731。从预警结果看，巨警仅占总面积的 0.47%、重警占 22.40%、中警占 36.63%、轻警占 12.40%、无警占 28.46%，以中警和无警的比例最大，安全状况处于较高水平。海珠区的警源可归纳为建设用地比例大、生态服务价值低和农田有机质含量小等。

番禺区。番禺区也是土地利用安全状况较好的一个区，平均分值为 0.5459，最小值为 0.2738，最大值为 0.8214，分值偏差为 0.0814，说明其内部差别较大。从预警结果看，巨警占总面积的 1.99%、重警占 8.23%、中警占 12.84%、轻警占 24.73%、无警占 52.21%，安全状况以无警和轻警为主。番禺区的安全状况较好的原因主要是水域面积大、地形地势好、土壤有机质含量高及土地生态服务价值高。

花都区。花都区的土地利用安全状况相对较好，平均分值为 0.5557，属于轻警级别，最小值为 0.2751，最大值为 0.7818，相对偏差为 0.0566。从预警结果看，巨警占总面积的 1.59%、重警占 8.21%、中警占 27.41%、轻警占 37.17%、无警占 25.61%，以轻警和无警为主。花都区的安全状况较好的原因可归纳为交通干线密集、灌溉保证率较高、农业人口人均园地面积较大和人均居住面积较大。

第二节　土地利用变化问题及其应对策略

珠江三角洲典型区域土地利用变化的未来预警结果表明，如果延续现有变化趋势，虽然区内建设用地利用程度有所提高，但耕地、生态安全及区内部分地区未来可能会出现重警甚至巨警的严峻形势，需要进一步深入地分析土地利用近期变化中的主要问题及产生原因，有针对性地提出相应的土地利用变化应对策略与基本措施。

一、土地利用变化中的主要问题及其原因

经过改革开放 40 多年的发展变化，总体而言，目前珠江三角洲地区土地利用的类型已比较齐全，土地利用类型复杂多样，结构较为均衡；土地利用变化较快，建设用地

扩展迅速，面积扩大在 2 倍左右，城镇村与独立工矿、交通与水利设施等建设用地比例大多高达 20%～50%；受区域社会经济发展差别的主导，土地利用的区域差异较为明显，无论是在农用地还是在建设用地方面都形成了较为明显的地域分工；尤其是土地利用率远高于全国平均水平，土地开发利用效益较高，土地利用的经济社会效果较好。但是，珠江三角洲地区的土地利用也存在一些突出问题，尤其是在土地利用变化方面产生了一定的不良后果，如耕地面积与林地规模急剧减少、土地利用环境负效应问题突出、土地利用结构与空间布局远未达到优化要求、土地利用水平尚未完全达到可持续利用水平、耕地与土地生态安全警情严峻等，这些都将成为未来制约珠江三角洲地区发展的重要因素。

1. 主要问题

1）建设用地不断扩张，耕地数量急剧减少

珠江三角洲地区土地利用变化分析结果表明，改革开放以来，随着珠江三角洲地区城市化、工业化的快速发展，建设用地大规模扩张，1990～2014 年建设用地面积增加近 2 倍，建设用地比例由 6.91% 上升到 17.65%，2014 年末建设用地面积达到 7277.28 km^2。与此同时，伴随建设用地的大规模扩张，珠江三角洲地区耕地面积大幅度减少，由 1990 年的 14 081.70 km^2 减少到 2014 年的 10651.80 km^2，共减少 3429.90 km^2，耕地占土地总面积的比例由 34.15% 下降至 25.84%。根据珠江三角洲地区 2014 年土地变更调查数据，珠江三角洲地区人均耕地资源仅约为 0.16 亩，低于广东省人均耕地面积 0.37 亩，更远远小于联合国粮食及农业组织划定的人均耕地警戒线 0.8 亩。建设用地大规模扩张，耕地资源面积锐减，人均耕地资源严重不足，耕地预警警度将处于巨警水平，这会使得珠江三角洲地区的粮食安全问题更加突出，也会在一定程度上对珠江三角洲地区的土地资源安全构成严重威胁。

2）节约集约利用不够，效益提升空间较大

在社会经济迅速发展的形势下，珠江三角洲地区城镇、农村居民点、独立工矿和交通用地等建设用地的规模日益扩展，虽然珠江三角洲地区建设用地的利用效益与集约利用水平一直在不断提高，其集约度也大多处于无警水平，但是也存在深度开发利用不够和粗放利用的现象。其中，城镇的发展基本上是"摊大饼"式的急剧外延扩张，主要是依靠征占城镇郊区质量较高的耕地，而对城镇内部土地潜力的挖掘不够。根据珠江三角洲地区 2014 年土地变更调查数据，按户籍人口数量计算，珠江三角洲地区人均占有城镇村及工矿用地 237.25 m^2，即使考虑外来人口，人均占有城镇村及工矿用地也高达 132.06 m^2；珠江三角洲地区城镇化水平不断提高，大量农村人口进入城镇，城镇用地不断扩展，但是农村居民点用地不仅没有减少，反而在不断地扩大，农村居民"双重占地"甚至"多重占地"的现象比较普遍；在工业发展中，珠江三角洲地区工业的发展主要依靠工业用地规模的扩张，不但对土地的集约利用不够，还存在土地的闲置和浪费问题，尤其是 20 世纪 90 年代初期，在全国大环境的影响下，珠江三角洲地区各地也出现了"开

发区热"和"房地产热"，开发区、工业园和度假区的面积大都达数平方千米甚至以上，小者也有数十公顷，但由于经济形势的变化，其中部分是"征而不用""圈而不开""开而不发"，造成了土地的闲置和浪费。根据珠江三角洲地区 2014 年土地变更调查数据，珠江三角洲地区建设用地的单位土地面积的 GDP 产值大约为 6.09 亿元/km^2，与邻近的发达国家或地区相比，珠江三角洲地区建设用地的利用效益尚未完全发挥，土地的节约集约利用水平还有较大的提升空间。

3）布局结构不尽合理，亟须适度调整优化

虽然珠江三角洲地区土地利用结构较为均衡，地域分工也已经基本形成，土地利用的区域特色较为明显，但是土地利用布局仍存在不尽合理之处，这在城市建设用地和农村居民点用地中表现最为突出。例如，就工业用地而言，珠江三角洲地区在过去相当长的一段时间内是通过"村村点火，户户冒烟"办工业，工业用地全面扩张；在"开发区热""房地产热"中，各个城市也是大搞交通建设，办工业园、城镇开发区和旅游度假区等，各种经济技术开发区、高新技术产业园及名目繁多的工业园区遍地开花。工业用地全面扩张，工业用地的合理布局问题没有得到充分重视，工业用地布局分散、功能区划不明显的问题较为突出。例如，在顺德区的北滘镇 179 家乡镇企业中，只有 63 家位于镇区，其余 116 家分散在各管理区（薛德升等，2005）。同时，由于过去地方自办开发区多，内部开发区缺乏统一规划布局和协调，导致开发区之间争先发展各种产业、开发区之间产品和产业结构雷同、项目重复建设的问题较为突出，往往无法形成自己特有的产业和产品结构。另外，建设用地布局形态失控，城镇沿交通主要干线迅速发展，城镇空间高度连绵，用地布局混乱，空间扩展呈现以镇为中心的散漫扩展，形成各地"星星点点，四处开花"的局面。

同时，土地利用的结构问题也比较突出。当时，在珠江三角洲城镇建设用地中，道路广场用地、绿地和市政公用设施用地的比重不足，存在工业用地偏大、城市交通拥挤、公园绿地面积偏少、城市生活设施薄弱和生态环境恶化等问题，城镇建设用地的比例失调。与发达国家城镇用地中工业用地占城市面积的合理限度 10%～15%，生活、商业、公共设施用地占比 45%～55%、人均绿地面积 12～20 m^2/人和绿地率 30%的标准相比，珠江三角洲城镇建设用地的结构还需要做进一步的优化调整。

4）后备资源十分有限，持续利用后劲不足

随着对土地资源的强度开发利用，珠江三角洲地区的土地利用率变高，未利用地面积变少，后备土地资源十分有限。根据珠江三角洲地区 2014 年土地变更调查数据，全区未利用土地面积只有 3442.95 km^2，其中 47.42%是河流水面，其他主要是其他草地、裸地和沿海滩涂，这四类土地占全部未利用土地的比例达 94.24%。这些土地的质量相对较差，开发难度大、成本高，且从生态安全、生物多样性保护和防洪减灾等角度考虑也不宜将其全部开发。因此，珠江三角洲地区土地后备资源极度紧缺，已基本上无后备土地资源可言。

与此同时，珠江三角洲地区的人口众多、人口密度大，向来是人多地少、人地矛盾比较突出的地区，尤其是近年来社会经济发展迅速，城市化水平不断提高，各项建设急需大量土地，土地资源的供需矛盾突出，尤其是在各项建设与城市发展中，往往以占用耕地为主，在耕地数量不断减少的同时，人口却在不断增加，人地矛盾将进一步加剧。这样，在后备资源极其有限的情况下，土地资源供需矛盾十分尖锐，农业内部用地矛盾及农业与非农业用地的矛盾日趋激化，同时实施"耕地占补平衡"也十分困难，土地资源持续利用的后劲严重不足。

5）土地生态形势严峻，环境污染日益严重

改革开放以来，珠江三角洲地区在社会经济迅猛发展的同时，对土地资源的超强度利用使得土地生态问题日益突出，城市和城镇建设用地大幅度增加，生态用地进一步减少，环境污染问题严重，造成环境质量下降。同时，随着区内城镇规模的扩大、工业的发展尤其是个体企业的兴起，大量的废气、废水、废渣直接或间接地进入土地利用环境，加上化肥和农药的大量使用，对区内的大气、水、土壤等土地环境造成严重污染，危及珠江三角洲地区的资源与环境安全，对全区的可持续发展构成严重威胁。目前，珠江三角洲地区部分河段水质污染严重，酸雨频率居高不下，大部分生活垃圾甚至工业废弃物的处理方式为简单填埋或露天堆积，对周围环境破坏巨大，大面积的开发和建设造成水土流失、河道拥塞，同时土壤重金属污染较重，致使农产品安全受到一定的威胁。

在农业用地的开发利用中，重经济效益、轻生态效益，重产出、轻投入，重利用、轻保护等现象比较突出，如过多使用化肥而忽视有机肥料、投入较少、不重视农田基本建设等，致使珠江三角洲部分地区土壤有机质含量降低，耕层土壤结构变坏，土壤原有的良好物理状况变差，土壤的供肥保肥能力减弱，造成土地质量和地力水平逐渐降低。

正是在这种情况下，随着建设用地规模迅速扩大、耕地面积与林地规模的急剧减少等土地利用的变化，珠江三角洲地区的土地生态安全问题尤其突出，如碳效应数量持续下降且由正变负，热岛强度升级且面积大幅度扩展，地表覆被减少，土壤侵蚀模数激增，耕层土壤有机质含量、养分含量等肥力指标明显减少，滨海水域水环境质量存在一定污染问题，区域土地生态安全水平虽有改善，但整体安全水平较低，土地生态系统健康程度基本处于亚健康状态，珠江三角洲地区的土地生态系统服务价值明显减少，而且未来预警结果显示，整体安全水平较低的状态将继续延续一定时间。

6）地域功能协调性弱，总功能水平待提升

在长期的土地开发利用过程中，由于自然位置与经济区位的作用、自然条件尤其是地貌类型差异的影响、开发历史和开发方式的不同，特别是区域社会经济环境与发展方向差别的主导，珠江三角洲地区土地利用产生了一定的区域差异，无论是在农用地还是在建设用地方面都形成了较为明显的地域分工。以广州市为例，2009年，其中部城区以建设用地为主，如越秀区城镇村及工矿用地的比例高达90.61%，荔湾、天河、海珠等城镇村及工矿用地比例也均超过50%，外围地区以农用地为主，如北部的花都、增城和从化及南部的番禺和南沙，分布着广州82.45%的耕地、88.12%的园地和86.27%的林地。这种显著的地域分工使得各自在土地利用中面临不同的问题，中部城区城市化水平较高、土地利用社会经济功能较强，但土地资源匮乏、环境问题突出，土地利用农业生产功能和环境功能较弱；外围地区资源相对丰富、生态环境良好，土地利用农业生产功能和环境功能较强，但地理位置偏远、交通等基础设施缺乏，土地利用的社会经济发展功能较弱。因此，无论是中部城区还是外围地区，土地利用多功能之间的协调性均不强，导致土地利用总体功能提升较慢。

2. 原因分析

造成珠江三角洲地区土地利用变化中上述问题的原因是多方面的，总体而言，是以人口不断增长、经济快速发展、城镇化与工业化水平提高、农业结构调整及政策宏观管控等为主导，多因子综合驱动的结果，其中，就其表象而言，有经济社会快速发展中人口集聚、城镇化与工业化提高的驱动与影响等，但总体而言，其根本诱因还是原有的经济发展策略，主导因素是规划的缺位，决定因素是低端的产业结构，内在因素是统筹管理不够等。

1）经济发展的策略

改革开放初期，珠江三角洲地区各地大力提倡市、区、镇、村甚至村民小组多个轮子一起转的"自下而上"的工业化经济发展策略，这一经济发展策略在当时一段时间内充分体现出了它强大的作用，珠江三角洲地区的经济因而飞速发展。但也正是这种发展策略，使得珠江三角洲地区在土地问题上出现了利益的多元化及利益分配的不平衡，各自都在追求自己局部利益的最大化。其中，在很长一段时间内，土地用途的改变主要由拥有土地的农村社区自行决定，而土地作为工业厂矿用地所体现出来的经济价值是其作为农业用地的经济价值所远不能及的，珠江三角洲地区人民强烈的重商意识、赚钱欲望、消费倾向使其为追求局部利益，更倾向于将农用地转为非农用地。在这个过程中，由于开发商与土地出让主体基本属于一对多的关系，开发商与出让主体的博弈关系其实就演变成了出让主体之间的地价博弈，再加上其他种种原因，最后的选址主动权掌握在开发商的手中，演变成了各地方必然要牺牲一定的地价。这种数量巨大的、分散的开发和土地功能的混合使用，一方面使土地级差不明显，影响了土地的产出效益；另一方面影响了土地的集约效益，包括经济效益和环境效益，最终以土地价值的损失为代价，从而导致了土地资源消耗过快，农用地特别是耕地保有量锐减，产出效益较低，还导致了整体布局的散乱，同时也制约了产业的升级。

在上述经济发展策略指引下，出现了行政区经济、分税制、简政放权等一系列举措，导致珠江三角洲地区内各市（区）、镇（街）各自为政，片面追求自身利益最大化。由于行政区经济分割，整个珠江三角洲地区甚至市一级政府的宏观调控功能都不能有效发挥，因此，在实施全区域甚至市经济布局和用地功能布局时困难重重，珠江三角洲地区的城镇建设也呈现出"自下而上"的开发建设，不同城镇之间往往盲目追求自身或者局部的最大利益，忽视土地资源的生态价值功能和社会价值功能，各地各自为政，缺乏宏观协调，各市甚至各镇、管理区各自建设自己的工业区、开发区，在城镇建设上贪大求全，面面俱到，导致基础设施重复建设，土地利用分散，也造成资源的分散开发和浪费。

其中，在道路建设方面，某些镇区之间出现互不衔接的情况，路网的系统性较差；在土地利用、功能配置及环境保护等方面缺乏宏观协调与控制。因此，珠江三角洲地区内各市（区）、镇（街）虽然在其内部建设用地上呈现了一定的有序形态，但拼合在一起时，整个区域建设用地就呈现出一定的非协调现象。各市（区）、镇（街）多重视建设忽视生态，自然生态景观分割破碎，灰色水泥景观斑块成为主导，尚未真正形成城市景观的形态，而仅仅是人口达到了"城市"的范畴，"村村像城镇、镇镇像农村"已成为人们对城镇特征的普遍认识。

2）规划控制欠完善

土地利用规划在我国实施时间不长，20世纪80年代，土地利用总体规划编制工作才起步，但未得到深入贯彻，直至1996年才得以全面展开。第一轮和第二轮土地利用总体规划编制略显匆忙，规划的理论与方法及从业人员素质都不太成熟，结果在实施中暴露出了较多问题。例如，规划基数偏差较大，与现状有出入，且不能及时得到权威部门的更正，致使大多数地区耕地保有量和基本农田保护区指标偏高，造成耕地面积不准确等历史遗留问题难以消化；规划用地量与实际需求量之间存在较大差异，且规划的刚性过强，可操作性不足；土地利用总体规划体系还没有完全建立，以总体规划代替详细规划进行具体管理的难度很大，规划管理还有待完善。因此，土地利用总体规划对土地利用与管理的控制与指引作用没有得到充分的发挥，规划控制和指引的作用出现缺位现象。

同时，土地利用规划与其他规划之间的不相协调也导致了规划控制与指引作用的失效。从历史沿革来说，城市规划在长期规划实践中，吸收和借鉴了国外优秀的城市规划理论与方法，规划编制水平有了较大幅度的提高，规划编制较为成熟，规划的科学性与可操作性也较强。但是，土地利用规划与城市规划分别由国土管理部门与城建规划部门编制，两者在行政上是同级单位，其工作均在各自的行政体系内完成，在规划编制过程中均接受各自上级行政部门的指导与监督。由于彼此缺乏有效沟通，城市规划与土地利用总体规划的土地分类体系各不相同，加之不同部门均追求最大利益的驱动，城市总体规划与土地利用规划之间脱节明显。不同规划之间的不协调在相当大的程度上影响到珠江三角洲地区的土地合理利用和布局。例如，有的用地符合了土地规划，甚至有的已经发证，但是却被城市规划列入生态绿地的保护范围，或是列入城市发展控制区的范围，违反了城市规划；有的用地违反了土地利用规划，属于农田保护区范围，但在城市规划中却是建设用地的范畴；还有的用地两个规划都不符合，但厂房却已经建成并且投入生产，那么对其是拆抑或是留用又给地方政府留下了新的难题。由此也给土地出让、确权、登记等造成了不便。同样，土地利用规划也存在与产业规划、经济社会发展总体规划、各种专项规划、区域规划之间的衔接问题。

3）低端的产业结构

要提高土地利用效益尤其是建设用地利用水平，就要吸引优势企业和战略投资者进入，使建设用地尤其是工业园区本身从"政策区"向"功能区"转变，即由聚集和培养优势企业向创新和培养优势集群转化，通过分类引导和培育等途径，形成一批特色鲜明、辐射面宽、竞争力强的优势产业集聚区域和优势产业集群，以达到合理利用每一寸土地、提高土地利用效率，从而实现节约集约利用土地的目标。但是，在很长时间内，珠江三角洲地区是市、区、镇、村等各级建设项目一起上，各地分散招商引资进行土地开发，工业遍地开花，外资企业在各镇村星罗棋布，电子、机械、轻工、化工混杂，产业关联度低，集聚效应差，缺乏区间调节，难以形成规模效应与集聚效应。目前珠江三角洲地区正处于工业化中期向后工业化转变时期，产业结构以制造业为主，工业内部结构中劳动密集型占主导地位，低端加工型主体产业所占的比重还比较大，单位面积的项目投资密度和产出率比较低，直接导致了珠江三角洲地区土地利用的整体效益相对不高，且大量污染物的排放造成严重的环境污染，破坏了自然和生态环境，治理难度很大。

4）统筹力度待强化

受制于经济发展策略，在相当长的时间内，珠江三角洲地区的建设开发的形式是各市（区）、镇（街）、村各自为政，经济发展的主导权掌握在拥有土地的镇、村、村民小组的经济组织手中，集体土地的开发权、处置权实际上处于政府的监控之外，导致市对区（市）、区（市）对镇（街）、镇（街）对村的管理力度不足，对土地利用的统筹管理在一定程度上被弱化，没有能够按规划控制土地利用的结构、布局与效益。同时，由于土地市场建立较晚，通过土地资源市场配置进行土地利用统筹管理的作用没有得到充分发挥，一定程度上也造成土地资源的浪费，土地利用的投入产出相对较低，致使土地的集约利用不足。另外，由于统筹力度不够，土地利用规划和计划的约束力、土地执法力度等受到损害，违反规划、突破规划和随意修改规划的现象时有发生，也极大地影响了土地利用水平与效益的提高。

二、土地利用变化的应对策略与基本措施

针对上述土地利用变化中出现的问题及其原因，珠江三角洲地区未来应采取以下应对的基本策略和主要措施。

1. 土地利用变化的基本应对策略

1）统筹城乡发展规划，加强土地资源宏观调控

通过对相关各部门规划进行统筹，从全局和长远利益出发，根据经济、社会、环境可持续发展的要求，在空间上、时间上合理统筹土地结构和布局，提出土地功能性要求；调整区域土地资源战略性布局和统筹安排，通过土地杠杆的放大效应，促使城乡经济社会实现均衡、持续、协调发展，缩小城乡差距、工农差距和地区差距，促进城乡分割的传统"二元经济社会结构"向城乡一体化的现代"一元经济社会结构"转变；同时优化配置环境生态土地空间布局与结构，强化生态环境用地功能效应，构建区域生态友好型社会，促进经济发展与环境保护协调，达到可持续性发展的目标。

2）供给侧结构性改革，实现土地资源优化配置

土地资源配置的规范化统筹、节约化统筹和市场化统筹，是保障区域经济持续高速发展的基础。在充分的研究论证基础上，划分土地统筹整合分区，实施"门槛准入＋价格竞争"的新增建设用地配置制度。根据不同分区社会经济发展水平与产业发展重点，结合产业投资与生产特征，分区、分产业制定差别对待的工业集中区准入门槛制度。在土地资源稀缺地区，鼓励竞争性土地供给方式的应用，使价格机制充分发挥作用。同时，通过加强建设用地管理，对特定地区、特定时期土地供给规模与结构进行控制，以促进产业结构调整与经济增长方式转型，稳定经济发展速度，提高经济增长质量。

3）改善土地生态环境，创建最佳人居环境城市

要统一规划城市产业布局、划分城市功能分区，进行全面系统的环境整治工程；要通过经济激励或政策激励措施鼓励企业更新、引进先进的污染处理设备与技术，在经济承受范围内最大限度地实现清洁生产；要合理规划各类城市附属开发园区，设定合理的环保进入门槛，限制引进污染排放达不到规定标准的企业；要加强对城市环境设施的改造，提高城市绿地覆盖率，增加园林绿地面积，鼓励城郊旅游农业发展，依据生态系统发展规律建设"生态城市"，降低城市化带来的土地生态环境不利结果，努力将珠江三角洲建设成为"生态优先、宜居为重"的生态化城市群。

4）重构乡村空间结构，努力实现城乡和谐发展

通过城乡建设用地增减挂钩，加快"空心村"改造，整合农村居民点，优化土地利用空间布局和结构，合理进行村镇功能分区，建立合理、高效、优美的空间结构体系，鼓励打破村民小组界限，逐步实施村庄归并与整治计划，有效进行农村建设用地整理。结合当前开展"三旧"改造的契机，规划期内通过关闭停产工矿点并对其进行整理与复垦、迁村并点、治理"空心村"退宅还田、复垦等措施，实现"空心村"、闲置宅基地的综合整治，提高农村土地综合效益，改善农村生产生活环境。

2．土地利用变化的主要应对措施

1）完善耕地保护制度，建立保护长效机制

A．建立耕地保护责任体系

（1）实行最严格的耕地保护制度。当前我国正处于经济结构转型和发展方式转变的重要时期，耕地保护形势严峻。为落实最严格的耕地保护制度和最严格的节约用地制度，各级各部门要以科学发展观为指导，从讲政治顾大局的高度，进一步增强责任感和使命感，真正把思想和行动统一到"十分珍惜、合理利用土地和切实保护耕地"的基本国策上来，落实最严格的耕地保护制度和最严格的节约用地制度，按照土地利用总体规划确定的保护目标，科学划定永久基本农田，严格控制非农建设占用耕地，严守基本农田红线。

（2）建立完善耕地保护责任目标考核制度。严格落实土地利用总体规划中确定的考核期耕地保有量、基本农田保护指标，珠江三角洲地区的各市、区、镇人民政府应按照省人民政府下达的耕地保护责任目标，与各村委会、社区居委会签订耕地保护目标责任书。层层分解落实耕地保护责任，将耕地保有量、基本农田的位置和数量、保护责任与义务明确到位、落到实处，达到责任体系完善、保护责任明确、保护措施到位、保护成效明显的目标。

（3）强化耕地保护行政主体责任。各级人民政府是耕地保护的行政责任主体，对本行政区域内土地利用总体规划确定的耕地保有量、基本农田保护面积及保护质量、耕地占补平衡、土地利用总体规划和年度计划执行情况、土地违法情况负总责。各地要将耕地保护纳入国民经济和社会发展规划，将耕地保护责任目标与领导班子绩效评价相结合，纳入年度综合目标考核。要加强组织领导，严格执行耕地保护各项制度，依法查处耕地违法违规行为。加大耕地保护投入，确保土地利用总体规划确定的耕地和基本农田总量不减少、用途不改变、质量有提高、布局基本稳定，确保按照土地开发整理项目管理的要求，按年度实现耕地占补平衡法定义务。同时，要明确耕地保护部门监督管理责任，各级部门都有参与耕地保护与监督管理的责任，尽快建立完善共同责任机制，明确目标任务，落实工作责任，细化监管措施，形成工作合力，共同做好耕地保护工作。

B. 健全完善耕地保护制度

（1）强化土地利用规划的整体控制作用。在编制土地利用规划时，要统筹安排各行业、各区域用地，尤其要明确耕地特别是基本农田保护的数量和布局，科学划定永久基本农田，全面提升基本农田保护水平，努力实现基本农田保护与建设并重、数量与质量并重、生产功能与生态功能并重，具体落实到图斑、地块。凡与土地利用有关的各类规划，必须符合保护耕地和节约用地要求，符合土地利用总体规划确定的用地规模和总体布局安排。要严格依据土地利用总体规划，从严审查各类规划的用地规模和标准，切实落实土地用途管制制度。凡不符合土地利用总体规划的，必须按照规定程序，及时申报调整和修改，核减用地规模，调整用地布局。

（2）强化基本农田监督管理。基本农田一经划定，除国家能源、交通、水利和军事设施等重点建设项目外，其他非农建设一律不得占用基本农田，不得擅自调整，不得随意改变区位；符合法律规定确需占用基本农田的非农建设项目，必须按法定程序和审批权限逐级上报审批。严禁违反法律规定擅自调整土地利用总体规划，改变基本农田区位。自然资源、农业、统计、监察等部门要定期与不定期地对基本农田保护区进行监督检查，对存在问题的地区提出警示并督促整改。自然资源、发改、财政、审计、城乡建设、交通运输、农业、林业、环保、水务等部门要按照各自职责，做好基本农田保护的规划编制、项目建设、质量提升、日常管护等有关工作，逐步建立政府领导、部门负责、上下联动、广泛参与耕地保护特别是基本农田保护的新机制。

（3）构建节约集约科学用地管地机制。按照实行最严格的节约集约用地制度和以供给制约、引导需求的要求，构建节约集约的科学用地管地机制。各乡镇要充分利用存量建设用地，从严从紧控制新增建设用地，对非农建设占用耕地，必须全面实行"先补后占"。积极推进建设用地整理复垦，探索城乡建设用地增减挂钩政策，减少对耕地特别是优质耕地的占用。对节约用地工作突出、耕地保护效果明显的乡镇，在建设用地指标计划安排上予以倾斜。

（4）健全耕地保护监管体系。要充分发挥行政执法监管、群众监督、舆论监督和社会监督作用，构建全方位、多渠道、多关口、网络化的耕地保护监管体系。建立多部门联动和协作监管机制，自然资源、发改、城乡建设、林业、金融、市场监督管理、监察、审计和电力等有关部门要各司其职、协作配合、联动监管，提高对耕地保护的行政执法监管能力。建立耕地保护社会监督员制度、群众举报信访制度，通过举报电话和设置公开信箱，发挥新闻媒体作用，形成全社会监督保护耕地的良好局面。

（5）全面落实耕地保护行政首长问责制。各级人民政府是土地管理的责任主体，要对本行政区域内的耕地保有量和基本农田保护面积、土地利用总体规划和年度计划执行、依法管理和科学利用土地资源负总责。要严格执行耕地保护目标责任考核有关规定，对耕地及基本农田保护不力、耕地保护责任目标考核不合格、土地管理和土地市场秩序混乱、违法违规用地问题严重、年度管辖范围内违法占用耕地严重或造成恶劣社会影响的，进行约谈，限期整改，启动行政首长问责制，依据原监察部、人力资源和社会保障部、国土资源部联合下发的《违反土地管理规定行为处分办法》（监察部第15号令）的有关规定，对涉嫌违法违纪的各级各部门主要负责人和其他负有责任的人员实行问责追究，严肃处理。

2）盘活存量建设用地，推进城镇土地挖潜

A. 严格新增用地规模管控

（1）严格控制城乡建设用地规模。实行城乡建设用地总量控制制度，强化县市城乡建设用地规模刚性约束，遏制土地过度开发和建设用地低效利用。加强相关规划与土地利用总体规划的协调衔接，相关规划的建设用地规模不得超过土地利用总体规划确定的建设用地规模。依据土地调查成果和土地变更调查成果，按照国家统一部署，调整完善土地利用总体规划，从严控制城乡建设用地规模。探索编制实施重点城市群土地利用总体规划和村土地利用规划，强化对城镇建设用地总规模的控制，合理引导乡村建设集中布局、集约用地。严格执行围填海造地政策，控制围填海造地规模。

（2）逐步减少新增建设用地规模。与国民经济和社会发展规划、节约集约用地目标要求相适应，逐步减少新增建设用地计划和供应，珠江三角洲核心地区特别是优化开发的主要城市群地区要以盘活存量为主，率先压减新增建设用地规模。严格核定各类城市新增建设用地规模，适当增加城区人口100万～300万的大城市新增建设用地，合理确定城区人口300万～500万的大城市新增建设用地，从严控制城区人口500万以上的特大城市新增建设用地。

（3）着力盘活存量建设用地。着力释放存量建设用地空间，提高存量建设用地在土地供应总量中的比重。制定促进批而未征、征而未供、供而未用土地有效利用的政策，促进建设用地以盘活存量为主。严格执行依法收回闲置土地或征收土地闲置费的规定，加快闲置土地的认定、公示和处置。建立健全低效用地再开发激励约束机制，推进城乡存量建设用地挖潜利用和高效配置。完善土地收购储备制度，制定工业用地等各类存量用地回购和转让政策，建立存量建设用地盘活利用激励机制。

（4）有序增加建设用地流量。按照土地利用相关规划，在安排新增建设用地时同步减少原有存量建设用地，既保持建设用地总量不变又增加建设用地流量，保障经济社会发展用地，提高土地节约集约利用水平。在确保城乡建设用地总量稳定、新增建设用地规模逐步减少的前提下，逐步增加城乡建设用地增减挂钩、工矿废弃地复垦利用和城镇低效用地再开发等流量指标，统筹保障建设用地供给。建设用地流量供应，主要用于促进存量建设用地的布局优化，推动建设用地在城镇和农村内部、城乡之间合理流动。各地要探索创新"以补充量定新增量、以压增量倒逼存量挖潜"的建设用地流量管理办法和机制，合理保障城乡建设用地，促进土地利用和经济发展方式的转变。

（5）提高建设用地利用效率。合理确定城市用地规模和开发边界，强化城市建设用地开发强度、土地投资强度、人均用地指标整体控制，提高区域平均容积率，优化城市内部用地结构，促进城市紧凑发展，提高城市土地综合承载能力。制定地上地下空间开发利用管理规范，统筹地上地下空间开发，推进建设用地的多功能立体开发和复合利用，提高空间利用效率。完善城市、基础设施、公共服务设施、交通枢纽等公共空间土地综合开发利用模式和供地方式，提高土地利用强度。统筹城市新区各功能区用地，鼓励功能混合和产城融合，促进人口集中、产业集聚、用地集约。加强开发区用地功能改造，合理调整用地结构和布局，推动单一生产功能向城市综合功能转型，提高土地利用经济、社会、生态综合效益。

B．健全新增用地控制标准

（1）完善区域节约集约用地控制标准。探索开展土地开发利用强度和效益考核，依据区域人口密度，第二、第三产业产值，产业结构，税收等指标和建设用地结构及总量的变化，提出控制标准，加快建立综合反映土地利用对经济社会发展承载能力和水平的评价标准。

（2）引导提高城乡土地利用强度。加强对城镇和功能区土地利用强度的管控和引导，依据城镇建设用地普查，研究和制定人均城镇建设用地、城市土地平均容积率、各功能区容积率和不同用途容积率、建筑密度、单位土地投资等土地利用效率和效益的控制标准及节约集约用地考核具体指标，逐步确立由国家和省市调控城镇区域投入产出、平均建筑密度、平均容积率控制标准，各城镇自主确定具体地块土地利用强度的管理制度，实现城镇整体节约集约、功能结构完整、利用疏密有致、建筑形态各具特点的土地利用新格局。

（3）严格执行建设项目用地标准。在建设项目可行性研究、初步设计、土地审批、土地供应、供后监管、竣工验收等环节，严格执行建设用地标准、建设项目的用地规模和功能分区，不得突破标准控制。各地要在用地批准文件、出让合同、划拨决定书等法律文本中，明确用地标准的控制性要求，加强土地使用标准执行的监督检查。鼓励各地在严格执行国家标准的基础上，结合实际制定地方土地使用标准，细化和提高相关要求。对国家和地方尚未编制用地标准的建设项目，国家和地方已编制用地标准但因安全生产、地形地貌、工艺技术有特殊要求需要突破标准的建设项目，必须开展建设项目节地评价论证，合理确定用地规模。

C．加快实施低效用地再开发

（1）推动城乡土地综合利用。在符合建设要求、不影响质量安全和生态环境的基础上，因地制宜推动城市交通、商业、娱乐、人防、绿化等多功能、一体化、综合型公共空间立体开发建设，引导城镇建设提高开发强度和社会经济活动承载力。引导工业企业通过技改、压缩绿地和辅助设施用地，扩大生产用地，提高工业用地投资强度和利用效率。推动农村各类用地科学布局，鼓励农用地按循环经济模式引导、组合各类生产功能，实现土地复合利用、立体利用。结合永久基本农田和生态保护红线的划定，保留连片优质农田和菜地，作为城市绿心、绿带，发挥耕地的生产、生态和景观等多重功能。

（2）推进城镇低效用地再开发。坚持规划统筹、政府引导、市场运作、公众参与、利益共享、严格监管的原则，在严格保护历史文化遗产、传统建筑和保持特色风貌的前提下，规范有序地推进城镇更新和用地再开发，提升城镇用地人口、产业承载能力。结合城市棚户区改造，建立合理利益分配机制，采取协商收回、收购储备等方式，推进"旧城镇"改造；依法办理相关手续，鼓励"旧工厂"改造和产业升级；充分尊重权利人意愿，鼓励采取自主开发、联合开发、收购开发等模式，分类推动"城中村"改造。

（3）因地制宜盘活农村建设用地。珠江三角洲农村居民点用地数量大、布局分散、利用效率较为低下，违法乱建、"空心村"等现象普遍。需要统筹运用土地整治、城乡建设用地增减挂钩等政策手段，整合涉地资金和项目，加快推进农村居民点整理和田、水、路、林、村综合整治，促进农村低效和空闲土地盘活利用，改善农村生产生活条件和农村人居环境，引导城乡用地结构调整和布局优化，盘活利用农村存量建设用地，缓解建设用地供需矛盾，推进土地节约集约利用，促进城乡协调发展。土地整治和增减挂钩要按照新农村建设、现代农业发展和农村人居环境改造的要求，尊重农民意愿，坚持因地制宜、分类指导、规划先行、循序渐进，保持乡村特色，防止大拆大建；要坚持政府统一组织和农民主体地位，增加工作的公开性和透明度，维护农民土地合法权益，确保农民自愿、农民参与、农民受益。

（4）积极推进矿区土地复垦利用。按照生态文明建设和矿区可持续发展的要求，坚持强化主体责任与完善激励机制相结合，综合运用矿山地质环境治理恢复、土地复垦等政策手段，全面推进矿区土地复垦，改善矿区生态环境，提高矿区土地利用效率。依法落实矿山土地复垦主体责任，确保新建在建矿山损毁土地及时、全面复垦。创新土地管理方式，在集中成片、条件具备的地区，推动历史遗留工矿废弃地复垦和挂钩利用，确保建设用地规模不增加、耕地综合生产能力有提高、生态环境有改善，废弃地得到盘活利用。

3）划定生态用地分区，保障生态安全格局

科学划定"三区三线"，严格保护与合理利用土地资源，尤其是针对不同的区域和类型采取不同的开发利用与保护措施，确保土地生态安全水平的不断改善。

A．生态保育型的管控措施

一是严格项目准入制度。内部用地以生态环境保护为主导用途，严格控制新增城镇建设用地及其他各类建设活动，严格禁止工业和高污染类用地进入，原则上不允许新建工业、仓储、商业、居住等经营性项目。土地利用要符合经批准的相关规划，影响生态环境安全的土地应调整为适宜用途，原有的各种生产、开发活动应逐步退出。在必要的情况下，仅允许下列四类用地进入：重大的道路交通设施、必要的市政公用设施、必要的旅游基础设施和核心游赏景观设施、必要的特殊用途设施。二是采取积极的保护措施。此区域不是实施静态被动保护的区域，而是要以优化生态网络空间结构、充分发挥生态服务功能为目标，积极实施生态修复和生态环境治理项目（如水环境系统治理、湿地恢复、外来种控制等），但应尽量减少对生态系统的干扰，不能破坏当地的自然地形地貌、景观特征和生物多样性。

B．农林生产型的管控措施

一是积极推进生态产业。逐步引导不符合产业导向和环保要求的工业用地退出，鼓励发展生态农业、观光农业、生态旅游业等无污染、对生态环境无影响且能提高生态系统服务价值的产业，以农业、生态、旅游作为村庄发展的主导产业。二是努力打造锦绣农村景观。鼓励开展城乡建设用地增减挂钩和土地整治活动，引导农村居民点归并集中，控制居民点的无序蔓延；对于历史文化名村、古村落要加强基础设施建设和景观规划，改善农村生态环境，逐步恢复历史文化风貌。通过发展生态农业、生态林业，打造美好的农村景观，实现多重生态经济价值的叠加。

C．空间控制型的管控措施

一是严格项目准入。控制内部建设活动，大力发展工业绿地、仓储绿地，加强厂区生态防护和绿色景观建设，加强主干道防护林地建设；允许一定的必要的配套建筑设施建设。二是不断进行产业优化和升级。近期逐步搬迁污染型工业，并对原有工业进行升级改造，实施清洁生产和循环经济；远期将工业企业逐步退出，将工矿仓储用地转变为更加生态友好的用地类型。

D．生活休憩型的管控措施

一是严格项目准入。禁止工业用地进入，原有工业用地逐步退出或转型。在保证开敞连通的前提下，在基本生态网络空间内开展相应公共服务设施和管理配套设施建设。二是引导民间资本投入，实施多元化经营。在符合相关专项规划的前提下，按照建设用地减量化原则，通过城乡建设用地增减挂钩等手段，布置度假村、文化体育设施、郊野公园等供群众旅游休闲的公共设施项目；此外，在符合相关规定的前提下，集体建设用地也可用于生态友好型经营性项目。这样既可以减轻财政负担，尽量实现资金平衡，又可以促进社会共同投入，实现生态经济的可持续发展。

4）科学管理园区用地，提升工业用地效益

A．发挥规划管控作用，提升土地利用集聚效应

要充分发挥土地利用总体规划的"龙头"作用，统筹安排各类专业规划用地，以"多规合一"为基础，实行统一规划、统一供地、统一配套管理、统一利税分配，加大生产要素集聚力度，促进土地利用的"三集中"，即"工业向园区集中，人口向城镇集中，住宅向社区集中"，以集中布局实现集约发展。尤其是要根据集约化利用的要求促使工业园区集聚，推动工业向聚群化、专业化、特色化方向发展，实现土地要素与资本、劳

动力、技术要素的最优组合，充分发挥土地投入的规模经济和土地产出的边际效益。

B. 突出开发园区用地，建设高效利用的示范区

珠江三角洲的开发园区是当前土地开发利用的重点，具有带动区域发展和促进经济方式转变的龙头作用，要将开发园区建成土地集约利用的示范区，为此在设立并严格实施准入门槛的前提下，必须重点加强对各类开发园区用地的管理，推动开发区存量建设用地盘活利用，鼓励对现有工业用地追加投资、转型改造，提高土地利用强度。例如，对于高新区，申请入区的从事高新技术产业（项目）的企业或必要的配套服务机构必须在资本密集度、全员劳动生产率等约束性指标方面符合有关条件，高新区行政管理机构才能批准其入区，否则应禁止其入区，从源头上保证土地的节约、集约、高效利用；建立科学的退出机制，对于由于历史原因已在高新区存在、已过产业生命周期的企业，本身已不符合高新区产业发展规划的产业或项目，高新区行政管理机构给予其一定的整改期限，逾期整改不到位的，责令其迁出高新区。另外，当前在开发区用地中，还要着重通过开发空间求节约。就是要制定相关政策，积极鼓励建设项目向空中发展，借"天"生地，"长"高厂房。例如，可对现有工业用地，在符合规划、不改变用途的前提下，提高土地利用率和增加容积率的，不再增收土地价款；对新增工业用地厂房建筑面积高于容积率控制指标的部分，不再增收土地价款等。

C. 完善全程监管制度，提高园区用地水平

加快建立园区用地批、供、用、补、查的督查机制，实行全程监管、跟踪问效，及时、全面地掌握用地审批和土地开发利用情况，杜绝闲置浪费土地行为。要进一步完善建设用地审批制度，严格建设用地日常监管，做到批前早介入、批中严把关、批后重监管。尤其是要加强建设用地的批后监管，相关部门要按照项目供地权限，凡经依法批准的每宗用地，要按照相关规定及时公开公布审批情况；建设单位要在施工现场公开悬挂建设用地批准有关文件，接受社会监督。各乡镇要严格按照建设用地审批制度，加强对建设用地的监管。对未取得合法用地预审手续的建设项目，发改部门不得办理项目审批、核准手续；对没有用地批准文件的建设项目，规划部门不得办理建设规划许可，住房和城乡建设部门不得发放施工许可证，形成建设用地全程监管的合力，督促项目业主严格按照依法批准的开竣工时间、用地标准、投资强度、规划用途开发利用土地。对于未按计划开发利用的用地，可分别根据具体情况采取限期建设、依法收回、组织复耕和土地置换等方式，通过盘活消化，实现拓展用地空间、提高土地利用效益的目的。

5）统筹城乡各类用地，全面开展土地整治

A. 大力推进耕地质量建设与开发

针对珠江三角洲人多地少，人均耕地面积少，受社会发展、农业生产方式、自然环境变化等多种因素影响，局部耕地质量不高甚至有下降趋势的现象，应切实加强耕地质量建设，不断提高耕地产出率，发挥耕地的多功能效益。具体措施包括：按照"因地制宜、分类指导、统一规划、突出重点、连片治理、讲求实效"的原则，增加投入，完善农田基础设施，逐步把中低产田建成"涝能排、旱能灌、渠相连、路相通、田成方、地力高"的旱涝保收的高产稳产农田；大力建设高标准基本农田，将高标准基本农田建设

纳入各地经济社会发展规划和各相关专项规划，集中力量，整体推进；按照"统筹规划，各司其职，各显特色，各记其功"的原则，进行基本农田建设项目的整合聚集，统筹安排保障高标准基本农田的建设；合理推进宜耕地的开发，因地制宜地确定开发方式、规模和时序等，结合土地复垦、基塘整治等，通过开发补充高质量耕地。

B．适度开发未利用地资源

应根据《中华人民共和国土地管理法》等，完善未利用地开发在产权管理、市场管理、规划管理及投入与收益分配方面的政策法规，以适度开发后备土地资源。在保护和改善生态环境的前提下，依据土地利用条件，有计划、有步骤地推进后备土地资源开发利用。对适宜开发为耕地的地块，采取先进工程技术和生物措施，通过土地平整与改造、配套农田水利设施、修建田间道路、种植防护林等措施，增加有效耕地面积，逐步改善土壤环境，提高耕地质量。

C．积极开展建设用地整治

在建设用地整治方面，核心是通过"三旧"改造，激活土地的再次利用，改变普遍存在的低效、粗放用地现象，为珠江三角洲经济社会发展提供良好的土地条件。根据当前国内土地整治的先进经验，珠江三角洲地区今后应加大对"三旧"改造的财政支持力度，加快推进"三旧"改造工作。

D．综合开展土地生态防护与整治

按照建设幸福珠江三角洲、和谐珠江三角洲的要求，要以遏制水土流失、土地污染和滨海盐碱化等为目标，加强土地整治活动中的生态环境建设，融入对整治区域的生态景观设计，充分体现出土地整治对生态环境建设的重视程度。其中，在农用地整治中，应加强土地生态修复，积极推进沟路林渠生态景观化技术应用，建设高标准、高自然价值农田，提高土地综合生产能力，确保粮食和生态安全；在村庄整治实践中，应维系和提升地域景观特征，挖掘乡村景观美学和文化价值，促进乡村休闲旅游经济发展；在损毁土地恢复中，加强对采矿废弃地、重大工程建设损毁土地的复垦利用，有计划、分步骤地复垦历史上形成的损毁土地，及时、全面地复垦新增废弃地。推广先进生物技术，提高土地生态系统的自我修复能力；同时，采取有效措施，加强对持久性有机污染物和重金属污染超标耕地的综合治理。

6）运用先进技术手段，推动科技示范引领

A．高效的自然资源信息化平台建设

以自然资源各类数据库为基础，以自然资源信息网络为依托，以标准、制度和安全体系为保障，以地政、矿政、地质环境等主要管理业务流程优化为主线，以支撑自然资源管理决策为核心，形成互联互通、贯穿上下的政务管理、决策支持和社会服务信息化体系，逐步开展自然资源数据库建设、自然资源系统建设、自然资源标准化建设及网络建设等工作。

B．土地资源信息获取与更新技术

以"5S"技术为手段，以高分辨率遥感影像为基础数据，以小尺度数据综合、多元数据融合、数据抽样等技术为核心，及时掌握各地耕地、建设用地、生态用地等重要土地资源的状况，为土地参与宏观调控及科学研究等提供数据服务，实现"天上看，地上查，网上管"等最严格的土地管理制度，解决统一标准、信息交换能力提升、对规划计划审批的核查、网络应用互动与大众普及等技术问题。

C. 开展土地整治技术集成与应用

加强土地整治技术集成方法研究，组织实施一批土地整治重大科技专项，选取典型区域开展应用示范攻关。在土地整理、土地复垦、土地开发和土地修复中，综合运用先进科学技术，推进农村土地整治和城市更新，修复损毁土地，保障土地可持续利用，提高节约集约用地水平。

D. 推广应用节地技术和模式

及时总结提炼各类有利于节约集约用地的建造技术和利用模式，完善激励机制和政策，加大推广应用力度。要重点推广城市公交场站、大型批发市场、会展和文体中心、城市新区建设中的地上地下空间立体开发、综合利用、无缝衔接等节地技术和节地模式，鼓励城市内涵发展；加快推广标准厂房等节地技术和模式，降低工业项目占地规模；引导铁路、公路、水利等基础设施建设采取措施，减少工程用地、取土与弃土用地；推进盐碱地、污染地、工矿废弃地的治理与生态修复技术创新，实现土地循环利用。

E. 科技创新引领土地管理水平

科技创新是土地管理、实现土地节约集约利用的有效手段，通过技术标准和技术手段的运用，可以有效地提高土地管理的能力，以此促进节约集约用地水平的提高。首先，可以在标准和程序上，为加强工业项目建设用地管理，促进工业用地的集约利用和优化配置，制定出工业项目建设用地的相关标准，对工业项目用地在投资强度和开发进度等标准和程序上进行严格控制；其次，通过推广"零增地"技改、配套型技改和错位型技改等方式，积极引导企业在零耗地的前提下加大技术改造力度，加大科研投入，有效地提高土地的节约集约利用水平；最后，最为重要的是要在技术手段上积极推动土地管理科技进步，加快建立自然资源科技创新体系，完善土地管理的空间信息基础平台建设，以信息化推动土地管理的现代化。

7）完善相关管理制度，提高土地管理水平

A. 创建综合管理体系，强化行政统管土地效能

行政手段是土地管理的基本途径，但由于土地管理的复杂性和综合性，只有创建综合管理体系，才能形成土地管理行政手段的工作合力，增强政府统一管理土地的能力。未来一段时间内，主要应做好以下几个方面的工作。一是要统一各类规划，各部门统一各类规划编制的程序，实现各类规划的统一性、可实施性和有效性，实现经济社会发展总体规划与各个专项规划、区域规划之间特别是城市规划与土地利用总体规划的衔接协调，为政府统一管理土地提供科学依据。二是政府要完善土地垂直管理机制，正确履行政府职能，搞好政府对土地市场的调控，加强土地规划、计划和城乡建设规划管理。尤其是要利用土地收购和储备制度，通过对土地的收购、储备、开发、供应，形成一体化的供地机制，建立政府实施集中经营和管理土地的平台，将控制在单位、集体经济组织手中的土地转移到这个平台上，实现政府对土地使用及市场交易的宏观调控权。三是利

用必要的行政手段，强化用地监管的执法力度，进一步完善省、市、县、镇、村、组6级动态巡查网络，拓宽土地执法监察监督举报渠道，提高动态巡查的覆盖面和时效性，强化基层自然资源管理部门的监督检查和违法预警责任，形成全社会共同参与的自然资源违法预警机制。四是要进一步加大土地执法监察力度，严肃查处土地违法违规行为，重点查处非法批地、未批先用、未报即用、以租代征、非法出让土地等行为，对情节严重、影响恶劣的案件要挂牌督办，限时办结，并向社会公示处理结果，同时严格规范案件管辖和办理程序，创新办案方式，建立健全自然资源与监察、人力资源社会保障、公安、法院、检察院等部门的协作办案机制和案件移送制度，严格落实土地管理法律法规，及时查处各类违法违规行为。

B. 创新土地管理制度，建立节约集约用地体系

加大节地技术和节地模式的配套政策支持力度，在用地取得、供地方式、土地价格等方面制定鼓励政策，形成节约集约用地的激励机制。对现有工业项目在不改变用途的前提下提高利用率和新建工业项目建筑容积率超过国家、省、市规定容积率部分的，不再增收土地价款。在土地供应中，可将节地技术和节地模式作为供地要求，落实到供地文件和土地使用合同中。协助相关部门，探索土地使用税差别化征收措施，按照节约集约利用水平完善土地税收调节政策，鼓励提高土地利用效率和效益。完善创建活动指标标准体系和评选考核办法，深化创建活动工作机制建设，定期评选模范县市，引导开展节约集约示范省建设。以创建活动引导各地树立正确的政绩观和科学发展理念；广泛动员社会各方力量，推进土地节约集约利用进社区、进企业、进家庭、进课堂。

C. 调节土地收益分配，利用经济杠杆调控用地

构建新的土地收益分配制度，一是要切实维护农民利益。首先，要合理提高征地补偿标准，保证被征地农民的生活水平不因征地而降低。要及时足额支付对农民的土地补偿费、安置补助费等。其次，要妥善安置被征地农民，保障他们的长远生计。要采取多种办法和途径，解决被征地农民的就业和社会保障问题。例如，通过行政支付等手段建立失地农民的社会保障体系，解决失地农民的后顾之忧。二是要深化土地税费体制改革，力争改变土地租、税、费混乱的问题，通过税费制度改革从经济上鼓励用地者提高土地集约利用的程度。例如，可以对旧城改造、企业搬迁改造的建设用地项目，减少或缓缴城市基础设施配套费、土地契税等；对在城区内利用自有土地进行开发建设或提高土地利用强度的，只要符合规划，就可减免其城市基础设施配套费及有关税费；允许乡镇企业用原有土地置换工业园区用地，减免或缓缴园区配套费等，原用地则须复垦还耕。

D. 加强批后监管，发挥管控后发优势

按照落实责任、完善制度、提速增效、加强监管、节约利用的工作思路，突出问题导向，构建土地批后监管长效机制。一是要建立土地批后监管共同责任机制，自然资源部门负责组织实施土地征收、土地供应、供后土地开发利用跟踪监管，负责闲置土地调查认定和处置方案的制定。二是要建立批而未用土地指标回收制度，由市、县、镇自然资源部门进行实地踏勘，核实建设用地现状，对现状未发生改变的，由当地人民政府提出撤销原批准文件申请，逐级申请原批准机关撤销原用地批复。三是要强化土地供后动态监测机制，充分发挥各级自然资源执法监察队伍和基层自然资源管理所的第一线作

用，加强土地开发利用日常巡查工作，避免形成闲置土地。四是要建立土地批后监管约束机制，加强土地批后监管工作考核管理，如果存在批而未用情况，则可根据闲置土地面积相应扣减其下一年度的新增建设用地计划指标。

E. 以市场为导向，发挥市场资源配置效率

健全土地市场是充分发挥市场机制合理配置土地资源的必要前提，是提高土地利用水平的核心内容，更是促进节约集约利用土地的有效途径。一是要进一步完善土地市场制度，强化政府对土地供应的集中统一管理职能，适度控制建设用地总量，垄断土地一级市场，实施计划供地，同时要掌握调控土地二级市场的主动权，对存量土地进行适当的控制。二是要进一步健全土地储备机制，加大土地储备力度，优化土地资源配置，盘活土地资产，提高节约集约利用土地的水平，调控土地市场和房地产市场，保障经济社会高速发展的土地需求。三是要进一步完善土地价格体系，加快形成充分反映市场供求关系、资源稀缺程度和环境损害成本的土地市场价格机制，通过价格杠杆约束粗放利用，激励节约集约用地。完善土地租赁、转让、抵押二级市场。健全完善主体平等、规则一致、竞争有序的市场规制，营造有利于土地市场规范运行、有效落实节约集约用地的制度环境。

参 考 文 献

蔡运龙，傅泽强，戴尔阜，2002. 区域最小人均耕地面积与耕地资源调控[J]. 地理学报，57（2）：127-134.

洪增林，薛惠锋，2006. 城市土地集约利用潜力评价指标体系[J]. 地球科学与环境学报，28（1）：106-110.

胡焱弟，赵玉杰，白志鹏，等，2006. 土壤环境质量评价的径向基函数神经网络的模型设计与应用[J]. 农业环境科学学报，25（增刊）：5-12.

李晓峰，徐玖平，2004. 动态全参数自调整 BP 神经网络模型的改进[J]. 中国管理科学，12（6）：68-72.

李祚泳，等，2007. 可持续发展评价模型与应用[M]. 北京：科学出版社.

廖和平，洪惠坤，陈智，2007. 三峡移民安置区土地生态安全风险评价及其生态利用模式：以重庆市巫山县为例[J]. 地理科学进展，26（4）：33-42.

刘力，邱道持，粟辉，等，2004. 城市土地集约利用评价[J]. 西南师范大学学报（自然科学版），29（5）：887-890.

刘雪松，程翼宇，2005. 用于中药药品质量快速检测的近红外光谱模糊神经元分类方法[J]. 化学学报，63（24）：2216-2220.

骆志军，2005. 城市土地集约利用潜力评价研究[D]. 南京：河海大学.

屈波，谢世友，2006. 重庆三峡生态经济区生态安全及对策[J]. 地域研究与开发，25（1）：120-124.

任志远，张艳芳，等，2003. 土地利用变化与生态安全评价[M]. 北京：科学出版社.

陶星名，田光明，王宇峰，等，2006. 杭州市生态系统服务价值分析[J]. 经济地理，26（4）：665-668.

谢俊奇，吴次芳，2004. 中国土地资源安全问题研究[M]. 北京：中国大地出版社.

许东，吴铮，2002. 基于 MATLAB 6.X 的系统分析与设计：神经网络[M]. 2 版. 西安：西安电子科技大学出版社.

许树辉，2001. 城镇土地集约利用研究[J]. 地域研究与开发，20（3）：67-79.

许伟，2004. 城市土地集约化利用及其评价研究[D]. 重庆：重庆大学.

薛德升，李川，陈浩光，等，2001. 珠江三角洲乡镇工业空间分布的分散性研究：以顺德市北滘镇为例[J]. 人文地理，16（3）：31-36，56.

薛莉娜，2007．四川省城市土地集约利用综合评价[D]．成都：四川农业大学．

杨存建，张增祥，王思远，2001．不同环境条件下的土壤侵蚀分析：以重庆市为例[J]．遥感技术与应用，16（2）：71-76．

杨东朗，安晓丽，2007．西安市城市土地集约利用综合评价[J]．经济地理，27（3）：470-475．

杨红梅，邱道持，张传华，等，2006．基于因素分析的城市土地集约利用比较研究[J]．资源开发与市场，22（2）：109-111．

郑新奇，2004．基于 GIS 的城镇土地优化配置与集约利用评价研究[D]．郑州：中国人民解放军信息工程大学．

MARSHALL J N, 1982. Linkages between manufacturing industry and business service[J]. Environment and planning A: Environment and planning, 14(11): 1523-1540.

彩 图

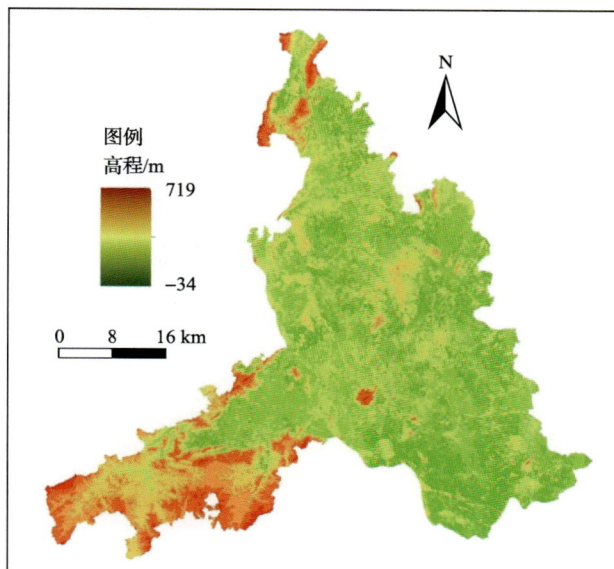

彩图 1　佛山市高程分布图

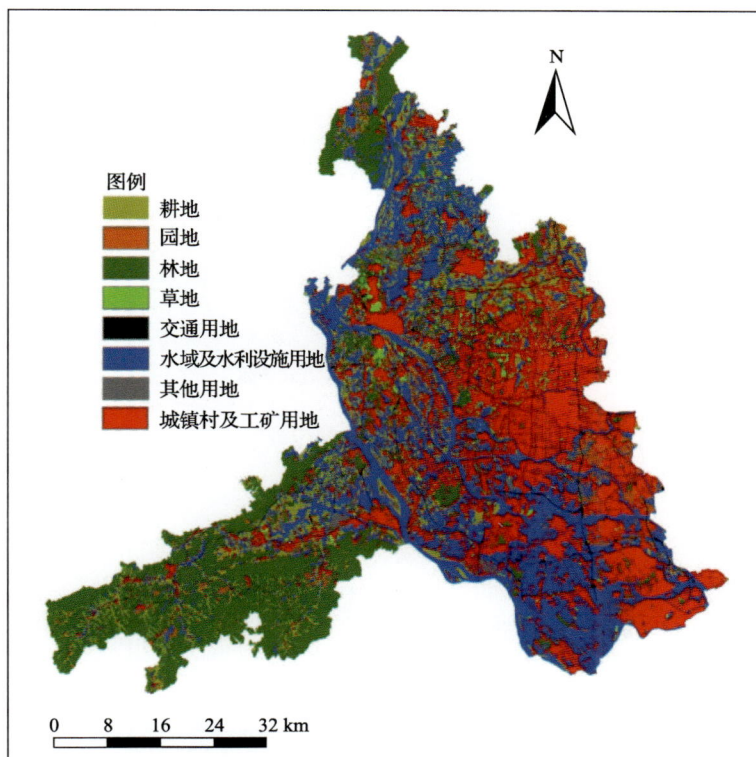

彩图 2　2009 年佛山市土地利用现状图

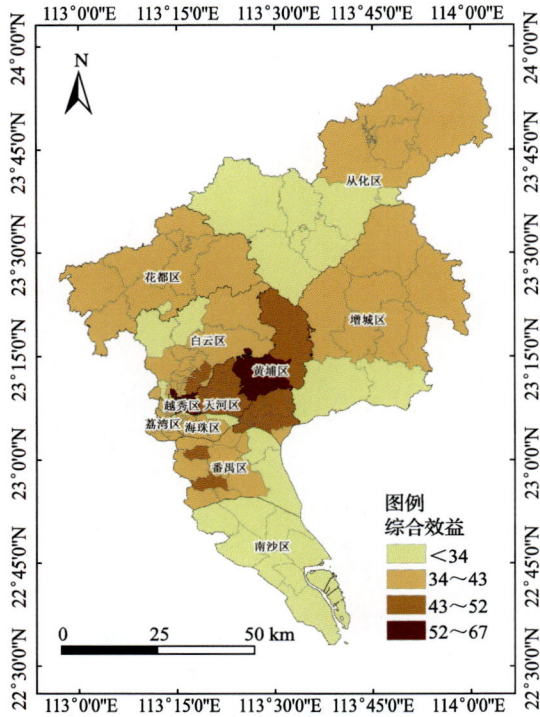

彩图 3　广州市土地利用综合效益等级分区图

图例
综合效益
<34
34～43
43～52
52～67

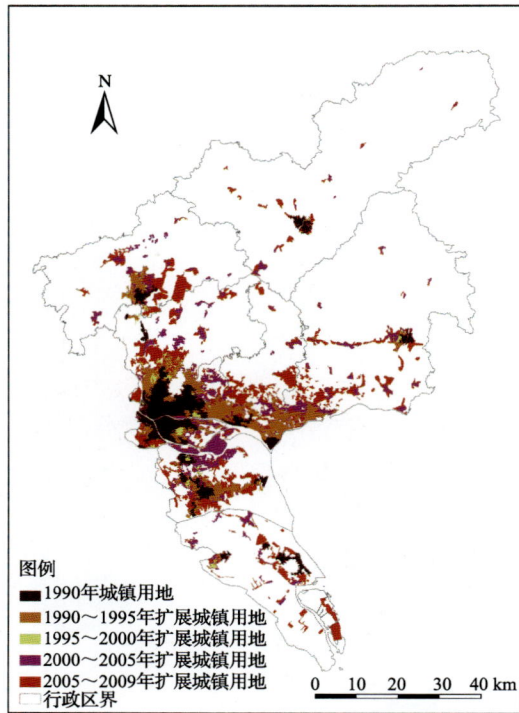

图例
1990年城镇用地
1990～1995年扩展城镇用地
1995～2000年扩展城镇用地
2000～2005年扩展城镇用地
2005～2009年扩展城镇用地
行政区界

彩图 4　不同时期广州市城镇用地分布及扩展图